THE BOOK OF MONEY

EVERYTHING YOU NEED TO KNOW ABOUT HOW WORLD FINANCES WORK

The Book of Money
図説 お金と人生

DANIEL CONAGHAN & DANIEL SMITH
ダニエル・コナハン & ダニエル・スミス［著］

大川 紀男 (株)ぷれす ［訳］

悠書館

THE BOOK OF MONEY
by
Daniel Conaghan & Dan Smith

First published in 2013 under the title The Book of Money
By Mitchell Beazley, an imprint of Octopus Publishing Group Ltd.
Endeavour House, 189 Shaftesbury Avenue, London WC2H 8JY

Text copyright © 2013 Daniel Conaghan & Dan Smith
Design and layout © 2013   Mitchell Beazley

The moral right of Daniel Conaghan & Dan Smith
to be identified as the author of this work
has been asserted in accordance with the Copyright,
Designs and Patents Act of 1988.

All rights reserved

Printed and bound in China

Picture Credits

The publishers would like to thank the following for providing the photographs included in this book:
Bloomberg/The YGS Group page 93; Bridgeman Art Library pages 14 & 15; Corbis pages 17, 68, 80 & 106; Bryan Christie page 37; d.light page 144; FBI page 191; Getty Images pages 3, 8-9, 11, 13, (bottom), 21, 25, 26, 28, 31, 32, 33, 34, 35, 41, 42, 44, 48, 51, 56, 57, 61, 62-3, 65, 66, 67, 70, 75, 79, 82, 84-5, 88, 94, 95, 99, 101, 102, 103, 107, 108-9, 109, 112-3, 114, 116, 120, 123, 124, 126, 127, 128, 131, 133, 139, 148-9, 154; 159 (bottom), 160-1 (all), 165, 170, 181, 187 (bottom), 188, 189, 192, 205, 206, 212-13, 217, 226, 240, 243 & 247; Imaginechina pages 24, 105, 138, 220, 225 & 230; iStockphoto.com/richcano page 90, iStockphoto.com/LockieCurrie page 104; Louisiana State Museum page 19; Opte Project page 150; PA Photos pages 6-7, 20, 23, 39, 45, 52, 53, 54, 55, 58, 59, 60, 64, 68 (bottom), 76, 78, 86, 89, 97 (right), 98 (both); 102-3, 110, 111 (both), 115, 125, 132-3, 142-3, 152-3, 159 (top), 168, 173, 174, 175, 177, 178, 183, 184, 187 (top), 196, 199, 201, 203, 210, 222, 229, 232, 234, 236, 238, 239, 245 & 249 (both); Portsmouth Museum page 223; Rex Features pages 72 & 73; Shutterstock pages 1 & 91 creestee, 40 Vitaly Korovin, 65 (frame) nodff, 97 (left) Ragnarock, 119 (bottom) artjazz, 136 Christian Delbert, 146 Nata-Lia, 156 EDHAR, 159-61 (backgrounds) pashabo/Sergey Nivens, 162 Sklemine Kirill, 164 James Daniels, 166 (both) Thomas Pajot/V.J. Matthew, 172-3 Nicemonkey, 179 Marquisphoto, 190 (background) Balefire, 200 Rudchenko Liliia, 209 Tony Bowler, 214 Orla, 218 (both) photobank.kiev.ua/Uto image, 224-5 Vibrant Image Studio, 226-7 Denis Vrublevski & 248-9 (background) Elnur (name of artist/shutterstock.com); Wikimedia Commons pages 10, 12, 18 & 215; Zildjian page 134.

While every effort has been made to trace and acknowledge all the copyright holders, the publishers would like to apologize should there have been any errors or omissions. If notified, the publishers will be pleased to rectify these at the earliest opportunity.

目次

序論 …………………………………………………………………… 6

第1章
お金小史 ……………………………………………………………… 10

第2章
豊かな世界、貧しい世界 …………………………………………… 26

第3章
お金と政府 …………………………………………………………… 42

第4章
銀行と銀行業 ………………………………………………………… 64

第5章
市場 …………………………………………………………………… 86

第6章
投資と金融 …………………………………………………………… 114

第7章
お金とビジネス ……………………………………………………… 134

第8章
お金の科学 …………………………………………………………… 154

第9章
お金と法律 …………………………………………………………… 174

第10章
人生のステージ ……………………………………………………… 192

第11章
貯蓄、支出、贈与 …………………………………………………… 214

第12章
お金の未来 …………………………………………………………… 234

用語集 ………………………………………………………………… 250

索引 …………………………………………………………………… 251

⇩
世界はいつも"持てるもの"と"持たざるもの"に2分されてきた。ここブエノスアイレス郊外で、そうした人びとが隣り合って生きているのもその好例である。今日、豊かな人たちは超リッチになり、貧しさは風土病のように広がりつつある。中でも深刻なのはサハラ砂漠以南のアフリカで、かつてないほどに貧困化が進んでいると指摘する経済学者は少なくない。だが、まっ先に危機の原因になる、信頼を失った陳腐なモデルに取って代わる新しいシステムの開発に世界の金融機関が関心を持ちはじめる契機となったのは、ほかならぬ世界的な経済の停滞であったこともまた事実である。

■ お金は人間の精神から生まれた一つの"偉大な発明"であるという主張への反論は、今のところ見当たらない。21世紀の今、熱帯雨林に暮らす部族社会から地球上で最も力のある工業国に至るまで、お金はすべての文化に存在している。だれにとってもなじみ深く、分割が可能で、そして受け入れることができるお金は、いわば社会の血液といってよい。お金は、ビジネスと商業の"輪"の回転を助ける潤滑油であり、価値の蓄積の役目を果たし、相対的な価値を計るための不可欠な指標でもある。すべての偉大な発明と同様、お金が登場する以前の生活を想像することは、もはや不可能である。

序　論

　歴史上、お金の使用は急速な速さで広がってきた。それは今日でも変わりがない。だが、エレクトロニクス技術とインターネットの発展は、貨幣が使われる日々がすでに残り少ないことを示している。1980年代に初めて登場したオンライン・バンキングの世界中のユーザーは、2015年までには6億5,000万人に達すると見られている。その一方で、無線通信技術の開発は、いわゆる非接触購買への道を開こうとしている。2016年までには、すべての購買がこの方法で可能になるという予測もある。

世界的な金融危機
　2007年に起こったグローバルな金融危機を、20世紀以降に発生した主要な金融大惨事の一つと見なすべきかどうかは、もう少し時間が経たないと分からないだろう。だが、先の金融危機が多くの人に苦痛を与えた事実もさることながら、それを契機にして起こった経済の停滞によって人びとは、今日、世界経済が機能している実態——言いかえれば、長いトンネルの出口に見える明かりに変わるかもしれない"何か"——を否応なく再認識することになった。
　人びとが金融と銀行の世界に注意を払うようになると、まるで映画「マスターズ／超空の覇者」の登場人物たちがシャンパンを浴びるように飲み、自分たちのボーナスの使い道を話しているような世界があることが分かってきた。その一方で、スーツを着こなした白髪の男たちが、将来に備えてさらに倹約するよう、年金の掛け金をちゃんと払うよう人に勧めている光景もよく見られる。もちろん、現実はそれらの中間にあるのだろう。あなたの視点が何であれ、今やお金は訳の分からない"迷宮"に入りこんでしまったという意見にほとんどの人が賛成するだろう。そんなときに助けになるのがこの本である。金融のすべての領域に光を当て、複雑な体系を単純な言葉で分かりやすく説明する本書はまさに、お金の世界への"窓"といってよい。

マクロ経済学とミクロ経済学
　金融の世界は二つの異なったレベルにおいて機能している。その一つがマクロ経済といわれるもので、世界の主要政府の経済政策の効果を評価しながら経済を全体として考察しようとする考え方である。尺度の反対にあるのがミクロ経済で、個別的な単位——ときには個人であり、特定の世帯であり、または特定の企業——の経済面での行動様式に注目する。これら二つの考えを検証しながら本書は、そうした二つのアプローチが相互につ

ながっていること、また、たとえば21世紀になってアイスランドで起こった銀行の破綻が、東京やヘルシンキに住む家族にも深刻な影響をもたらす可能性があることを解き明かす。

本書はときにマクロ経済の視点に立って、世界各国の政府が、端的にいえば収入と支出の均衡を図りながら自国のお金を管理するために用いている多様なシステムに焦点を当てる。本書はまた、政府と銀行との関係における複雑性——政府が銀行をコントロールすることはないが、国の金融の健全性が政府と銀行との関係に依存しているという状況——を検証する。一方、ミクロ的な視点に立って本書は、個人の経済的な決断の重要性に注目するとともに、そうした決断が広範囲にわたって大きな意味を持っていることを説明する。

今日の国際情勢において、しばしば世界の命運を左右する舞台として登場する国際金融市場は、これら二つの立場の間にある。だが、その名声とは裏腹に、世界の金融市場は単に売り買いの場所であって、それ以上のものではない。つまるところ、いくら見せかけをよくしようとも、私たちがお金についてできることは意外なほどに少ない。すなわち、使うこと、貯めること、そして与えることの三つなのだ。

大いなる分断

たしかにお金には優れた機能があるけれども、同時に常に問題がつきまとってきたことも事実である。お金にはさまざまな性格と"癖"があり、それがまたお金の予測不可能性、神秘性、不信性につながっている。お金は常に力と欲望の源泉だったし、多すぎても少なすぎても苦痛の種になってきた。むろん、これまで登場したどのような政治体制においても、豊かな人と貧しい人は常に存在した。だが、21世紀も10年以上が経つと、豊かな人はますます豊かに、貧しい人はますます貧しくなりつつあることを統計が示している。まさに米国のオバマ大統領が「われわれの時代を特徴づける問題」と呼んだ、金融的な不平等が生じているのである。

近年起こった金融危機は、図らずもこうした不平等に鋭い焦点を当てることになった。と同時に、世界70億の人びとはこの問題をだれかのせいにしようとした。一方、世界中の金融機関や金融会社はみな、自社をより秩序立ったものにしようとする努力を始めている。自社の金融的なアカウンタビリティーを今まで以上に顧客が求めていることを認識するようになったのも、自社が生き残るためにはより高いレベルの社会責任を果たす必要があると自覚するようになったのも、こうした動きの一環にほかならない。世界がいわゆる"財政の崖"の縁に立ち、各国の政府がいっせいに最新の緊縮策を発表したとき、各国政府がビル・ゲイツの言葉を思い出したことを知って多くの人びとは安心した。世界で最も富裕な人間のひとりであり、今日最も偉大な慈善家のひとりであるビル・ゲイツはこういった。「大きな富を持つことは、大きな責任を負うことだ」

> "お金の重要性は、それが現在と未来を結ぶものであることから生じている"
> ——ジョン・メイナード・ケインズ（1883～1946、経済学者）

"お金は多くのものの殻であって、種ではないのかもしれない。お金はあなたに食べ物を与えてくれるが食欲は与えてくれない。薬を与えてくれるが健康は与えてくれない。知り合いを与えてくれるが友だちは与えてくれない。下僕を与えてくれるが忠誠は与えてくれない。楽しい日々を与えてくれるが平穏や幸福は与えてくれない"
──ヘンリック・イプセン（1828～1906、作家）

第1章 お金小史

⇧
紀元前3200年から同2300年の間のものと見られる粘土板。古代シュメールの都市スーサ遺跡（現在のイラン）で発見され、当時の経済取引の様子を示している。ちなみに古代シュメールは、税金、配給、農産物、貢物などを正確に記録することで社会秩序を保ち、ひいては、ますます複雑化する社会に対応するために、世界で最初に書記体系を開発したといわれている。

世界でお金がいつ最初に登場したのかは、文字の歴史よりも古い可能性もあって正確には分からない。だが、今から5,000年以上昔の文明において、農業に対する関心が高まるにつれ、売買の対象となる農産物の価値を知るための手段を獲得したいというニーズが生まれたことはほぼ間違いない。言いかえれば、人びとは通貨を必要とし、それが信用という単純な概念の基盤になったのである。

商業を後押しした「シェケル」

紀元前3000年ごろに興ったメソポタミア文明は、初めて通貨という観念を生み出し、今日、私たちがお金と呼ぶものを最初に使用した文明である。その当時のメソポタミアでは、ある物と同等の価値を持つ他の物に交換するバーターシステム、また、ある人から別の人に物を与えるギフト経済のシステムが、しだいに商品貨幣に取って代わられようとしていた。商品貨幣とは、貨幣の材料となっている物質（金や銀）そのものの価値によって裏づけられた貨幣をいう。

メソポタミアで使われたシェケルは一定量の大麦の呼称であるとともに、通貨と

第1章　お金小史

← ユーフラテス川とチグリス川に挟まれたメソポタミア。古くから「肥沃な三日月地帯」「文明の揺りかご」などと呼ばれた。現在のイラクにほぼ相当するこの地域の豊かな食料は多くの人びとを引き付け、その結果、西アジアの乾燥地帯が"肥沃な庭"へと変わって行った。紀元前3500年ごろ、この地域への定住者として最初に権利を得たのはシュメール人だといわれている。

重さの両方を表わす単位であり、商業（そこには商品の輸出入も含まれる）の発生に大きな役割を果たした。シェケルは旧約聖書にも登場し、たとえば、ヨセフが20シェケルの重さを持った銀でミデヤン人に売られたという話が出てくる。

古代エジプトは、中央集権的かつ厳格に統制された経済を発展させた。彼らは、穀物の量を計る標準的な重量単位と「デベン」（約91グラムの銅または銀に相当）という通貨を用いたバーターシステムを使っていた。労働者への支払いは穀物で行なわれたが、価格は国中で固定され、また取引を記録することで通商は大いに促進されたという。通商において、しばしば穀物は他の商品を買うために使われた。

そうした価値の尺度が普及するにつれ、通貨が法による支配の下に置かれるようになったのは自然な成り行きといってよい。古代バビロニアにおいてハムラビ王は、紀元前1760年ごろに起草された法典にその名を冠するとともに、借金の利子や軽犯罪の罰金の支払いを律する法律を整備した。徐々にお金は、事業契約の実行と財産の売買のための道具という性格を強めるようになった。

貝殻のお金

古代の他の地域を見ると、貝殻貨幣が使われた所がある。紀元前2千年紀に書かれた中国の文書には、コヤスガイを用いた貨幣が支払いと蓄財のために使われたという記述が出てくる。貝殻貨幣は、価値の一部が貝の装飾性に由来し、したがって宝石として用いられるとともに、広く各大陸をまたいで使われた。特にアフリカではその後何世紀にもわたって命脈を保った。ある貝は、価値の交換と同義と見なされるにつれ、ラテン語で「モネタリア・モネタ」、つまり"お金の貝"と呼ばれるようになった。

⇩ 金融規制のための最初の法典を発布したとされるバビロニア第6代の王ハムラビ（立っている人物）。「ハムラビ法典」として知られる諸法典は、石板の上に書かれ、だれもが見えるように市街に立てられた。

お金年代記

紀元前9000〜6000年：牛を中心とする動物の家畜化と穀物を中心とする植物の栽培が活発化し、通商活動につながっていく。

紀元前6000〜3000年：メソポタミアで筆記法が開発される。物々交換の内容を記録するためといわれている。大麦を計る単位である「シェケル」が通貨として使われる。このころ金が発見される。

紀元前3500年：銅と錫の合金である青銅が中東と極東で生産される。

紀元前3150年：エジプトに最初の王朝が誕生。

紀元前3000〜2000年：バビロニアで穀物、家畜、農機具、貴金属などの貴重品を安全に保管する場所として王宮や寺院が活用される。いわば最初の"銀行"といえる。

紀元前2575年：ギザに大ピラミッド建設。国単位の計画と資金を必要とする大プロジェクトだった。

紀元前1792年ごろ〜1750年ごろ：バビロニアでハムラビ王の治世が続く。ハムラビ法典が発布され、そこには銀行業務を統治する諸法が含まれていた。

紀元前1200年ごろ：中国で貝殻硬貨が使われたとの最初の記録が登場。

紀元前1100年ごろ：エジプト王朝の没落が始まる。

紀元前800年：このころギリシャ暗黒時代が終わったとされる。

紀元前776年：第1回オリンピック開催。

紀元前753年：ロムルスによってローマが建国されたといわれる。

▼

最初のお金の形が広まり始めると、お金の観念はまたたく間に古代世界に広がった。お金は、国と国との商取引の拡大のための試金石となり、また組織化され、ますます洗練さを増す社会——とりわけイタリアとギリシャの社会——にとって礎石のひとつとなった。

硬貨の発展

お金はギリシャ・ローマ世界で急速に発展した。それは、紀元前8世紀ごろ——ちなみに第1回オリンピックがギリシャで開催されたのが紀元前776年、ローマが建国されたのが、伝承によれば紀元前753年である——から紀元1世紀中ごろに及んだ。硬貨の形が登場したのは紀元前600年ごろのことである。そのころ、リディア国(現在のトルコ東部)サルディスのアリアッテス王によって金と銀を不均衡に混ぜた合金が鋳造された。今日、「リディアのライオン」として知られるこの硬貨こそ、世界最初の硬貨といって差し支えない。ただ、その購買力については専門家の意見は二つに分かれる。つまり、この硬貨1枚で毎月の生活費が十分賄えたとする研究者もいる一方、それではせいぜい羊1頭かワイン3本しか買えなかったという学者もいる。

アリアッテス王が最初の硬貨をつくった理由のひとつは、自分の軍隊にいるギリシャ人傭兵への支払いに充てるためといわれる。傭兵たちは支払いが真正であることを望んだ。一方、ギリシャの都市国家は、ラウリウムの鉱山で採れる銀を材料として手作業でつくられる、自分たち自身の硬貨の発行を開始した。硬貨製造技術が発展するにつれ、鋳造の組織も発展した。最も初期のギリシャ硬貨はクレタ島で発見された。この島では技術的にも美術的にも高水準の硬貨が生産されていた。

間もなくして硬貨の鋳造は広く行なわれるようになった。と同時に、大国の諸政府は通貨の発行と統制を求め、金・銀・銅でできた硬貨に、文字どおりその権威を刻印したのである。

ローマ帝国の生命線

古代ローマは100万人以上の人口を擁し、最盛期には、中心都市と主要港であるオスティアから伸びる広大な帝国の要であった。通商は、地中海と黒海を経由する海上においても、また商業と軍事両方の目的でつくられた、かの有名な道路網を経由した陸上においても活発に行なわれ、まさにローマ帝国の生命線の様相を呈した。

ローマ帝国では、単一通貨を使用したり、租税額を最低限に維持したり、海賊行為を抑制するといった政策が極めて効率的に行なわれた。むろん、そのために要する費用は莫大だったが、通商は必要な経費の多く

⇩ ローマ帝国でもっとも広く流通したコイン(いずれも鋳造時期は紀元前3世紀中ごろから紀元3世紀中ごろ)の主なもの 1. アウレウス(金)、2. デナリウス(銀)、3. セステルティウス(真鍮)、4. アス(銅)、5. デュポンディウス(真鍮)。インフレ、貴金属の枯渇、政治と貿易の不安定が、ローマ通貨の安定を常に脅かした。

第1章 お金小史

クロイソスの富

紀元前595年に生まれたクロイソスは、父アリアッテスからリディア王を継承した。父の事業を引き継いだクロイソスは、今日、均一な純度を持った最初の硬貨（「エレクトラム」と呼ばれる金と銀の合金でつくられた）を発行した人と評価されている。この重要な発展は、従属的な小作人が納める多大な小作料と相まって、クロイソスに莫大な富をもたらした。クロイソスは、そのうちの一部をデルフォイ神殿に奉られている太陽神アポロに捧げた。だが、紀元前546年にペルシャのキュロス大王との戦いに負けて捕らわれてから、クロイソスの権勢は急速に没落することになる。クロイソスのその後の運命については、今のところ分かっていない。薪の山に投じられて生きながら焼かれたという記録もある一方、温情あるアポロ神が炎を消すために雷雨を放ったことで命が助かったという言い伝えも残っている。

をもたらしてくれた。だから、安心して通商を行なうために必要な安全保障を帝国の軍隊が提供することは不可欠だった。ローマ人は、あらゆる物品の輸出を行なった。穀類、牛肉、オリーブ油、ワインといった日常的な食料から、建設のための木材や金属材料、さらにはパピルス、陶器、ガラス、銀、香水といった贅沢品に至るまで、まさにありとあらゆる物を輸出した。その当時の主な貿易相手国は、スペイン、フランス、中東諸国、そして北アフリカ諸国だった。

⇩ コロッセウムの反対側、フォロロマーノの一角にあったトラヤヌス市場の跡。もともと市場として市の中心に建設されたが、発展とともに地域全体が経済的・政治的・宗教的な中核となり、また多くの人たちがまさにローマ帝国の中心と見なすようになった。

▼

紀元前600年：ローマに「フォロロマーノ」が建設される。世界で最初の硬貨である「リディアのライオン」がリディア国（現在のトルコ東部）のアリアッテス王によって鋳造される。

紀元前600〜570年：硬貨の使用がリディアからギリシャに広がる。

紀元前546年：硬貨の使用がリディアからペルシャへと広がる。世界で最初の金貨がペルシャで、また世界で最初の銀貨がギリシャで鋳造される。

紀元前500年：ギリシャ古典時代。

紀元前406〜405年：ギリシャが青銅硬貨を生産。

紀元前323年：アレクサンドロス大王の死によりギリシャ古典時代が終わる。

紀元前300年：最初のローマ硬貨が鋳造される。

紀元前269年：ローマ帝国、銀貨の発行を開始。

紀元前146年：ローマ帝国によるマケドニア占領によって古代ギリシャが終わる。

紀元前27年：アウグストゥスによってローマ帝国の領土が拡大。彼は、新しい硬貨（ほぼ純金、銀、真鍮、銅）を発行し、通貨と税制を改革した皇帝として知られる。アウグストゥスはまた、一般販売税、土地税（地租）、定額人頭税を導入した。

紀元27〜29年：キリストがエルサレムの神殿から金貸しを追い出したという聖書の記述は、このころのことと見られている。

紀元476年：ロムルス・アウグストゥスが退位を迫られたことで、西ローマ帝国滅亡。

▼

今日私たちが知っている銀行業の基盤は、15世紀イタリアに花開いた偉大なルネサンス文化に求めることができる。ルネサンスはもっぱら芸術、科学、文学、そして哲学に関連していると思われがちだが、多くの場合、それらの拍車となったのがお金であることはいうまでもない。富とパトロネージが芸術と建築文化の開花につながったといってよい。もっと率直にいえば、ルネサンスが銀行の誕生を促し、それによってだれもが安心して預金、そして借金さえもできるようになったのである。

銀行業の誕生

ルネサンス期のイタリアにおける銀行業とともに、お金は人から人へと行き渡った。銀行を意味する"bank"という英語は、当時のイタリアの金融業者が机や交換カウンターの台として使った木製のベンチを表わす"banca"という語に由来している。その当時最も著名な銀行家一族であったメディチ家は、自家の銀行をヨーロッパで最大かつ最も信用できる銀行に育てた。その一因は、メディチ家の銀行が、フィレンツェという都市名に由来するフロリン金貨だけを扱ったことといわれている。フロリン金貨（今日の価値でおよそ150米ドル）は、標準化された大きさと純度（純金54グレイン［1グレインは約0.0648グラム］）を保ち、銀に代わって商取引のための主要通貨としてヨーロッパ全域で使われた。

最初の会計原則

ルネサンス期の数学者であるルカ・パチオリ（トスカーナ地方で1450年ごろに生まれた）は、会計制度の発展に最も重要な貢献を行なったひとりといってよいだろう。彼が1494年に出版した『算術、幾何、比および比例に関する全書』は、その当時の"ベストセラー"となり、この本が教えた会計の原則はヨーロッパ中に広まった。その要点をいえば、「資産の棚卸しは常に借方勘定と貸方勘定を伴う」というものである。ベネツィアの商人たちに起源を持つこのやり方のカギは、"複式簿記"、つまりひとつの商取引のすべての記録を簿記に2回書き入れることだった。簿記の左欄に記入された負債は、必ず右欄に記入された貸付によって相殺されなければならない。パチオリが挙げた一例を示そう。「羽毛ベッドを借り方に記入する。羽毛が持つ価値と同等の資本を貸し方に記入する。ベッドの数、棚卸しに基づく明細、およびリーレ、グロッシ、ピッチョリ［ともに、当時のイタリアの通貨単位］に換算した価値を記録する」。この簿記の方法を使えば、バランス（残高）、つまり本来の意味での棚卸資産を即座に知ることができる。

第1章 お金小史

金融と通商で潤ったイタリアやその他の地域の貴族たちは、自分たちの成功を喜ぶ一方、当時の最も優れた芸術家や職人たちに豊かな手当てを提供することで、自分たちの罪悪感を少しでも減らしたいと思ったのかもしれない（その当時、高利でカネを貸すことはまだ罪悪と見られていた）。ルネサンス期の都市社会を支配していた通商ギルドは、美的な対象物を表現するための別のお金の経路の役を果たした。あからさまであるか象徴的であるかは別として、美しい服装や毛皮、また上納金や贈り物を寓話的に描いた絵に見られるように、ルネサンス芸術において、お金はけっして遠い存在ではなかった。

↑ マザッチョ作の「貢の銭」。フィレンツェのサンタ・マリア・デル・カルミネ教会のために描かれたフレスコによる連作『マタイによる福音書』の一場面。キリストとその使徒によるローマの税吏への支払いを題材として扱ったこのフレスコ画は、遠近法を用いた絵の先駆として名高いが、フィレンツェで税制度の改革が盛んに議論された1427年ごろに制作され、市民に対して税の支払いを促すために描かれたと考えられている。

世界最古の銀行

その当時、メディチ銀行が最も有名なイタリアの銀行だったが、世界最古の銀行といえば1472年に設立された「モンテ・デイ・パスキ・ディ・シエナ銀行」といってよいだろう。この銀行は、「貧しい、悲惨な、あるいは今すぐお金を必要としている人たち」に7.5％の利息でお金を貸した。この銀行の名前の一部になっている「モンテ」とは「お金の堆積」を意味し、シエナに住む貧困層に貸すために集められたお金に由来する。また、同じく「パスキ」とはこの地域にあった国有の「放牧地」のことで、融資に対する担保物件の役を果たした。同行が得た収益は1枚100スクド［15〜19世紀イタリアの貨幣単位］のくじに分割され、年5％の利益を保証する債券として発行されたという。創立から400年、この銀行は、相次ぐ経済危機や政治体制の変革、また1798年に起きた大地震などを乗り越えてシエナやグロセット地方で順調に発展、20世紀初頭にはイタリア全土に支店網を築くに至る。1999年にミラノ証券取引所に上場した同行は、今日、3,000の支店と450万の顧客を擁する、イタリア第3の大銀行となった。

▼
紀元610年：古典ローマ期の終了。

紀元806〜821年：唐の憲宗皇帝、硬貨の材料になる銅の不足を補うために紙幣を発行。

紀元1348〜1350年：黒死病がヨーロッパ全域を襲い、経済成長がストップ。

紀元1397年：両替商であるジョバンニ・メディチがフィレンツェに世界で最初の家族銀行を開業。

紀元1400年：このころフィレンツェでヨーロッパのルネサンスが始まったといわれる。

紀元1427年：マザッチョが「貢の銭」と題するフレスコ画を制作。

紀元1450年：ルカ・パチオリがトスカーナ地方に生まれる。

紀元1452年：レオナルド・ダ・ヴィンチがトスカーナ地方に生まれる。

紀元1454年：グーテンベルクがマインツで近代的活版印刷機を発明し、情報の伝達に革命をもたらす。
▼

16 第1章　お金小史

　今日「大発見の時代」として知られる時期はまた、「欲望の時代」といってもよいだろう。15世紀初頭から17世紀に至るまでの間、ヨーロッパ各国、とりわけスペイン、ポルトガル、オランダ、そしてイギリスは、競って海外に帝国を建設した。

グローバル化の始まり

　たしかに彼らを突き動かした動機の一部は精神的あるいは戦略的なものだったが、大部分の理由は金、銀、またその他の商品に対する欲望であったことは間違いない。急速な経済の拡大は、自国においてお金とお金の材料になる貴金属の不足を招いた。同時に、航海術と造船技術の進歩がより長い航海を可能にすると、ヨーロッパの主要列強はこぞって新世界への大胆な探検に乗り出した。

　中でも真っ先に冒険を開始したのはポルトガルだった。彼らはアフリカ大陸の西岸に沿って南下し、1488年になるとバルトロメウ・ディアスがいち早く喜望峰に到達、その先に広がるインド洋以遠への好機を手にしたのだった。それから遅れること4年、1492年にはポルトガルのライバルであるスペインの王室から支援を受けたクリストファー・コロンブスがセビリアに近いパロスを出航し、大西洋の西を目指した。コロンブスの発見は多分に偶然の産物といってよいだろう。というのも、今日カリブ海諸国として知られる地域も当初、彼はアジアと信じていたからだ。それでも、彼の一念は驚嘆に値する。どこに着いても、彼はまずその土地の住民に金

⇩
16世紀までにポルトガル（紫の線）とスペイン（赤い線）は、東西にまたがる主要な貿易ルートを開拓していた。これらのルートをたどる帆船の積み荷は、香辛料、道具、家畜、武器、たばこ、イモ、その他の作物だったが、彼らにとってより重要な積み荷は金や銀であった。1500年から1540年の間、スペインに帰港した船は毎年、平均して1,500キロもの金を新世界から持ち帰ったといわれている。

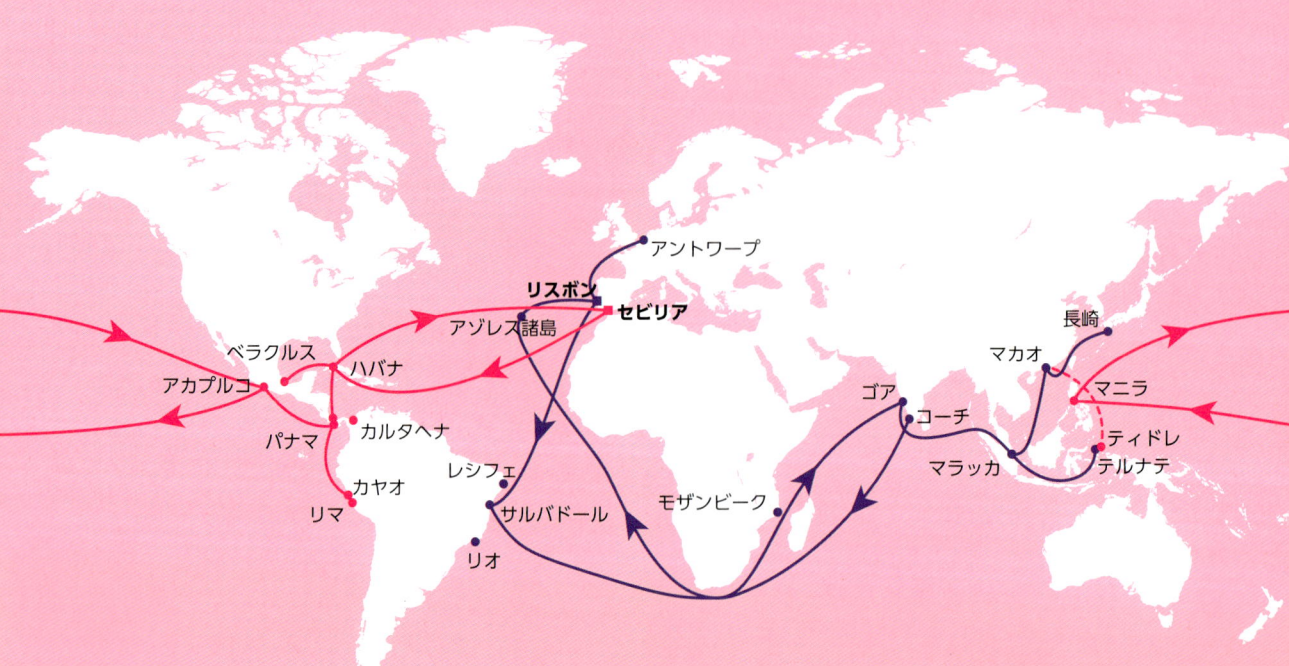

貨と宝石を見せ、これと同じものがないか尋ねたという。

冒険の商業的見返り

初期の冒険者たちが最初に想像していたよりもずっと大きかった世界が、少しずつ縮まっていった。1519年から1522年にかけて、ポルトガルの探検家であるフェルディナンド・マゼランは、大西洋から太平洋に至るかの有名な大冒険を挙行した。それによって、まだ地図に載っておらず、植民が可能で、かつ大規模に収奪することができる大陸がいくつもあることを突き止めた。

お金は最初から重要な役割を果たした。つまり、陸路と海路による冒険のための資金援助において、またある地域から他の地域への膨大な富の運搬において、お金は不可欠だった。この時期はまさに向こう見ずで、残忍で、そして危険な時代だったといってよい。というのも、貿易ルートの決定と独占も、植民地の防衛も、帝国（古典時代以降、久しくなかった）の建設も、みな"早い者勝ち"だったからである。

ある人は大金を得、ある人は失った。16世紀と17世紀はまだ冒険の時代が続いた。「冒険」という言葉には、商業的な約束という意味がこめられていた。南北アメリカという新世界を目指してヨーロッパを出発する探検を支援したのは、貴族、国、裕福な商人たちで、信頼の置ける船長と乗組員がつくる会社への出資者でもあった。探検船が帰国すると（帰国できればの話だが）、彼らが持ち帰った"戦利品"は注意深く配分された。もっとも、リスクに満ちた航海の結末は、ほとんどが難破、餓死、先住民との血まみれの戦いのどれかだった。

⇩

香辛料（特にナツメグ、メイス、チョウジ）の貿易は、ポルトガルが開拓したインドネシアのマルクとバンダ諸島が唯一の供給地だったため、16世紀初頭にポルトガルがその貿易を独占して以来（その後オランダが引き継いだ）、長くポルトガルにとってきわめて重要な役割を果たした。中でもナツメグの貿易をめぐる競争は熾烈で、小さな袋1杯のナツメグが媚薬や厄除けとして非常な高値で取引され、人生を決定づけるほどの経済的独立をもたらしたのである。その後、オランダがスパイスの貿易を独占すると、供給拠点が意図的に破壊されるという行為もあって、その価格は急上昇した。

▼

紀元1472年：モンテ・デイ・パスキ・ディ・シエナ銀行、創立。

紀元1494年：ルカ・パチオリが著した『算術、幾何、比および比例に関する全書』が会計原則を確立。

1488年：ポルトガルの探検家バルトロメウ・ディアスがアフリカ喜望峰に到達。

1492年：スペインより援助を受けたジェノバの探検家コロンブス、南北アメリカ大陸の発見を開始。

1498年：バスコ・ダ・ガマがカリカット（カルカッタ）に到着。ヨーロッパからインドへの海上ルートを開く。

1500～1540年：新大陸であるインカやアステカから強奪して得た大量の金がスペインに到着する。

1519～1522年：ポルトガルの探検家フェルディナンド・マゼランが大西洋から太平洋への航海を敢行。

1540～1640年：南北アメリカから金と銀が大量に流れこみ、ヨーロッパは長期にわたるインフレを経験する。

1599年：香辛料貿易、特にナツメグと胡椒の貿易がオランダで最高潮を迎える。

1600年：外国貿易の振興を目的にイギリス東インド会社が設立される。

1609年：個人銀行にはない卓越した、より統制されたサービスを提供することを目的に、公的銀行であるアムステルダム銀行が設立される。

1619年：米国バージニア州で、たばこが公式の通貨に指定される。

1659年：ロンドンの金加工会社であるモーリス＆クレイトン社がデルボー氏に総額

▼

お金はほとんど無限といってもよいほどの柔軟性を持った道具であり、その使われ方もきわめて多様だ。お金が持つ"約束性"でさえ（イギリスの紙幣には今も「この紙幣の持参者が求めたときは……の支払いを約束する」と書かれている）、きわめて強力なメカニズムによって裏づけられている。お金が持つ変幻自在な性格は、18世紀の初めに賢い資本家が、これまでにないような機能をお金に与えたときも変わることがなかった。彼らの"発明"、とりわけ「紙幣」と「信用・交換のための証書」は、まさに時代の要請に応えたものだった。そのころどの国も、自国の経済、海外の植民地、また戦争への支援のために大量のお金を必要としたのである。

信用の誕生

彼の名はジョン・ロー。トランプゲームの才覚を持つスコットランド人であり、貴族や、何事も信用しない財務大臣たちさえも魅了した、時代の精神を象徴する人物だった。いわば金融のヤマ師だった彼は、フランスのルイ15世のために信用システムと銀行制度を開発した。それはまさに時代を先取りするような画期的な仕組みだった（その"子孫"は、現代のあらゆる金融機関の貿易部門に生き残っている）。だがそれらは同時にとても不安定であり、姿が見えてくるにつれて"いい加減"なことが分かってきた。ローの最も悪名高い"発明"である「ミシシッピー会社」は、西インド諸島とアメリカにあるフランス植民地のための貿易権を独占したが、結局はローが設立した「バンク・ジェネラーレ」と運命を共にすることになる。莫大な利益をもたらすことを約束したミシシッピー会社の株には多くの人びとが大胆な投機を行なったが、結局ほとんど利益をもたらすことはなく、最後に残ったのは紙屑同然の紙幣の山だった。フランスの金融制度を巻きこんだローの大胆な実験は、いわゆる大衆の熱

冒険家、賭博師、銀行家

冒険家、賭博師であり、友人と決闘までしたジョン・ローはまた、金融と銀行制度という分野における革新的な思索者でもあった。彼はフランスで最初の公的銀行を設立、紙幣の使用を進めるとともに、破綻状態にあったフランス経済の安定を図った。だが不運にも、見るからに無尽蔵なフランス領アメリカのミシシッピー地方の資源を開発したいという欲望に駆られて、フランス国債を全部引き受ける契約を拙速に結んでしまった。ミシシッピー会社の株は高騰し、投機家たちはこぞって資金の回収を決断したが、お金がないことが分かるとパニックが起こり、結局、ローの銀行は倒産した。

第1章 お金小史

1719年1月、ミシシッピー会社の株が500リーブル（当時のフランス通貨）で一般に売り出された。ヨーロッパにおいては買いの需要が即座に跳ね上がり、同年12月までにその価格を1万リーブルにまで押し上げた。だがそれから1年もしないうちに株は一転して無価値になり、この絵にあるアムステルダムのオランダ商人たちのような何千もの投資家たちが、約束された富の代わりに手にしたものは何もなかった。

狂、そして信用の危うさをいみじくも明らかにすることになった。

実体を伴った金融機関

　他の銀行家たちは、ローの過ちから多くのことを学んだ。いろいろな失敗はあったにせよ、18世紀は実体を伴った金融機関の基盤が整った時期といってよい。イギリスでは、もともとフランスとの戦争のための費用調達を目的に1694年、ウィリアム3世によって設立されたイングランド銀行が、多くの他の銀行の先駆的な役割を果たしたことで、1800年までにロンドンだけでも70の銀行が新たに誕生した。それらの銀行は最初の銀行券と小切手を誕生させたが、同時に偽造とインフレの心配ももたらした。かつて王たちと貴族階級の財産の保管が主たる役割だった金融機関はしだいに大衆のものになり、一般大衆もそうした新しい銀行制度を信頼するようになった。だが、一般大衆はまた、目新しい紙幣の発行に釣り合うだけの十分な金を保有している銀行だけが信用できることを学んだ。

18世紀は、紙の富、株式市場バブル、そして究極的には"まじめな反省"の時代といってよいだろう。

▼
400ポンドを支払うことを命ずる、イギリスで最初の小切手が発行される。

1663年：イギリスで初めてギニー金貨が発行される。もともと約1ポンドの価値を持ったこの金貨は、西アフリカのギニアで採れた金を使ったことからこの名がある。

1694年：税金によって戦費を調達することを目的にイングランド銀行が設立される。

1705年：ジョン・ローが著書『貨幣および商業に関する考察』で「銀行券は硬貨を代替すべきである」と主張。

1716年：ジョン・ロー、フランスで最初の公的銀行であるバンク・ジェネラーレを設立。

1719～1720年：「ミシシッピ泡沫事件」「南海泡沫事件」発生。ともに、植民地における貿易権を独占する会社の株式をめぐる投機的なブームで、投資家と銀行の両方に悲惨な結末をもたらした。

1723年：ペンシルベニア土地銀行によって米国で最初の紙幣が発行される。

1727年：ロイヤルバンク・オブ・スコットランド設立。同行は、借り入れを申し込んでいた特定の顧客に必要な現金の引き出しを認める保証貸しの制度を導入。顧客は引き出した金額に対してだけ利息を支払った。これは、今日の当座貸越の原型といわれる。
▼

第1章 お金小史

⇨ 2012年ロンドン・オリンピックの開会式で、映画監督ダニー・ボイルによって再現された産業革命の光景。産業革命はまさに大きな歴史の転換点であった。石炭によって動くさまざまな機械は、生産、鉱石などの採掘、輸送、そして技術を革命的に変えた。機械や工場の価格が高騰するにつれ、資本を提供する力を持つ個人投資家や出資者の役割はますます重要になっていった。

■ 18世紀と19世紀最大のイベントはなんといっても産業革命だが、同時にこの時期にお金、富、そして金融に革命が起こったことを忘れるわけにはいかない。この時期の200年間に、世界の1人あたり平均収入は10倍に増え、生活水準が向上するにつれ、世界人口は6倍に増えた。

革　　命

近代世界へのこの強力な変化をもたらした原動力、それは技術、輸送、それに思考の三つといってよい。機械を動かすための主要燃料として石炭が木材に取って代わり、蒸気機関の発明は生産過程を劇的に効率化した。繊維工業のブームに次いで鉄鋼業・機械工業の発展が起こると、時代の関心は商人から実業家へと移った。都市はしだいに、新しくできた作業場、製作所、工場、溶鉱炉などに集まる労働者（その大部分は女性と子どもだった）であふれるようになった。

不平等なお金の流れ

工業と貿易が興ると、お金が流れ始める。だが、その流れ方は平等ではなかった。時代が持つ"工業起業主義"的な考えは、否応なく工場労働者ではなく工場所有者を優先した。だから、生活水準は全体的に向上したにもかかわらず、革新と工業化の時代はまた、人口が密集した都市にスラム街が急速に増えた時期でもあった。雇う者と雇われる者（多くの場合、法的な保護をほとんど受けない者といってよい）との分断は、しばしば社会不安の原因になった。

この当時、日常生活という視点で見ればお金はまだまだ地域的なものだった。お金の貸し借りも、銀行を通じるのではなく家族同士で行なわれるのが普通だった。だが、資本主義の進展はまた、新しい金融機関と金融プロセス——それらは現代の

ロックフェラー

ジョン・デイヴィソン・ロックフェラーは1839年7月8日、アメリカ、ニューヨーク州のリッチフォードという町に、田舎の医師兼農夫の息子として生まれた。14歳のとき彼は、七面鳥を売り7％の利息でお金を貸して得た50ドルの儲けと、3日間ジャガイモを掘ることで受け取った1.12ドルとを比較し、自分の未来は金融にあるとの結論に達した。

16歳になるとロックフェラーは、オハイオ州クリーブランドの卸売問屋を所有するヒューイット＆タトル社で、事務員兼帳簿係という最初の仕事を見つけた。業界のことを学んだ彼は、この会社と似たような企業を興す。それこそが、その後に続くロックフェラー"蓄財の旅"の原点といってよい。1859年にペンシルベニアで石油が見つかると、彼はいち早く小さな製油所に出資。その後も次々と製油所を買収し、最終的にそれらはスタンダード・オイル社になる。1882年から、連邦最高裁によって分割が命じられる1911年までの間、同社が行なった配当は実に7億5,100万ドルに上った。

米国で最初の鉄道業など、さまざまな事業に進出していたロックフェラーは、56歳のときに引退。そのときの累計資産は何と約15億ドルだった。もともと謙虚で万事に控えめだった彼は、後生の大半を慈善活動に費やし、5億ドル以上もの寄付を行なった。彼のお金に関する生涯の信条は、その多くがマスコミと一般大衆の共感を得た。ロックフェラーは、「勤勉と身の丈に合った生き方こそ人生とビジネスの基盤である」という生き方を最後まで貫いた。

第1章 お金小史

金融システムの基盤になっている　を生み出した。しかし、産業革命は永遠のブームをもたらすことはなかった。長く続いた成長も19世紀の終わりになると停滞傾向を見せはじめた。生産過剰と自由貿易の"負の側面"によって人びとは、「自由市場経済はいいことだけをもたらさない」という有益な教訓を得たのである。

資本主義の概念

資本主義の概念についてはこれまでにもさまざまな解釈がなされてきた。「競争的な企業環境あるいは市場経済において、生産手段の私的な所有を認める経済システム」というのが、古典時代から行なわれている本質的な説明といってよい。だが、資本主義の概念を広く大衆化したのは、19世紀の中ごろ、カール・マルクス、フリードリッヒ・エンゲルスといった多くの哲学者・歴史家・経済学者たちである。中でも、マルクスとエンゲルスが著した、全3巻から成る『資本論』（1867年、1885年、および1894年）の功績は大きかった。それによれば、資本主義経済は資本財（工業機械、輸送手段、道具と工場）と消費財（大量の家庭用品）によって成り立ち、労働、土地、それに資本財（土地と資本財は資本家が所有している）がなければ生産は起こらないという

▼
1760年ごろ～1840年ごろ：このころに英国とその他のヨーロッパ各国に産業革命が起こったとされる。

1772年：スコットランドが世界で初めて全域の銀行網を確立。

1775～1783年：アメリカ独立戦争。戦費に充てるために連邦議会は積極的に紙幣を発行、これが結果としてハイパーインフレを招くが、独立戦争は成功裏に終わった。

1780～1810年：この時期、ヨーロッパと米国において銀行業が急拡大する。

1787～1799年：フランス革命。

1799～1815年：ナポレオン戦争によって英・仏の金融制度が大きく変化する。

1798年：ナポレオン戦争の費用に充てるため、ウィリアム・ピットがイギリスに所得税を導入。

1830～1860年：世界中、特にドイツ、インド、ロシアで銀行業の拡大が続く。

1848年：カリフォルニアで巻き起こったゴールドラッシュにより、米国の金貨生産が飛躍的に増加する。

1850～1900年：米国経済の発展、とりわけ1890年以降の発展により、英国銀行の海外投資が大幅に増加。

1860～1921年：この時期、米国で銀行の数が急増（1921年には3万行に）。

1861年：米国で南北戦争（1861年～1865年）の費用に充てるため、北軍によって所得税が導入される。

1862年：米国財務省が最初のドル紙幣を発行。

1871年：ドイツ統一を機にマルクが通貨として採用され、日本では円が導入される。
▼

20世紀になると、二つの世界大戦というかつてないグローバルな対立と、めざましい技術進歩が原動力となって、お金はこれまでとは違う力を持つようになる。20世紀の初め、お金はまだ苦労して手で勘定され、取引は台帳に記録され、そして電信送金はまだ登場していなかった。だが、20世紀の終わりになると、銀行や企業は多額のお金を日常的に電子送金するようになった。一方、個人も、コンピューターを使った世界的なネットワーク、つまりインターネットを使って、商品の売買やお金の支払い・受け取りを始めるようになった。

↓ ここ数年、経済が停滞し燃料・食料費が高騰するにつれ、多くの消費者が、自分たちの収入に見合った支出を行なうために新しい方法を活用するようになった。オンライン・ショッピング、月ごとのクレジットカード支払い、デビットによる直接支払い、比較サイトを使った価格比較など、どれも世帯収入を最も賢く使いたいと考える消費者にとって大きな助けとなっている。

現代のお金

お金もまた、「グレートアクセラレーション（偉大なる加速）」と呼ばれるもののひとつとなった。グレートアクセラレーションとは、第2次世界大戦以降、さまざまな新しい発明と技術がいわゆる離陸ポイントに達し、その後、急速に加速する現象をいう。自由貿易地域と共通貨幣政策の観念は、大規模かつ標準化された通貨をはじめとするさまざまな現象を生み出した。1999年に登場したユーロもそのひ

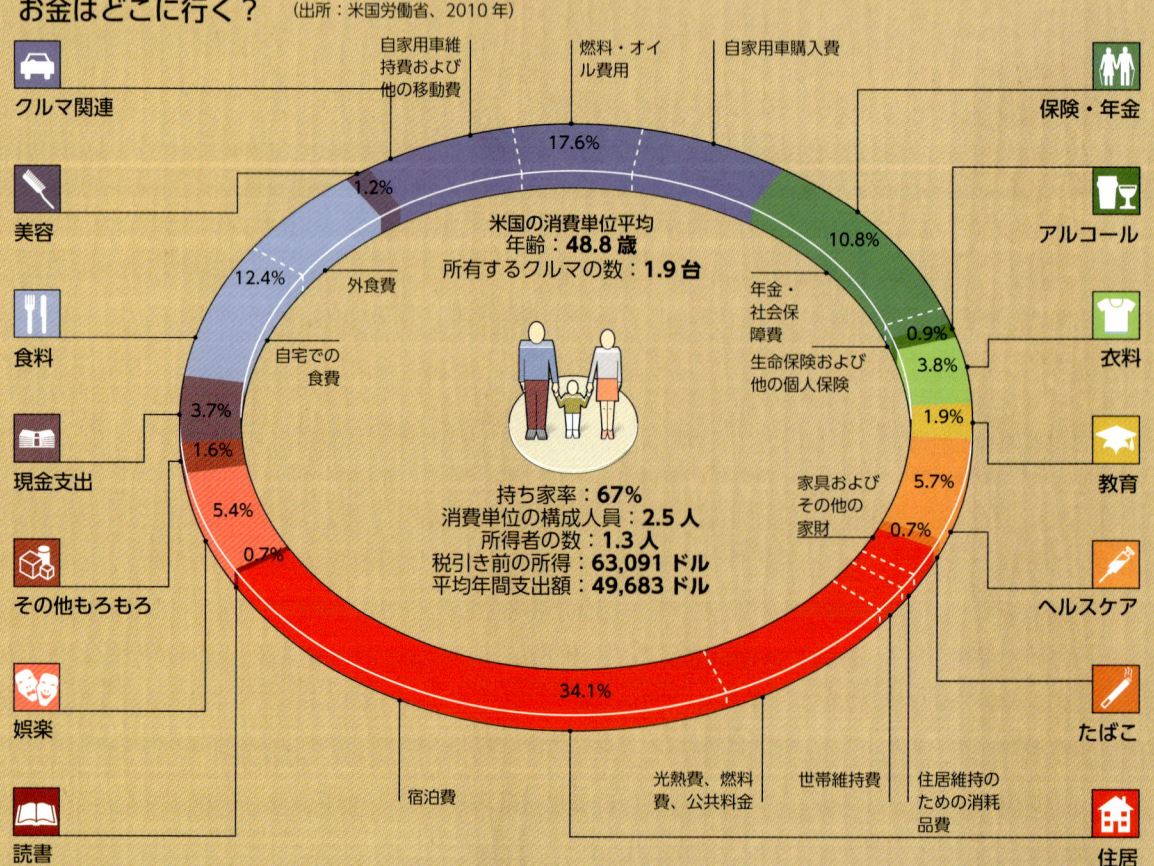

お金はどこに行く？ （出所：米国労働省、2010年）

世界で最も価値のあるコイン

今日、コインは古風に見えるが、それでも稀少なものに対する関心はとても強い。1933年に発行された、双頭の鷲が描かれた米国の20ドルコインが2002年のオークションに出品された。フランクリン・ルーズベルト政権のときに鋳造されてから、実に70年後のことである。このコインが発行された直後のアメリカは、世界大恐慌を乗り切るための方策として金本位制から離脱し、したがって1933年のこの「双頭の鷲」コインはすべて溶かされることになった。それを免れた10枚のコインがコレクターの手に渡ったが、1枚を除くすべてがアメリカ政府に返還された。というのも、それらはみな正式に発行されたものではなかったからである。1枚だけ残ったコインはなぜかエジプトのカイロに渡り、伝説的なファールーク国王のコインコレクションのオークションのひとつに加えられた。アメリカ当局がこれに介入すると、このコインは姿を消した。1996年、コインは再び世に現れた。イギリス人コレクターがディーラーを装ってアメリカのシークレットサービスへの売却を試みたのである。最終的に法的な合意が成立し、引き続き個人的な所有を認めるとともに、2002年7月、オークションにかけられることになった。そのときの最高入札額はなんと600万ドル。だが、米国財務省は最後にこう付け加えた。「この世界で最も希少なコインを所有する者は、さらに20ドルの管理費を支払わなければならない」

とつで、現在、3億3,000万のヨーロッパ人と、それ以外の1億7,500万人（そこには1億5,000万のアフリカ人も含まれる）がユーロを使用している。

電子マネー

20世紀が終わりに近づくころになるとお金は、金属硬貨、紙幣、紙製の小切手以外のさまざまな形に劇的に"変身"しはじめた。たとえば、ATM機能、チップ・アンド・ピン端末、さらに実際のお金を見たり触ったりすることなく、引き出し・預け入れ・支払いができるマーチャントサービス機能が付いたクレジットカードとデビットカードである。"物理的な"お金に寄せられた信用（その一部はすでに為替手形や貸方票［値引きや返品に際して売主から買主に送られる売掛金減額の確認書］に取り入れられていたが）はさらに発展し、オンライン銀行口座に収納された電子的なバランス（収支勘定）に姿を変えたのである。

20世紀はまた、ポイント制度と会員報奨制度の実験が広く行なわれた時期でもある。これらはともに、一種の総合通貨の進化形であり、これを使うことで、人びとは最初に購入した物と同じ物やまったく別の物を買うことができる。こうした仕組み（そのすべてが成功したわけではないが）が勢いを増すと、人びとは「お金がなくなるのではないか」と話し、また取引に硬貨や紙幣がまったく使われない世界を想像しはじめたのだった。

▼

1882年：日本銀行設立。

1914～1918年：第1次世界大戦。イギリスとフランスの国家債務が急増、ドイツでインフレが高まるが、日本経済は戦争に刺激されて大いに活況を呈する。1917年に米国がこれに参戦すると、同国の債務は実に250億ドルに達した。

1929年：米国経済が停滞し、同国の国民総生産量が50％以上落ちこんだことで「大暴落」と「世界大恐慌」が相次いで発生。

1933年：ルーズベルトが米国大統領に就任、経済における自信の回復を目指す「ニューディール政策」を開始。

1939～1945年：第2次世界大戦。主要国の債務はかなり増えるが、それらの債務返済の利子はかなり低いもので済んだ。

1944～1971年：世界主要工業国間の商業的・金融的関係のためのルールを定めた「ブレトン・ウッズ協定」が発効。グローバルな経済再建を促進するためにIMF（世界通貨基金）とIBRD（国際復興開発銀行）が設立される。

1971～1980年：OPEC（石油輸出国機構）が石油価格をコントロールするために強権を発動。それが金利とインフレにも影響を与える。

1999年：EU11ヵ国の共通通貨としてユーロが採用される。

2007～2009年：サブプライム住宅ローン危機が発生、世界全体の信用制度の崩壊を招く。

2009年以降：世界経済の停滞により景気が後退、どの国も収支均衡に苦しむ。だが、各国政府の積極的な介入により、大幅な回復の兆候が見え始める。

■

コヤスガイが貨幣として使われた時代から今日に至るまで、お金は実に長い道のりをたどってきた。そして今もなお、お金は急速に発展している。だが、ある面でお金は"原点"に戻りつつあるともいえる。硬貨、紙幣、そしてまた電子マネーの優位という"回り道"を経て今、「お金に代わるもの」に対する関心はますます高まっている。それは意外にも、コヤスガイに似たものかもしれない。実際、あなたのポケットにしまわれているコインは、遠くない将来、博物館の所蔵品になってしまうだろう。

お金とあなた

今や私たちと売り買いの過程との関係もまた変わりつつある。多くの人が、ある商品に固定的な代価を支払う代わりに、入札するようになったのもその一例といってよい（20世紀の終わりごろに登場したグーグルは、広告主が検索結果リストに対して入札するという、オークションシステムによるビジネスモデルの基盤をつくった）。また、ポイント制度や会員登録による価格還元制度は、消費者のお金の使い方において重要な役割を果たしており、ひいては世界中の経済活動の原動力になっている。今世紀になって消費行動もまた劇的に変わった。先進諸国において今や、10の通貨単位のうちのひとつはオンラインで支払われるまでになった。

信用制度の崩壊

お金の形、またお金と私たちの関係の形が変わるにつれ、見逃すことのできない危険が生じてきた。安易な借金、つまり返済方法を十分に考えないまま借りるお金が、21世紀冒頭になって急に増えたのである。クレジットカード所有者から銀行ローンの利

⇩
2010年、中国のオンライン・ショッピングサイト「ダンダン（当当網）」が新規株式を公開。その総額は10億ドルに上ったと見られている。以来同社は、中国の強い経済力、PCおよびモバイルを使ったオンライン・ショッピングブームに支えられて利益を拡大した。近い将来、世界最大のオンライン・ショッピングサイトであるアマゾンのライバルになるだろうと見る専門家もいる。

ペイパルの物語

これまでにない画期的な通貨技術の典型として知られるペイパルは、アメリカ・カリフォルニア州の新進の技術企業であるコンフィニティー社が開発したソフトウェアから生まれた。暗号化されたEメールによる支払いがペイパルによってモバイルデバイスでできるようになったことで、世界で最初の"電子財布"が誕生したのである。1999年7月に開かれたペイパルの発表記念パーティーにおいて、ある投資家は300万ドルの資金を、創業者であるピーター・シールの「パームパイロット」［米国パームコンピューティング社製の手のひらサイズの小型情報端末］を経由して同社の口座へ"発射"して見せた。2000年3月、コンフィニティー社が、インターネットを使った金融サービスを提供するXドットコム社と合併すると、ペイパルは初期のオンライン取引の世界において、とりわけeベイのユーザーが行なう決済において他を圧倒するようになる。2002年10月、オンライン・オークション大手であるeベイ社がペイパルを15億ドルで買収、ペイパルはeベイ社が提供するサービスにおいて重要な役割を担うようになった。2009年の時点で、ペイパルを使った取引額は710億ドルに上り、世界で利用可能な国の数は現在、190ヵ国、口座数は2億3,000万以上になった。また、今は他のオンライン・ショッピングサイトでも同様に利用することができる。

第1章　お金小史

用者、大企業に至るまで、"借金"の基盤になってきた信用制度が2007年から2009年にかけて崩壊したことは、歴史的な金融大惨事のひとつとしてこれからも長く語り継がれるに違いない。それはまさに現在に特有の現象——今日の世界中の金融機関は相互につながっているという事実——によってさらに深刻さを増した。つまり、今日、あるところで惨事が起こると、それはドミノ現象のようにまたたく間に他の場所、ひいては全世界に波及するのだ。

　この企業および家計の債務危機はすぐさま公的債務危機につながった。つまり、経済の停滞によって弱体化した国々は帳簿上でのバランス（均衡）を維持するために格闘した。だが、国債市場への大胆な政府介入にもかかわらず、弱い経済圏の総体的な弱さを根本的に変えることはできなかった。だから、2011年までにギリシャ、ポルトガル、スペイン、そしてイタリアが政府債務をデフォルト（債務不履行）する兆しを見せたとき、17ヵ国から成るユーロ圏には大きな亀裂が生じ、それが各国を混乱に突き落としたのである。

現在、世界の主要経済圏（米国、EU、中国、そして日本）が生むグローバルな通貨供給量の合計は、約50兆ドルと見られている。

⇩

2008年、メディアが報じた、ある銀行の行員が身の回りの物を詰めた箱を抱えて職場を去る光景こそ、今まさにクレジットシステムの崩壊が起こうとしていることを象徴した出来事だった。世界経済において1929年以降の最も大きなショックは深刻な影響をもたらした。リーマンブラザーズが倒産しただけでなく、メリルリンチ、AIG、フレディーマック、ファニーメイ、HBOS［英国の金融保険グループ］、ロイヤルバンク・オブ・スコットランドなど、多くの大手企業・団体が救済の対象になったのである。

現金の終焉

1939年：ニューヨークのシティバンクで、小切手と現金による預金のみを受け付ける「バンコグラフ」［現在のATMの前身といわれる機械］が実験的に設置される。だが、ユーザーの不評を買って6ヵ月で撤去。

1951年：世界で最初の公式的なクレジットカードである「ダイナース・クラブ・カード」がニューヨーク市で導入される。

1958年：「アメリカン・エクスプレス・カード」が新登場。

1966年：「ビザ&マスターカード」が新登場。

1972年：最初の現代的ATMがイギリスで導入される。

1990年：デビットカードの登場。これは、ユーザーが一定額を預け入れておけば、その残高がなくなるまで支払いのためにカードを使うことができるというものだった。

1997年：ヘルシンキに設置された二つのコカコーラ自動販売機を経由し、SMSテキストメッセージを使った携帯電話コマースが始まる。

1998年：米国カリフォルニア州パロ・アルトでペイパル社が創業。これによってインターネットを経由して支払いと送金ができるようになった。

2003年：ロンドン交通局により、無線決済技術を使った「オイスターカード」が発行される。

2004年：イギリスで「チップ・アンド・ピン構想」による支払いシステムがスタート。

2010年：USBメモリーを用いてバスと列車の支払いができる仕組みを、フランス政府がモンペリエでスタート。

2016年：この時期に「ほとんどすべての日常的な消費活動がモバイル機器によって可能になる」とアナリストたちが予測。

2018年：計画によれば、法で認められた小切手による支払いが全世界で終了する。■

第2章 豊かな世界、貧しい世界

⇧
渋谷駅前交差点。3,500万人が暮らす首都圏は、間違いなく世界で最も人口が集積した地域といってよい。

私たちが住む世界はますます過密なものになっている。国連人口基金によれば、世界人口は2011年の終わりまでに70億に達した。そのことは私たちに、喜びよりも不安を抱かせる。専門家はさらに、産児制限の遅れ、幼児死亡率の低下と平均余命（1950年に48歳だったものが現在は69歳になっている）の伸びしだいで、世界人口は2025年までに80億に、2083年までには100億に達すると予測する。

それよりも注目すべきは人口増加のスピードである。世界人口が10億になったのは1804年、それが20億になったのは1927年、つまり123年後のことだった。それからわずか32年後の1959年に30億になった人口は、1974年にあっさりと40億の大台を突破。それ以降は12年ないし13年ごとに10億人ずつ増えている。

こうした膨大な数の人間は全体として、私たちが深い意味なくいうところの「富」を所有している。国連の世界開発経済研究所が2006年に行なった、38ヵ国を対象とした大規模な調査によれば、"一家の財産"の主要要素である金融資産、

最も豊かな10%の成人が世界の富の85%を所有する一方、50%の人びとが所有する富はわずか1%未満でしかない。

借り入れ、土地・建物などの不動産の合計は実に125兆ドルだったという。

"スパイラル（螺旋）化"する生活費

世界では今、途方もない矛盾と不平等が起こっている。米国や日本といった先進国と、アフリカ、アジア太平洋の最貧国、北朝鮮などとの差は広がる一方だ。

ますます増え続け、そして長命化する世界人口は、住居、食料、他の自然資源、エネルギー、安全、そしてまた豊かな地域と貧しい地域との格差といったさまざまな課題を私たちに突き付けている。貧しい人はさらに貧しくなることを運命づけられているようにさえ見える。たとえば、アフリカのサハラ砂漠以南地域における人口の急増傾向は今後も続き、9億人を擁する同地域の現在の人口は向こう40年の間に倍増し、しかもその大部分がすでに過密化している都市に殺到すると見られている。

こうした現実に対する意見はさまざまだ。大きな不均衡に対する最も普通の反応は、「富全体を再配分すべきだ」というものだ。だが、多くの経済学者は、富はひとつのダイナミック（動因）にすぎないと主張する。つまり、もっと重要な課題は、富を所有する人間から富を切り離すのではなく、どうすれば貧しい人が自分自身で豊かになる方法を見つけることができるかなのだ。

この章では、超リッチから超プアに至るまで、今日の世界における富の諸相に迫ってみたい。もちろん、大多数を占める中間層——大きな購買力と投票力を持っている人びと——を忘れるわけにはいかない。そうした階層とお金との関係は実にさまざまだが、共通しているのは、グローバル化の潮流とそれがもたらす好機と脅威の両面に、だれも無縁ではいられないということである。

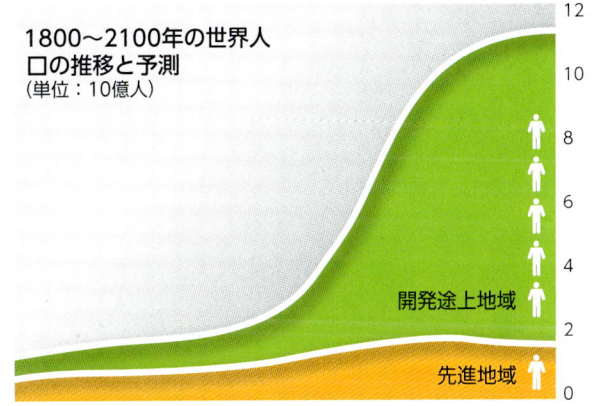

1800～2100年の世界人口の推移と予測
（単位：10億人）

開発途上地域
先進地域

⇧
過去半世紀において出生率は下がり続けているが、それでも向こう12年ほどの間に世界人口はあと10億人ほど増えると予測されている。そのうちの大部分がアジア、アフリカ、中南米といった途上国だと見られている。ヨーロッパとアメリカを合わせた人口はおおむね安定すると見られているが、ドイツ、ロシア、日本など、急速な人口減に直面している国もある。

世界で最も新しい国

2011年7月に独立を獲得し192ヵ国が加盟する国連の一員となった南スーダンはまた、膨大な天然資源を持ちながら世界で最も貧しい国のひとつである。800万の人口の約90％が文字どおり1日1ドル以下で生活し、慢性的な飢餓に苦しみ、読み書きを知らず、そして満足な道路も電気もない、戦争で荒れ果てた土地に暮らしている。皮肉なことに、この国は超リッチな国々とひとつだけ共通点がある。それは膨大な石油を埋蔵していることだ。確認されているだけでも70億バレルの埋蔵量があると見られる石油は、すでに年間10億ドルの収入を同国にもたらしている。この難問を解決するカギは、財政ではなく人間だ。もしこの国が富裕層と貧困層との溝を埋め、「正義、自由、繁栄」という国是を追求するのであれば、今この国に何より必要なのは平和、教育、そして先進経済圏の強力な支援である。

第2章　豊かな世界、貧しい世界

■ 一般にグローバリゼーションは、現代世界における単一かつ最大の政治的・経済的・社会的トレンドといわれてきた。だが、実際は何を意味しているのだろうか。本質的にいえば、グローバリゼーションとは「ヒト、モノ、サービス、そして資本の世界的な移動と流れがますます統合化すること」といってよいだろう。いうまでもなくその原動力となったのは、貿易と金融がより自由化されたこと、そして大量輸送と通信が発達したこと（同時に安価になったこと）である。グローバリゼーションはまた、大企業の事業の進め方や、顧客や仕入れ先に対する経営者の考え方を大きく変えた。

グローバリゼーション

↓ここ20年、多国籍のスポーツウェアメーカーのグローバルなアピールはとても目立つ。中でもその先導を切っているのがアディダスとナイキで、ゴルフ、テニス、サッカーの有名選手を盛んに起用してブランドイメージを強化してきた。この競争に加わったのがドイツ企業のプーマで、最近もジャマイカのスプリンター、ウサイン・ボルトを自社のキャラクターとして採用した。

より現実的な言葉でいえばグローバリゼーションによって、たとえば北米に事業拠点を置くスポーツウェアメーカーが、ヨーロッパのデザイナー、アジアの生産業者、世界的な物流企業を使うことで、複数の市場において製品の生産と流通をシームレスに行なうことが可能になる。

同様に、ある国の金融機関が、別の国に置かれたコールセンターを通じて顧客からの問い合わせに答え、別の国で年次報告書を作成し、さらに競争力のある価格政策を決定し、また優秀でスキルの高い人材を確保するといったこともできるようになる。

グローバリゼーションは1950年代からすでに始まっていたが、ここ10年にさらにそのスピードが増し、衰える様相をまったく見せていない。グローバリゼーションによって"得した"人もいる一方で"損した"人もいるし、支持する人もいれば批判する人もいる。大手の多国籍企業とその株主たちはアウトソーシング（外部委託）と海外の安い人件費によって大きく潤ったが、半面、安価な労働力の搾取という問題を引き起こした。

何よりグローバリゼーションが、複数の市場と通貨を操り、多様な文化と民族的な背景を持つスタッフを雇用する多国籍企業に有利に働いたことは間違いない。

真のグローバル企業とは……
いくつかの大手多国籍企業を何年も追ってきたアメリカのビジネス誌「フォーチュン」によれば、各分野における"リーダー"とい

グローバリゼーションとは、ある地域に拠点を置く企業が、他の国からモノとサービスを調達し、それらを第3の国に販売することを意味する。

える企業は、アメリカのスーパーマーケット最大手であるウォルマート、ロイヤル・ダッチ・シェル、エクソン・モビル、BPといった石油メジャー、トヨタ、フォルクスワーゲンなどの自動車メーカー、AXA、ファニーメイのような大手金融機関だという。

ちなみに、2011年にウォルマートが挙げた収入は4,210億ドル、ネスレ社の利益は330億ドルだった。

ロカヴェスティング

「今やグローバリゼーションの時代ではない」という人がいる。ローカリゼーション（地域化）の動きが生まれ、それが、グローバルな多国籍企業ではなく、もっと自国に密着した小規模企業を発掘するよう投資家（それに消費者）を刺激しているというのだ。地元の企業こそ、地域社会における雇用創出の"触媒"であり、さまざまな企業活動の推進者であると彼らはいう。「ロカヴェスティング（local + investing）」、つまり地域企業への投資を最も活発に行なっているのは、"隣り近所"の投資クラブやいわゆるビジネスエンジェルと呼ばれる人たちだ。彼らはお金ばかりでなく、しばしばそうした企業に対する指導教育も提供する。むろん、こうした動きが活発になれば、今は小規模な企業もいずれはグローバル企業になる可能性もある。

ウォルマートは、1962年に創業した総合小売業チェーンである。今も創業家であるウォルトン一族が実権を握る同社は、米国アーカンソー州ベントンビルに本拠を置き、世界で最も多額の収益を得る企業という地位を保っている。

ウォルマートは、世界中のどの企業よりも多くの食品を売っている。

ウォルマートは全米で約3,900の店舗を展開している。

ウォルマートの従業員数は現在約160万人。世界最大の民間雇用主といってよい。

今年、ウォルマートで発生した購買経験の数は72億件（ちなみに現在の地球人口は約70億人）。

ウォルマートは世界史上、最も大きい企業である。

すべてのアメリカ人が1日の1時間あたりウォルマートで消費する金額は3,600万ドル。これが結果として毎分20,928ドルの利益につながっている。

全アメリカ人の90％はウォルマートのある店舗から25キロ以内の所に住んでいる。

第2章　豊かな世界、貧しい世界

生活、家畜の飼育、そして作物の栽培のために人類が最初にテリトリー（自分の土地）の区分を行なって以来、土地の所有は常に人間の前進と富の蓄積の中核であり続けてきた。村、町、そして都市など人が集まるところではどこでも、土地は分配、売買、そして奪い合いの対象になってきた。

土地の重要性

グローバリゼーションの結果、世界が"縮む"につれ、土地はますます稀少になり、さらに価値を増している。それを後押ししているのが、需要と供給という普遍的な経済原則である。特別に人気のある土地——たとえば日当たりがよく、税金面で有利な場所——は、狭くても法外な値段が付く。

都市圏の土地が高騰する一方で、農地もまた大きなビジネスの対象になっている。人口の増加と人口動態の変化——とりわけ中流階級の急増——は、食料需要の増加と食生活の変化を促してきた。増え続ける人口がもたらす食料需要に応えるため、またアジア諸国により多くの肉を供給するために、向こう30年間に世界の食料生産を今より70％増やす必要があると世界銀行は予測する。

アメリカでは、初期の植民地の特徴であった小作農場や小規模農場が、今や大規模な企業農場に取って代わられようとしている。そうした企業農場の所有者の多くは、年金基金、ヘッジファンド、それに教会組織である。現在、アメリカ農地の2大地主は、ひとつはモルモン教団、そしてもうひとつは5,000億ドルの資産を有する「TIAA-CREF」という年金基金で、同基金が持つ土地の価格は実に数十億ドルに上る。そうした投資が増えたのは、複雑で人工的な金融商品に対する懐疑的

⇩
ここ10年、土地の価格はうなぎ上りに上昇し、今もその傾向は変わることがない。西ヨーロッパ、アメリカ、カナダ、オーストラリア、ニュージーランドが地価の最も高い地域で、中央・東ヨーロッパと南米がそれに続き、今はサハラ以南のアフリカもまた強い関心を集めている。

世界主要地域の土地価格 (2011〜2012年)
[1ヘクタールあたり、単位：米ドル]

- ドイツ 22,000ドル
- ロシア 800ドル
- イギリス 18,000ドル
- ポーランド 6,000ドル
- カナダ 5,362ドル
- アメリカ 5,362ドル
- ニュージーランド 2,800ドル
- ブラジル 5,500ドル
- アルゼンチン 14,000ドル
- オーストラリア 2,800ドル
- アフリカ 800〜1,000ドル

な見方が増す中、不動産が与える安心感が原動力になったからだ。しかもそうした投資は十分に利益をもたらすことが分かった。というのも、21世紀の最初の10年間の終わりごろになると、アメリカの土地価格は1年間で実に20％も上がったからである。これは1970年代以降、最大の上昇率だった。OECDの試算によれば、2010年に農地に投資された資金の総額は450億ドルで、この数字は今後さらに2倍、3倍になると見られている。

土地の収奪

このところ土地の収奪が世界的な現象になっている。先進諸国の土地が高騰すればするほど、中進国や開発途上国に注目する投資家が増えてきた。たとえば2009年に、各国の政府系ファンドは4,500万ヘクタールの土地（イギリス国土の2倍）を開発途上国で獲得したが、その3分の2はアフリカだった。

土地価格の上昇は投資家にとってはありがたいことかもしれないが、貧しく飢えた人びとにとっては潜在的な悲惨さをもたらす。特に、購入された土地が農地として有効に使われるのではなく、投資の対象とされればなおさらである。大豆・砂糖・トウモロコシといった穀物（いわゆるソフト商品として世界中で取引される）、また牛のための牧草地の価格は過去10年、大幅に上昇し、それが食料の不足を招き、ひいては社会不安の原因にもなってきた。

こうした傾向は、今や急速に姿を消しつつある小規模で持続可能な農業、あるいは家族経営の農場にとって何の利益にもなっていないのが現状である。

> "土地を買え。だって土地はもう増やせないのだから"
> ——マーク・トウェイン（1835〜1910年、作家）

⇩
モンタナ州のカウボーイ、ダレル・スティーヴンソン（写真右）は、ロシアを旅してひとつのビジネスチャンスを見つけた。旅先でステーキを食べることができなかった彼は、ロシア南部のボロネジ地域に安い土地を買い、モンタナにいる1,400頭の牛とカウボーイたちをそっくりこの土地に運び、スティーヴンソン・スプートニク牧場を設立、口にすることができなかったステーキを提供することにしたのだ。

今日、富裕層といわれる人びとの数が増えているだけでなく、彼らが保有する資産も増加している。2011年現在、100万ドル以上の投資可能資産（主に自宅として使っている不動産を除く）を持つ富裕層と呼ばれる人びとの数は全世界で約1,090万人、彼らの資産の合計は42兆7,000億ドル（その3分の1は株式）に上ると見られている。近年の度重なる経済ショックにもかかわらず、富裕層の数は年に10％という率で増え続けている。彼らはまた、世界の地域に関係なく万遍なく分布しているが、そのうちの約310万人がアメリカに、330万人がアジア太平洋地域に、そして310万人がヨーロッパに暮らしている。

富裕層

富裕層の上には、一般に3,000万ドル以上の投資可能資産を持つとされる超富裕層と呼ばれる人びとがいる。さらにこれらの上に、10億ドル以上の資産を持つビリオネアと呼ばれる階層がある。最新の統計である2011年の数字では、世界に約1,210人のビリオネアがおり、彼らの資産合計は4兆5,000億ドルに達するといわれている。むろんこの数字には、世界の支配者・独裁者といった人たちは含まれていない。彼らがしばしば法外な富を築いていることはよく知られている（たとえば、リビアの故カダフィ大佐は2,000億ドルもの違法な財産を蓄えていたとされる）。

BRICs諸国のビリオネアたち

ブラジル、ロシア、インド、そして中国（いわゆるBRICs諸国）の発展は、新しいタイプの富裕事業家を生み出した。多くの場合、彼らの成功は国内の政治的変動、彼らのビジネス感覚、それにもちろんある種の幸運に負うところが大きい。彼らの成功物語はそれぞれに異なるが、共通しているのは、彼らの国がみな、すさまじい勢いで資本主義を受け入れたことである。また、多くのブラジル人ビリオネアたちが農業や商品関連企業のオーナーであるのに対し、ロシアと中国のビリオネアたちは新たに民営化された重工業・石油・天然ガスなどの事業によって巨富を築いた。一方、インドでは民主主義と教育を基盤とする技術・サービス関連事業が富をもたらした。

しばしば富は、政治的庇護から生まれる。たとえばロシアのオリガーチ（新興実業家）たちがその莫大な資産を築くことができたのも、その言葉が示すように［oligarch ともと「寡頭政治」を意味する］、時の政治指導者——具体的にいえば、エリツィン大統領やプーチン大統領ら——と近い立場にあったおかげといってよい。1990年代、ロシアの政治指導者たちは、鉄鉱石・鉄鋼・石油・天然ガス・化学製品などの国有企業の民営化を積極的に進めたが、それが近縁にいる事業家たちを大いに潤したのである。これらの初期の実業家たち——ミハイル・フリードマン、オレグ・デリパスカ、ロマン・アブラモ

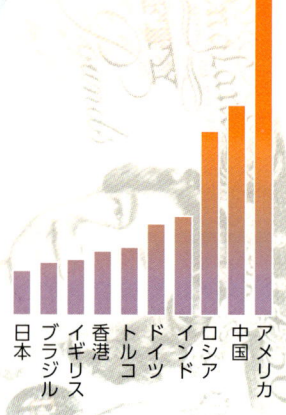

⇩
世界中のビリオネアの数は、依然としてアメリカがトップの地位を保っているが、中国とロシアが急激なスピードでそれに迫っている。アジア太平洋地域では起業によって成功する人も急増しており、それに伴って健全な株取引によって富を蓄積する人が増えている。

ビリオネアの数
（上位10ヵ国）

日本／ブラジル／イギリス／香港／トルコ／ドイツ／インド／ロシア／中国／アメリカ

ビッチ、ボリス・ベレゾフスキら——の多くは、銀行、不動産、芸術、スポーツといったさまざまな事業に進出した。ロシアには現在、100人を超えるビリオネアたちがいるが、彼らのプレゼンスと突出した購買力は、結果としてロシアの富と貧困をますます際立たせている。

最も成長の速い経済圏

ブラジルはこれまで比較的、地味な成長過程をたどってきたが（だからブラジルは、BRICs諸国の中の"年少者"などといわれることもあった）、それでも約30人のビリオネアがいることを忘れてはならない。彼らのほとんどがサンパウロとリオデジャネイロにいる。過去20～30年の間に、金融・電気通信・メディアにおけるブームのおかげでブラジルの天然資源と農業資源は広く知れ渡った。その結果、莫大な額の海外資金がブラジルに流れこみ、それが新興の企業家たちを大いに潤した。

一方、アジア・極東では、インド、それに中国が「世界で最も成長の速い経済圏」の称号を手にしようと競争に余念がない。そうした国々の新しいエリートたちは、これまでとはまったく異なった環境から出現している。たとえば、インドの民主主義、中国の社会主義といった具合である。インドは資本主義のモデルをアメリカに求めた。その結果、工業、海運、不動産、消費者志向の産業（たとえば、ラクシュミ・ミタルやアン

⇩
ニジニ・ノヴゴロド（ロシア）にあるルクオイル社の石油精製施設。ルクオイルはロシアで最も成功した石油企業のひとつで、1991年、当時のボリス・エリツィン大統領が三つの国営石油会社の合併と民営化を認める法令を発布したのを機に誕生した。欧米スタイルのビジネスモデルを取り入れながら、同社は探査・精製・販売という三つの部門の統合に成功。2011年の売上げは1,336億ドルに達した。

世界ナンバーワンのお金持ち

カルロス・スリム・ヘルー、71歳。コイーバ葉巻をくゆらすメキシコ人実業家の主な資産は、電気通信、銀行、航空、鉱山、建設、小売りといった企業の株だ。彼の資産総額は推定740億ドル。父のジュリアンはレバノンからの移民で、1910年のメキシコ革命のときに雑貨店を開業したところ、これが大当たり。その息子であるカルロスは、11歳のころ毎週、自分の小遣いから5ペソを政府の貯蓄債券に投資。それから2、3年後、彼はメキシコ最大の銀行の株を手にする。26歳のとき、すでに4,000万ドルの資産を築いた彼は、それを元に、1980年代初頭の景気後退時に"格安"企業を次々に買収する。急速に成長した彼のコングロマリット（複合企業体）は、1990年、テルメックスを買収したことで完成する。もともとメキシコ国営のテレコム企業だったこの会社は、今や全南米の移動通信ネットワークを所有するまでになった。

さらに最近は、アメリカの銀行であるシティグループ、百貨店運営会社のサックスの経営にも相次いで参加している。

もともとどちらかといえば控えめな性格――たとえば彼の自宅は、世界的な絵がかけてはあるものの寝室は6部屋しかない――であるスリムは、自分の会社を経営する際のお金の使い方にはとてもシビアだ。「"雌牛が乳をいっぱい出すとき"（儲かっているとき）でも質素を保たなければならない」――これは、彼が従業員を叱咤するときによく使うモットーのひとつだが、彼の考えをよく表わしている。彼の3人の息子たちも父親の"事業帝国"の発展を助けており、毎週月曜日にスリムの自宅に集まって簡単な夕食を摂りながら、スリムの事業によって日々入ってくる推定3,000万ドルの資金をどうすれば最も賢明に投資できるかを話し合う。

現在、「BRICS（南アフリカを含む）」は世界人口の43%を占め、また世界の全GDPの40%を占めている。

バニ兄弟といった人たちによる娯楽・IT産業）が大きく発展した。中国では、消費者社会への変革を進め、また資本市場を受け入れた人びとがいち早く巨富を手にした。株式の新規発行と巨大な消費財市場の誕生は100人を超えるビリオネアを生み出した。その筆頭が55歳の建設機械業界の大物である梁穏根で、その資産総額は110億ドルといわれている。

これらBRICs諸国では、巨万の富と、富に無縁な人びとに蔓延している貧困との対比がますます際立っている。そんな中、BRICs諸国のビリオネアたちの華美な生活ぶりとは反対に、財産を慈善活動に費やす人も出てきた。さらなる富を求めて飽くなき競争を繰り広げ、またお互いの姿を見るうちに、かのビル・ゲイツ（いうまでもなくそうした"ビリオ

第2章　豊かな世界、貧しい世界

ネア仲間"のひとり）がいった言葉——「大きな富を持つことは大きな責任を負うことだ」——に共感したのかもしれない。

名前の中に何がある？

　2001年、ゴールドマン・サックスのエコノミスト、ジム・オニールが初めて「BRICs」という頭字語を使ったとき、彼はおそらく他の国々が「我々も仲間に入れろ」といってくると考えたに違いない。たしかに、アジアでめざましい経済発展を遂げている韓国はこれに加えてもいいだろう（そうなると当然、「BRICs」ではなく「BRICK」になる）。また2010年には、アフリカで最大の経済規模を持ち、未開の富が眠るアフリカの"入り口"と見られている南アフリカが正式にこのグループの一員に加えられた（その結果、略称は「BRICS」となった）。最近では、もう一段"格下"の経済圏グループがつくられた。先の南アフリカに加え、コロンビア、インドネシア、ベトナム、エジプト、トルコから成る「CIVETS」である。共通しているのは、どこも民主主義が台頭し、教育と企業家精神に対する国民の関心が急速に高まり、成長が著しいということである。

> **知っておきたい言葉あれこれ**
>
> 世界の新興経済圏を表わす主な頭字語
>
> **BRIC**：ブラジル、ロシア、インド、中国
> **CIVETS**：コロンビア、インドネシア、ベトナム、エジプト、トルコ、南アフリカ

お金で幸福は買えるか？

　長年、経済学者は、「富は人を幸せにするか」、もっと広くいえば、「豊かな国は貧しい国よりも幸福か」ということを議論してきた。いわゆる「イースタリンの逆説」——1974年、アメリカの経済学者であるリチャード・イースタリンが発表した「経済成長は人間を大きく改善するか」と題する論文——が示すように、ある社会の発展とその社会の平均的な"幸福度"との間には何の相関もない。だが、これに反論する人たちもいる。アメリカの社会動向を調査した「2006年GSS（総合社会調査）」によれば、「資産が増えるに従って人は"まあ幸せ"から"とても幸せ"に変わる傾向がある」といった結果が出たのである。

　これに対し、ノーベル経済学賞を受賞したダニエル・カーネマン博士とその同僚であるアラン・クルーガーは、「裕福な人は"自分は幸せだ"ということが多いが、現実は少し違う」とした上で次のようにいう。「平均以上の収入を得ている人は自分の生活に比較的満足するが、その幸福度はその日暮らしで生きている人たちより辛うじて上に過ぎず、緊張度が高まる傾向があり、本当に楽しめる活動に費やす時間はとても少ない」

　では、当の金持ちはこのことをどう考えているのだろうか。セレブ雑誌に「ハイライフ」と題するコラムを書き、自身も富裕な人間といわれているタキ・セオドラコプラスの考えは明快だ。「金持ちは幸福か」との問いに対して彼は「そのとおり」と答え、また「金持ちは、あなたが持っている以上の楽しみをお金で買うか」との問いにはためらうことなく「間違いない」と答えた。

第2章 豊かな世界、貧しい世界

世界の「富裕層」と「それ以外の人びと」との不均衡が広がる一方で、ほとんどの人は自分たちを、「特に富裕でもないが、だからといってとりわけ貧しいわけでもない」と考えているのが実際のところだろう。事実、世界人口の圧倒的大多数は、（少なくとも先進諸国においては）経済面でいえば、慎ましいが居心地のよい人生を送っている。「ブルジョア」というフランス語は当初、フランス革命の前の「第三身分」、つまり平民を意味するために用いられたが、現在は、「購買意欲の強い消費者」という、より普遍的な階層を意味するようになった。

中間所得層

今日、この巨大な人口グループの重要性はますます高まっている。というのも、彼らこそ、短期および長期の購買の決定者であり、結果として主要な消費産業の牽引力になっているからだ。彼らの代表的な"身分"をいえば、管理職、専門技術職、主婦・主夫、学生、それに近年急増している定年退職者といった人びとだ。彼らをさらに分類す

⇩ 一口に中間所得層といっても国・地域によってさまざまだが、共通しているのは、このグループが最も人口が多く、お金の点でも選挙権の点でも巨大な力を持っているということだ。現在、この「選挙の時に正義を行使するグループ」の人口統計を分析するために、何千という時間、何百万ドルというお金が費やされているのもそのためといってよい。

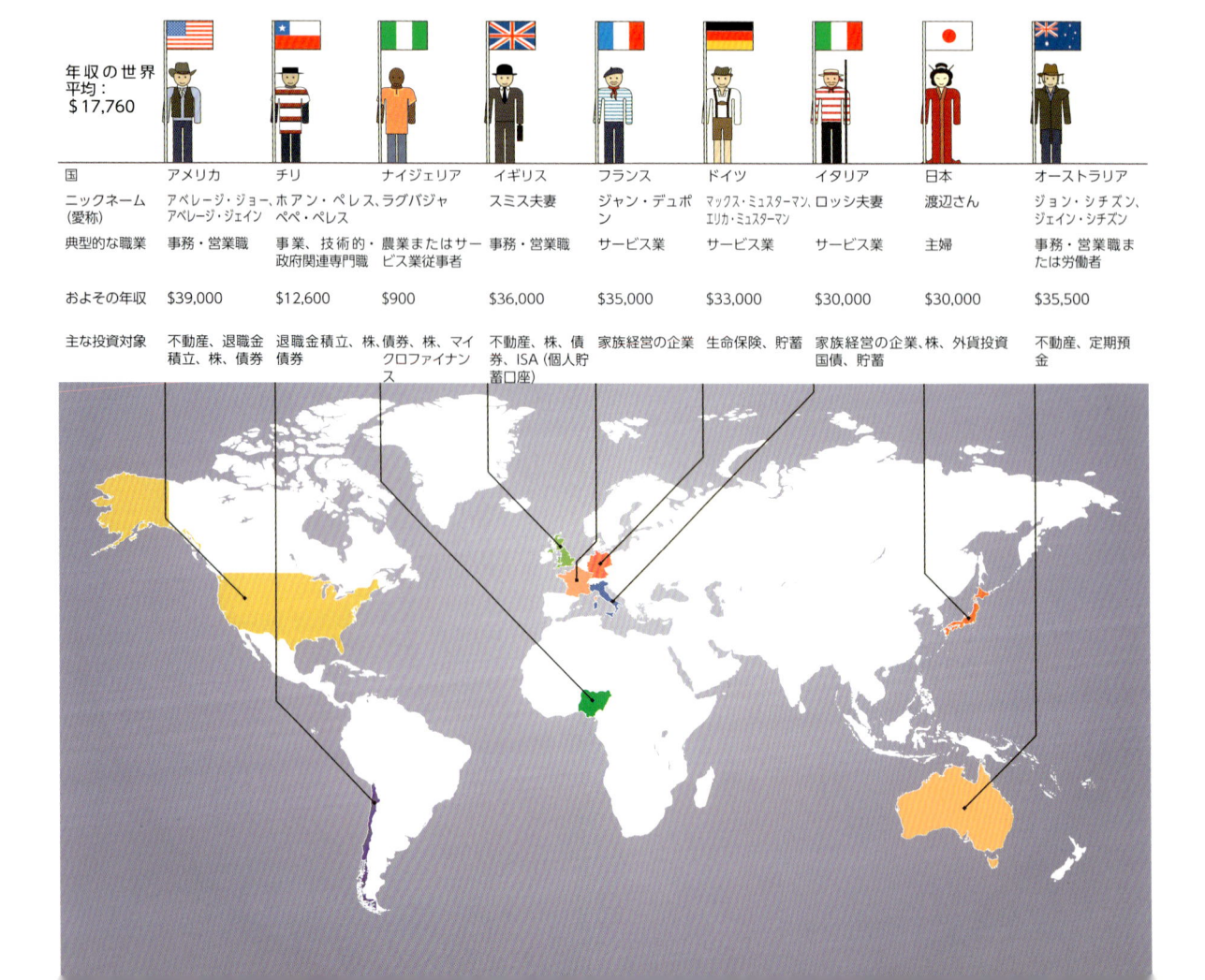

年収の世界平均：$17,760

国	アメリカ	チリ	ナイジェリア	イギリス	フランス	ドイツ	イタリア	日本	オーストラリア
ニックネーム（愛称）	アベレージ・ジョー、アベレージ・ジェイン	ホアン・ペレス、ペペ・ペレス	ラグバジャ	スミス夫妻	ジャン・デュポン	マックス・ミュスターマン、エリカ・ミュスターマン	ロッシ夫妻	渡辺さん	ジョン・シチズン、ジェイン・シチズン
典型的な職業	事務・営業職	事業、技術的・政府関連専門職	農業またはサービス業従事者	事務・営業職	サービス業	サービス業	サービス業	主婦	事務・営業職または労働者
およその年収	$39,000	$12,600	$900	$36,000	$35,000	$33,000	$30,000	$30,000	$35,500
主な投資対象	不動産、退職金積立、株、債券	退職金積立、株、債券	株、債券、マイクロファイナンス	不動産、株、債券、ISA（個人貯蓄口座）	家族経営の企業	生命保険、貯蓄	家族経営の企業、株、国債、貯蓄	株、外貨投資	不動産、定期預金

典型的な市民とは……

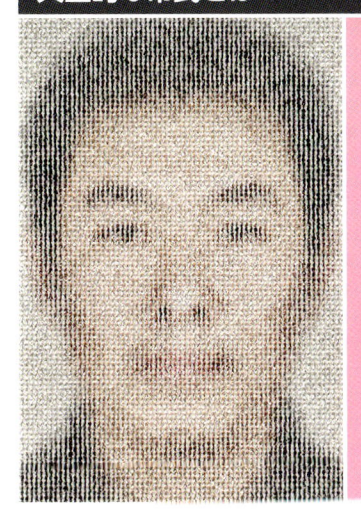

アメリカの雑誌「ナショナルジオグラフィック」によれば、現在、世界で最も典型的な人は「中国漢族の血統に属する、28歳、右利きの男性」だという（2030年以後は南アジアの血統に変わる）。この写真は、そうした"条件"を備える19万人から合成したイメージである。経済的な視点で見れば、この典型的な市民は、1万2,000ドル以下の年収を得、携帯電話は持っているが、銀行口座は持っていない（もっとも、間もなく携帯電話が銀行口座の役を果たすようになるが）。彼はまた、両親よりも学歴が高く、向上心が強い。さらに、この経済的に自立し技術に強い若者は、世界的なブランドに翻弄されており、月収1,000ドルを惜しみなくブランド品につぎこむ。だが、近年の大量消費主義（とりわけ贅沢品の）の到来にもかかわらず、ここに紹介した中国人のような若者たちは、消費に関してより賢い判断をするようになり、ブランド品の価値に疑いを持ちはじめている。

ればきりがないが、購買者・消費者・貯蓄者としての彼らの平均的な姿は、まさにマーケティング業界における"聖杯"（飽くなき探求の対象）といって過言ではない。彼らはまた、政党にとっても最も重要なターゲットである。というのも、社会の中間層である彼らは経済的に難しいときに大通りで暴動を起こすことはないが、もし政府が経済の監督に失敗したと見れば、容赦なく政府を変えるために選挙権を行使するからだ。

静かな人生は自分自身へのご褒美

だが、中間所得層の典型は国によってまちまちだ。たとえば、日本では「渡辺さん」がよくいる平均的な日本人のひとりである。民族的多様性がきわめて高いアメリカでは、「アベレージ・ジョー」「アベレージ・ジェイン」などと呼ばれる"平均的アメリカ人"を定義することはますます難しくなっているが、「大都市近郊に暮らし、ホワイトカラーの仕事でささやかな給与所得を得ている人」が標準的なアメリカ人のイメージといってよいだろう。他の国と同様アメリカでも、サラリーの多寡は教育と専門的スキルの水準に比例している。

ヨーロッパを見ると、中間市場の感性と生き方を体現するイギリスの「スミス夫妻」、イタリアの「ロッシ夫妻」、あるいはフランス・ドイツの同じような夫婦は、多くの共通点を持っている。これら大規模かつ先進的な経済圏の中間所得層の消費・貯蓄習慣は多くの点で似ているが、それでも地域によってかなりの違いがある。たとえば、イギリスでは古くから"持ち家文化"が浸透しているが（全世帯の実に65％に相当する約1,450万世帯が持ち家に住んでいる）、他のヨーロッパ諸国の人びとは借家を好み、そのお金を他の資産に投資する傾向が強い。

世界中のほとんどの人が"金持ち志向"と思われる今日だが、実際は多くの人が平均的であることに満足している。事実、平均的であることは安定と精神の安らぎをもたらすと見る研究者は少なくない（この傾向は長期間にわたって戦争や混乱の傷を受けた国において特に顕著だ）。多くの人びとにとって、「特に裕福でなくとも静かな生活」こそ最大のご褒美なのかもしれない。

> ドイツでは「平均的」であることを、第1次世界大戦に使われた「MG08/15」水冷式機関銃にちなんで「ヌル・アハト・フュンフツェン（月並みなもの、凡庸なもの）」と呼ぶ。

世界銀行が1日1.25ドルを公式貧困ラインとしているにもかかわらず、悲しいかな、依然として世界では多くの人たちが1日1ドル（以下）で暮らしているのが現実である。現在、このレベルにある人たちは世界人口の約10%と見られるが、それ以外にも全人口の半分近くに相当する35億人は2.5ドル以下で、また少なくとも80%の人たちは10ドル以下で生きているといわれている。

貧困層

そうした貧困の原因は、多くの場合、悲しくなるほど単純である。まず先進諸国では当たり前の水と電気が十分に利用できない。これらは今も貧困の2大要因となっている。現在、地球上の約11億人が十分な水を得ることができず、26億人が不衛生な環境にあり、そして16億人が電気を利用することができない。

世界で最も貧困な人たちの多くは必死になって悪循環から抜け出そうとしており、ささやかな収入の大部分は生活に必要な最小限のもの（つまり、食料と住居）のために使われ、結果として農機具、漁船、それに上級教育といった資本財のために蓄えられる機会はほとんどない。

だが、現在、飢饉に見舞われた国々では極度の食料不足が起こっているが、より多くの食料を供給し栄養状態を改善することはけっして解決不可能な難問ではない。事実、近年では第三世界の食料事情は劇的に改善している。それよりもはるかに大きな問題は、定期的な収入がないことである。そういった現状を踏まえて、人びとを貧困から救い出すために起業やマイクロファイナンス導入の促進に絞って活動している慈善団体もある。

世界比較：1ドルで何が買えるか

「世界資源研究所」の調査は、1ドルの購買力に驚くほどの地域差があることを示している。

バングラデシュ（チッタゴン）
卵1ダース

ケニヤ
牛乳8杯

ガーナ
コカコーラ4本と1/3本

フィリピン
ビッグマック5分の4個

お金をまったく使わない生き方

この世にはお金をまったく使わない生き方を選ぶ人もいる。たとえば、ダニエル・スエロはアメリカ、ユタ州モアブの洞窟で10年以上も生活している。また、もともと戦争避難民であり、現在ドイツで暮らすハイドマリー・シュヴェルマーは1994年、物々交換によって生きることを決め、その2年後、すべてのお金を放棄した。フィンランド出身のトミ・アスティカイネンは、食料と住まいを提供してくれる人びとの好意を頼りに路上で生活している。

また、イギリスの大学院でビジネスと経済学を学んだマーク・ボイルは、2008年に現金とクレジットカードの両方を棄て去った。その著書『ぼくはお金を使わずに生きることにした』でボイルは、人が捨てたトレーラーを自宅にしたこと、薪ストーブで暖を得たこと、ソーラーパネルで電気をつくったこと、コンポストトイレを使ったことなどを詳しく紹介している。彼はまた、川やソーラーシャワーで体を洗い、コウイカの骨やハーブのフェンネルの種からつくった歯磨き粉で歯を磨いたという。食べ物についていえば、自分自身で植物を栽培し、野草を食べ、他人と食べ物を交換し、ときには残飯を漁ることもあったと述べている。ボイルは今もこの"実験"を続けており、それによって、いっそう自然や人間に近づくことができたと断言し、そしてこう語る。「かつてはお金が私に安心感を与えてくれたが、今はむしろ友人や地域社会が私にとって安心感となっている」

第2章　豊かな世界、貧しい世界

🚲 ウガンダ **自転車46分の1台**	🦟 タンザニア（ザンザ） **殺虫剤3分の1リットル**	☕ コロンビア **コーヒーとクッキー**
🥤 アメリカ　**スターバックスの** **トールラテ3分の1杯**	💉 インド（アンドラプラデッシュ） **輸血用血液2分の1ユニット**	

"バーガーノミックス"

　イギリスの経済紙「エコノミスト」は、1986年から毎年、「ビッグマック・インデックス」なるものを発表している。これは、ハンバーガーの価格を使って世界各国の通貨が正しい水準にあるかを計ろうというものである。世界中のどの市場においてもハンバーガーの価格はほぼ同じという推測に基づき、このインデックス（指標）は購買力平価（PPP）［Purchasing power parity：為替相場の決定を各国貨幣の購買力で説明しようとするもの］における乖離を測定する。つまり、ある通貨が他の通貨に対してどの程度、過大に（あるいは過小に）評価されているかを示すことができるという。

　2011年、世界中どこででも売られているビッグマックの中国における価格は、アメリカのそれよりも44％安かった。これは、中国元の価値がドルに対して44％低く評価されていることを意味する。だが、中国においては人件費もまた安いから、中国のGDPと平均収入とこの指標とを調整しなければ正確とはいえない。それでもこうした比較から何とか意味のある結論を導けば、現在、ブラジルのレアルが世界で最も過大に評価されている通貨であり、これに僅差でユーロが続く。その点、元はドルに対してほぼ妥当に評価されているといってよい。

⇧
ロシーニャは、リオデジャネイロに約1,000あるといわれるファベーラ（貧民街）のひとつである。この町に暮らす人口は、7万人から20万人と推定によってかなりばらつきがあるが、この小さい地域に住まいを持つ家族の圧倒的多数は、世界銀行が定めた1日1.25ドルという公式貧困ラインよりも下の収入で生活している。

第 2 章　豊かな世界、貧しい世界

人生には、多額のお金よりも当座の少額のお金の方がもっと大事だという時がある。近年、マイクロファイナンスの取り組みは金融支援の形を劇的に変えた。これによって開発途上国の人たちは、自分自身の事業を起こすために、あるいは電話・家畜・機械などを買うために、少額のお金（100ドル以下が多い）を借りることができるようになった。

マイクロファイナンス

多くの場合、そうした融資は担保なしで行なわれる。貸し手と借り手の相互信頼に基づくのだ。最初は個人的な取り組みだったものが貸付組合（いわば地域社会が運営する銀行）の形となり、それが組合員に少額の融資を行なう。

長年、マイクロファイナンスに似た仕組みは世界各地で広く行なわれてきたが、それが新しい原動力となったのは、ムハマド・ユヌス博士が1970年代、チッタゴン大学で経済学を教えるかたわら、バングラデシュのジョブラ村で女性のための少額融資制度をつくってからである。1983年、ユヌスは「グラミン銀行」を設立。現在、同行は800万人以上の融資先を持ち（実にその96％が女性である）、8万の村々に支店を置いている。発足以来の同行の貸付額は累計112億ドルに達したが、そのうちの99億9,000万ドルが返済されているという。2006年、経済・社会開発を"足元"から実践したユヌスの努力に対してノーベル平和賞が贈られたことで、彼の先駆的な活動は広く知られるようになった。

↓
地域社会所有の貸付共同組合が出資するマイクロファイナンスの基本的なアイデアは、まずは積極的な行動の循環を広げ、ひいてはそれを地域社会の改善につなげるという考えに基づいている。マイクロファイナンスの制度の主な対象者は、銀行からの融資を利用することが難しい、資産をほとんど持たない人びとである。マイクロファイナンスを申請するには、申請者の信頼度、言い換えれば健全な労働倫理、それにまじめな事業アイデアを持っていることを証明しなくてはならない。40ドルといった少額の融資も可能で、それでも種、苗木、肥料、あるいはミシンのような基本的な設備を購入するには十分といってよい。もちろん、それらと一緒に初歩的な職業訓練を受けることもできる。

マイクロファイナンスの仕組み

マイクロファイナンスの多くは、企業を立ち上げる為の融資として企画されるが、最終的には自己金融 ［企業が必要資金を減価償却費や内部留保などの自己資金によって調達すること］ が可能な状態を目指している。ニューヨークに本部があるハンガー・プロジェクトもそのひとつで、1999年からアフリカでマイクロファイナンス・プログラムを実施している慈善団体である。現在の貸付額は240万ドルで、ベナン、エチオピア、マラウィ、セネガル、ウガンダなどで活動し、21の地方銀行に4万5,000人の定期貯蓄者を擁するまでになった。このプログラムの基本要素は三つ。すなわち、第1に地域の"パートナー"を教育することで彼らの収入を増やし管理すること。第2に、貯蓄観念を植え付けること（借

マイクロファイナンスの循環

1. 少額融資を申請する
2. 少額融資に関する訓練を受ける
3. 少額融資を受ける
4. 事業を始める（あるいは拡大する）
5. 事業に関する指導を受ける
6. 事業が軌道に乗る
7. 家族の自立が実現する
8. 子どもが教育を受けられるようになる
9. 融資を返済することでお金が再利用される

出典：Visionfund

り手は借金の最初の10%を貯蓄しなければいけないとされる）。そして第3が信用である。融資は、5人から15人というグループだけを対象に（返済不能リスクを防ぐため）、またすべての借り手が子どもたちを学校に入れることを条件に行なわれる。貸付資金を手当するために、2万ドルという最初のリボルビングローン基金をチャリティーによって集め、次いで地域社会がそれを分配し、集まった利息をさらに再分配する。4年目になるとそれぞれのスキーム（組織）を、貯蓄・信用組合（国に認可された地域銀行）に変えることができる。さらに2年後には、そうした銀行には自己充足的な運営が求められ、最初のチャリティーに参加した者はそこからお金を引き出すことができる。

クラウド・ファンディング

「クラウド・ファンディング」とは、その名が示すとおり、不特定多数の人たち（「クラウド」とは「群衆」のこと）から寄付や資金（その多くが少額）を集めることをいう。この取り組みを後押ししたのがインターネット、ソーシャルネットワーク、それにマイクロペイメント（少額決済）の進展である。最近ではチャリティーによる資金集め、小資本による映画制作といったさまざまな起業ベンチャーもこれによって行なわれている。中にはクラウドファンディングでロックコンサートを開催した事例もある。1997年、ロックグループの「マリリオン」のファンたちが6万ドルを出し合い、同グループのアメリカツアーのための資金を提供した。

個人間融資

一方、個人間（person to personを略してP2P）融資と呼ばれる、中間事業者をなくし、短期・少額の貸し借りを個人同士で行なう方法も登場している。オンライン・プラットフォームを活用することで、貸し手は独自に借り手を選び、貸付期間と貸付条件を決める。同様に借り手も、自分が納得できる基準を設けることが可能だ。簡単にいえば、貸し手と借り手の両方で貸し借りの手順を決めるのである。"融資の民主化"とでもいうべきこの方法（多くは少額・短期）は、またたく間に市場に浸透し、現在は約35の"大手貸付業者"の融資総額は数百万ドルに上っているといわれる。中でも注目を集めているのが「ビットコイン」で、今やそのネットワークを通じてビットコインで表示される金額を、デジタル署名を用いて参加者のアドレス間で自由に移動させることができるようになった。取引は、ブロックチェーンと呼ばれる一般に流通しているデータベースに記録される。ブロックチェーンは二重支払いを防止し取引を確認することを目的に、プルーフオブワーク（POW）システム［サービス妨害攻撃やスパム行為などの悪用を阻止するシステム］を用いて構築されたものだ。

▶
代替通貨については72、73ページ参照。

⇩
バングラデシュの大工、アニル・ストラダーが自宅裏手にある作業場で仕事に精を出している。この作業場は、マニガニにあるブラミン銀行少額融資制度を用いて借りた資金でつくった。

第3章 お金と政府

⇧
権力にお金は付きものである。米大統領選のために2012年下半期に行なわれた準備活動において民主・共和両党は、"ホワイトハウスの主"を自党から出すためにそれぞれ10億ドルものお金を使った。そうした選挙費用（大部分は個人的な寄付で集められる）は主に、広告（テレビ、ポスター、ローンサイン［選挙の前に支持する候補者や政党を明らかにするために家の前に出しておく標示］）、集計ボード、選挙運動員、投票、選挙当日の勧誘などのために使われた。

今日、お金と権力との関係はますます密接なものとなっている。ある国に政府が樹立された場合、新政府の最初の課題は次の二つの基本機能を果たすことである。すなわち、国民に税金を課すことと、それを賢く使うことである。それにより国民の生活を守り、発展に導くのである。これら二つの基本的な役割は、あらゆる発達した文明の基盤であった。税による収益がなければ、どんな政府も帝国も没落し、どんな社会も崩壊してしまう。

加えて第3の要素──お金を借りること──が多くの政府（とりわけ現代の政府）にとって不可欠の技術になってきた。これら三つの難題が、国の経済を堅実に管理する責任を負い、また国民の不満、さらには世界的な株・債券市場からの反撃という心配に常にさらされている政治家と官僚に途方もない負担を強いている。

政治は大きなビジネス

より現実的な面を見れば、政治にお金が付きものなのは、権力の分割の仕方、選挙のやり方、そして指導者の選び方に関係している。私たちはとかく「票を買う」ことを「悪徳な独裁者」と結び付ける傾向があるが、それは主要先進諸国ではごく普通に見ら

第3章 お金と政府

> "我々の政府が外国企業を威嚇しているとか脅かしているとかいう人がいるとすれば、それは、我々の民主主義においては我々自身が政府であるということを無視している"
> ——バラク・オバマ（1961年生まれ）

れることなのだ。たとえば、2012年に行なわれたアメリカの大統領選挙では、主な候補者の全員が10億ドルものお金を選挙戦に使ったといわれている。彼らはみな巨額の費用をテレビ広告（6月から10月にかけて行なわれた二つのキャンペーンのために放映されたテレビコマーシャルは、なんと100万回を超えたといわれる）、ソーシャルメディア、また全米に張りめぐらされた地域事務所ネットワーク（地元の選挙人に接するために不可欠）に投じた。

そうした政治目的のお金は、国の予算からではなく、いうまでもなく大部分が個人的な寄付や企業献金によって集められる。また、寄付・献金を純粋に利他的な理由で行なう人もいるにはいるが、多くの人たちは、特定の政党が自分にとって利益につながる政策を標榜するからこそ寄付・献金するのである。そう、政治とは（もっと広くいえば政府とは）大きなビジネスなのである。

そうは見えなくても、国の政府の本当の"所有者"は国民である。会社に勤める人は雇用主からお金をもらう。このお金は企業が提供する商品やサービスの購入に使われ、企業はもっと雇用を増やすために人を使う。**お金の持ち主がかわるたびに、政府は取引の一部を税の形で徴収する**。その収入が政府のための資金になるのだ。

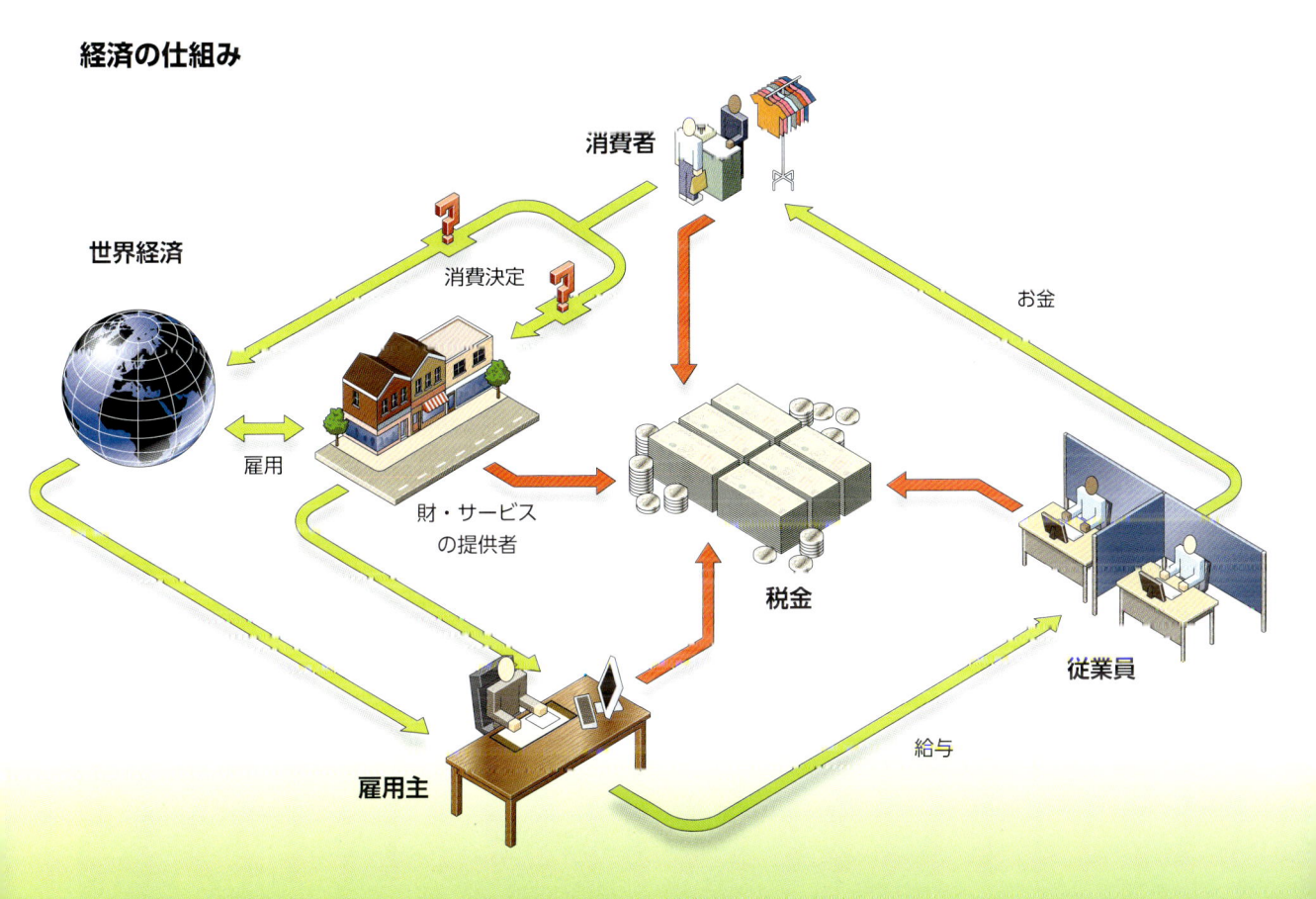

経済の仕組み

「経済」とはそもそも何だろう。経済を表わす「economy」という英語は、もともと「世帯の管理」を意味する「oikonomia」というギリシャ語からきている。考えてみればこれはなかなか含蓄のある比喩といってよい。というのも、忙しく生産的な世帯が行なったであろう穀物の栽培、家畜の飼育、商品の生産はまさに経済活動そのものだからだ。そうした世帯はまた、モノやサービスを消費しただろうし、あるいは他の世帯にそれらを売ったかもしれない。簡単にいえば、これらを国のレベルで行なうことが経済なのだ。

経済

こうした活動の1年単位の総体が「国内総生産（GDP）」であり、その成長（もしくはマイナス成長）はその国の経済的健全度の主要なバロメーターになる。専門的にいえば、GDPは三つの主要な要素──総生産量、収入、支出──で計算される。（「国民総生産（GNP）」という語が使われることがあるが、これには、ある国の国民が国外で行なった生産活動も含まれる。）

GDPと、そこから派生するさまざまなインプット（投入量）やアウトプット（生産量）のおかげで、政治家と財務官僚たちは片時も注意を怠ることができない。彼らの手には権力だけでなくお金もある。彼らは経済を停滞させることも、成長させることもできる。それはまさに、彼らが目を覚ましているときは片時も頭から離れない"バランス芸"といってよいだろう。

"大いなるバランス芸"

借金が多額になると政府は、予算の削減、税率の引き上げによる再調整、支出の抑制といった緊縮策を発動することが多い。反対に、経済成長の鈍化や国全体の停滞を懸念すれば、政府は税金を減らし、支出を増やし、またさらに"攻め"のために必要な借金を増やすことで経済を刺激することもある。

こうした取り組みは私たちの日常生活とは無縁のように見えるが、「悪魔は細部に宿る」ことを忘れてはならない。たとえば、日用品にかけられる付加価値税［日本でいう消費税］がわずかに上がっただけで、私たちの家計は大きく変わってくる。家計が変われば、安心感も揺らいでくる。経済が停滞すると人は、新しいクルマや台所設備といった大型商品

知っておきたい言葉あれこれ

GDP：ある国の国境内で一定の期間（通常は1年）内に生産されるすべての最終製品・サービスの金銭的な価値。経済の健全性の指標として広く使われる。

GNP：GDPに、海外在住の自国民が海外投資によって得た収益をプラスし、反対に海外からきている住民が自国内で得た収益をマイナスしたもの。

⇨ グローバルな経済の活動と成長を計る方法はいくつかあるが、中でも有益な指標として使われているのが「クルマの売れ行き」である。なぜなら、クルマの売れ行きは消費意欲、工業生産、石油需要などに広く関係し、ひいてはその国の経済がどの方向に向かっているかを示すからである。

第3章　お金と政府

"最後の手段"としての紙幣の発行

その国の経済状態が危機的になってくると、紙幣を発行したい誘惑にかられる財務省（普通は中央銀行）が出てくる。その結果として生まれる莫大な新しいお金を市場に注ぎこむことは、慎重な投資家を"冬眠"から呼び覚まし、経済にお金を環流させるための刺激の役割を果たす。「量的緩和（QE）」と呼ばれるこの方法は、1980年代の日本でも行なわれたし、最近では停滞傾向にあるアメリカやイギリスでも実施された。だが、QEは万能薬ではない。まず第1にQEは本質的にインフレ要因、つまり価格を押し上げる要因になる。加えてQEはしばしば国債を伝達機構として使うから、そうした債券と連動している他の資産に連鎖的な悪影響をもたらすという問題もある（イギリスでは、QEを実施した結果、年金給付率が大幅に下がった）。近年、広く受け入れられるようになってきたとはいえ、QEはあくまでも緊急的な措置である。だから、反事実条件（それがなかった場合に起きたと考えられること）はあまり考える必要はないだろう。

の購入を延期し、ひいては消費そのものを手控えるようになる。そうなると、人びとのお金は世の中に環流することなく貯蓄に回ってしまい、デフレや価格下落といった最悪の事態になってしまう。デフレから脱却するための最後の手段として、中央銀行は新しいお金を印刷し、それを経済に注入する。そうすることでモノやサービスへの需要を喚起することを目指すのだ。

⇩
経済学者は、この写真にあるような伝統的な市場における売買、生産、消費決定について研究する。市場はある製品（たとえば、ここにいるパレスチナの農夫たちが刈り取っているような小麦）、生産要素としてのサービス（たとえば、れんが作り、本の印刷、食品包装）の両方を扱う。こうした活動が集まってひとつの国の経済を構成しているのだ。

「大蔵省」「財務省」などと呼ばれる機関の役割は、政府の"帳簿"のバランスを取ることである。言いかえれば、国の財産の保管場所であり、"国の財布"の番人であり、また広い意味での税の受け取り手といってもよいだろう。大蔵省（または財務省）は集めた税金を、立法府、内閣、官僚の指示に従って再配分する。こうしたお金の流れを見守ることこそ、大蔵省の最も重要な役割といってよい。

"国の金庫"を守る大蔵省

原則論をいえば、大蔵省の基本姿勢は、政府の施策（たとえば、防衛、教育、健康、社会保障）への支出を彼らが集めた税金よりも増やさないことである。だがこれは、不可能ではないにせよ、多くの場合、とても難しい。だから、税収よりも多くのお金を費やす浪費的な政府は赤字に転落する（ここでいう「赤字」とは、経済が好調のときでも発生する、より慢性的な「構造的赤字」とは異なる）。だが、赤字は必ずしも悪いことではない。なぜなら赤字により経済に融通の余地が生まれるからである。もし政府が低利で資金を借りることができれば（言いかえれば、債券市場がその国の将来の成長と経済的安定を評価すれば）、借金するべきだともいえる。こうして獲得した資金を道路建設、鉄道、発電所といった大型のインフラ案件に投資し、その結果、受託企業と供給企業という大きな連鎖の成長を刺激し雇用を創出することができるからである。

赤字解消のための資金手当て

予算における赤字を特定し、それに対する資金を前もって手当てすることは大蔵省の主要な役割のひとつである。そうした手当ては普通、国内・海外市場からの借り入れで行なう。そのとき、大蔵省は政府債券（国債）という形の証券を発行し、国債の中で利息と、将来の一定時期に元本を返済することを約束する。国債の背後には政府が存在するため（もちろん、国によって違うが）、最も安全な投資対象のひとつと見なされる。こうした債券が安全とされるのは、利息と元本を政府が払わないということは考えにくいからだ。だが、これは「考えにくい」ことではあるが「あり得ない」ことではない。何もかもがうまく行かなくなれば、政府といえども義務（つまり、利息の支払いと元本の返済）の履行を放棄するということも起きてくる。この状態を「デフォルト（債務不履行）」という。最近の例を挙げれば、2001年のアルゼンチンと1998年のロシアのデフォルトがよく知られている。また、ナイジェリアは1960年以降、少なくとも5回のデ

▼ちょっと参考に

政府のお金の用途は国によってさまざまだが、多くの場合、次のようなものである。
- 防衛
- ヘルスケア
- 福祉手当、年金
- 保安
- 政府
- 輸送
- 産業・経済
- 住居
- レクリエーション、スポーツ、文化
- ゴミ処理、環境
- 海外援助
- 国債の利払い

フォルトを行なっている。さらに遡れば、"モンスター経済"といわれた中国も1929年と1939年の2回、デフォルトを行なった。

もしある国が借金をデフォルトすると、思い切った処理が必要となる。多くの場合、貸し手は貸したお金の返済のリスケジュール（繰り延べ）とリストラ（組み直し）を了承するだろう。とはいえ、どんな場合でも貸し手がお金を失うことは避けられない（その損失のことを"担保価値損失分"という）。だが、もっと悪い事態は、そうした国は今後、より多くの債券を投資家に売ることができなくなることだ。かくして、脱却するのがとても難しい悪循環（いわゆる"死のスパイラル"）が生じる。2009年以降、慢性的な税収不足によって悪化した多額の債務から窮乏状態に陥ったギリシャが、ユーロ圏諸国（とりわけドイツ）の"温情"にほぼ全面的に依存せざるを得なかったのもそのせいである。

> "どの政党が政権を担おうと、大蔵省が権力を持つことに変わりはない"——ハロルド・ウィルソン（1964〜70年、1974〜76年の2回にわたってイギリス首相を務めた）

アメリカの国家予算（2011年）
：$3,818,000,000,000
（出所：kleptocracy.us）

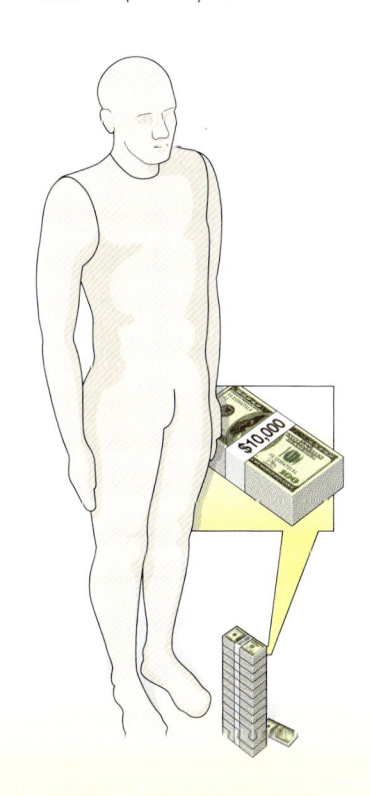

1秒間あたりの支出額
アメリカ政府は1秒間あたり$121,007を支出した。

そのうち借金で賄ったのは$52,162だった。

1日あたりの支出額
アメリカ政府は1日あたり$10,460,188,800を支出した。

そのうち借金で賄ったのは$4,506,849,315だった。

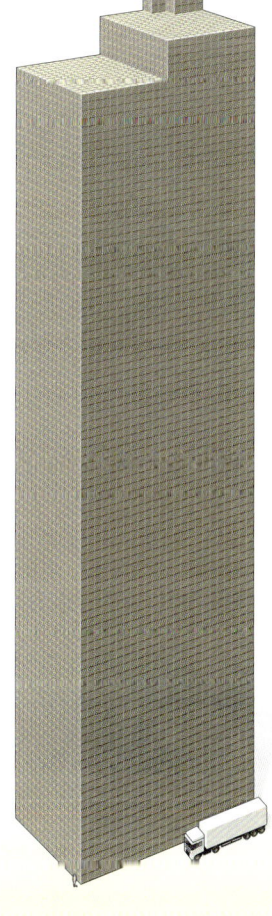

1年あたりの支出額
アメリカ政府は1年あたり$3,818,000,000,000を支出した。

そのうち$1,645,000,000,000（総予算の約40％）が借金だった。

■ 世界中の国々が今ほどお互いに借金をしていた時期はない。「エコノミスト・インテリジェンス・ユニット（EIU）」［英国の経済週刊誌The Economistの調査部門］によるデットカリキュレーター（財政赤字カウンター）——これを具体化したのが、ニューヨーク6番街に設置されている"借金時計"で、急増するアメリカの借金を時々刻々、そして冷酷にアメリカ国民に伝えている——によれば、現在、世界各国の政府が抱えている借金の総額は46兆7,000億ドルに上るという。中でも最も借金が多いのは北米とヨーロッパ各国であり、反対に最も少ないのはアジアと極東の国々である。

国の借金

⇩ ニューヨーク、マンハッタンの6番街に掲げられた"借金時計"は、アメリカの国の借金の総額とアメリカの1世帯あたりの負担額を時々刻々と示している。この時計のアイデアは、アメリカの不動産投資家であるシーモア・ダーストが、増え続ける国の借金に対する国民の関心を喚起したいとの考えから生まれた。1989年に最初の時計がタイムズスクウェアに設置されたあと、2004年に新しい時計が現在の場所に取り付けられた。

　世界各国の政府が途方もない額の借金をしている先は自国民なのである、とEIUはわざわざ指摘しているが、それはつまり国にお金を貸しているのは私たち全員だということである。といって安心するわけにはいかない。公的債務が膨らむことは、増税、政治的な混乱、社会不安などにつながるからだ。どれもみな、政治家とエコノミストの安眠を妨げる不安定要因といってよい。

　政府の借金は債券という形で行なわれる。債券はいわば国が発行する借用書であり、それが投資家（個人もあれば金融機関もあるし、他の国という場合もある）に販売され、債券の発行者によって完全に返済（償還）されるまで利息が定期的に支払われる。国債の価値は国によってかなり違いがあり、投資家に対する相対的な魅力は債券発行国の安定度と信用度で計られる。

"借金中毒"は蔓延しているか？

　それぞれの国が負っている借金の額は国によってまちまちだ。ヨーロッパには、ドイツ、オランダ、ルクセンブルクのように、借金の水準が比較的控えめなところもある（これらの国はみな成長への投資が平均を上回っている）。一方、ギリシャ、ポルトガル、イタリアといった国々は負債額が適正なレベルを超えているだけでなく、投資家の信頼を失いかねない事態に直面している。日本の国家債務の大部分は国内投資家から得たものだが、それとは対照的にアメリカの巨額な債務の半分近くは外国（特に中国）からの借り入れであり、イギリスもまた海外の投資家に多額の国債を販売している。歴史的に見ると、近年、債務危機に陥ったブラジル、インド、ロシアといった他の国々の借金が増えたのは、同規模の国に比べて相対的な強さを増したことが要因となっている。

第3章　お金と政府

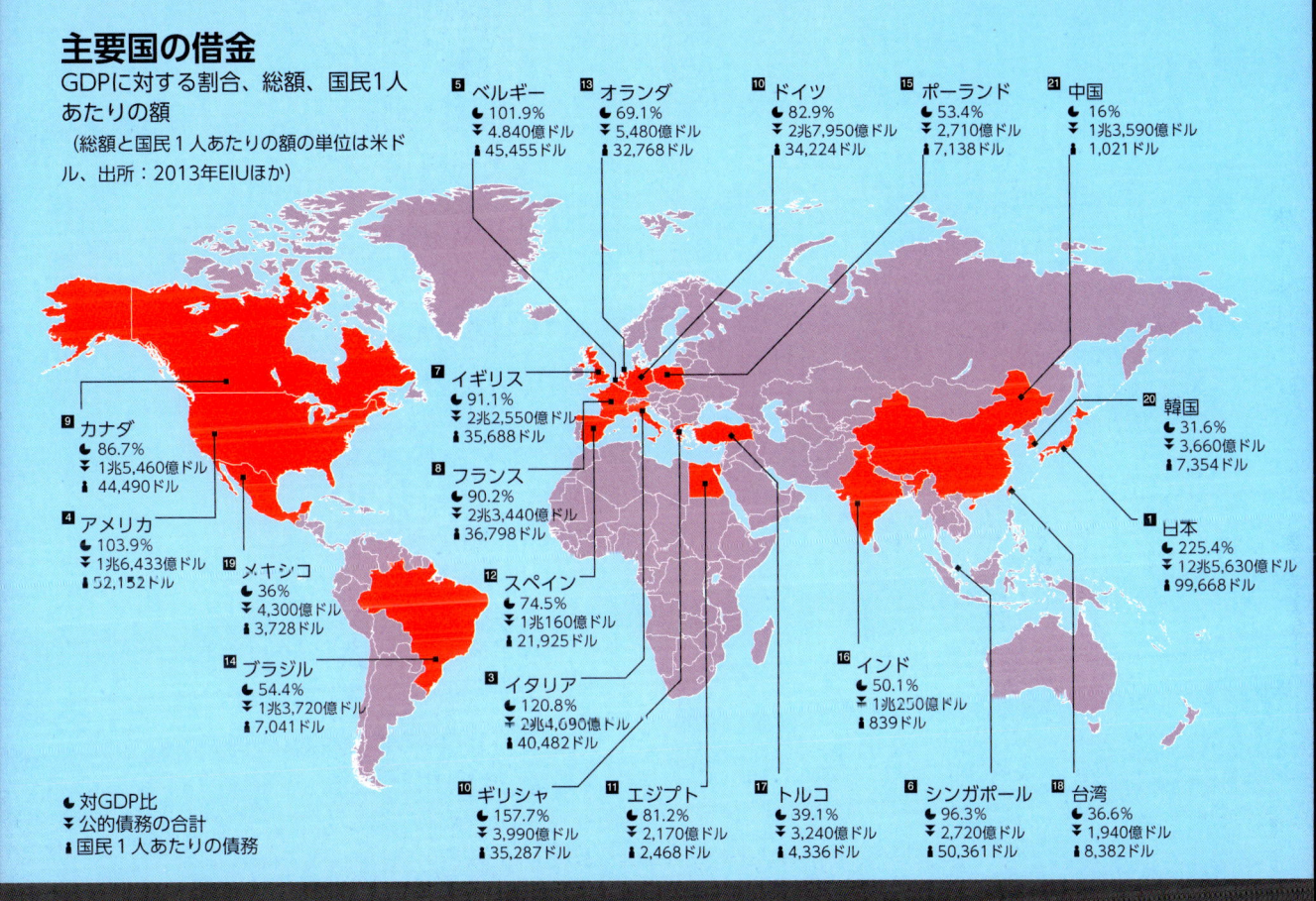

主要国の借金
GDPに対する割合、総額、国民1人あたりの額
（総額と国民1人あたりの額の単位は米ドル、出所：2013年EIUほか）

5 ベルギー
- 対GDP比: 101.9%
- 公的債務の合計: 4,840億ドル
- 国民1人あたりの債務: 45,455ドル

13 オランダ
- 69.1%
- 5,480億ドル
- 32,768ドル

10 ドイツ
- 82.9%
- 2兆7,950億ドル
- 34,224ドル

15 ポーランド
- 53.4%
- 2,710億ドル
- 7,138ドル

21 中国
- 16%
- 1兆3,590億ドル
- 1,021ドル

7 イギリス
- 91.1%
- 2兆2,550億ドル
- 35,688ドル

8 フランス
- 90.2%
- 2兆3,440億ドル
- 36,798ドル

9 カナダ
- 86.7%
- 1兆5,460億ドル
- 44,490ドル

4 アメリカ
- 103.9%
- 1兆6,433億ドル
- 52,152ドル

19 メキシコ
- 36%
- 4,300億ドル
- 3,728ドル

12 スペイン
- 74.5%
- 1兆160億ドル
- 21,925ドル

14 ブラジル
- 54.4%
- 1兆3,720億ドル
- 7,041ドル

3 イタリア
- 120.8%
- 2兆4,090億ドル
- 40,482ドル

10 ギリシャ
- 157.7%
- 3,990億ドル
- 35,287ドル

11 エジプト
- 81.2%
- 2,170億ドル
- 2,468ドル

17 トルコ
- 39.1%
- 3,240億ドル
- 4,336ドル

16 インド
- 50.1%
- 1兆250億ドル
- 839ドル

20 韓国
- 31.6%
- 3,660億ドル
- 7,354ドル

1 日本
- 225.4%
- 12兆5,630億ドル
- 99,668ドル

6 シンガポール
- 96.3%
- 2,720億ドル
- 50,361ドル

台湾
- 36.6%
- 1,940億ドル
- 8,382ドル

- ☾ 対GDP比
- ▼ 公的債務の合計
- ▲ 国民1人あたりの債務

国の借金は今や"当たり前"の光景になった感がある（国の財政が黒字を計上するということもあるにはあるが、「そんなことはかえって不健全」とさえいう経済学者は少なくない）。そんな中、一部の先進工業国は、自国経済を再度均衡させ、また借金の対GDP比を持続可能なレベル（約60％）にするために格闘している。だが、そうした国々のいわゆる"借金まみれ"の状態はこれからも当分は続くだろうと予測する人もいる。

▶ 債券市場（92、93ページ）と債券（120、121ページ）の項も参照のこと。

国債の格付け

企業の信用度が格付けされるように国も格付けの対象となる。アメリカの三つの主要格付け会社（スタンダード＆プアーズ社、ムーディーズ社、フィッチ社）は、各国政府が発行する国債の累計額、そしてより重要なのは、利息の支払い、借り換え、償還の能力を厳しく監視している。デフォルトと同様、償還ができないという噂はまたたく間に債券市場を駆けめぐり、わずかな格下げによって新たな債券の発行はとても難しくなる。というのは、投資家がリスクを見こんだプレミアム（割増し金）を要求するようになるからだ。最近の例でいえば、2011年8月、ギリシャ国債がスタンダード＆プアーズ社によって「CCC」に格下げされたが、このとき、アメリカ長期国債は最高位の「AAA」から「AA＋」に格下げされただけだった（だからこのとき、「これは"スタンダード（標準的）"から"プア（貧しい）"への格下げに違いない」という冗談がささやかれた）。こうした格付けの最下位にあるのが北朝鮮である。同国は現在、約125億ドルの借金を抱えているが、その償還のメドは立っておらず、デフォルトによって主要格付け会社による格付けが「D」になるだろうと見られている。

第3章　お金と政府

　お金に関連したさまざまな事象の中で、いちばんジョークや漫画の対象になってきたのは税金だろう。税金はまた、いつもブラックユーモアの種だった。税金は（死と同様）、人生において避けることができない現実である。だからこそ、私たちは税金をトコトン活用しなければならない。だが税金はまたとても重要なものだ。税金がなければ、全面的に税収に依存する政府もその経済も、すぐに立ち行かなくなってしまう。

税金

　現在、実にさまざまなものに税金がかけられている。所得、販売、資産、燃料、アルコール、たばこ、不動産、それに遺産、といった具合である。歴史的に見ると、もっと奇妙なものに税金が課せられた時代があった。窓や暖炉（資産税の一種）、かつらやおしろい（18世紀のイングランド）、携帯電話のメール（フィリピンでほんの一時期行なわれた税金で、携帯メールキャンペーンであっさりとなくなった）、さらには自由に対する税金などというものもあった（解放されたローマの奴隷は前の所有者に10％の税金を払った）。

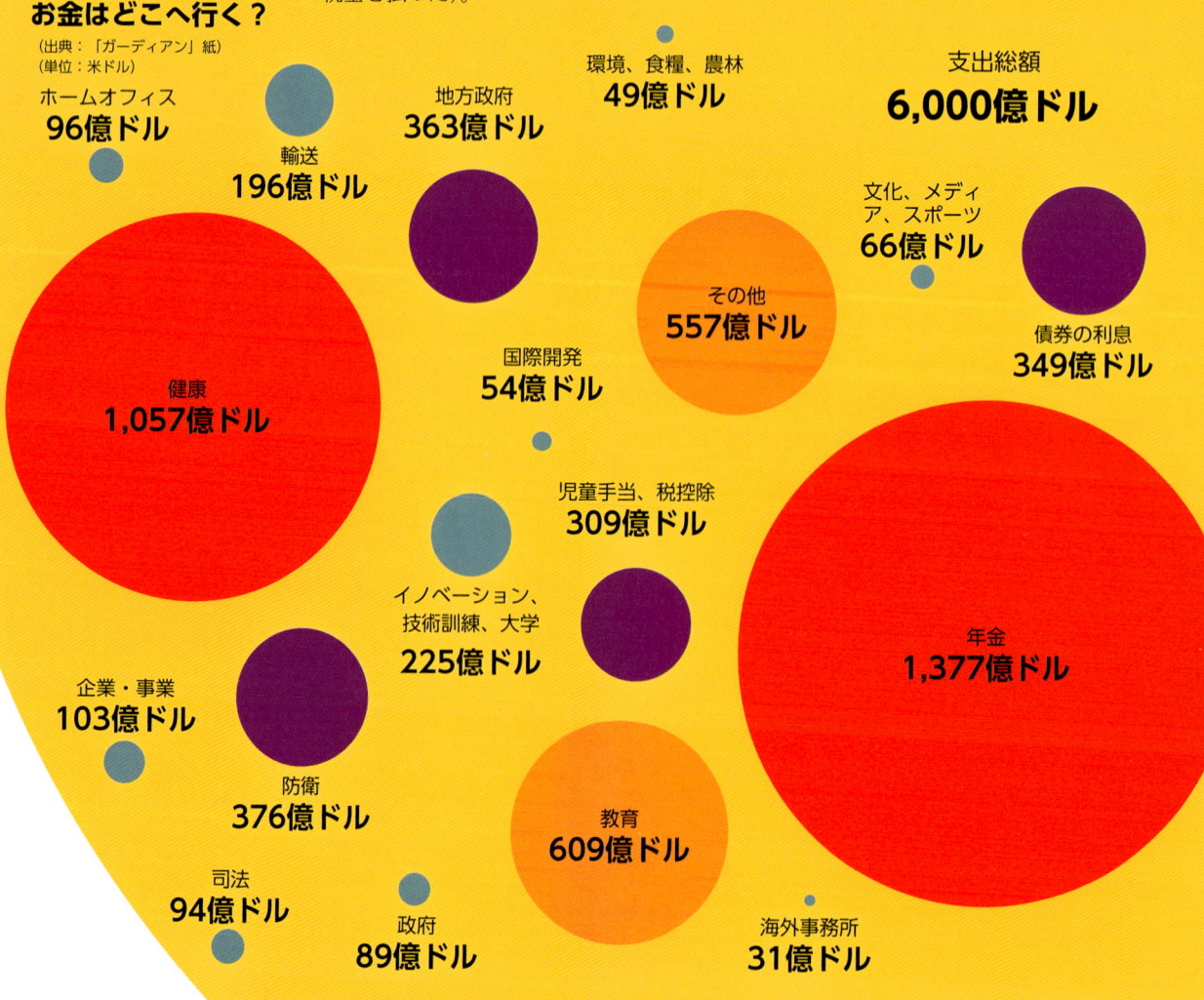

⇦ 税金はあらゆる国の経済を支える血液といっても過言ではない。税金はまず専門の政府機関によって集められ、国庫に納められたあと、さまざまな政府の部署に配分される。下の図は、ある近代的なヨーロッパの政府が、その年間支出をどのように配分しているかを示したものである。

お金はどこへ行く？
（出典：「ガーディアン」紙）
（単位：米ドル）

- ホームオフィス　96億ドル
- 輸送　196億ドル
- 地方政府　363億ドル
- 環境、食糧、農林　49億ドル
- 支出総額　6,000億ドル
- 文化、メディア、スポーツ　66億ドル
- その他　557億ドル
- 債券の利息　349億ドル
- 健康　1,057億ドル
- 国際開発　54億ドル
- 児童手当、税控除　309億ドル
- イノベーション、技術訓練、大学　225億ドル
- 年金　1,377億ドル
- 企業・事業　103億ドル
- 防衛　376億ドル
- 教育　609億ドル
- 司法　94億ドル
- 政府　89億ドル
- 海外事務所　31億ドル

第3章　お金と政府

税金のない生活

税金が課せられることなく、またまったく税金を支払わないでよいという生活は可能だろうか。理論的には可能である。それはこんな具合になるだろう。まず1隻の船を買う。そして税金に寛大な（つまり安い）国（たとえばリベリアやパナマ）にその船を登録し、それらの国の市民を船員として雇う。次に、その船をいつも海上に浮かべておき、その国の港にわずかな期間、停泊させる。そうすることで、税金目的で居住しているとあなたを見なす地域の課税当局の関心をそらすことができる。こうしたノマド（放浪者）的な生活に飽きて故郷に帰りたいと考えるかもしれないが、そのときは、普通の納税者が受け取ることができるさまざまな恩典を受ける資格をすべて失っていることを覚悟する必要がある。

"創造的な"税の計算

多くの先進諸国では、富裕な人びとが大部分の税金を払っている（イギリスを例に取ると、所得者の上位1％が全所得税の4分の1を支払っているし、上位10％が半分以上を負担している）。これはある程度「仕方がない」とはいえ、さまざまな問題を提起していることも確かだ。もし富裕層に対する税金が増え、彼らがその国を離れ、より緩やかな財政環境を求めれば、貧困層の負担はそれだけ増える。彼らはベルギーやスウェーデンといった所得税が最も高い国々ではなく、所得税率がもう少し低い日本やアメリカを目指すに違いない。

税金を課せられた人が、できるだけ長期にわたって税金を免れる（あるいはまったく税金を払わない）方法を見つけようとするのは、ある程度、当然である。ほとんどの法治国家において脱税は犯罪行為と見なされるが、一方で、多くの課税当局がある程度の"創造的な"税の計算を大目に見ている。

本来の課税額からさまざまな支出を控除したり相殺したりするのも、人間の知恵の現れといってよい。キャットフード、美容整形から水泳教室、はてはガレージセールの客にふるまうただ酒も、事業上の必要経費として申告する人もいる。反対に、税金を余計に払いながら還付をまったく申告しない人も少なくない（人工衛星、宇宙ステーション、宇宙船、宇宙船発射用車両などを扱う事業をしている場合、たとえばイギリスでは、それらは税金控除を受ける資格のある資産と見なされる）。

> "つまるところ経済に対する政府の見方は、『経済が動けばそれに税金をかけろ』『経済が動き続ければそれを規制しろ』『経済が止まったら支援しろ』という三つの短い語句に要約することができる"──ロナルド・レーガン（1911-2004年）、1981年から1989年までアメリカ大統領を務めた。

第3章　お金と政府

宝くじは即席の富とお金の心配からの解放を約束してくれる。宝くじの運営者（多くの場合、政府）にとって宝くじは、その目的がよいものであれ非道なものであれ（歴史的には戦費調達のための宝くじというものもあった）、理想的な資金調達法である。その意味で宝くじは"ウインウイン"の仕組みといってよい。ただし、宝くじに当たればの話だが……。だが、悲しいかな大部分の購入者は宝くじに当たらない。その他の賭博と同様、宝くじは運営者がいつも得をする、運まかせの行為なのである。

宝くじ

宝くじを批判する人たちは「宝くじは逆累進課税のひとつの形だ」と主張する（もっとも自主的に支払う点が税金とは違うが）。つまり、より貧しい人に収入に見合わない支出を強い、報酬を手にするチャンスを与えないというのだ。

目新しくない宝くじ

宝くじの歴史はけっして目新しいものではない。中国の万里の長城の建設には、紀元前205年から187年の間、漢王朝の時代に発行されたキノくじ［賭博の一種で、番号を当てるとお金がもらえる］の売り上げ収益が部分的に充てられたといわれている。このくじは、ローマ帝国と中世ヨーロッパにおいて採用された。多くの場合、町の要塞化の費用を調達するのが目的だった。1569年、女王エリザベス1世はイングランドで、公共福祉事業促進のための資金調達を目的とした宝くじの発行を認めた。このときは販売代理人（これが世界初の株式仲買人といわれる）を採用し、投機家に個々の宝くじの株の購入を許可した。

近代になると宝くじはさらに広がり、さらに洗練され、そして賞金もさらに多額になった（今や何百万ドルという単位の賞金が普通になった）。何百万という人が定期的に宝くじを買い、1人あたり平均して週に4〜5ドルを費やしていると見られている。だが、広告で謳っていた多額の賞金を一括して受け取る人は少ない。一定期間にわたって年金支払いの形で受け取る当選者が増えている（最終回はまとめてかなりの額を受け取ることもある）。多くの国の課税当局は宝くじの賞金に課税しないが、アメリカのよ

⇩ 今日も宝くじを売るテキサス州ビショップのタイムズマーケットのオーナー、スン・ペ。2010年6月、ビショップの住民のジョーン・ジンサーは彼女の店で買った宝くじで1,000万ドルを当てたが、実はその2年前にも、彼女の店で買った宝くじで高額賞金を当てた。

"まぐれ"？　それとも"計算"？

18セプティリオン分の1（18×10^{24}）——これは、ラスベガス生まれの元数学教授ジョーン・ジンサー（63歳）が宝くじで、1993年に540万ドル、その10年後に200万ドル、その2年後に300万ドル、そして2010年に1,000万ドルの賞金を当てたときの確率である。最後の2枚はともに50セントのスクラッチカードで、彼女が育ったテキサス州ビショップの同じミニ・スーパーマーケットで買ったものだった。テキサス宝くじ委員会は、彼女の買い方には何の疑問も抱いていない。もしかすると彼女は、当選番号につながるアルゴリズム（算法）を見つけ、当たりくじが出そうな店を特定したのかもしれない。あるいは、単に、とてもとても幸運だけだったのかもしれない。

うに課税する国もある。宝くじで人生を一変させるというわけにはなかなか行かないようだ。

オリンピックの革新

オリンピックを主催するにはとてつもなく多額のお金がかかる。1984年のロサンゼルス・オリンピック以来（このときは費用の全額をスポンサー収入で賄うことができた）、高騰する主催費用は、公的・民間資金とスポンサー収入との組み合わせで調達されるようになった（例外的に、2008年の北京オリンピックの費用は中国政府がすべて負担したといわれるが、数字が公表されていないので、真偽のほどは分からない。一説には、北京オリンピックの費用は430億ドルともいわれている）。公式に発表された最も多額のオリンピック費用は、2012年のロンドンで、その費用は148億ドルといわれる。

ロンドンのときは新しい資金調達の仕組みが導入され、イギリスの「ナショナル・ロッタリー」［国営の宝くじ公社］がオリンピックとパラリンピックに60億ドルを寄付した。このお金の一部は1,200人に上る参加選手への支援、さまざまな会場の建設助成に充てられた。その見返りに、ロッタリーは土地や資産が将来、売却されたときの利益を得ることになっている。ロンドン東部、ひいては全イギリスの人びとにオリンピックの遺産を提供するために、ロッタリーはそうした土地と資産を活用することができるのだ。

2016年のリオデジャネイロ大会は、伝統的な官民パートナーシップへの回帰を目指しており、スポンサー探しはすでに着々と行なわれている。宝くじが効果を持つかどうかは議論の余地があるが、入札は往々にして高騰する費用よりも低く見積もることが多いので、どうやら宝くじは、効果的な資金調達法と見られる公算が強い。

現在、公的な宝くじを発売している国は少なくとも100、その売り上げは2,500億ドル以上と見られている。

高騰するオリンピックの開催費用

開催年	主催都市	推定費用（単位：億ドル）
1984	ロサンゼルス	12
1988	ソウル	40
1992	バルセロナ	75
1996	アトランタ	18
2000	シドニー	41
2004	アテネ	150
2008	北京	430*
2012	ロンドン	148

(* 公式数字が発表されていない)

最近、政治とお金の仲はどうも"しっくり"行っていない。だが、世界の主な経済大国同士の相互依存関係が高まるにつれ、そうした国々の政府がお金についてお互いに協議する時間はますます増えてきた。近年、関税（誰が・何を・いくらで売ることができるか）に関する議論が活発に行なわれているのも、「バーゼル合意」（ヨーロッパの主要中央銀行総裁がスイスのバーゼルに集まって協議したことからこの名がある）のような銀行制度のための金融協定が協議されているのも、その現れといってよい。（ちなみに、バーゼル合意の"最新版"であり、今後、段階的に実施される予定になっている「バーゼルIII」は、不測の危機に対する銀行のバランスシート［資産と負債の均衡］の強化に焦点が当てられている。）

政治

　　それゆえに、政治家とその側近たちはいつも議論に明け暮れることになる。それはまた、国の規模、影響力、経済力を反映した国の集まりの形成につながる。

⇨ 2012年5月、アメリカ、メリーランド州の「キャンプ・デービッド」（アメリカ大統領の別荘）で行なわれたG8に集まった各国首脳たち。このときは主に、ヨーロッパにおける深刻な金融危機への対応が協議された。

- **G7**：主要先進7ヵ国（アメリカ、イギリス、フランス、ドイツ、イタリア、カナダ、日本）で構成。
- **G8**：G7＋ロシア。
- **G20**：G8にさらに中国、インド、ブラジル、サウジアラビアといった開発途上国を加えたもの。2008年から2009年にかけて起こった世界的な金融危機とそれに続く経済の停滞にどう対処するかが協議されて以来、G20の意義が世界の関心を集めるようになった。

相互につながっている銀行制度

　　これらのグループはみな、指定された都市に定期的に集まる。実際のところ、協議の大半はすでに話されたことの繰り返しであり、そうした会合は多分に広報的な、あるいは政治家たちが現今の問題に関心を払っていることを印象づける意味合いが強い。中で

第3章　お金と政府

も、お金の話、それに金融危機にどう対処するかが最近の議論の主要テーマになることが多い。世界の銀行制度が相互につながっていることは、アメリカの小さな金融機関の破綻が東京やフランクフルトにも深刻な影響をもたらすことを意味する。

　だからこそ政治家には、お金とお金の流れに対するグローバルな視点が求められる。他国の経済の強みと弱みを正確に理解することも必要だ。何よりそれらが通貨市場にすぐに影響を与えるからだ。同様に、ある国の政府が国債を発行したとき、その大半が外国人の手に渡ることも忘れてはならない（アメリカが現在、発行している総額16兆4,000億ドルの国債の約32％に相当する4兆4,500億ドルが外国人によって保有されており、中国1ヵ国だけでも総額の8％を保有しているのが実情だ）。言いかえれば、一国が他国の銀行の管理下に置かれるということも実際にありえる。だから、銀行の支配人には慇懃に接した方が得策だと分かっている人ならば、一国の政治および国際政治という壮大な頭脳戦において、お金がいかに重要か理解できるであろう。

⇩
1990年代後半以降、G8およびG20首脳会議はしばしば、反グローバリズムを標榜する世界的な抗議運動の標的になってきた。シアトル、ロンドン、ジェノバ（イタリア）などでは抗議のための暴動も発生し、ひとりが死亡。そしてマクドナルドやスターバックスの建物が破壊されるといったことも起こった。

⇩
1991年から2010年の間に中東で起こった紛争に要した"費用"は実に12兆ドルと推計されている。この数字は、平和時だったら挙げたであろうGDPと実際のGDPとを比較して得たものである。もし1991年以降、イスラエルとアラブ連盟加盟国との間に平和と協力関係があったとしたら、2010年、平均的なイスラエル国民の所得は4万4,000ドルであったろうと考えられている（実際の所得は2万3,000ドル）。一方、人的コスト（犠牲）を見ると、1945年から1995年の間に9万2,000人（軍人7万4,000人、一般市民1万8,000人）の命が失われた。

■ 戦争にはとてもお金がかかる。戦争は政府の財政状態に甚大な影響を及ぼす。だが、"戦費"のせいで戦争を止めた政府は、少なくとも近代ではほとんどない。戦争はまた、変化を促す"触媒"の働きをする（1694年にイングランド銀行がイギリス人資本家によって設立されたのも、英仏戦争のための費用調達が目的だった）。しかし戦争は、国民の財産の大流出以外、ほとんど何ももたらさない。

戦争

結局のところ、戦費の主な出所はどころ増税、国債の販売、通貨供給の増大の三つである。甚大な人的損害以外にも、戦争はインフレ、生活水準の低下、資源の不足を招く。

戦争のコスト

20世紀に起こった戦争は世界経済にとてつもない損害をもたらした。第1次世界大戦の経済コストは約5,000億ドルだったが、第2次世界大戦のそれは1兆5,000億ドル

と推計されている。これらの費用のうち21％をアメリカが、20％をイギリスが、18％をドイツが、そして13％をソ連がそれぞれ費やした。皮肉なことに、そうした費用はまるでメリーゴーラウンドのように循環している。第1次世界大戦のあと、「ベルサイユ条約」によってドイツに課せられた多額の賠償金は、間接的にアメリカが融資したものである。1918年以降の数年間においてアメリカが巨額のお金をドイツに貸した。一部の歴史家によれば、そのお金が回り回ってドイツ経済の復興と再軍備を助けたという。

20世紀末および21世紀初頭には、戦争はさらに多額の費用を必要とした。アメリカ、ブラウン大学の「戦争のコスト・プロジェクト」によれば、イラク、アフガニスタン、パキスタンで起こったいくつかの戦争の総コストは少なくとも3兆2,000億ドルから4兆ドルに上ると見られている。

納税者が負担するお金以外にも、戦争には多くのコスト（代償）がかかる。人材の喪失という人的損害だけでなく、戦争負傷者、退役軍人、また強制的に退去させられた人たちに対する手当ての費用も相当なものになる。戦争に巻きこまれた国はそうした強制退去費用、加えて巨額な環境・保健医療費用、インフラの再建費用も考慮しなくてはならない。もちろん、戦争が利益をもたらすこともある。専制政治の打倒と民主主義の確立は、しばしば戦争の共通テーマだった。だが、それにも膨大な経済コストがかかったことは間違いない。

> "戦争を続けるには三つのものが必要だ。つまり、「お金」「より多額のお金」「さらに多額のお金」だ"──ヤコポ・トリブルツィオ（1440～1518年）、イタリアの将軍

タバコのお金

戦争は時に、闇市の商売人と目先の利く日和見主義者を生み出す。第2次世界大戦のさなか、ロバート・ラドフォードという連合軍兵士がドイツの捕虜収容所に数年間、収容された。そのとき彼は、5万人もの捕虜仲間が衣服、食料、あるいは散髪といったサービスの見返りとして得たいろいろな商品を売買しているのを目撃した。それによって収容所の中には小規模な経済活動が生まれていたのだ。紙幣のない収容所では、赤十字が寄付したタバコが"通貨"として使われたという。

1945年、ラドノォードは「捕虜収容所の経済団体」と題する記事を発表する（この記事はその後、大評判となった）。その中で彼は、単純な物々交換が大まかな交換価値の尺度に移行していく様子を紹介した（「ジャム1缶は半ポンドのマーガリン＋何か別の物と、1回のタバコの配給はチョコレート数回の配給とそれぞれ等価であり、サイコロ状に切ったニンジンはほとんど何の価値もないことが分かった」）。やがて捕虜たちのタバコは価値の基準、つまり"商品"の価値をタバコの本数で表わすようになった（たとえば、シャツは、使用状態にもよるが、タバコ80本ないし120本で買うことができ、また紅茶・コーヒー・ココアは1杯につきタバコ2本という具合だった）。このやり方は現金経済の鏡でもあった。インフレもデフレも、またタバコが不足してくると売買に狂乱する光景も見られたからである。だが、それも1945年4月にアメリカ第30歩兵師団が捕虜たちを解放したときに終了した。ラドフォードは素っ気なく次のような結論を出した。「物があふれている時代には、複雑な経済組織や活動は無駄だとわかった。というのも、欲しいと思った物が何の苦労もなく手に入るからである」

■ 政府が市場をリードするのか、それとも市場が政府をリードするのか——。金融危機が起こると、これはとても難しい問題になる。債券市場や（債券市場に比べて重要度は低いが）株式市場がますます強大になるにつれ、それはまるで"しっぽが犬を振る"ような様相を見せている。

危機

だが、はっきりしていることは、法制にせよ財政刺激にせよ、あるいは税の上げ下げにせよ、政府だけが金融危機を解決するための強力な"重機"を持っているということである。中央銀行と規制当局は、金融市場における圧力と緊張に常に注意の目を払っている（必要とされるほど注意していないが）。つまるところ、彼らは特異なリスク（ある金融機関や金融商品に限定したリスク）と全体的なリスク（金融システム全体に影響を与えるおそれのあるリスク）の特定と、それらに対応した準備に努めている。

金融市場における危機は、偶発的な自然災害、テロ攻撃、それに長期にわたる"死のスパイラル"など、さまざまな出来事が引き金となって発生する（それらはみな、たとえば貸付市場全体に大きな関係がある）。金融機関の規模と相互関連性（取引先として、またシンジケートパートナーとして相互に依存していること）は、現代の危機があっという間に、さらに危険を増して拡大することを意味している。

解決策を見つける

危機に対する政府のアプローチは、「短期的」「中期的」「長期的」の三つだ。短期的には、市場への流動性、つまり現金の供給を増やし、また銀行間のオーバーナイト貸付（翌日返済証券担保付貸付）を緩和する（これによって銀行のバランスシートはかなり改善する）といったことで金融危機に対処する。中期的に優先されるのは、金融機関の支払い能

⇐
近年の経済状況の悪化によって、多くのヨーロッパ各国政府は非常に厳しい緊縮財政をとってきた。たとえば、ギリシャ、イタリア、スペインが抱える膨大な負債や成長の低迷は、市場に対する信頼を根幹から揺るがした。これらの国が発行する国債の利率は急上昇し、その結果、国際市場からの資金調達は困難となった。緊縮財政措置の結果、ヨーロッパの街々の路上で抗議する人々の姿が日常的なものになった。

「景気後退」と「不況」

景気後退は普通、「総生産の成長率が2四半期連続してマイナスになること」と定義される。一方、何をもって不況というかについては今のところコンセンサスはないが、本質的には「景気後退が長期化すること」といってよい。「実質GDPが10％以上マイナス成長すること」をいうと主張する専門家もいれば、「景気後退が2年以上続くこと」とする人もいる。「大恐慌」は、1929年10月に起こったウォール街の暴落のあとの4年間に大損害を与えたが、アメリカとその他の国々に影響を与えたのは1930年代になってからだった。世界中の工業生産、卸売り価格、国際貿易がみな下落する一方、失業率が33％に達した国もあった。大恐慌がどのようにして終結したかについては経済学者の意見は分かれるが、第2次世界大戦中に各国政府の支出が増えたことが経済の復活につながったと見る人は少なくない。

⇧「大恐慌」は、20世紀になって起こった最も広範囲な、そして最も深刻な不況だった。10年近くにわたってアメリカの失業率は25％に達し、重工業、建設業、そして農業はほぼ壊滅的な打撃を受けた。オハイオ州クリーブランドで、連邦救済局が配給するキャベツやジャガイモを受け取るために長い行列をつくる失業者たち。

力を見極めること、つまり、金融機関がまだ存続能力を持っているか、てこ入れの必要があるか、あるいは（これは最後の手段だが）国有化によって政府の管理下に置くかを判断することだ。最後に、政府による長期的な取り組みは、特定の危機が二度と起こらないよう法規制を強化することである。だが、そうしている中でも新たな危機が"発酵"しつつあることを忘れてはならない。

乱高下は好機の素

金融危機が起こると多くの人はお金を失うが、一方で儲ける人もいる。たとえば、2007年から2009年にかけて起こったいわゆる信用危機の初期、一部の投資家は債券市場が加熱し、銀行はそれら債務者の出現により壊滅的な損害を被るに違いないと予測し、それによって莫大な利益を挙げたという。大多数の金融関係者はそうした事態を恐れたが、投機筋（その代表がヘッジファンド）の中には危機状況で"大儲け"したものもいたのである。危機は乱高下を招き、ひるがえって乱高下は市場における好機を招いたといってよい。

政府と経済との相互作用はときに魔法のように見えるが、国有化と民営化はまさに、政府が企業や産業全体にどのように影響力を行使できるかを示す具体例といってよいだろう。

国有化と民営化

　国有化とは企業や一連の資産を国の統制の下に置くことをいう。歴史的に見ると、資本主義から社会主義に変わる国々が好んで実行した主要な戦略だった（たとえば、第2次世界大戦のあと、ポーランドは50人以上の従業員を抱える企業をすべて国有化した）。

　一方、国が保有する組織体を、資金を調達するためや特定の業種において民間主体の競争を創造するために政府が売却することがある。これを民営化といい、資本主義への移行期にある国によく見られる措置だった。1990年代になって、かつて国有だったロシアやウクライナの商品企業がほとんど民営化されたのは、その一例といってよい。

　歴史的に見ると、大規模で、国全体に関係する重要な企業や産業は、政府が主導権を握ることが多い。郵便、放送、電気・ガス、鉄道、鉱山、石油などみなそうである。その根拠は多分に観念的なものである。いわゆる左派の政治家がよくいう、国全体に関係する重要な産業は国民全体が所有すべきであって、一握りの民間株主に委ねるべきではない、というものである。反対に、右派の立場に立つ人は、企業の発展は政府の圧力が加わらない市場に任せるべきだと主張する。

利益と統制

　しばしば政治が国有化と民営化に関係している一方で、利益と統制に対する欲望もまたそれらに関係している。大部分の国有化は特定の所有者への補償を伴うが、没収——何の賠償も支払わないで政府がすべての資産を差し押さえてしまうこと——はふつう行なわれない。企業や銀行が破産し、それが連鎖的な影響をもたらし、ひいては不安定が広がる懸念があるとき、そうした懸念を吸収するためのひとつの方法が国有化である。

　一方、民営化は国に莫大な富をもたらし、民営化に伴うさまざまな作業を取り扱う投資銀行に多額の手数料を与えるとともに、最終的には、株式の売買による利益を新しい株主に提供する。もしこうした企業売却が公的な市場で行なわれる

⇩　国有化と民営化の政策は政治路線と密接につながっていることが多い。ベネズエラ前大統領のウゴ・チャベス、アルゼンチン大統領のクリスティーナ・キルチネルのような社会主義的政治家が、世界的な景気低迷のなか自国経済を助けるために、エネルギー、銀行、国の年金など、多様な業種を国有化したのもそのためである。

ことになれば、小規模な個人投資家もこれに参加することができるし、彼らが日常生活の中で利用するであろう郵便・電力企業のオーナーになれる。

　企業にとって国の統制があるのとないのとではどちらがよいのか——この問いに対する答えはさまざまだ。国有の事業体の多くが民間部門で成功している一方、他社との競争に敗北し、再民営化される企業もある。

傷を癒やす

民営化の偉大な成功例を、中央アフリカのルワンダに見ることができる。1980年代の終わり、コーヒーの価格が世界的に急落した。それに伴って同国の経済は大きく落ちこんだ。主要な輸出商品であるコーヒーと紅茶を生産する零細な農業に依存していたからだ。それは急激かつ劇的な変化を招いた。コーヒーの木は引き抜かれ、深刻化する飢餓の解消につながる、促成的な食用作物に植え替えられた。間もなくして悲惨な内戦（これもまた貧困が遠因になっている）が勃発。80万人が死んだといわれる1994年のジェノサイド（大量殺戮）という結末を迎える。

1998年、ツチ族が主導する政府は、コーヒー産業を含め、貿易障壁を下げるなどの大胆な民営化プログラムを発動。この取り組みはすぐに経済活動の復活やGDPの拡大という効果を発揮した。それ以来、同国のコーヒー産業は雇用を創出し、小規模農家の支出と消費を刺激し、さらに、フツ族とツチ族との間にある民族的な距離を縮めることで社会的融和を促進した。今では両部族が一緒になってコーヒー豆を収穫する光景が見られるまでになった。

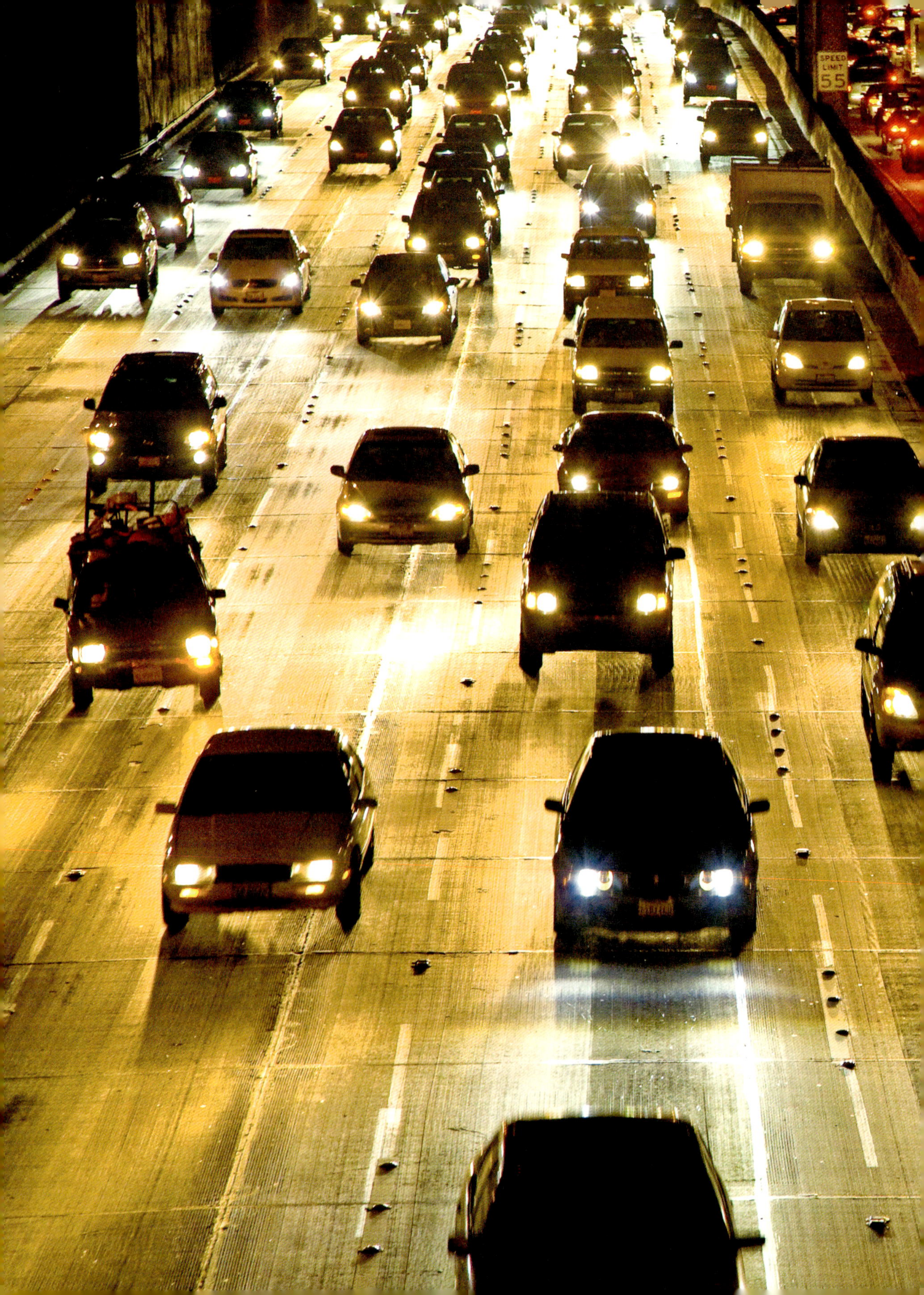
SPEED
LIMIT
55

"長期的に見れば、株式市場はこれからも好調を維持するだろう。20世紀、アメリカは実にいろいろなことに耐えてきた。二つの世界大戦、トラウマのような、お金のかかる軍事的衝突、大恐慌、度重なる景気後退と金融危機、オイルショック、インフルエンザの大流行、不祥事を起こした大統領の辞任……。それでもダウ平均株価は66ドルから11,497ドルに上昇した"

——ウォーレン・バフェット ［アメリカ合衆国の著名な投資家、経営者。世界最大の投資持株会社バークシャー・ハサウェイの筆頭株主］（2008年10月の「ニューヨークタイムズ」紙より）

第4章 銀行と銀行業

⇧
1913年に設立されたアメリカ連邦準備制度（FRB）の本部があるワシントンDCエクルズ・ビル。通称「Fed」と呼ばれるFRBは、いわばアメリカ経済の番人である。FRBはまた、アメリカの中央銀行であり、銀行の中の銀行であり、そしてアメリカ政府の銀行でもある。FRBはアメリカの金融機関を規制し、アメリカのお金を管理し、またアメリカの経済に影響を与えている。

　だれでもいい、小さな子どもに「銀行の絵を描いてみて」といってほしい。するとその子はきっと、大きな柱と立派な玄関のある、石造りの大建造物の絵を描くに違いない。この古典的な銀行のイメージは昔の銀行、あるいはテレビで見る連邦準備銀行やイングランド銀行の姿から来ているのかもしれない。だが今や銀行は、大都市の目立たないオフィスビルの一角、郊外のオフィスパークの中のコールセンター、アフリカのサハラ砂漠以南のコミュニティー銀行経営者の携帯電話の中にさえある時代なのだ。

　こうした銀行の実例（古典的な銀行も含めて）に共通しているのは「信託」という要素である。銀行はみな、さまざまな顧客――個人もあれば、企業、国民全体ということもある――からお金の"世話をする"ことを託されている。すべての銀行に共通した性格は、「ふとんよりも安全なお金の保管場所」ということである。そして、この信託の見返りとして銀行は、預金に対する利息の支払いから融資提供や抵当の設定に至る多様な金融インセンティブやサービスを提供する。

金融システムの要(かなめ)

　銀行と銀行業務はけっして目新しいものではないが、実は世界人口の大多数は銀行口座を持っていない。だがこの状況もしだいに変わろうとしている。新入社員にとって銀行といえばオンライン銀行を意味するような時代がきている。もっとも、ときには近くの支店やコールセンター（居住地から数千キロも離れていることもある）の助けを借りなければならないが……。だからこれからは、大部分の人たちが支配人の姿を見ることはなくなるだろう。そう、毎朝、銀行の入り口を開け、顧客を誘導し、そしてお金に関していつも親しみやすく、また堅実な助言をしてくれた、あの家長のような男性である。

　だが巨視的に見れば、銀行は依然として一定の人気を持っている（と同時に、急速に変わろうとしている）。銀行はまた、何十億人の人たちの日常生活においてますます重要な役割を果たすようになっている。企業の世界では、銀行は取引の基盤であり、かつ国際的な金融市場を形成する、膨大かつ相互につながったネットワークにおける必須の結節点といってよい。銀行は今も金融システムの要である。

> 最新の集計によると、世界の最大手1,000の銀行の資産合計は96兆4,000億ドルに上った。

⇩
列柱と屋根のある玄関、そして堂々とした石造りのビルという銀行のイメージを体現した銀行といえば、なんといってもイングランド銀行であろう。1694年に創立したイングランド銀行は（ちなみにイングランド銀行はスウェーデン銀行に次いで世界で2番目に古い中央銀行である）、1793年、現在の本店があるロンドンのスレッドニードル通りに移転した。このロウランドソンの銅版画は、1808年ごろの本店営業室。

銀行を樹木にたとえるなら、そのてっぺんにあるのがいわゆる超国家銀行である。超国家銀行とは、グローバルな金融安定性と流動性に対する責任を果たすために、いくつかの国によって構成され、また彼らの資金によってつくられる金融機関をいう。ここでいう「安定性」とは金融システムが堅牢であり、また株式市場の下落といったショックに耐えられる状態を指し、「流動性」とは支払いを履行し取引を決済するのに十分な現金があること、最終的には市井の小銀行においても預金者の求めに応じて払い戻しができる状態をいう。

超国家銀行

多かれ少なかれ無限のキャパシティーを持つ超国家銀行は、まさに「大きすぎてつぶれない」存在といってよい。基本的に超国家銀行は、「最後の手段としてのお金の貸し手」として存在している。瀬戸際に陥った国はこうした超国家銀行に助けを求めることができ、彼らの助けは、厳しい条件のもと当面の事態を打開するための短期・長期の融資（あるいは緊急支援）の形で実行される。

⇨ 1944年7月、アメリカ、ニューハンプシャー州ブレトン・ウッズで開催された国連のブレトンウッズ国際通貨金融会議には、ジョン・メイナード・ケインズ（1883～1946年、写真中央）がイギリス代表として出席した。この会議は、第2次世界大戦の終結に向け、世界の主要工業国間における商業・金融関係のためのルールを確立した。国際的な通貨制度を規制するためのルール・機関・手続きの体系整備を目指して、この会議に集まったプランナーたちはまた国際通貨基金（IMF）を創設した。

「国際通貨基金（IMF）」

超国家銀行の中でも最もよく知られているのが国際通貨基金（IMF）である。IMFは1944年、経済協力と第2次世界大戦後の融資を目指して45の国家グループによって案出された機関である。現在は187の国がこれに加盟し資金を拠出している。

IMFの最初の"顧客"は1947年のフランスである。以来、IMFに対する支援要請は断続的に起こっている。1976年、イギリスのインフレが記録的なレベルに達し、ポンドが大幅に下落した際、イギリスが23億ポンドの融資を要請したのもその一例である。また近年の金融危機の際も、IMFはアイスランド、ギリシャ、アイルランド、ポルトガルなどに救済融資を実施した。

二つの開発銀行

　IMFの主な役割が国際的な金融支援であるのに対し、「世界銀行」のそれはより開発的側面が強い。この機関の活動は、貧困、栄養不良、コミュニケーションやインフラの不足といった問題を解決するための資金を必要としている貧困国に集中している。1万人以上のスタッフを擁する世界銀行のプログラムは膨大だ。2010年だけを見ても、世界の開発途上国で行なわれた300のプロジェクトに470億ドルの資金を提供した。現在の取り組みも、ギニアにおけるエイズ予防、バングラデシュの学校支援から、メキシコの公衆衛生普及、インドのグジャラート州における地震復旧救援に至るまで、多岐にわたっている。

　世界銀行に似た存在だが、もっぱらヨーロッパ経済への寄与を目的に活動しているのが「欧州復興開発銀行（EBRD）」である。この機関は、ベルリンの壁の崩壊以後の西欧・東欧の経済的統合の促進を目指して、欧州連合とその加盟国によって設立された。

⇩ 欧州復興開発銀行（EBRD）は、1986年に世界で最も深刻な原子炉事故を起こしたチェルノブイリ原発を覆う新しい石棺建設の主要な資金提供者である。作業員たちによれば、放射能漏れを防ぐために事故直後に設置された現在の構造物は、今や急速に崩壊が進んでいるという。新しい石棺の建設費用はざっと20億ドルと見積もられている。

ちょっと参考に

主な超国家銀行

国際通貨基金（IMF）：IMFの基本使命は、国際的な経済システムの安定性の確保を助けることにある。そのための具体的な手段は、国際的および加盟各国の経済動向の追跡、国際収支が困難な国への融資、および加盟国への実践的な支援の提供の三つである。
創設：1944年
加盟国および機関：187の国
中心人物：クリスティーヌ・ラガルド専務理事

世界銀行：世界中の開発途上国に対する財務的・技術的支援の源泉といってよい。これらの国々の政府に対し、多様なプロジェクト（教育、保健、インフラ、コミュニケーション、政府改革など）のために必要とされる金銭的・技術的な専門知識を提供することにより、貧困の撲滅を助けることを使命とする。
創設：1944年
加盟国および機関：国連に加盟する全193ヵ国、およびコソボ
中心的存在：ジム・ヨン・キム総裁

欧州復興開発銀行（EBRD）：中央ヨーロッパ、バルカン半島西部地域、および中央アジアにある銀行、業界、および企業のためにプロジェクトファイナンスを提供することを目的としている。そうした企業・機関に代わってリスクを負うことで、当該地域の諸国が開かれた市場経済に変わるよう支援する。
創設：1991年
加盟国および機関：63の加盟国のほかに、EUおよびヨーロッパ投資銀行
中心的存在：スマ・チャクラバルティ総裁

■ 超国家銀行に依存する一方で、ほとんどの国は中央銀行を持っている。中央銀行はいわば政府の銀行であり、貨幣政策、金融の安定性、通貨供給の"番人"といってよい。危機が発生すると中央銀行は、トラブルに巻きこまれた金融機関に対して流動性、保証、避難場所を提供するとともに、その国における「最後の手段としてのお金の貸し手」の役割を果たす。

中央銀行

名目的にはほとんどの中央銀行は政府が所有しているが、厳密にいえば多くの中央銀行は政府から独立した存在である。ということは、世論に影響を与え、また選挙に勝つための材料にされることが多い通貨政策を策定する際も、政治的な干渉を受けないことを意味する。

リスクのバランス

主にインフレとデフレのコントロールを目指す通貨政策の策定は、中央銀行の中核的役割といってよい。ほとんどの中央銀行が、その決定を行なうためのエコノミスト軍団と経済モデルの蓄積を持っている。中央銀行は、金利を設定し、また紙幣・硬貨の発行や回収を通じて通貨供給を管理するために、リスクの均衡を常に計っている。理論的には、中央銀行は新しいお金をつくり、それを経済に注入するための無制限のキャパシティーがあるとされる。

中央銀行は、より広範な経済活動においてインフレをコントロールし価格の安定を維持するために、こうした多様な手段の活用に努めている。彼らの金融政策は注意深く修正されるが、それでもしばしば、株式・債券市場に、あるいは広く投資家や消費者の心理に直接的かつ劇的な影響を及ぼす。

中央銀行が眠ることはめったにない。というのも、いわゆるオーバーナイトレート（翌日物レート）の変動に中央銀行が大きく関係しているからだ。オーバーナイトレートとは、ほとんどが中央銀行に口座を持っている市中銀行に中央銀行が融資する時の金利である。いわば"卸し価格"ともいえるこの金利は、銀行同士の貸し借りにも影響を与える。ここで重要なのは、この金利は、民間ローン、住宅ローン、クレジットカードといった、より幅広い小口金融に適用される金利と密接に連動しているということである。

中央銀行はまた、自国の経済がちゃんと動いているかに注意を払いつつ、外貨と金の準備（両方合わせて「準備」「準備資産」という）の管理にも当たる。ある国の金（多くが中央銀行の金庫室に保管される）はしばしば安心感の材料と見なされる。特に、ほとんどの通貨が不換貨幣（貨幣が

↓ アメリカ連邦準備制度理事会（FRB）の元議長ベン・バーナンキ（写真左）とイングランド銀行の元総裁サー・マービン・キング。このふたりは、世界の銀行界の中で最も有名な人物といってよいだろう。各国の中央銀行の要人たち（投資銀行の経営者とは人種がだいぶ違う）は「われわれが持っているのは権力ではなく影響力だ」とことあるごとにいうが、彼らの予想と決定が世界の金融市場を動かしていることは間違いない。それだけに、彼らはどうしても秘密主義になるし、慎重の上にも慎重に言葉を選ぶ傾向がある。歴史を見ても、世界最古の中央銀行のひとつであるイングランド銀行では、総裁の眉毛の動き（否決のときは眉毛が上がることが多かったという）さえ金融政策のバロメーターと解釈されたという。

持つ固有の価値を失い、お金として使えなくなること）になったときはなおさらである。外貨準備はほとんど、世界で最も卓越した準備通貨である米国ドルで行なわれるが、多くの中央銀行がかなりの額の英ポンド、ユーロ、円、それにスイスフランによる外貨準備を保有している。

異例の措置

　経済状態が厳しくなってくると、アメリカの連邦準備制度（Fed）、イングランド銀行（BOE）、それに欧州中央銀行（ECB）といった中央銀行は、成長を刺激しデフレを回避するために、通貨政策の一環として彼らが「異例の措置」と呼ぶ方策を実施することがある。量的緩和（QE）と呼ばれ、1990年代に日本銀行がいち早く行なったこの措置は、政府自身が保有する国債の大量買い入れを伴う（ただし、ECBの場合、国債の買い入れが禁じられているので、代わって長期の現金担保付債券貸借取引を買い入れる）。2009年以来、Fedが買い入れた国債の総額は2兆ドル、同じくBOEのそれは5,200億ドルに上っている。

　この措置の一環として、中央銀行は紙幣を発行し、年金基金といった金融機関から国債を買うことで紙幣を市場に注入する。理論的にいえば、これらの金融機関は中央銀行から得た現金を使ってよりリスクの高い資産を購入し、それによって価格を高め、需要を喚起するという仕組みである。その結果、金融システム全体に流通するお金の量が増加する。QEの取り組みは大規模であることが多いので、しばしば金融市場にも好感を与える。だがそれはまた"荒療治"でもあるので、債券市場の形を変えてしまうなど副作用も持っている。そのことを考えると、中央銀行の総裁たちは現状を客観的に見ながら、手持ちの債券を市場に放出することで、緩和とは反対の引き締め策を導入するかどうかの決断に迫られることもある。

ちょっと参考に

世界の主要中央銀行

アメリカ連邦準備制度（通称「The Fed」）
欧州中央銀行（ECB）
イングランド銀行（BoE）
日本銀行（BoJ）
スイス銀行（SNB）
カナダ中央銀行（BoC）
オーストラリア準備銀行（RBA）
ニュージーランド準備銀行（RBNZ）

中央銀行の基本的な義務：通貨政策の策定、各国民間銀行のための適切な準備資金の維持、国の準備資産の管理、自国通貨の為替レートの規制

▶ 金融市場（90、91ページ）も参照のこと。

国際的な銀行業のための"警察官"

世界の中央銀行の多くは、自国の民間銀行、証券会社、資産管理会社の金融安定性を監視する責任を持っている。そうした企業の相互関連性がますます強まっている今日、遵守すべき国際的な規準もより厳しくなっている。

　バーゼルに本部を置く「国際決済銀行（BIS）」は、いわばそうした銀行・金融業界の"国際警察官"である。1930年に創設されたBISは、中央銀行の国際協会であるとともに、中央銀行の中の銀行という性格も持っている。近年BISは、銀行の資本の適正レベル、言い換えれば、金融危機の場合に備え、また適正な流動性のために銀行が維持しなければならない最低限のバッファー（余裕資金）を定めている。

BISの中に置かれた「バーゼル銀行監督委員会」の権限は強力で、「バーゼルII」と呼ばれる一連のルールを設定、その後、「バーゼル2.5」を経て、グローバルな金融危機に対応するために「バーゼルIII」を定めた。これは、近年、突発的に起こったいくつかの金融危機（中でも、2008年9月に起こったリーマン・ブラザーズ社の破綻は、多数の銀行・証券会社に連鎖的な影響を与えた）に耐えられるだけの"体力"を銀行に持たせ、それによってリスク管理能力の改善と透明性の強化を進め、ひいては潜在的な脅威の軽減を目指している。

電子的な取引が増えてきたとはいえ、今も大量の紙幣と硬貨が製造されている。そのほとんどがその国の中央銀行の指示によるものである。そうした紙幣と硬貨の物理的な生産は造幣局などと呼ばれる国の機関（古代では大蔵省の代わりをした）で行なわれるが、今ではたとえばイギリスの「デ・ラ・ルー社」――約150の国の紙幣を印刷している――のような第三者に委託するところが増えている。

紙幣と硬貨

　ヨーロッパでは現在、17ヵ国がユーロを単一の通貨として採用している。ユーロ紙幣は、ユーロ圏全体におけるユーロ紙幣の必要量の予測という労力と費用を分担しながら、各国の中央銀行が共同で印刷している。（それに対して硬貨はそれぞれの政府の責任となっている。）考えてみればこれは大変なことである。最後の統計を見ても、5ユーロから600ユーロまで合計85億枚のユーロ紙幣が（その額は合計で1,845億ユーロだった）、硬貨も1セントから2ユーロまで、525億枚が市場に流通しているのだから……。

⇨ ローマの造幣局で1ユーロ硬貨の検査をしているところ。ユーロ圏で流通する硬貨の鋳造は加盟各国の責任で行なわれる。1999年1月1日、ユーロはイタリアを含む全11ヵ国の公式通貨となったが、最初の貨幣発行においてイタリアは約70億枚のユーロ硬貨を生産した。そのときまでイタリア人は硬貨をあまり使わなかった。というのも、最も少額の紙幣が1,000リラ（50セントに相当）だったからだ。1998年のクリスマス、イタリア人に最も人気のあったプレゼント……それは財布だった。

偽札との闘い

　イングランド銀行が最新の50ポンド札をデザインした際、同行は画期的な偽札対策を導入した。まず、偽造防止のための特殊な技術を活用し、ポンド記号£と50という数字が上下左右に動くホログラムを採用した。それ以外にもたとえば、紫外線テストを行なうと、紫外線を当てたときのみ現れる赤・青・緑の図形が拡散して見える。50という数字と「Bank of England」という文字が複製不可能なエンボス印刷となっている。エリザベス女王の肖像の内側に、肉眼ではほとんど見ることができないマイクロレタリングが隠されている。ポンド記号£と組み合わせた不規則な形をした透明のレジスターも

第4章　銀行と銀行業

「M」は「MONEY」の頭文字

紙幣・硬貨の流れを常に監視することは容易な作業ではない。中央銀行は、「money（お金）」の頭文字である「M」で表わす統計を使ってお金をさまざまな種類に分けている。「M統計」は「M0（最も狭い）」から「M3（最も広い）」までの各段階があり、そのほかにも地域によってバリエーションがある。アメリカにおける各統計の定義は以下のとおり。

- ●**M0**：銀行準備金を含む。したがって、マネタリーベース（市中に出回っている現金と金融機関が持つ中央銀行当座預金の合計）、狭義の通貨ともいわれる。
- ●**MB**：マネタリーベースまたは通貨の総額。他の形態のお金はこの基盤から創出される。伝統的にマネーサプライ（通貨供給量）を計るための最も流動的な尺度である。
- ●**M1**：銀行準備金を除いたM0と等価。
- ●**M2**：貨幣と準貨幣。インフレを予測する際にもよく用いられる主要な経済指標である。
- ●**M3**：M2に大型・長期の預金を加えたもの。

印刷されている。それから女王の頭の透かし模様と、紙幣の上辺から下辺に走るメタリックスレッド（金属の糸がお札の一部に埋め込まれた加工）がある……といった具合である。こうした一連の技術、加えて紙幣に上質な光沢を与える三段階印刷方式によって、紙幣の偽造はしだいに減っている。だが、イギリスだけを見ても約50万枚の偽札（主に20ポンド紙幣）が今も流通しているのが実情である。

紙幣は、いわば「フォートノックス」［米国ケンタッキー州中北部にある軍用地で米国連邦金塊貯蔵庫がある。転じて「きわめて安全な場所」のこと］を紙にしたものといってよいだろう。ここにある100ユーロ紙幣には、ホログラム、透かし、マイクロ印刷など、また欧州中央銀行が秘密にしている技法を含め、さまざまな偽造防止策が取り入れられている。紙幣の印刷地は、全体的なデザインの一部ではなく、コード化されたシリアル番号に埋めこまれている。

シリアル番号：裏面に印刷された、最初が英文字で始まる長いシリアル番号は、それ自身ミニコードになっており、9で割り切れるようになっている。

透かし：すべてのユーロ紙幣は最低三つの透かし（標準、デジマーク社によるデジタル透かし、および赤外線・紫外線透かし）を持っており、いずれも光にかざすと見ることができる。

セキュリティー・スレッド：紙幣を貫くように上から下に黒い色の磁性を帯びたスレッド（糸）が走っている。自身ミニコードになっており、9で割り切れるようになっている。

バリアブル・カラーインク：角度を変えて紙幣裏側を見ると右下角の色が変化して見える。

ホログラム：ホログラム加工された帯に紙幣の額面、紙幣固有のイラスト、およびマイクロ印刷が埋めこまれている。

バーコード：光にかざすと、額面ごとに違うメタリックのバーが見える。またバーコードは、スキャンすることでマンチェスター符号に変換することができる。

第4章　銀行と銀行業

　これまでに何人かが、独自の通貨を発行するという"お金の実験"と地域化を試みた。ドイツ、バイエルン州の町、プリーン・アム・キームゼーで生まれ、地元の高校で経済学を教えていたクリスティアン・ゲレーリが2003年に始めた取り組みもそのひとつである。16歳になる教え子たちのための授業の一環として彼は、「キームガウアー」という名前（キームゼーという地名に由来している）の地域通貨を考案、地元住民と企業に1、2、5、10、20、50キームガウアーの紙幣（1キームガウアーが1ユーロに相当）を使うよう促した。当初は学校の生徒がデザインした"地域の商品券"的な位置づけだったキームガウアーはその後、徐々に浸透し、最初の年にキームガウアーで行なわれた売買は7万5,000ユーロ相当に上った。

代替通貨：「キームガウアー」

　それから10年、キームガウアーによる売買は500万ユーロ相当までに達し、今では50万キームガウアーが社会に流通、世界で最も成功した代替通貨といわれるまでになった。だが、そもそもキームガウアーを発行する本当の目的は何だったのだろうか。まず第1の目的は、地元の企業や商店をもっと利用するよう、またこの通貨が地域社会に根付くよう、住民に促すことだった。地元の企業や商店はキームガウアーを受け入れ、この仕組みに参加するために少額の手数料を支払った。200あまりの地元NPO（非営利団体）には"ボーナス"が支給された。彼らは100キームガウアーを97ユーロで買い入れ、それを100ユーロで再販売し、その差額を得ることができたのである。その他の営利企業は通貨の管理費に充てるための少額の手数料を支払わなければならなかったが、そうした企業が提供する商品やサービスを地元住民が購入するから、それで十分に元が取れるという仕組みである。

⇨ ドイツ、バイエルン州ローゼンハイムの市場で、キームガウアー紙幣を使ってチーズを買う女性。同州北部のローゼンハイム・トラウシュタイン地域では現在、600以上の企業と2,500人以上の市民が、日常的な取引にキームガウアー紙幣を使っている。

第4章　銀行と銀行業

← 当初は学校の実習課題としてスタートしたキームガウアーは、"人気"が出るまでに時間がかかったが（2010年の取引額は510万ユーロに過ぎなかった）、今では世界で最も成功した代替通貨といわれている。

独創的な仕掛け

　キームガウアーにはもうひとつ特徴がある。使わないと価値がなくなるのである。だから、流通は自然に増えた。ユーザーは、3ヵ月に一度、額面の2％の手数料を支払うことで紙幣を更新することができる（したがって、効果的に行なえば、キームガウアー通貨は年率8％で減価することになる）。これはなかなか独創的な仕掛けといってよい。ゲレーリはこのアイデアを、ジョン・メイナード・ケインズやアービング・フィッシャーといった経済学者の著作を学びながら思いついたという。彼らは、急速に減価する通貨が持つ流動性誘導効果を早くから指摘していたが、それを大規模な実体経済ではなくバイエルン州で証明したというわけである。キームガウアーの試みには地元の銀行も加わり、この通貨の取引と両替の機会を提供した。

　キームガウアーはドイツでその他65の地域通貨を生み出す契機となった。だが、そのどれもがドイツ全体というよりはあくまでも地域固有の通貨であり、ペッグ［市場操作により商品価格・株価・為替レートを安定させるもの］としてのユーロに依存するものだった。とはいえ、近年、ユーロ圏においてさまざまな問題が起こっていることを考えると、ユーロのような集団的通貨の人気が下がり、代わってこうした地域通貨が広く使われるような時代が来ないともかぎらない。

　キームガウアーと類似の通貨の成功によって2007年、「そうした地域通貨はユーロの競争相手になるか」という問いに対して「ブンデスバンク」が見解を発表する事態となった。ブンデスバンクは、ヨーロッパ全体の流通量の3分の1に相当する1,100億ユーロの紙幣を発行している、ドイツの強大な中央銀行である。それに対するブンデスバンクの答えは「まだNOである」というものだった。だが、地域通貨が各国の中央銀行首脳にとって無視できない存在となったことは明らかだった。

代替的な代替通貨

　「お金の代わりをするもの」の歴史は長く、しかも近年その人気はますます高まっている。その発展の背景にあるのが、近年の経済停滞である。こうした代替通貨は本物のお金を使うものもあるし、また相互信用の形態、あるいは単純な交換という方法を使うものもある。これまで登場した代替通貨の中で特に効果のあったものをいくつか紹介しよう。

Bitcoin：2009年にアメリカで始まった。暗号化された、個人対個人で用いられるデジタル通貨。

Flattr：スウェーデンが発祥。このシステムを選ぶとユーザーは毎月、一定額の手数料を支払わなければならない。ユーザーはいくつかのサービスにアクセスし、その月の末に手数料が各サービスの間で分配される。

Ithaca hours：地元経済の強化を目的に、1991年からニューヨーク州イサカで使われている地域通貨。いくつかの種類の紙幣が発行されているが、1時間＝10ドルまたは1時間の労働の価値を持っている。

Metacurrency：次世代の経済の担い手と見られており、分散型P2P通信手段となるべく設定されている。これは、価値基準や価値の判断方法や認定方法を人々が独自に決めることができるという相互協定によって運営される。

Payswarm：これによって、映画、音楽、写真、バーチャルイメージといったデジタルコンテンツのクリエイターが、自分の作品をネットを通じて流通させる、ファンや顧客から直接的な支払いを受けるといったことが可能になる。

Ripple：一種の通貨システムで、支払いの際に普通のお金と同じように使える単純な義務を友人間でつくる仕組み。

Timebank：価値の尺度としてのお金を介在させずに、時間とスキルをグループや個人がプールしたり売買したりできるためのプラットフォーム。

今日、民間銀行のサービスは驚くほど多様化しているが、ほとんどの銀行が今も創業当初のサービス──預金と貸し付け──に事業の基盤を置いている。最も単純化していえば、銀行のビジネスモデルは、預金者に支払う利息よりも高い利息を貸付先に課すことで成り立っている。

民間銀行

商品やサービスを提供するその他のほとんどの民間企業と違う点は、銀行の資産の圧倒的大部分を、抵当をはじめとする「銀行が貸しているお金」が占めているということである。反対に銀行の負債とは、預金口座所有者などの顧客から「銀行が借りているお金」ということになる。

なじみ深い存在

だから、銀行は預金者から得ている信頼を何よりも大事にする。もし銀行が何かのトラブルに見舞われると、顧客はすぐにお金の返却を求める。顧客の資産の大部分はいつでも引き出せる性格のものだから、もし急激な預金引き出しが起これば、それは銀行にとって"命取り"になりかねない。こうした事態はしばしば中央銀行による救済という結果を招き、最悪の場合、破産にもつながる。過去の歴史の中にも、何としても預金を引き出そうと怒り狂った預金者が銀行の支店を襲うといった例は枚挙にいとまがない。

だが、ありがたいことに近年、銀行に対する規制はますます厳しくなっており、それが銀行自身と顧客の両方を守る仕組みになっている。その中心が中核資本の額である。「中核的自己資本」と呼ばれるこの規制は、「銀行は、流動性とソルベンシー(支払い能力)の危機に対するバッファー(緩衝材)として普通株資本、準備金、内部留保から成る、一定額の自己資本を保有しなければならない」というものである。

近年、民間銀行は革新的なアイデアを振り絞って顧客基盤の拡大に余念がない。最近では、2010年に香港のシティバンクが導入した「スマートバンキング」もその一例である。典型的なスマートバンキングを要約すれば、ハイテクのデジタル機器を駆使し、テレビ会議システムとWi-Fiを経由して資産アドバイザーと話したりオンライン・バンキングを行なったり、あるいは大画面を使って最新の金融情報を入手したりするものである。

グローバルなお金の流れの中で、銀行が不可欠な役割を担っていることは今も変わりがない。インターネット・バンキングが台頭しようとも、銀行が持つ"目に見える"店舗は依然としてなじみ深い存在である。民間銀行は今も、アメリカに8万2,000、中国に6万7,000、日本に1万2,000、ヨーロッパではドイツ・フランス・イタリア合わせて約3万、そしてイギリスに約1万5,000の店舗を置いている。

ちょっと参考に

民間銀行の主要機能

1. 安全、貯蓄、支払い時の利便などを目的に、一般大衆からの預金を受け付けること。
2. 担保を付けて(あるいは担保なしに)一般大衆に融資を実行すること。
3. 当座貸越の形で融資を実行すること。
4. 為替手形を割り引くこと。為替手形とは、金融取引の相手に短期にお金を前払いするためのシステム。
5. 投資。銀行はしばしば余裕資金を証券に投資する。
6. 銀行はまた、顧客の指示を受けて仲介者として次のような役割を果たす。小切手・配当金の回収、支払いの実行、証券の売買、送金の代行など。
7. その他の機能：金庫の開設、信用照会、外国為替の売買、金融に関する助言の提供、信用状の発行、耐久消費財を担保とした少額ローンの提供など。

第4章　銀行と銀行業

世界のトップ20銀行
（出典：「The Banker」誌）

アメリカ
イギリス

- **1** 3兆8,080億ドル ロイヤルバンク・オブ・スコットランド
- **2** 2兆9,740億ドル ドイツ銀行
- **3** 2兆4,940億ドル BNPパリバ
- **4** 2兆4,590億ドル バークレイズ
- **5** 2兆3,540億ドル HBOS
- **6** 2兆2,680億ドル クレディ・アグリコル・グループ
- **7** 2兆1,880億ドル シティグループ
- **8** 2兆0,190億ドル UBS
- **9** 1兆8,180億ドル 三菱東京UFJ銀行
- **10** 1兆7,160億ドル バンク・オブ・アメリカ
- **11** 1兆5,780億ドル ソシエテ・ジェネラル
- **12** 1兆5,620億ドル JPモルガン・チェース
- **13** 1兆5,040億ドル ウニクレディト銀行
- **14** 1兆4,950億ドル みずほフィナンシャルグループ
- **15** 1兆4,630億ドル ING銀行
- **16** 1兆3,910億ドル バンカ・ロマネスカ
- **17** 1兆3,440億ドル サンタンデール・セントラル・イスパノ銀行
- **18** 1兆3,360億ドル HBOS（ロイズ銀行グループ）
- **19** 1兆2,090億ドル クレディ・スイス・グループ
- **20** 1兆1,890億ドル 中国工商銀行

⇦ 世界の大きな銀行はかならずしも大きな国にあるとは限らない。それよりもむしろ、銀行業のビジネスモデルが高度に発達した国にあるといった方がよいだろう。フランス、ドイツ、イギリスが5大銀行集積国になっているのもそのためだ。この図は世界の大銀行トップ20を資産（貸付金など銀行が貸し出しているお金）の額によって示している。

ATMの話

現金自動支払機（CD）といえば、金属やプラスチックでできていて、銀行口座から現金を引き出すための最も簡単な方法とだれもが当たり前のように思うだろう。今や世界には200万台を超えるCDがあるといわれている（南極のマクマード基地には局地研究者のためのCDがある）。一方、多くの人たちがATMの発明に携わってきた。そのひとり、ルーサー・ジョージ・シミアンという発明家が、最初のATMをアメリカの銀行とともに試作したのは1939年のことである。だが、これは大衆の支持をほとんど得ることができなかった。1960年代後半になるとATMの開発競争が再燃。1967年には、「デ・ラ・ルー社」（各国紙幣の印刷を行なっている企業）の社長だったジョン・シェパード-ブラウンがバークレイズ銀行に、ロンドン北部の支店にATMを設置するよう説得した。それとほぼ同じ時期、ジェームズ・グッドフェローというイギリス人の実業家がいくつかの特許を申請した（その中には個人識別番号［PIN］に関するものもあった）。また、同じころアメリカでも同じような発明家（たとえば、1970年にクレジットカード自動通貨支払機を考案したジョン・D・ホワイトのような）が登場し、ATMの普及競争に参加した。だが、この機械が表通りに出現するのは1970年代後半になってからだった。

では、次代のATMはどんなものになるだろうか。切手から金のインゴットに至るまで、今やATMはありとあらゆるものを販売できるよう改良されているが、おそらく最終的には鉄屑になる運命が待っていると思われる。LPレコードがCDに道を譲ったように（そして今、CDが電子的なダウンロードに道を譲りつつあるように）、やがて現金は完全にオンライン化されるのかもしれない。

投資銀行——端的にいえば、個人顧客ではなく法人顧客を相手にする銀行——の一般的なイメージといえば、「映画『マスターズ/超空の覇者』の登場人物たちのような人たち（1日24時間働き、ランチなんてダメなやつが摂るものと考える金儲けの天才たち）が集まる、恐ろしく強大なお金製造マシーン」といったところだろうか。だが、実際はもっとずっと平凡だ。投資銀行の多くはどちらかといえば"もろい"金融機関で、財務内容も比較的弱い。もちろん最前線のオフィスには才能のあるトレーダー（株式売買専門家）やディールメーカー（取引仲介者）がいるが、多くの従業員は管理部門で働いている。彼らは主に、規制的なコンプライアンスを遵守する、売買を決済する、あるいは複雑な取引を追跡するといった地味な仕事に携わっている。

投資銀行

⇩
ニューヨークのウォールストリートに近いボーリング・グリーン公園に立つ雄牛の像。この地域のマスコットである（非公認だが）。重さ3,200キロもあるブロンズ製のこの像は、常に攻撃を忘れない金融界の楽観性を象徴し、腰をかがめ頭を下げていつでも突進することができる体勢を現している。

投資銀行の本領が発揮されるのは、なんといっても企業の合併と買収（M&A）における助言業務だろう。言いかえれば、M&Aの開始、資金手当て、一連の取引の完結を目的に企業を支援することである。だから、投資銀行のスタッフたちは電話のベルが鳴るのを待っていない。彼らの日常は、アイデアをひねり出し、A社に事業内容の再構築を促し、借り入れやエクイティファイナンス［持分金融（新株発行）による資金調達］を提案したかと思ったら、今度はB社、C社、D社の買収を提案するといった具合である。何か大型の企業間取引があったら、そこにはきっと投資銀行のスタッフたちがかかわっていると見て間違いない。人気のある投資銀行スタッフがある企業に雇われれば、もう一方の企業は彼らを雇うことができない。投資銀行スタッフはその取引実行能力（同時に、果てしない会議と

投資銀行の内側

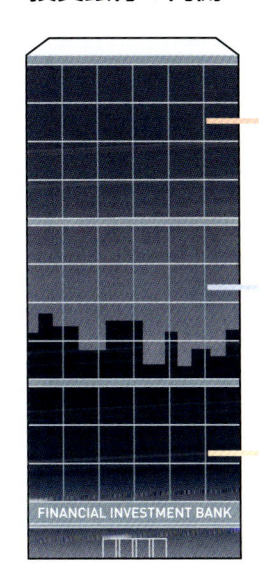

バックオフィス
- 業務部門：取引の提案、データベースの維持管理、必要な資金移転の実行などを通じて銀行の全体的な運営を円滑に進める。
- 技術部：ITシステム全般

ミドルオフィス
- リスク管理部門：銀行にかかわる信用と市場リスクを分析する。
- コンプライアンス部：すべての事業が適法かを確認する。
- ファイナンス部：資本管理とリスク監視の責任を負う。

フロントオフィス
- 投資銀行業務およびM&A部門
- 金融法人向けサービス部門：固定収益、商品、外貨、株式など
- 資産・財産管理部門
- 商品組成部：金融商品の組成とマーケティング
- 調査部：各業界、企業、商品を対象とした調査

⇧ 最近の投資銀行が持つ標準的な事業部門を示す。

深夜残業に耐えることのできる体力）の見返りとして、取引が成功したときには大きな報酬を得ることができるが、反対にそれに欠けていればほとんど得ることができないというのが彼らの宿命である。

投資銀行は、こうした企業関連の案件のほかに、世界の金融市場を相手にした幅広い業務を展開している。それらは顧客のためであり、彼ら自身のためでもある。多くの投資銀行は、固定収益、商品、通貨を担当する部門を持っている。その部門は、債券、金・銀・錫から石油・大豆・エネルギーに至る多様な商品、そして世界の主要通貨——米ドル、日本円、英ポンドはいうまでもなく、ときにはブラジルのレアル、ノルウェーのクローネまで——の売買を行なう。投資銀行はまた、企業顧客に成り代わって売買するだけでなく、多くが自己勘定取引を盛んに行なっている。これは文字どおり自行のバランスシート（勘定）を使って債券や株の取引を行なうものである。

投資銀行の収益の第3の柱は、いわゆる資産管理（特に富裕な顧客を相手にする場合は「ウェルスマネジメント」という）と呼ばれる事業である。これらの活動は他の部門と連携して行なわれることが多い。というのも、投資ポートフォリオの作成や管理、金融サービス商品の配分においては他部門の協力が不可欠だからだ。またときには、顧客にクレジットカードを販売する、融資や住宅ローンを提供するといったリテール（小売り）サービスを行なうこともある。

リスキーなビジネス

投資銀行は多分に賭博的性格を持った事業である。それだけに、政府も規制官庁も、それに株主もいつも不安を感じている。そうした投資銀行のリスキーな活動を制限し、またリテール事業と"カジノ的"銀行業務とを切り離すために、これまでにもさまざまな提案が行なわれてきた。中でもよく知られているのが「ボルカー・ルール」と呼ばれるものである。これはアメリカ連邦準備制度理事会（FRB）元議長であったポール・ボルカーが中心となって推進された規制で、自己勘定取引（自行の勘定を使って取引を行なうこと）、ヘッジファンドへの投資をアメリカの銀行に禁ずるものだった。ボルカー・ルールは1933年に施行された「グラス・スティーガル法」［1933年制定の二つのアメリカ合衆国連邦法。第1のものはデフレ対策、第2のものは当時のアメリカの商業銀行システム崩壊への対応策］や2007年から2009年の金融危機のあとに提出された「ドッド・フランク法（ウォール街改革および消費者保護に関する法律）」の影響を受けたものだった。

> **知っておきたい言葉あれこれ**
>
> ある企業が他の企業を買収する際の最も重要な原則は、それら二つの企業の総和よりも株主価値を増やすということである。ところで、「Merger（合併）」とは、二つの企業が合体してもう一つ別の企業になることをいい、「Acquisition（買収）」とは、ある企業が別の企業を買うが新しい企業は誕生しないことを指す。

第4章　銀行と銀行業

■ 専門的にいえば、個人銀行とは法人化されていない銀行、言いかえればひとりの個人、ひとつの家族、あるいはひとつのパートナーシップ（組合）が所有する銀行のことである。この形態は預金者にとってある種の安心感を与える。というのは、預金者たちは銀行と銀行所有者両方の資産を"当て"にすることができるからだ。反対に銀行所有者にとってこのことは、銀行が招いた損失について所有者自身がいわゆる無限責任を負うことを意味する。

個人銀行

　この銀行形態には長い歴史があり、その起源は17世紀に遡る。実はイギリスのイングランド銀行も1649年、個人銀行としてスタートした。そしてその直後の1672年、「C・ホア＆カンパニー」が個人銀行として創業した（奇妙なことにこの銀行は、創業者の邸宅に生えていた樹木の成長率を元に独自の金利を決めたといわれている）。
　スイスもまた、歴史ある個人銀行が多い国である。たとえば、「ウェグリン＆カンパニー」「ランドルト＆コンパニー」「モルグ・ダルグ＆コンパニー」などはみな、今も家族所有であり、小規模行が次々と吸収されるなど激変する銀行業界の中で独立性を

⇩
1692年創業のカウツ銀行。イギリスの個人銀行の中でも最も影響力のあるもののひとつで、2000年からはロイヤルバンク・オブ・スコットランドの傘下に入った。ロイヤルバンク・オブ・スコットランドは今、国際的な事業展開を積極的に進めようとしている。最近、中東・東ヨーロッパ・アジアの個人富裕層をターゲットにしたサービスを始めるためにドバイに事務所を設立したのも、その一環である。

保っている。

上流階級のための銀行

近寄りがたい雰囲気、大きな裁量、そして上流階級の人びとから成る顧客層を特色とする個人銀行が、広くプライベート・バンキング業界全体に何らかの影響を与えたことは間違いない。プライベート・バンキングとは、本質的に個人を対象とした銀行サービスで、優遇金利が適用される融資、カスタマイズされた金融サービスのほかに、特定顧客だけを対象としたクレジットカード、豪華なパンフレットといった"道具立て"を特徴としている（ただし、残念ながら無限責任は付かない）。

ジュネーブ、チューリッヒといったスイスの都市は今も、プライベート・バンキングの中心地である。その理由は何といってもスイスがある種の税の恩典を提供しているからである。だが、ここ数十年、プライベート・バンキングもまたグローバル化している。巧みなマーケティング手法と会話力に頼る一方で、ますます洗練化が進み、それ自体が数十億ドルの規模を持つ産業に成長した。個人銀行（その多くが大手・多国籍投資銀行の一部門である）のプロたちは、顧客のための税金、投資、また相続に関する助言に秀でている。彼らはしばしば、富裕な個人とその家族を、銀行が持っている"金融サービス武器庫"の他の部門にはめこむ配電盤のような役割を果たす。

"合い言葉"は「裁量」

スイスの銀行の番号口座といえば、何だか悪徳ボスやジェームズ・ボンドのかたき役を連想させる。実際、そうした口座は名前でなく数字で特定される。ほとんどの銀行では顧客を名前で呼ばなければならないが、顧客と口座を結び付ける義務はない。こうした秘匿性を認めているのは、スイスやオーストリアなどごく少数の国に限られ、開示を促しマネーロンダリングを防ぐための法規制はますます厳しくなっている。だが、「裁量」は今もスイスの銀行の"合い言葉"である。つまり、意図的な不正行為の証拠がないかぎり、顧客情報を明かさないことは自分たちの裁量だというのだ。だが2009年、アメリカとスイスとの間で締結された個別協定が状況を変えた。スイスを発祥とするグローバル銀行であるUBSが、かなりの数の個人顧客の情報開示を求められたのである。こうした動きはこれからも続くと見てよいだろう。

⇨ 17世紀ヨーロッパで発展した個人銀行は、超リッチな人びとを対象とした銀行である。1815年のウィーン会議にもとづく確立し、今も維持されているスイスの中立性は、同国に安定した政治環境を提供するとともに、富裕階層の資産が集まるところという地位を約束した。

住宅金融組合

個人銀行というとだれもがスイスを思い浮かべるが、住宅金融組合といえばイギリス独特の発明といってよいだろう。イギリス第2の都市であり工業都市としても知られるバーミンガムは、さまざまな相互組合——つまり会員が所有者となる金融機関——が誕生した町でもある。

最初の住宅金融組合は1774年、パブの家主だったリチャード・ケトレイによって設立された「ケトレイ住宅金融組合」である。この組合は、まず組合員から寄付を募り、それを担保に新たな資金を確保し、その資金をみな組合員が家を建てるために使った。だから、すべての組合員が住宅を手に入れると組合は解散するのが普通だった。このモデルはその後も続き（解散することはしだいになくなったが）、ほどなくイギリスのほとんどの町に最低ひとつの住宅金融組合ができるまでになった。

だが、住宅金融組合はだんだん銀行と似た存在になってきた。とりわけ1986年に組合の株式化が認められ、組合員に有限会社の株を与える法律が制定されてからはその傾向がさらに顕著になった。株式化が認められた初期には、いわゆる「カーペットバッガー（渡り者）」と呼ばれる"にわか投資家"——最小限のお金を預け入れ、利益をふんだくろうとする輩——が登場し、組合員の嫌われ者になると、組合の大半は否応なく組合規則を変えるようになる。それとともに、2000年になると株式化の嵐はぱたっと止んだ。

多くの先進諸国においては、オンライン銀行もしくはインターネット・バンキングの利用は、今や銀行の実店舗の利用を上回っている。1980年代に電話と初期の家庭用コンピューターを使い、口座確認、代金の支払い、送金といった基本的なサービスとして始まったオンライン・バンキングはその後、またたく間に世界に広がり、今やパソコンと携帯端末を基盤とする幅広い銀行・金融サービスを提供するまでになった。

オンライン銀行

最近では多くの銀行が、従来型の銀行よりも高い預金利率やその他のインセンティブ（報奨）を提供するなどして、オンラインへの移行を顧客に積極的に促している。その方が銀行の営業コストを下げることができるからだ。中にはオンラインだけになってしまった銀行もある。

初期のオンライン銀行

オンライン・バンキングの創始は1981年のニューヨークに遡る。その年、「シティバンク」「ケミカル」「チェースマンハッタン」「マニュファクチャラーズ・ハノーバー」の四つの銀行が、「ビデオテックス」という名のシステムの提供を始めたのである。これは、モデムを使って顧客のテレビとの間で情報をやり取りするというものだっ

非接触購買

現在行なわれている携帯端末を用いた銀行あるいは取引サービスと、従来型のオンライン・バンキングとの差はまだほんのわずかである。何回も試行を繰り返し、また開発のために何年も費やした結果、モバイル財布が今ようやく実現しようとしている。これによって、顧客、銀行、それに小売業者との間のシームレスな取引ができるようになる。今やモバイル機器を使った取引の世界総額は2,400億ドルに上る（ジュピター・リサーチ調べ）。まさにロケット的上昇といってよい。アナリストによれば、早ければ2016年には、無線通信技術を用いることによって日用的な商品・サービスのほとんどがモバイル機器を使って購入できるようになるという。そうなれば、ユーザーが単にモバイル機器を端末にかざすだけで銀行（あるいはモバイル事業者）との決済が完了し、領収書が即座に機器あてに送られてくるようになるかもしれない。

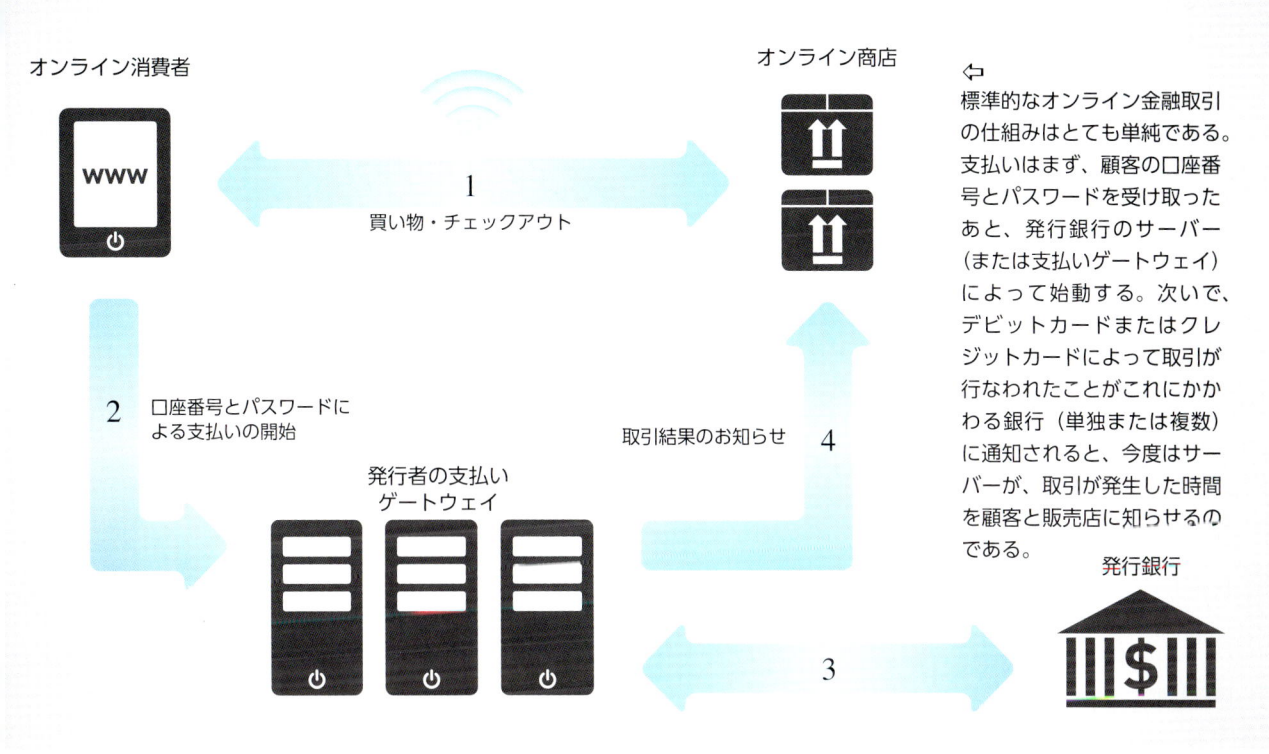

オンライン消費者　　　　　　　　　オンライン商店

1　買い物・チェックアウト

2　口座番号とパスワードによる支払いの開始

発行者の支払いゲートウェイ

取引結果のお知らせ　4

3

発行銀行

← 標準的なオンライン金融取引の仕組みはとても単純である。支払いはまず、顧客の口座番号とパスワードを受け取ったあと、発行銀行のサーバー（または支払いゲートウェイ）によって始動する。次いで、デビットカードまたはクレジットカードによって取引が行なわれたことがこれにかかわる銀行（単独または複数）に通知されると、今度はサーバーが、取引が発生した時間を顧客と販売店に知らせるのである。

た。そのあとで現れたのがイギリスの「プレステル」である（これはその後、スウェーデン、オランダ、フィンランド、西ドイツでも採用された）。一方、フランスでは早くから「ミニテル」システムが普及していたが、そこに簡単なバンキングサービスが追加された。

こうした初期のオンライン・バンキングのあと、インターネットの爆発的普及が、新しいプラットフォーム（技術基盤）と新しいサービス（オンライン株取引、住宅ローン・融資の配分、年金基金管理など）の統合努力を銀行に促したことは多言を要しない。

オンライン・バンキングがこれほどまでに拡大したことにはいくつかの理由があるが、中でも重要なのは世界的な経済の停滞である。オンライン・バンキングは銀行とユーザーの両方に利益をもたらす。オンライン・サービスを拡充することで、銀行は新しい顧客の獲得、コストの削減、利益率の拡大が可能になる。一方、顧客にとってオンラインシステムは費用と時間の有効利用を可能にし、ひいては自分の好きなときに好きなように金融対策を講ずることができるようになる。今日、世界で最も多くのオンライン・バンキングの利用者がいるのはアメリカとイギリスである。

セキュリティーがカギ

だが、インターネット・バンキングではセキュリティーが依然として大きな問題となっている。現在、最も普及しているセキュリティーシステムは「PIN/TAN」と呼ばれるもので（「PIN」とは個人識別番号［暗証番号］、「TAN」とは取引認証番号のこと）、TANはキーフォブ［キーホルダーサイズのリモコンや無線ICタグ］のような小型デバイスによってランダムに生成され、それが銀行からオンラインの顧客に送られる。TANはまた、2要素認証（2FA）［2種類の要素を組み合わせて本人認証を行なう方式］によって生成される。加えて最近は、SSL暗号化［「SSL」とはsecure sockets layerのことで、米ネットスケープ社によって開発されたインターネット上の送受信におけるセキュリティー規格］をウェブブラウザーに取り入れる銀行が増えている。

専門家は、インターネット・バンキングの顧客基盤は2015年までに6億5,720万に達すると予測している。

⇩
ウォールストリート目指して行進する前にニューヨークのズコッティ公園に集まる「ウォール街を占拠せよ」運動の抗議者。2011年9月にアメリカで始まったこの運動は、またたく間に世界82ヵ国の約95都市に広がった。運動の狙いは広範かつ多様だが、世界的な景気後退がもたらした経済的・社会的不平等、またそうした状況をもたらした人間が何の説明もしないことへの不満を表明するための、主要な手段であったことは間違いない。抗議者が掲げる「われわれは99%だ」というスローガンは、富が勤労者のトップ1%に集中し、残りの99%との格差があることを指摘している。

　　ダーウィンの「進化論」はさておき、資本主義の究極の姿は銀行の世界にあるといってよいだろう。つまり、銀行は常に熾烈な競争、自由市場、そして適者生存のただ中にある。だが、すべての銀行が金儲けだけを目指しているわけではない。社会的・環境的クライテリア（基準）に従って自分自身を管理し、持続可能で倫理的な企業に投資し、獲得した利益の一部を慈善活動に還元する銀行もあるのだ。

倫理銀行

　「ノルウェー・クルトラ・スパーレ銀行」（通称「クルトラ銀行」）もそうした倫理銀行のひとつである。オスロに本社を置くこの銀行は1982年、ドイツの主導的な倫理銀行である「GLS」の影響を受けた啓発的な学者グループによって着想された（GLSは、オーストリアの哲学者であり社会改革者であったルドルフ・シュタイナーの人智哲学に起源を持つ）。

銀行業を積極的に展開

　1997年に全銀行業務の認可を得たクルトラ銀行は今、預金・融資利用者にさまざまな倫理的理念に基づく商品を提供している。利息の一部が「世界自然保護基金」「セーブ・ザ・チルドレン」といった慈善活動に振り向けられる融資制度もそのひとつである。企業向けの融資も、有機農業、ヘルスケア、教育など、人びとの生活を向上させると同行が考える分野に集中して行なっている。同行はまた、従来の銀行

銀行、それは神の御業(みわざ)かそれとも吸血イカか

銀行やその他の金融機関が世界経済に多大な貢献をしてきたことは間違いないが、倫理ということになるといろいろな意見がある。2007年から2009年にかけて起こった金融危機の際も、銀行、そしてその経営者たちはさまざまな非難に直面した。多くの銀行が政府によって救済されるしかなかったからである。「リスクを伴う賭けによって金融システムを危険にさらしている」「投資家に無責任な助言を提供している」、はては「失敗からも報酬を得ている」などと責められる一方で、銀行はまた常にメディアの非難にさらされてきた。たとえば、アメリカのカルチャー雑誌「ローリングストーン」はゴールドマン・サックス社を評して「人間の顔に貼り付いた巨大な吸血イカ」と書いた。一方、当のゴールドマン・サックスの社長であるロイド・ブランクファインはあるジャーナリストに、「私はただ神の御業を行なっているにすぎない」と語った。

「ウォール街を占拠せよ」運動の活動家たちは、ニューヨーク、ロンドン、そして他の大都市の金融街の道路を占拠して、金融業界には欲望が集中していると抗議した。だが、銀行の立場に立てば、彼らは名声をひとつひとつ積み上げてきたにすぎないともいえる。いわゆるカジノ的投資銀行業務と一般銀行業務とを切り離すことで投資家の信頼を回復し、自行の役員たちに現金ではなく後配株[一般の株式に比べて利益配当などの点で劣っている株]の形でボーナス(これがしばしば問題になる)を支払っているところも少なくない。彼らが改心したと一般大衆に信じてもらうことはなかなか難しいが、今や多くの銀行が慈善団体や芸術支援プログラムを通じて社会貢献を行なっている。

がなかなか受け付けなかった新規企業への投資も今後は積極的に行なっていきたいと考えており、マイクロファイナンスの提供にも豊富な経験を持っている。

現在、同行のほかにもヨーロッパ、北アメリカ、オセアニアに数多くの倫理銀行がある。

銀行の倫理観に対する懸念から、オランダでは「オランダ公正銀行ガイド」なるものが誕生した。これは、さまざまな社会的・経済的・環境的問題(たとえば、気候変動、投資における透明性、人権、武器輸出など)の観点でオランダの10大民間銀行を評価するための、ウェブサイトを使ったダイナミックなデータベースである。このウェブサイトには、どの銀行にお金を預けたらいいかを顧客に教えるだけでなく、事業によって得た利益をどの分野に投資したらいいか(反対に投資すべきでないか)を銀行に教えるという効果もある。

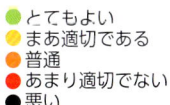

● とてもよい
● まあ適切である
● 普通
● あまり適切でない
● 悪い

第4章　銀行と銀行業

中東とペルシャ湾岸の石油産出国において卓越した存在であるイスラム銀行は、今や世界金融界の主要勢力となろうとしている。彼らが支配する資産は2,000億から5,000億ドルと見られ、また年率10～15％というペースで成長している。古代イスラム世界に起源を持ちながら、1970年代になって一気に開花したイスラム銀行は、コーランが謳う「シャリア法」にその法的基盤を置いている。

イスラム銀行

イスラム銀行の根幹にあるのは、すべての形における利息（アラビア語では「リバ」という）を禁じる原則である。お金そのものは固有の価値を持たないと信じるイスラム教徒は、信仰の一環としてお金を貸すこと、あるいはだれかからお金を受け取り、また利益を期待することが許されない。反対に、銀行とその顧客は、利益も損失も等しく分担することでいかなる取引のリスクも分け合う。同様に、イスラム銀行間の融資も利息の課金も許されていない。

イスラム銀行の金融商品

こうした厳格さは広く守られているものの、イスラム銀行はまた、しばしば協調精神の名のもと、多様な金融商品を通じて取引企業との協働を行なっている。「ムラーバハ」と呼ばれる方法もそのひとつで、取引所で売買される金属のような商品を用いて銀行間の融資を行なう。取引の本質は融資だが、その商品の価格が上昇すれば上昇分を利息の代わりの利益として受け取ることができる。ムラーバハは融資に代わるものとして広く用いられており、そこで銀行は借り手のために商品を買い、それにマージンを上乗せし、それを銀行は借り手に分割で販売する。

同様に、「イジャーラ」と呼ばれるリース契約はイスラム式の資金手当て法である。その仕組みは、まず銀行がある資

> シャリア法に従えば、いかなるイスラム銀行も、賭博、アルコール飲料、または豚を使った食品に関与する企業に対して、違法を承知の上で投資することはできない。

⇨ 近年、イスラム銀行の中心地として最も急速に発展している都市のひとつといえば、カタールの首都、ドーハといってよいだろう。イスラム銀行というと最近の現象と思われがちだが、その基本的な原理は7世紀に遡る。実際、古代と現代の経済原則を遵守する能力は、イスラム銀行の中核的強みのひとつと考える人は少なくない。

シャリア諮問委員会

イスラム銀行は、適切な助言を提供しシャリア法の遵守を維持するために、また投資家の利益が適法であり、複雑な金融取引が利益と損失の配分という概念に適っているかを確認するために、諮問委員会（倫理委員会ともいう）を設けなければならないとされる。この委員会はすべての口座、銀行が提供するすべてのサービスの認証を行ない、銀行は委員会の承認なしに新しい商品やサービスを導入することができない。

産を購入、それを銀行の顧客に販売し、顧客は頭金またはレンタル代金を支払い、その資産の所有権を銀行から顧客に徐々に移転していくというものである。さらに、広く用いられている別の方法は「ムサワマー」というもので、商品の販売について売り手と買い手は交渉することはできるが、売り手は商品の原価、あるいは希望価格を開示する必要はない。

国際的な銀行業との接点

イスラム銀行——最大のハブはイラン、サウジアラビア、カタール、マレーシアにある——の成長は、銀行業全体とファンドマネジメントの成長を促した。また、そこからさまざまなシャリア適格の金融商品が誕生した。たとえば、今や国際的に取り引きされるまでになったイスラム債券である「スクーク」、保険の一形態である「タカフール」、管財人の役割と似た形の、銀行による安全維持の概念である「ワディアー」などである。認められた指標、国際的な金融規制当局との合意、経済思想についての独自の理念などによって、今やイスラム銀行は広範な金融市場において欠かすことのできない役割を担うまでになっている。

知っておきたい言葉あれこれ

イジャーラ：分割払い購入およびリース・レンタル契約。

ムラーバハ：買い手にコストプラス方式で販売される商品取引。

ムサワマー：合意に基づく売買の一種で、売り手は元の価格を開示する必要がないもの。

リバ：文字どおりは過剰・超過という意味だが、一般には利息を意味する。

スクーク：イスラム債券。

タカフール：相互扶助の概念に基づくイスラム保険。

ワディアー：安全と返却を保証して一定額のお金を預かること。

第5章 市場

⇧ ニューヨーク証券取引所（NYSE）で忙しく働くトレーダーたち。マンハッタン南部ウォールストリートにある、この世界最大の株取引所では、毎日、16億もの株が取引され、売買額は450億ドル以上に上る。これは世界で取引される1日の株の実に3分の1以上に相当する。

世界の金融関連市場のイメージといえば次のようなものだろうか。売り買いの声が飛び交い、ニュースと情報が入り乱れ、誰もが噂話に明け暮れ、そして最後は取引をしてお金を儲ける……。だが、巨大なスケールを持ち途方もない量の技術が使われているわりに、市場の素顔は、実はとても"人間くさい"。市場を担う人はいつも、企業の株価や借入金額、為替レート、あるいは国際商品の供給量に一喜一憂している。

　この章では、世界の主要金融関連市場のいくつかに焦点を当てるとともに、そうした市場が、ますますグローバル化する環境の中で、国境を越えて24時間休むことなく動いている様子を明らかにしたいと思う。証券取引においては売買がすべての基盤である。売買が活発になれば流動性——簡単にいえば、売り手と買い手の相互にとって妥当な価格（これをスプレッドという）——が高まり、そうなれば買い手は安心してあるものを適正な価格で買うことができ、また必要ならばそれを再販売することができる。今日、およそ取引が可能なものは何でも取引され、また、最新のディーリングルームを持った金融機関と同じように、自宅のパソコンを使って取引に参加する個人がますます増えて

"年中無休"の株式市場

```
GMT
23 22 21 20 19 18 17 16 15 14 13 12 11 10 09 08 07 06 05 04 03 02 01 00
```

- トロント
- モスクワ
- ロンドン
- フランクフルト
- 東京
- ニューヨーク
- 上海
- 香港
- BM&F BOVESPA（サンパウロ）
- シドニー

← 世界各地の証券取引所はそれぞれの取引時間に合わせて営業を開始し終了するが、複数の時間帯と取引基盤が設けられているので、事実上、1年365日24時間、休みなく取引が行なわれているといってよい。たとえば、ロンドンの投資銀行のトレーディングデスクは、営業終了時間になるとニューヨークや東京の同僚たちにその時点の売買状況を伝える。インターネットと、コンピューターによって完全に管理された高頻度アルゴリズム［130ページコラム「数学を駆使したヘッジファンド取引」参照］などの最新鋭の取引技術を駆使することで、今や株取引は（ときに法的規制を受けることなく）地理的境界に関係なく行なわれている。

1980年代中ごろに株式市場が地元住民以外にも広く公開されるようになって以来、株取引の国際化が進んだ。昔ながらの電話による仲買いと紙ベースの注文に代わってスクリーンを用いた売買が登場したことで、取引所参加者は同業者や競争相手の取引と形勢を瞬時に知ることができるようになった。それから10年、1990年代半ばになると、今度はインターネットが市場の透明性と民主化を一段と促した。今や個人（売買過程の最終消費者）でもプロと同様のデータを入手し、まるで機関投資家（大手証券会社や銀行）のように容易に複数の取引所で売買することができる。今日、世界の取引所の取引開始、終了、また営業時間の重なりに合わせて、企業も個人も24時間ぶっ通しで取引することが可能である。いわゆる株先物のブームにおいても、今やタイムゾーンの境界の意味はなくなりつつある。というのも、ある市場がトレードアップ［今持っているものを売ってそれより高価な商品を買うこと］するのかそれともトレードダウンするのかの判断を、トレーダーたちはタイムゾーンによって行なっているからである。

いる。それだけ、市場がより民主化され、より透明で流動的になっているといえる。もちろん、乱高下と"気まぐれ"の度合いが今まで以上に増していることも確かである。

主要な市場形態

市場には大きく分けて二つの形態がある。すなわち店頭取引と取引所での取引である。前者の典型は債券や外国通貨などで、これらは集中した取引所に上場されることはなく、専門の売買業者の仲介を経てふたりの当事者（たとえば二つの銀行）の間で直接、取引される。

一方、株や先物などは取引所に上場される。取引所は売買のための基盤であり、またより重要なのは、二次市場（ある売買物件が最初に上場されたあとに発生する市場）における流動性のための基盤となる。そうした取引所には金融機関と個人投資家の両方が参加することができ、全体としていえばとても効率的な存在といってよい（これとは反対の意見をいうエコノミストもいるが）。取引所によって売り手と買い手による取引が可能になり、個々の証券の価格が決まることになるからだ。それが時価総額（株価に発行済み株式数をかけた値）として知られているものである。

★ 知っておきたい言葉あれこれ

エクイティー（equity）とデット（debt）：デット・エクイティー・レシオ（負債資本比率）は、ある企業の財務状態を計る指標のひとつであり、その企業の長期債務を普通株主資本で割った数字で表わされる。

先物取引（futures）：実体商品や金融商品のような資産を、将来の決められた時期に決められた価格で買い手が買う（または売り手が売る）ことを義務づけた金融契約。

■ 世界の株、債券、商品などの海を迷わず航海することは、経験豊かな専門家でもなかなか難しい。だからどんな投資家も、金融世界の地図、つまり指数に頼ることになる。今日、株、債券、通貨、商品、またさまざまな金融派生商品の多くが、そうした売買物件の動向を追跡するための尺度として独自の指数を採用している。

指数

今日私たちが、類似の金融商品を分野別・部門別・地域別に分類し、そのまとまりを概観できるのも指数のおかげといってよい（いったん2、3の指数を得たら、それを元に新しい指数を創造し、グローバルな市場の尺度あるいは売買のために使うこともできる）。どの指数も、特定の金融市場の構成要素がどのように動いているかを比較するための、有益な手段といってよい。

指数の概要

指数は金融市場における成果を簡潔に示すバロメーターである。株の場合でいえば、「ダウ・ジョーンズ工業株30種平均」（アメリカ）、「日経平均」（日本）、「ロンドン株価指数（FTSE）」（イギリス）、「ボベスパ指数」（ブラジル）、またそのほか数多くの指数によって、全体的な経済状況を即座に概観することができる。株式市場に上場されて

⇩
VIX（ボラティリティ・インデックス）の取引コーナーで頭を抱えるトレーダー。VIXはパーセンテージポイントで表示され、S&P500を対象とするオプション取引において予想される、向こう30日間のボラティリティ（値動きの度合い）を元に算出・公表されている指数である。

「VIX」は"恐怖指数"？

「シカゴ・オプション取引所」の「ボラティリティー・インデックス（VIX）」は1993年以来、「S&P500」を対象とするオプション取引のボラティリティー（値動き）を元に算出・公表している指数である。VIXはある意味、市場における不安心理の反映といってよい。というのは、多くの証券会社が売買を活発に行ない、株価の変動が激しく、またしばしば大きく跳ね上がることは、投資家を不安にさせるからである。それゆえに、VIXは恐怖の（反対に投資家の自信）のバロメーターといわれてきた。VIXはそもそも気まぐれだから、冒険的な投資家がVIXを売り買いする――つまり、株に対して弱気になっているときはVIXを買い、強気になっているときはVIXを売る――としても不思議ではない。

いる企業の数は膨大なので、主要な企業の情報の一部を提示することで指数がつくられる場合が多い。たとえば「FTSE-100（ロンドン証券取引所に上場されている時価総額上位100社）」や「CAC-40（フランスにおける上位40社）」がある。

債券・商品市場もまた独自の指数を持っており、それぞれが当該市場の特性にマッチしたものとなっている。たとえば債券の場合、株とは違って一部はデュレーション［その債券に投資された資金の平均回収期間］によって定義され、したがって債券同士を公正に比較するために償還期日に合わせて調整されることもある。また、個別の指数ごとに独自の計算方法があり、通常、基準価格からの変動によって表わされる。つまり、実際の価額よりも変動率がより重要なのである。

⇩ マレーシアのクアラルンプールに掲げられている株価指標の電光掲示板。株価指数は市場のひとつの業種を計る方法で、今日、多くの指数がニュースや金融サービス会社によって引用されるとともに、ある国の、また世界の経済情勢を示す基準として使われている。

株価の主要指数

FTSE-100（FTSE100種総合株価指数）：ロンドン証券取引所に上場されている、時価総額上位100社の平均株価指数。1984年の基準値を1,000としている。

CAC-40（CAC40指数）：旧パリ証券取引所（現「ユーロネクスト」）に上場されている、時価総額上位40社の平均株価指数。1987年の基準値を1,000としている。

DAX（ドイツ株式指数）：フランクフルト証券取引所に上場されている、優良ドイツ企業30社の平均株価指数。1987年の基準値を1,000としている。

NIKKEI 225（日経平均株価）：東京証券取引所に上場されている大企業225社の平均株価指数。1950年にスタート。

DOW（ダウ平均株価）：ダウ・ジョーンズ社の共同創業者であるチャールズ・ダウからこの名前がある。アメリカの主要30社の平均株価指数。1896年スタート。

S&P500（S&P500種株価指数）：アメリカの投資情報会社であるスタンダード・アンド・プアーズ社が算出している株価指数で、対象は時価総額100億ドル以上の大手アメリカ企業。

IBOVESPA（サンパウロ証券商品先物取引所指数）：この取引所に上場されている約50社の平均株価指数。1968年の基準値を100としている。

■ 金融市場とは基本的に短期のお金の貸し借りを行なう市場のことである。金融システム全体においてきわめて重要な役割を果たしているだけでなく、流動性の確保と、当日および翌日の収支の均衡を図るために、多くの市場参加者がこれを頼りにしている。

金融市場

　金融市場には個人投資家（たとえば、住宅の売買をするあいだ、数日間だけ多額の現金預金を持っており、手っ取り早く利息を稼ぎたいと考えている個人）も参加することができるが、大多数のユーザーは金融機関である。

　金融市場は、公共債、譲渡性預金証書（アメリカの財務省短期証券など）、条件付き売買（レポ）ともいわれる借入・貸付証券といった、多様な金融商品の売買で成り立っている。

　ほとんどの場合、こうした証書・証券類は短期期日になっている。言い換えれば、発行日から1年以内の固定された期日に満期になる。だから、金融市場はきわめて流動的であり、かつ変化が速い。また金融市場における利幅は小さいから、金融市場に参加する銀行も、利益確保のためというよりは、"ちょっとした便利"のためにこの市場を利用する。

銀行間融資

　金融市場の中核にあるのは中央銀行（金融機関はそこに当座預金口座を持っていることが多い）だが、実際のビジネスは商業銀行同士で銀行間融資という形で行なわれ、ロンドン銀行間取引金利（LIBOR）を参考にして調整される。

　LIBORは、平日の午前11時に「英国銀行協会」によってロンドンで固定されたあと、11時45分に公表され、その名が示すように、銀行間の融資のための基準として設定される。LIBORはまた、最終的に住宅ローン、企業融資、クレジットカードの金利の形で一般大衆レベルにまで関係している。簡単にいえば、LIBORはお金のための卸売市場のようなものであり、私たちが接している消費市場にも直接的な影響力を持っている。

　1986年の創設以来、LIBORの影響力

⇩
アメリカ政府から購入しかつ保障されているお金を意味するアメリカ財務省短期証券。財務省短期証券の額面は1,000ドル（最大で500万ドル）、償還期間は1ヵ月、3ヵ月、6ヵ月の3種類である。額面からディスカウント（割引）された価格で発行され、償還時に額面で返ってくる。したがってディスカウントが大きければ大きいほど投資家が手にする利益も大きくなる。

LIBORの算出

銀行名	3ヵ月レート(%)
HBOS（ロイズ銀行グループ）	2.75000
クレディ・スイス	2.74000
バンク・オブ・アメリカ	2.73000
JPモルガン・チェース	2.72000
HSBC	2.72000
三菱東京UFJ銀行	2.72000
バークレイズ	2.72000
農林中央金庫	2.72000
カナダロイヤル銀行	2.71750
ロイズ	2.71000
西ドイツ銀行	2.71000
ラボバンク	2.71000
UBS AG	2.71000
ロイヤルバンク・オブ・スコットランド	2.70500
ドイツ銀行	2.70000
シティグループ	2.70000

ロンドン時間の午前11時から11時10分の間に、ここに示す16の銀行が他行から借入するときの利率を発表する。二つの中央四分位数 [小さい方から並べたデータ全体の個数を、等しく4分する3つの点又は値] を平均することで、その日のLIBORが算出され、英国標準時の午前11時45分に公表される。

左の図でいえば3ヵ月もの米ドルのLIBORレートは **2.71594％** ということになる。

（出所：イギリス銀行協会、ロイター）

← 銀行は日常的に他の銀行からお金を借りる。そうした借入の大部分は短期のもので、1週間以内の場合もあるし、一晩というものが多い。どんな銀行も不意の支払いに対応するために十分な金額の流動的資金を保有する必要がある。この必要に応えられないとき、銀行は不足を補うためにお金を借り入れるのである。ということは反対に、余剰の流動資金を持っている銀行があるわけで、そうした銀行は金融市場に資金を放出する。銀行間の貸し出し金利であるLIBORは、ある銀行が他の銀行からお金を借りる場合の平均的な利率である。

はますます強まっており、今では350兆ドルに上るさまざまな金融商品の基準として利用されている。ロンドンが世界の主要金融市場に成長したのもLIBORのおかげといわれ、現在、銀行間融資の20％がロンドンで実行されている。LIBORはまた、海外の類似金利にも影響を与え、その結果、「東京銀行間取引金利（TIBOR）」「欧州銀行間取引金利（EURIBOR）」が誕生した。

大手銀行ではLIBORを予測するために"350兆ドルの質問"が毎日、飛び交っている。つまり、「午前11時直前の、適正な市場規模における銀行間借入レートはいくらだろうか」

■ 企業において株主資本（企業の資産から負債を差し引いた残り）より負債額の比重が大きいのと同様、国際的な金融システムにおいても債券市場が株式市場を凌駕している。規模の巨大さ（最近の統計では世界の債券発行額は50兆ドルに上ると見られている）と、そこに各国政府が発行する何十億ドルもの国債が含まれていることを考えると、債券市場が強大な影響力を行使していることも納得できる。たしかに近年、主権政府（いうまでもなく、彼らが発行できるのは株ではなく債券だけである）の多くが資金調達に苦労する中、債券市場は政策に従うのではなく、政策を指図しているようにさえ見える。

債券市場

債券の形態、規模、リスク水準（中でもこれが重要）は実にさまざまだ。歴史的に見ると、政府が発行する債券（国債）——そこにはかならずその国の大蔵省が関与している——は安全であり、かつ高度に流動的と考えられてきたから、投資家はみなそれを気軽に売り買いすることができる。もちろん、これは国債を発行する国とその国の財務省によるが……。一方、企業が発行する債券（社債）は発行する企業の保証が伴う。だがこれもまた、国債と同様、自社のキャッシュフローからクーポン（利札）を確実に払えるかどうか、また最終的には元本をちゃんと償還できるかどうか（多くの場合、借り換えによって）にかかっているといってよい。

債券市場の圧倒的大部分は国債が占めているが、社債もまたかなりの額に上る。大企業は買収のための資金や運転資金を得るために債券を発行する。機関投資家が経常的な収益確保のためにそれを購入する（社債には通常、半年ないし1年単位で利息が付く）。また、多くの債券はデフォルト（債務不履行）を避けるから、債券に保持される元本の額は債券の償還期限の最後に投資家に返済される。償還期限は発行企業と投資家の希望によって変わってくるが、5年ないし10年というものが多い。

債券の仕組み

債券は他のすべての証券と同様、入札価格や売り出し価格により取引され、それらに反比例した額の利回り（利子の価値評価）もある。常に（額面価格として知られる）100％の利率で発行される債券価格は、その有効期間中に変動する可能性があり、実際変動している。それはまた結果的に、直接利回り（日々の単位で変わる利回り）と満期利回り（債券の満期に応じて計算される利回り）の両方に影響を与える。債権の利率は、クーポンとして知られるものである。通常、半年または1年に1回支払われ、ほとんどの場合、途中で変わることはな

ちょっと参考に

債券（Bonds）：投資家に一定率の利息を払い、期限の最後に返済することを条件とする借金の一形態。

社債（Corporate bonds）：さまざまに区分けして企業が発行する債券。発行企業の資産によって保証される場合もあるし、されない場合もある。

国債（Government bonds）：投資家を対象に政府が発行する債券。国の借金を具体化したもの。

金融債券（Financial bonds）：銀行をはじめとする金融機関が発行する債券。国際的な債券市場の最大部分を占める。

固定利付債（Fixed-rate bonds）：通常1年に1回または半年に1回、固定的な利息を投資家に支払う債券。

変動利付債（Floating-rate bonds）：LIBORなどの業界利率に連動した変動利息を投資家に支払う債券。

個人投資家向け債券（Retail bonds）：個人投資家向けに販売されている少額の債券。

インフレ連動債（Inflation-linked bonds）：インフレに連動した（またはインフレ以上の）利息率を支払う債券。

```
DES
VODAFONE GROUP     VOD8 ⅛    11/26/18    134.107/134.880   (2.13/2.02) RBSM
VOD 8 ⅛ 11/26/18 Corp    99) Feedback              Page 1/1 Description: Bon
                            94) Notes    95) Buy    96) Sell    97) Settings
21) Bond Description  22) Issuer Description
Pages           Issuer Information              Identifiers
1)Bond Info     Name    VODAFONE GROUP PLC      BB Number   EH6299497
2)Addtl Info    Type    Cellular Telecom        ISIN        XS0400780960
3)Covenants     Security Information            BBGID       BBG0000X0DS7
4)Guarantors    Mkt of Issu Euro MTN            Bond Ratings
5)Bond Ratings  Country     GB      Currency GBP Moody's    A3
6)Identifiers   Rank   Sr Unsecured  Series  EMTN S&P       A-
7)Exchanges     Coupon  8.125        Type    Fixed Fitch    A-
8)Inv Parties   Cpn Fre Annual                   Composite  A-
9)Fees, Restrict Day Cnt ACT/ACT    Iss Price 99.38700 Issuance & Trading
10)Schedules    Maturit 11/26/2018   Reoffer 99.387 Amt Issued/Outstanding
11)Coupons      BULLET                          GBP       450,000.00 (M) /
Quick Links     Issue Spread 400.00bp vs UKT 5 03/18 GBP  450,000.00 (M)
32)ALL Pricing  Calc Type (1)STREET CONVENTION  Min Piece/Increment
33)QRD Quote Reca Announcement Date    11/18/2008    50,000.00 / 1,000.00
34)TDH Trade Hist Interest Accrual Date 11/26/2008 Par Amount      1,000.00
35)CAC Corp Actio 1st Settle Date      11/26/2008 Book Runn BNPPAR,HSBCL
36)CF  Prospectus 1st Coupon Date      11/26/2009 Exchang          Multiple
37)CN  Sec News   SERIES 36. TRANCHE 1.
38)HDS Holders
66)Send Bond
```

い。債券の最初の融資額（これを元本という）は、期間の最後に全額が投資家に支払われる（つまり償還される）。

この図は、携帯電話大手「ボーダフォン」が発行した社債のスナップショット（概要）を示したものである。この社債は本質的に、4億5,000万ポンド（7億800万ドル）のお金を10年間にわたって投資家から同社が借りることを意味する。この社債が発行されたのは2008年11月だから、2018年11月には全額が償還され、投資家は年率8.125％のクーポン（利息）を受け取ることになる。この社債は額面価格（100ポンド）以下で発行された。この時点での取引額は約134ポンドであり、発行時価格に高額のプレミアム（割増価格）が付いたことがわかる（社債の利回りが価格に反比例して変動することを考えれば、このことは社債の利回りの下落を意味している）。発行社の資本構成を反映して優良にランクされたこの債券は、ムーディーズ、S&P、フィッチという格付け機関からそれぞれA3、A⁻、A⁻という適正な格付けを得た。

個人投資家

通常、社債は大企業によって発行され、また買い手も機関投資家である。したがって、歴史的に売買単位も5万ドル、10万ドルといった額が最小だったが、ごく最近になって1,000ドルあるいは2,000ドルといったより少額の単位でも買えるようになった。また、その価格がインターネットで刻々と公表されるといったことも行なわれている。個人投資家向け債券市場はまだ始まったばかりだが、主要な取引所の中には優良企業の債券だけを上場し、少額の単位での売買が可能なところも現れている。

同様に、中小企業でも債券を発行できるようにする動きも進んでいる。これにより、中小企業も、価値ある株式を手放したり銀行融資を得るために苦労するといったことなく、資本を獲得できることになる。中小企業・家族経営企業の歴史の長いドイツのように、より小規模の債券発行が可能な小型の取引所がすでにできている国もある。

"私はかつて、生まれ変われるものならば、大統領か法王か、あるいは4割バッターになりたいと思ったものだった。でも今は債券市場（の人間）になりたいと思う。なぜなら誰をも震え上がらせることができるからだ" ——ジェームズ・カーヴィル（クリントン元アメリカ大統領の選挙参謀）。1993年2月、ウォール・ストリート・ジャーナル紙。

■ 債券市場は政治家と一般大衆の両方にとって今も近づきがたい存在だが、その点、株式市場は歴史的にもずっと馴染みやすかった。むろん、売買額で見れば、ほとんどの株が機関投資家によって大量に売買されているが、ストックとシェア（専門的にいうと、「ストック」とは複数の企業における持ち株を指し、「シェア」とはひとつの企業の持ち株を指すが、本質的に同じものといってよい）の売買は、今や多くの国において一種の国民的趣味になった観さえある。

株式市場

株式市場はまるで「広教会」［英国国教内で教義を広く解釈する自由主義派］のようなものである。つまり、何十億ドルもの株価を持つ大型株企業と、株式資本が100万ドル以下の小型株企業とが仲良く同居している。多様な産業と部門の縮図といっても過言ではない。

新規株式の上場

新規株式公開（IPO）とは、これまで個人の所有だった企業が、市場上場を通じてその株の一部を一般に提供する瞬間である。そうした株は、創業者が持っていたものもあるし（その場合、創業者はこれまでの投資の一部を現金に換える好機を得る）、あるいは新たな投資家を募ることで資本基盤の強化を目指すために新たに発行される場合もある。IPOはときに創業者にとって"出口"を提供するが、現実は、過酷で、高度に規制された公共の場への"入り口"という側面が強い。これからは、新しく加わった一般投資家の厳しい要求にさらされていかなければならないからである。一方、株式の公開は流動性——言い換えれば、広く一般大衆がある会社の株を売買することができる機会——と、従業員への報奨を可能にする資金を創業者にもたらす。それは、実際の株の場

⇩
2012年5月に行なわれたフェイスブック社の上場ほど世間を騒がせたIPOは多くない。同社にまつわる誇大な宣伝は利益の過大な評価をもたらしたが、公開されて2、3日のうちに株価は急落した。こうした事実はあったにせよ、ソーシャルメディア現象の中で売り出された株によって約1,000人ものバッカー（賭ける人）たちが"にわかミリオネア"となるとともに、同社の創業者であるマーク・ザッカーバーグは11億5,000万ドルを手にしたと見られている。

"孤独な"フェイスブック

2012年5月のフェイスブック社のNASDAQ上場は、IT関連企業では最大の（全業種を通じても、VISA、イタリアの電力大手「エネル」に次いで3番目に大きい）公開だった。フェイスブックの顧問銀行は、このソーシャルメディア界の巨人の公開初日の株価を1株38ドル、その合計（時価総額）を1,040億ドルと算出した。だが、この巨大な数字は、同社の価値が年商の数百倍であることを意味する（かの巨大企業のグーグル社でさえ2.5倍である）。市場はそうではないことをすぐに察知し、株価は公開されてから数日後に10％以上、下落した。それに続いて厳しい非難と訴訟が始まった。投資家たちは、同社と銀行が情報のすべてを公平に開示していないと責めた。同社のIPOによって創業者のマーク・ザッカーバーグは数十億ドルの利益を手にし、また同氏の側近たちや初期の投資家から多くのミリオネアが誕生したが、その一方で、彼らは市場の強大な力に否応なくさらされることになった。同社はこれからずっと、四半期ごとに企業の価値と実際の（加えて将来の）成長とが見合っていることを、証明しなくてはならないのだ。

IPOの流れ

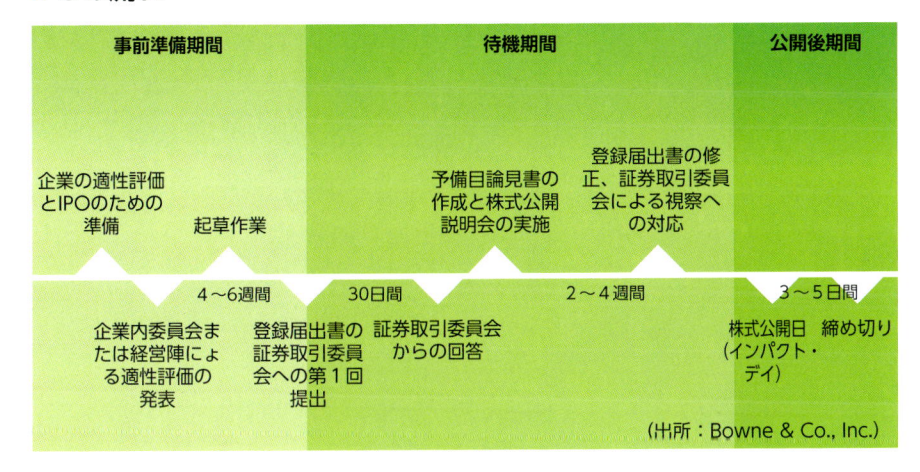

事前準備期間	待機期間	公開後期間
企業の適性評価とIPOのための準備 / 起草作業	予備目論見書の作成と株式公開説明会の実施 / 登録届出書の修正、証券取引委員会による視察への対応	
4〜6週間 / 30日間	2〜4週間	3〜5日間
企業内委員会または経営陣による適性評価の発表 / 登録届出書の証券取引委員会への第1回提出 / 証券取引委員会からの回答		株式公開日 締め切り（インパクト・デイ）

(出所：Bowne & Co., Inc.)

⇦ IPO作業の準備は自社株の公開を決断するところから始まる。一方、最終段階には、上場の一般告知、予定株価の設定、投資家リストの作成、株が取引される公開初日などがある。

⇩ 1985年以来、ニューヨーク証券取引所の朝は9時30分にベルが鳴らされることで始まる。ごく最近は、ある企業のIPOを発表するためにその会社の重役と著名人が招待され、謝意を表明するのが慣例となっている。テレビドラマ「マッドメン」の制作会社、ライオンズゲート社の株式の上場を、このドラマの出演者が発表しているところ。

合もあれば、オプション（将来、指定された時期と価格でより多くの株を買うことができる権利）の場合もある。

　企業の創業者の責任は、自社の事業が常に安定し成長することを目指して全力を集中することである。だから、IPOの作業は大部分、投資銀行と弁護士によって進められる。彼らはまず予備目論見書（アメリカでは「レッドヘリング」と呼ばれる）を作成し、次いでその会社の株を買いたいと考えている投資家のリストを作成する。これらと並行して、その会社が上場規則に適格かどうかを審査するための、さまざまな法的関門を通らなければならない。こうした手順に無事、成功すれば（その背後には、投資家の関心を獲得できない、市場状況が思わしくないなどの理由でIPOを断念するケースも少なくない）、いよいよ株の売買が可能になる公開初日というクライマックスを迎える。その会社にはティッカーシンボル（その会社を識別するための略号で、通常は企業名の省略形が用いられる）が与えられ、指定された取引所にめでたく迎えられることになる。アメリカのニューヨーク証券取引所の場合、新規上場会社を歓迎するためのオープニングベルが鳴らされ、会社の首脳陣が登場して謝意を表明するのが慣例である。

上場のあとに待つものは………

株式の公開初日、何もかもがごった返す中、IPOの手続きを担当した銀行はすでに新株の価格変動の監視を注意深く始めている。多くの場合、銀行は安定操作という過程に介入する。つまり、彼らは価格を安定させるため株を買うのだ。だが、銀行ができることには限界がある。最終的に市場は新規上場企業の価値に対して妥当な見方を持つようになる。そのとき銀行がするべきことは、"わが子"が自立できるよう、また申告された価値を守るよう仕向けることである。よい時代であれば、新しい投資家がどんどん参入してきたから、デビューと同時に自社の株が高値で売買されるシーンを目撃する企業も多かった。だが万事が懐疑的な時代になると、自社の株が踏みつけにされるという状況も少なくない。多くの場合、企業の創業者は上場から最低3ヵ月は自分が所有している株の売却が禁じられているので、彼らにとって株式公開というステップは、有益であると同時にある種、残虐といってもいいかもしれない。

■ ある通貨の価値が他の通貨のそれに対して変動することが、外国為替（フォレックス、FXとも呼ばれる）市場の基本を形成しており、ある通貨が他の通貨に対し値上がりする（反対に値下がりする）とトレーダーが信じることがこの市場の原動力になっている。したがって、典型的なFX取引において、あるトレーダーがたとえばユーロを買うと同時に米国ドルを売る（これを「EUR/USD通貨ペア」という）のは、そのトレーダーはユーロがドルに対して値上がりすることを期待していることを意味する。

通貨・外国為替

　FX取引といえば、機関投資家による大規模な売買、それに外国通貨の変動に対する憶測が入り乱れる投資銀行のトレーディング室というイメージがあるが、一般企業や個人投資家もまた重要な市場参加者である。たとえば、ある企業が外国で利益を得た場合、市場変動の影響をできるだけ受けることなく利益を本国に送金する必要が生じる。

　同様に、ある個人が外国で家を買う場合、その個人は自国通貨を外国通貨に変えるためにFX市場で取引しなければならない。これら二つの例とも、投資家（この場合、企業と個人）は、その期間中に為替が変動するリスクをできるだけ回避したいと願うのが自然である。

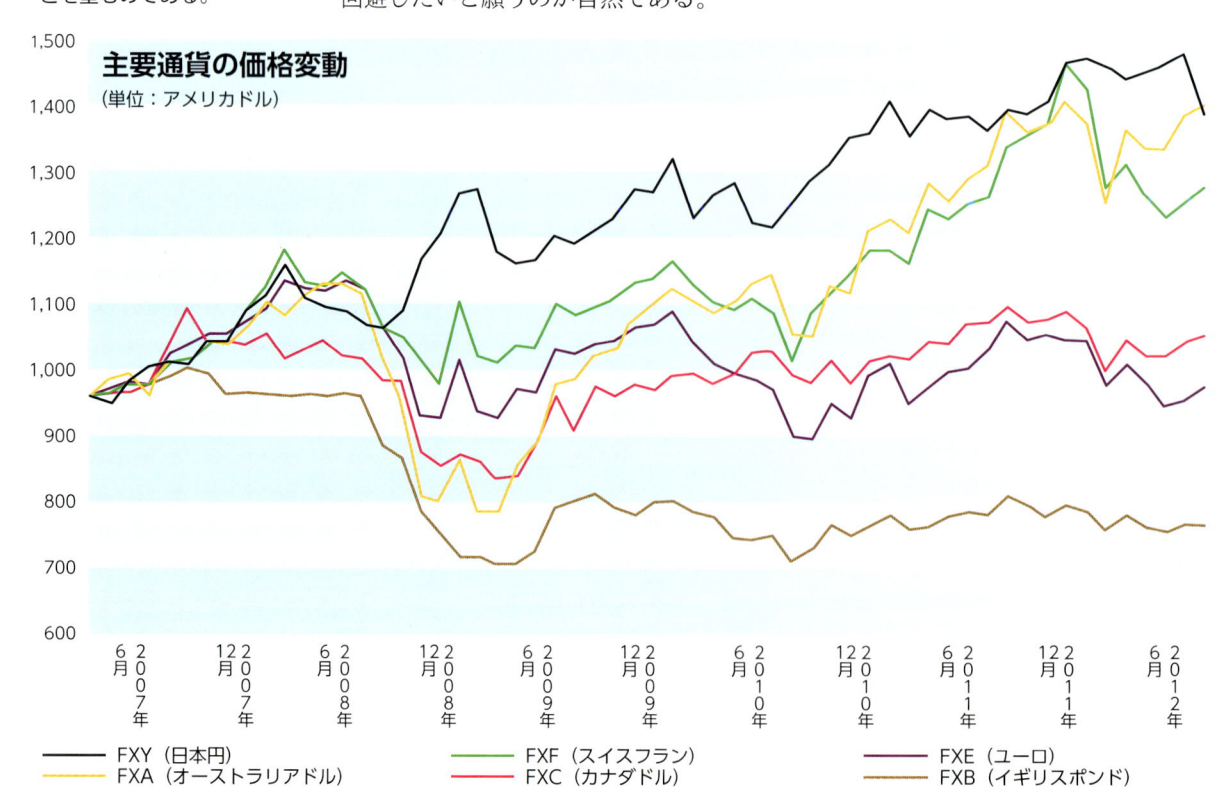

⇩
外国為替取引の基盤は、世界の通貨が日々変動することにある。この取引の目的は、価格が変わることを期待してある通貨を他の通貨と交換することである。言い換えれば、売った通貨の価格に比べて買った通貨のそれが上がることを望むのである。

主要通貨の価格変動
（単位：アメリカドル）

- FXY（日本円）
- FXF（スイスフラン）
- FXE（ユーロ）
- FXA（オーストラリアドル）
- FXC（カナダドル）
- FXB（イギリスポンド）

第 5 章　市場　97

外国為替市場における主な通貨のシェア

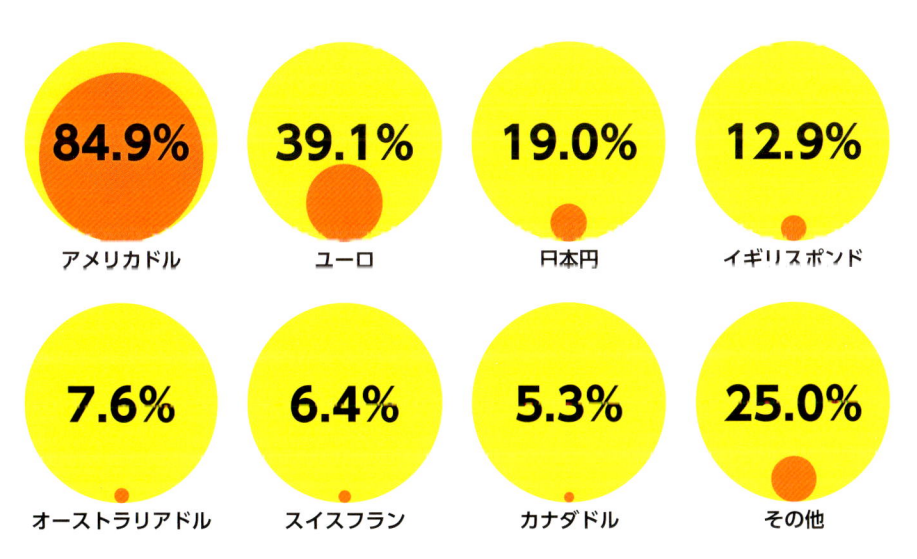

84.9%	39.1%	19.0%	12.9%
アメリカドル	ユーロ	日本円	イギリスポンド

7.6%	6.4%	5.3%	25.0%
オーストラリアドル	スイスフラン	カナダドル	その他

⇧ アメリカドル（基準通貨）に対する円（建値通貨）の価格を示すスクリーンの下で働く東京の外国為替トレーダーたち。通貨は常に、GBP/USD（英ポンド対米ドル）、USD/JPY（米ドル対日本円）のようにペアで表示される。というのは、外国為替取引は、常にある通貨を買うと同時に別の通貨を売っているからである。

⇦ 近年、減ってきたとはいえ、ドルは依然として世界で最も多く取引されている通貨であり、その他の通貨を大きく引き離している。ドルに次いで多く取引されているのはユーロ、日本円、イギリスポンドなどだが、最近、オーストラリアドルやカナダドルの市場シェアも大幅に増えている。

アメリカドルを中心とした主な通貨ペアとその通称

通貨ペア	通称
EUR/USD（ユーロと米ドルとの組み合わせ）	The Anti-Dollar
GBP/USD（英ポンドと米ドルとの組み合わせ）	Sterling Cable
USD/JPY（米ドルと日本円との組み合わせ）	The Yen
USD/CHF（米ドルとスイスフランとの組み合わせ）	Swissie
USD/CAD（米ドルとカナダドルとの組み合わせ）	Loonie
AUD/USD（オーストラリアドルと米ドルとの組み合わせ）	Aussie
NZD/USD（ニュージーランドドルと米ドルとの組み合わせ）	KiwiまたはKiwi Dollar

商品市場は、農業・鉱業といったきわめて実体的な経済活動に根ざしている（ただ、石油や金に代表される一部の商品はそれぞれ独自の市場を形成している）。いわゆるソフト商品には、世界中の何百万もの人たちが日常的に食べている穀物が含まれている。すなわち、大豆、油糧種子、小麦、トウモロコシ、加えて紅茶、コーヒー、ときにはオレンジジュースなどである。一方、鉄鉱石、鋼鉄、金属（銅、ニッケル、パラジウムなど）といったハード商品は、主要な工業製品の原料、また自動車エンジン、携帯電話に使われるマイクロチップのような部品に形を変える。

⇩
建設業や電気通信用ワイヤになくてはならない銅の先物取引は、まさにその国の経済成長を映すバロメーターといっても過言ではない。というのも、銅需要の変化はその国の経済活動の拡大（または停滞）に直結しているからだ。

商品

こうした商品はみな、世界中にある専門の取引所で取引され、また生産者、トレーダー、アナリストも商品ごとにかなり専門化されている。たとえば、ミネアポリス穀物取引所は小麦、オーツ麦、トウモロコシの生産者と加工業者のための市場であり、ロンドン金属取引所は今や非鉄金属（アルミニウム、銅、錫、ニッケル、亜鉛、鉛、アルミ合金、コバルト、モリブデンなど）トレーダーのためのグローバルハブとなった。

⇩
昔も今も小麦は、常に投資家の関心の的になってきた。それは小麦が、パン、ビスケット、ピザ、パスタなど、世界の主な食物製品のための最も重要な原料のひとつだからである。

コストのコントロール

商品取引は、先物とオプションの形で行

第5章 市場

なわれることが多い。これによって、本当の需要家（たとえば、自社製品を生産するためにある種の金属や原料に依存する大企業など）も投機家もともに、将来の価格を予測し、必要に応じて、将来のある時点に商品を確保することが可能になる。また、原料に関する予測を行なうことにより、メーカーはコストの統制を維持し、キャッシュフローを予測し、また中でも重要なのは、それによって投資家に一定の利益を還元することができる。

　純然たる金融投資家（たとえば、膨大なリソースを使って商品市況の変動予測を行なっている大手ヘッジファンドなど）は、商品が搬入される前に自社の契約を売ったり繰り越したりする（再投資する）のが普通である。

市場の独占

一部の商品市場の特異性はときに、個性的でわがままな人間を引き付ける。1979年、銀市場はネルソン・バンカー・ハント（写真右）とウィリアム・バンカー・ハントという兄弟によって独占された。彼らは先物取引を通じて約1億オンス、金額にして数十億ドルという大量の銀を蓄積した。彼らの行為はすぐにスクイーズ（需給の逼迫）を招き、1979年9月に1オンス（＝28.35グラム）あたり11ドルだった銀の価格は3ヵ月後には同50ドルに急上昇した。だが、1980年3月、銀市場の崩壊である、いわゆる「銀の木曜日」が起こると、あっという間に元の11ドルに急落。そして、ネルソンに1,000万ドルの罰金を科した米国商品先物取引委員会とハント兄弟との間に調停が成立し、彼らに銀取引への参加を禁止する決定が出るまでに、さらに9年を要した。現在、法規制の強化のおかげでこうした奇行はめったに起こらないが、故意か偶然かは別として、スクイーズは今も後を絶たない。最近も、天然銅による上場投資信託の発行をもくろんだ銀行が、ある状況ではそうした契約が銅市場の独占につながるのではないかという疑義に直面するという事例があった。

知っておきたい言葉あれこれ

先物契約とは、金融商品また他の商品を、将来の指定された時期に特定の価格で買う（または売る）合意をいう。**オプション**の所有者は、金融商品または他の商品を、自分たちにとって有利になると考えた場合、将来の指定された時期に特定の価格で買う（または売る）選択権を持つ。

流動的・非流動的：流動性とは、ある資産をまったく価値の減殺なくして迅速に売ることができる状態をいう（最善の例は現金）。反対に「非流動的な資産」とは、まったく価値の減殺なくして迅速に売ることができないものをいう。

▶ 石油（100、101ページ）、金（104、105ページ）、排出権取引（108、109ページ）も参照のこと。

■ 石油（厳密には原油）は世界で最も重要なエネルギー源であり、それゆえに世界経済の血液といっても過言ではない。先史時代の微生物が元になってできた化石燃料のひとつである石油は、本質的に炭化水素の混合物だから、分離と精製が可能であり、またそれによって得た製品はさまざまに活用することができる。分離・生成の段階で発生する付随ガスも、私たちの役に立つ。石油・ガスの抽出にはお金がかかり、また近年、代替エネルギーの開発が急速に進んでいるとはいえ、輸送用の燃料として、熱源として、そしてあらゆる消費財の原材料として、石油は今も世界の産業のための"屋台骨"を支えている。

石油

何十億ドルものお金が動く石油産業に奉仕している市場は、多様な原油・石油精製製品の売買を担うとともに、産業の成長、停滞、下降のバロメーターとなっている。この市場は需要と供給、それに政治的リスクにとりわけ敏感だ。だから、供給を妨げるような兆し（たとえば、主要産油国における戦争のおそれや社会不安など）があると、それがすぐに価格不安定を招き、ひいては安定供給の確保と将来の価格変動を回避するための緊急措置へとつながる。石油価格の上昇は燃料の高騰を意味し、経済成長を遅らせる。反対に石油価格の低下は経済成長を押し上げる。

石油価格は常に、「ニューヨーク商品取引所（NYMEX）」「インターコンチネンタル取引所（ICE）」といった主要取引所で提示される1バレル（1バレルは159リットル）あたりのスポット価格で示される。原油にはさまざまな特性や等級があるが、中でも主要な指標になっているのは「ウェスト・テキサス・インターミディエイト（WTI）」「ブレント原油」「ドバイ・オーマン」である。世界の石油価格は通常、アメリカが輸入するすべての原油の加重平均価格として算出され、米国ドルで表示される。

目まぐるしく変動する価格

第2次世界大戦以後の石油の歴史はまさに、論争、市場操作、そしてカルテル（国と国との結託）の連続だった

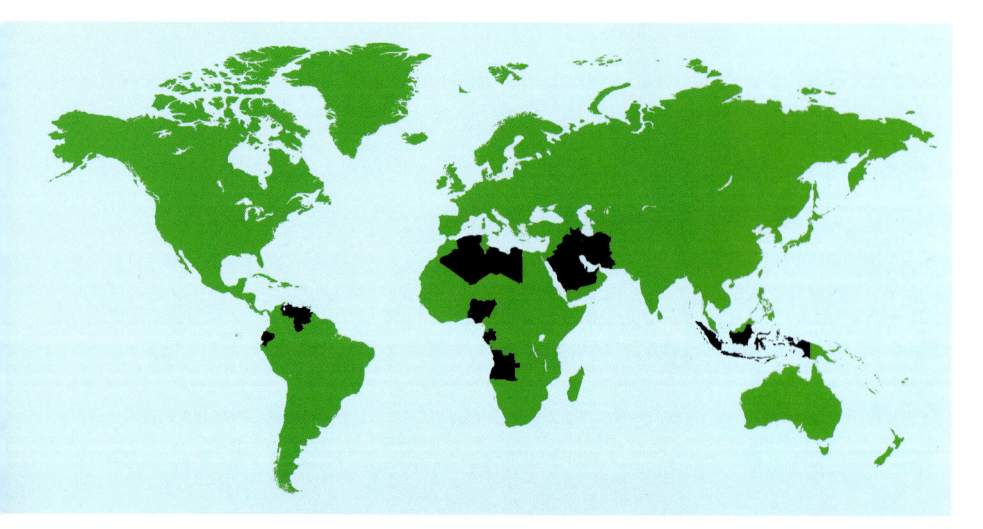

⇩
OPECは1960年9月バグダッドで、石油生産国5ヵ国（イラン、イラク、クウェート、サウジアラビア、ベネズエラ）によって設立された。OPECにはその後、アルジェリア、アンゴラ、エクアドル、リビア、ナイジェリア、カタール、アラブ首長国連邦が新たに加わり、加盟国は全部で12となった。1970年代には石油生産をコントロールし、結果として石油価格をもコントロールする力を持っていたOPECも、世界各地で新たな大規模石油埋蔵が発見されるにつれ、その力に幾分陰りが見えてきた。

⇨
石油を原料とする各種製品の重要性を考えると、多くの投資家が石油精製に関心を寄せるのも無理はない。ガソリン、ディーゼル燃料、ジェット燃料、自動車用潤滑油、プロパン、灯油といった"役に立つ"消費者製品はみな、原油を精製することでつくられる。それだからこそ、石油精製所は原油のサプライチェーンにおける最重要の結節点なのである（写真はアメリカ・カリフォルニア州リッチモンドの石油精製所）。

1バレルあたりの原油価格の推移
(単位：米ドル)　(出所：米エネルギー情報局および労働統計局)

世界の産油国上位30傑

(数字は1日あたり産出量、バレル)

1	サウジアラビア	10,520,000
2	ロシア	10,130,000
3	アメリカ	9,688,000
4	中国	4,273,000
5	イラン	4,252,000
6	カナダ	3,483,000
7	メキシコ	2,983,000
8	アラブ首長国連邦	2,813,000
9	ブラジル	2,746,000
10	ナイジェリア	2,458,000
11	クウェート	2,450,000
12	イラク	2,408,000
13	ベネズエラ	2,375,000
14	欧州連合	2,276,000
15	ノルウェー	2,134,000
16	アルジェリア	2,078,000
17	アンゴラ	1,988,000
18	リビア	1,789,000
19	カザフスタン	1,610,000
20	カタール	1,437,000
21	イギリス	1,393,000
22	アゼルバイジャン	1,041,000
23	インドネシア	1,030,000
24	インド	954,000
25	オマーン	867,900
26	コロンビア	800,100
27	アルゼンチン	763,600
28	マレーシア	664,800
29	エジプト	662,600
30	オーストラリア	549,200

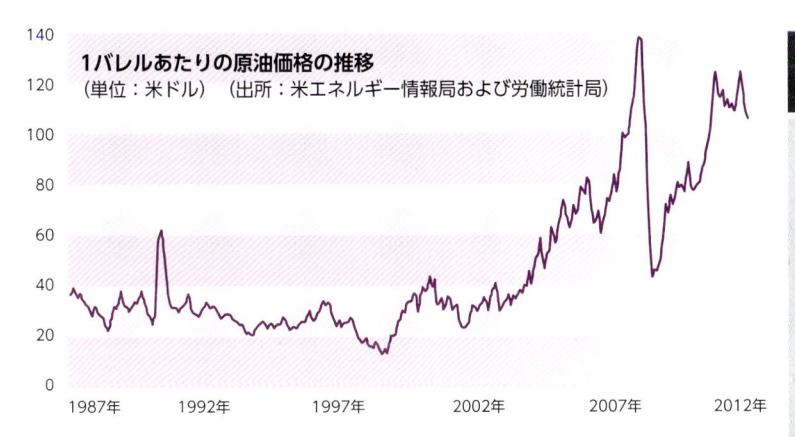

(出典：「CIAワールド・ファクトブック2010」)

といっても過言ではない。1960年に「石油輸出国機構(OPEC)」が創設され、10年以上にわたって石油市場の安定性は辛うじて維持された。だが、第4次中東戦争のさなか、アメリカがイスラエルへの支援を決定すると、これに反応してOPECは石油禁輸を発動。その結果、1973年の石油危機が発生し、原油価格は大きく変動したのである。第2次石油危機は1979年、イラン革命によって湾岸諸国からアメリカへの主要な石油輸出が止まったことがきっかけだった。それ以降今日まで、石油市場はまるでジェットコースターのように目まぐるしく変動している。1999年、中東の石油生産が増え、またアジアの需要が緩んだことに起因して1バレルあたり17ドルという最安値を付けた原油価格は、2000年には35ドルに急上昇。その後は一進一退を繰り返しながらも上昇基調で推移し、とうとう2008年7月には1バレルあたり145ドルというピークを記録した。その後、記録的な30ドルの値下がりもあったが、ここ数年は再び上昇傾向に転じ、2011年1月には100ドルの大台を突破したのである。

あらゆるエネルギー関連商品の中で今も石油が最前列の位置にあることは間違いないが、その他のエネルギー商品もまた大きなビジネスになっている。主に火力発電所で使われる石炭は歴史的に石油やガスよりも安いが、輸送が難しく、そのための経費が高いという難点がある。

エネルギー

約50の国に埋蔵されている石炭には一般炭とコークス用炭の2種類があり、相当量が輸出されているが、その大部分は産出国内で消費されている。2010年、石炭の国際取引量は合計10億8,300万トンに達したが、それでも全消費量の約16%でしかなかった。遠距離を輸出するには多額の輸送費がかかるため、石炭市場は次の二つの市場に限られているのが現状である。すなわち、イギリス、スペイン、ドイツといったヨーロッパの輸入国で構成される大西洋市場、そして日本・韓国といった大輸入国を擁する太平洋市場である。

⇩
石炭は地球上で最も豊富な化石燃料であり、今もなお世界中の発電において不可欠な役割を担っている。石炭火力による発電は現在、全発電量の41%を占めている。だが投資家は慎重な態度を崩していない。というのも、もし仮に電力需要がこのまま伸びたとしても、環境への懸念によって新たな石炭火力発電所の建設が今後はますます難しくなると見られているからである。

第5章 市場

ひとつだけ違うもの

ウラン。「イエローケーキ」とも「U308」とも呼ばれるこの鉱石は、オーストラリア、カナダ、ロシア、それにアフリカの人里から遠く離れたところで掘り出される。主に原子力発電所で使用されるウランを売り買いするのは、大手電力会社、それに機関・個人投資家である。だが、その他多くの商品と違って、ウランにはスポット価格、あるいはすぐに役立つ市場というものがない。それに代わって、「UxC」「トレードテック」という、歴史のある二つの企業が、市場で行なわれる直近の取引を元に週間価格を発表している。原子力発電に対する関心の高まりから長く恩恵を得ていたウラン市場は、2011年に日本の福島で起きた原発事故によって大きく停滞を余儀なくされることになった。それまで上昇基調にあったウラン価格は、原発の新造計画が軒並み凍結される中、今やとても不透明である。こうした状況はあるにしても、ウランが既存の原子力産業にとって不可欠な燃料源であることに変わりはない。それだけに、ウラン価格はエンドユーザーのエネルギーコストに直接、影響する。

ウラン（U308）価格の推移
（単位：米ドル）
（出所：UXC）

← ウラン市場はある意味、とても特殊である。なぜなら、その主要な用途が原子力発電の原料に限られているからである。それだけに、ウランは地政学的障害にとても脆い。2007年、原子力発電の将来展望に対する関心が高まるにつれてウラン価格は急上昇した。それと同時に、世界最大のウラン鉱山といわれる、カナダ・サスカチュアンのシガーレイク鉱山が洪水に襲われて産出がストップすると、将来の供給に対する不安が一気に高まった。

金（および金塊）市場は、他の市場が及ばないほどの伝統的地位を得ている。何千年もの間、この黄色に輝く金属が投資家を魅了してきたのは、そこに純粋な営利目的とともに金特有の神秘性があったからだ。伝統的に金は、国の準備資産の重要な一部となってきた。つまり、危機に対する防御手段であり、紙幣の根拠を保証する基盤（いわゆる最後の手段としての価値）の役割を担ってきた。今も多くの投資家が、"雨の日"（事態が悪化したとき）に備えて金を買っている。

金
きん

⇩ 伝統的に、多くの国の中央銀行は国の準備資産のかなりの部分を金塊・金の延べ棒の形で保有している。金による準備はさまざまなリスクに対する保険として、つまり預金者・紙幣所有者・貿易相手への支払い、自国通貨の裏づけへの保証として行なわれる。有史以来、産出されてきた金の量はおよそ16万トンと見られており、これを現在の金価格で計算すると10兆ドル以上といわれている。

でもそれはなぜなのだろうか。第1に金は緊急時においても売買が可能である。金の価格は主にアメリカドルで示されるが、ある特定の通貨と一致しているわけではなく、世界中のどこででも受け取ってもらえる。第2に、インフレ時であっても金はほぼ常に実質購買力における価値を保つため、多くの人が金をインフレに対するヘッジ手段、つまり保険と見ていることである。最後に、金にはリスクもデフォルト（返済の不履行）もない。たとえば債券に付きものの取引先リスクもないし、金取引によって負債が増えることもない。

懐疑論者の見方

そうした特性のゆえに今も"金好き"は多いが、もちろんそれに懐疑的な見方をする人もいる。金には、かつてのような世界的な金融システムのための逆転防止効果はないし、しばしば噂や投機を反映した、実際の価値とは異なる価格になっているというのが懐疑論者の意見である。彼らはまた、金は日常生活に役立たないし利息も配当も与えない、それに保管と持ち運びにお金がかかると指摘する。

こうした弱点を改善するために近年、金市場は大胆な革新を試みている。たとえば、数多くの小規模採掘会社の存在は、上場投資信託に対して有用であり、上場投資信託は金採掘株をひとまとめにして単一価格をつけることで、投資家のリスク分散を可能にし

金本位制

金に対する信頼は遠く古代にまで遡る。そして金は今も、硬貨と紙幣の根拠を与えるための基準通貨として使われている。金を物差しにして通貨単位を計ることを「兌換性」という。これは「金本位制」とも呼ばれ、さまざまな状況が起こるたびに多くの国が採用したり、反対に採用を止めたりした。戦時になると政府は多額の出費を必要としながら税収は限られてくるから、多くの場合、兌換を停止し、危機が終わるまで金本位制を放棄する（あるいは、永遠に止めてしまう）。金本位制には財政面における慎重さを助けるという効用はあるものの、同時に、金本位制にとどまることは通貨供給を制限し、通貨基盤の強化のためのさまざまな試みを阻害しかねない。

そもそも金本位制の中核原則は、第2次世界大戦後の「ブレトン・ウッズ協定」において採用された。同協定によって多数の国は、新しい準備通貨であるアメリカドルに対し自国通貨の為替レートを固定した。その当時、アメリカは金1オンスの価格を35ドルに固定していたから、その他諸国の通貨は自動的に金価格にペッグ（固定）することになった。金本位制は経済の長期安定性とインフレの抑制につながるか、あるいは経済の均衡を促すか――この論争は今も続いている。だが、世界経済のための信頼できる貨幣基盤としての役割を果たすには、金の供給量はあまりにも少ない。

金の値決め

毎週平日、グリニッジ標準時の午前10時30分と午後3時、ロンドンのシティーにある投資銀行「NMロスチャイルド」のオフィスで「ロンドン金フィキシング」が行なわれる。取引に使用される通貨は米ドル、ユーロ、英ポンドの三つで、「ロンドン・ゴールド・マーケット・フィキシング・リミテッド」と呼ばれる組織のメンバーである５つのマーケットメーカー（値付け業者）がこれに当たる。この組織の主要な役割はロンドン金市場で行なわれる金取引のための価格を決定することだが、実際は世界中の金価格のベンチマーク（基準値）を提供する。ここで決められた価格は専用の電話会議システムを通じて公表される。こうした金の値決めのやり方が始まったのは1919年9月、１トロイオンス（＝31.1035グラム）あたりの金価格が４ポンド18シリング９ペンスに決められたときである。以来、金の値決めは、1939年から1954年までの長い中断期（戦時制限によってロンドン金市場が閉鎖された）を除いて続いてきた。

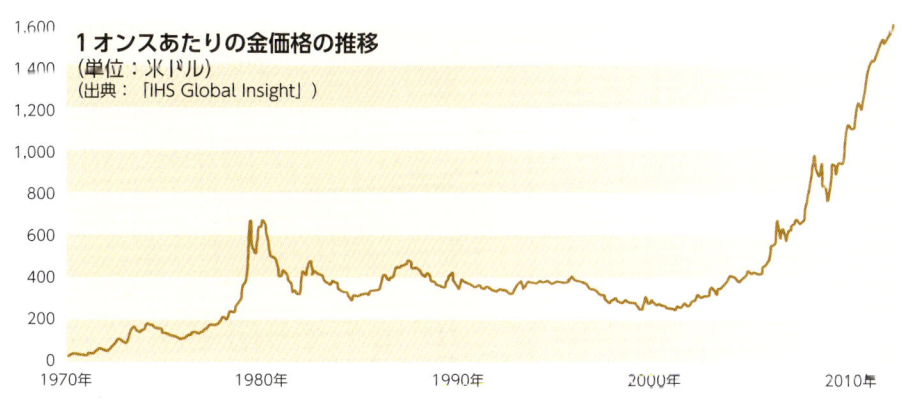

１オンスあたりの金価格の推移
（単位：米ドル）
（出典：「IHS Global Insight」）

⇩
中国・南京の女性店員が今、金のバラでできた巨大なディスプレイを組み立てている。世界で産出される金の50％以上は装飾用に使われる。近年、インド・中国の急速な経済成長によってこれら二つの国の金の宝飾品の需要もまた急激に高まっており、その結果、世界金融市場における金価格は上昇の一途をたどっている。

ている。こうすることで、投資家はリスクを分散することができるという仕組みである。同様に、末端市場における価格不安定性を管理するために、金鉱会社自身がヘッジ商品への移行を強めている。その結果、今や金は上述した観点においても、その他多くの商品に並ぶまでになった。

市場の近代化が進み、新たな投資家（とりわけ中国やインドの個人投資家）が増えるにつれ、ここ20年以上にわたって金は強力なパフォーマンス（運用実績）を示すようになった。特に近年、金需要が堅調に推移する中、金価格はオンスあたり2,000ドルという最高値に迫る勢いを見せている。

2006年にピークを迎えたアメリカの住宅バブル金融において、重要な役割を演じたのが債務担保証券（CDO）だった。だがそれから1年もしないうちに、住宅ローンの債務不履行の数は憂慮するほどに急増。それとともに、多くのCDOが住宅ローン、とりわけサブプライムローン［信用度の低い人向けの住宅ローン］を基盤としたデリバティブを含んでいることが判明した。2008年までにサブプライム危機は信用収縮という問題を引き起こし、その直後に、アメリカの大手投資銀行のひとつであるベア・スターンズ社の倒産が起こったのである。

デリバティブを理解するカギは実はその名前にある。つまり、デリバティブとは「派生的な」という意味で、それはデリバティブが、株、債券、指数といったとても基本的な金融商品から派生して生まれたことに由来する。デリバティブはもともと既存の金融商品との"抱き合わせ"として設計されたが、今やデリバティブ市場が巨大化するにつれ、既存の金融商品を出し抜くという場面も出てくるようになった。

デリバティブ

多くのデリバティブは保険市場を母体として、また投資家を保護する目的で誕生した。「クレジット・デフォルト・スワップ（CDS）」を例に取ってみよう。言葉を分解すればこれは文字どおり、「本来クレジット（債務）によって支払うべき、約束された利益を支払わないこと（デフォルト）のリスクに対抗するためのスワップ（交換）」、言い換えれば一種の保険商品といってよい。だから、クレジット・デフォルト・スワップを簡単にいえば、「利息の支払いまたは元本の償還がデフォルト（不履行）状態になっている債券に対抗するための保険」といってよいだろう。

ますます複雑化するデリバティブ商品の中には「先物」と「オプション（選択権）」というものもある。これらは、将来の値上がり、または価格暴落に対するリスク回避を目的として投資を分散するために、長くトレーダーたちが用いてきたものである。たとえば将来、一定の価格で株を買うオプション（デリバティブの中でも最もありふれたもの）そのものを、通常の株と同じように売買するのである。バンドル（抱き合わせ）商品、合成商品、スワップ商品などなど、一見無害な金融商品はすぐに驚くほどに複雑化し理解できなくなってしまう。借入を重ねることでそうした商品の購買力は高まるが、"中毒"になる危険性もまた高いのだ。

ちょっと参考に

最もポピュラーな金融デリバティブ商品

クレジット・デリバティブ：融資、債券、その他の借入商品を利用したデリバティブ商品。

商品デリバティブ：エネルギー（石油、天然ガス、電力）、貴金属、ベースメタル、農産物を利用したデリバティブ商品。

エクイティ・デリバティブ：株式投資の運用実績と連動した契約。

株価指数オプション：外国通貨にかかわるFTSE、S&P500種FXオプション取引といった株価指数の運用実績に連動している。

気候先物：気候を利用したデリバティブ商品。農家は、不作につながる天候の急変リスクを回避するためにこれを利用することがある。

莫大な利益、莫大なリスク

こうしたデリバティブ市場の中心にいるのは投資銀行である。市場が効率的に機能すれば、そこから生まれる莫大な手数料は彼らの利益となる。反対の場合には、2007年のような悲惨な結末が待っている。その当時、「債務担保証券」といったデリバティブ商品、「スペシャル・インベストメント・ビークル」といったストラクチャー（仕組み）が行き詰まりを見せ始めたが、そうしたデリバティブ商品とその周りにあるものの不透明さという問題をさらに悪化させたのは、市場参加者同士の間にほとんど交流がないことだった。

ほとんどのデリバティブ商品が銀行間で取引されてきたので、失敗のリスクはときに銀行業界全体に及ぶこともあった。この問題に対応するために銀行業界は目下、新しい方法を採用しようとしている。銀行と銀行の間にクリアリングハウス（交換所）を設けようという試みである。これに参加するトレーダーは、義務に則っていることを確認するための保証金をクリアリングハウスに預け入れなければならない。これによってデリバティブ市場の透明性は一定程度、増すだろう。だが評論家は、当のクリアリングハウスに設置された監視委員会のメンバーが依然として銀行の代表ばかりで構成されている点を指摘している。

⇧
ベアリングス銀行シンガポール支店でデリバティブのチーフトレーダーだったニック・リーソンの無認可投機取引が明るみに出たのは、1995年1月のことだった。一連の違法投資（最終的には合計14億ドルに上ったと見られている）は、長く社内で隠蔽されたが、結局、発覚した。リーソンは逮捕され、禁固6年の刑が科せられた。そして、イギリスの名門投資銀行だったベアリングス銀行は破綻した。

⇦
2010年にアメリカで採用されたクリアリングハウス・システムはきわめて有効であることが分かった。最もよく使われるクリアリングハウスの多くが、1年に1兆ドルという取引実績を上げたのである。それほど多額のお金がからむようになると、どのクリアリングハウスも失敗が許されない。なぜなら、最後に残る唯一の選択肢は政府による救済だからである。

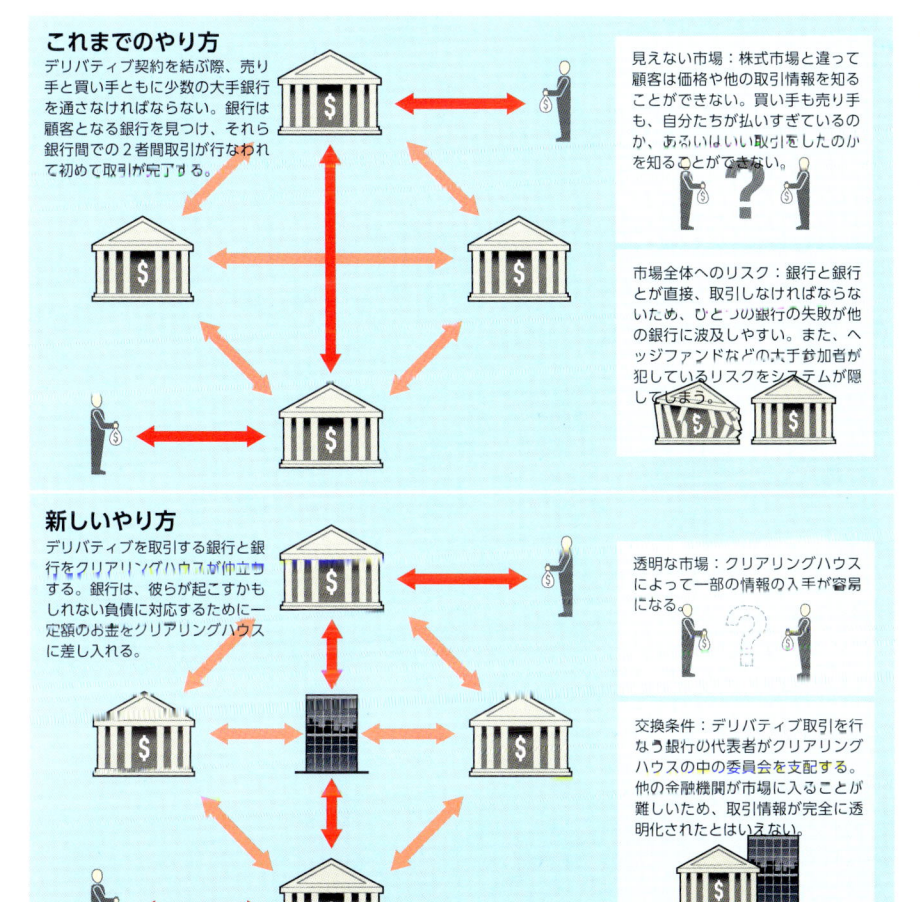

これまでのやり方
デリバティブ契約を結ぶ際、売り手と買い手ともに少数の大手銀行を通さなければならない。銀行は顧客となる銀行を見つけ、それら銀行間での2者間取引が行なわれて初めて取引が完了する。

見えない市場：株式市場と違って顧客は価格や他の取引情報を知ることができない。買い手も売り手も、自分たちが払いすぎているのか、あるいはいい取引をしたのかを知ることができない。

市場全体へのリスク：銀行と銀行とが直接、取引しなければならないため、ひとつの銀行の失敗が他の銀行に波及しやすい。また、ヘッジファンドなどの大手参加者が犯しているリスクをシステムが隠してしまう。

新しいやり方
デリバティブを取引する銀行と銀行をクリアリングハウスが仲立ちする。銀行は、彼らが起こすかもしれない負債に対応するために一定額のお金をクリアリングハウスに差し入れる。

透明な市場：クリアリングハウスによって一部の情報の入手が容易になる。

交換条件：デリバティブ取引を行なう銀行の代表者がクリアリングハウスの中の委員会を支配する。他の金融機関が市場に入ることが難しいため、取引情報が完全に透明化されたとはいえない。

■ 1997年に採択された「京都議定書」において、37の最初の締約国（現在は約200）は環境中に放出される温室効果ガスを削減することで合意した。これが、「炭素取引」「排出権取引」などと呼ばれる、まったく新しい市場への門戸を開いた。このいわば良心を持った市場は、炭素排出を減らしたいという先進工業国の念願から出発し、今では国連や世界銀行などの支持を得ている。重要なのは、実際に取引されるのは炭素や二酸化炭素そのものではなく、炭素や二酸化炭素の超過排出権、あるいは温室効果ガスの相殺量であるということである。このことを考えると、この市場は、中世ヨーロッパで行なわれた罪と免罪符の交換とどこか似ている。

⇩
ノーフォーク島（オーストラリア）は世界で初めて、個人による排出権取引が導入されたところである。住民はみな同数のカーボン単位をクレジットカードに割り当てられ、ガソリンや電力を買うたびにそれを使う。非再生可能エネルギーの使用を節約する、あるいは歩く、自転車や電気自動車を利用するといった方法でカーボン単位を余らせた住民は、一定期間のあとそれをカーボンバンクで現金に換えることができる。1年ごとにカーボン単位の割当てが減っていくので、炭素排出に頼るライフスタイルはそれだけ割高なものになっていくという仕組みである。

排出権取引

　もちろん、だからといって市場そのものが中世的というわけではない。2005年以降の取引量は10倍に増え、将来的に排出権取引市場は世界最大の商品市場になるかもしれないとの予測もある。ヨーロッパにおける画期的な出来事といえば、2005年、温室効果ガス大量排出者のための法的遵守の仕組みとして「欧州連合排出量取引制度（EUETS）」が創設されたことである。

岐路に立つ排出権取引
　排出権取引においては二酸化炭素（CO_2）の重量が通貨単位として、また、取引可能な証明として「カーボンクレジット」が用いられる。カーボンクレジットは一種の

許可証で、国や企業は1カーボンクレジットにつき1トンのCO$_2$（またはその他の温室効果ガス）を排出することが認められる。世界には現在、「欧州気候取引所」「NASDAQ OMX商品取引所」、またインターネットを活用した「排出量取引市場」など、排出権取引を行なうための取引所がいくつかあるが、近年の経済的な停滞はクレジット価格の下落を招き、ひいてはこうした制度が存続するためには政府の介入も必要になるだろうと多くの人が予想している。

排出権取引の背景にある考えは、地球環境の視点から見れば、だれが二酸化炭素を排出しているのかということよりも総排出量の方がずっと重要ということである。だから、国（あるいは企業）ごとの排出削減を硬直的に強いるよりもむしろ、市場は二つのうちひとつを選べるようにしたのである。つまり、自らの排出量を減らすためにお金を使うか、他の排出元にお金を払ってその排出量を減らすことで自らは排出を続けるか、の選択である。

近年、排出権取引市場の成長はとても著しい。関心の中心は大きく二つあるといってよい。そのひとつはいうまでもなく、地球温暖化の防止に少しでも協力したいという考えだが、もうひとつは、二酸化炭素排出企業のイメージを払拭したいという計算である。

CO$_2$取引の推移
（単位：トン）
（出所：ブルーハーバー）

2002年 11
2003年 7
2004年 13
2005年 12
2006年 28
2007年 68
2008年 130
2009年 98
2010年 131

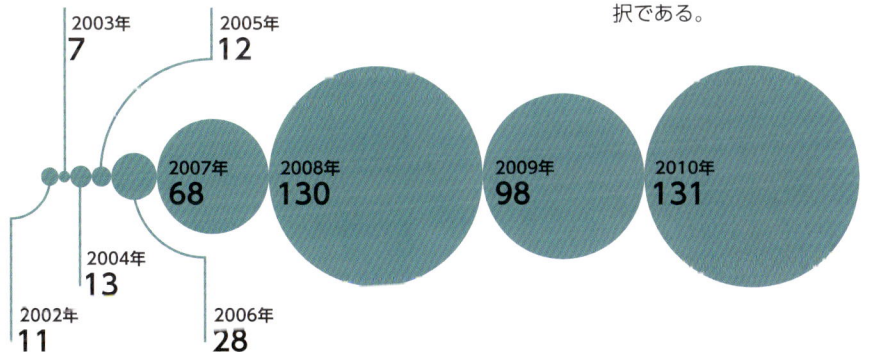

あなた自身のCO$_2$を売買する

個人によるCO$_2$の売買は、排出権取引市場が消費者のレベルまで下がっていることを意味する。環境経済学者によって最初に提案されたこのアイデアは、私たちの一人ひとりが国のCO$_2$予算から排出権クレジットを割り当ててもらうことから始まる。その上でこのクレジットを燃料または電力の単位と交換するのである。より多くの電力を必要とする人は、消費の少ない人から買うこともできる。こうすることでエネルギー消費の少ない人に潜在的な利益を提供することができ、結果として個人による排出権市場の進展が促進されることになる。今のところ、こうしたクレジットは適切な歓迎を受けているといえそうだ。ヨーロッパのいくつかの政府は、いわゆる「取引可能エネルギー割当て」の導入を積極的に検討している。実際の取引を実験的に行なっているところもある。たとえば、オーストラリアとニュージーランドとの間にあるノーフォーク島では、近年、住民たちによる個人的な排出権取引のパイロットプログラムがスタートした。

■ つまるところ保険市場とはリスクを相手にした商売といってよいだろう。人命の喪失はいうまでもなく、船の沈没にせよクルマの破損にせよ、はたまた空き巣ねらいや手荷物の紛失にせよ、最終的にすべてのリスクは誰かが評価し、負担し、そして市場で売買される。そうした事故が発生すると、今度はリスクの評価とそれに対する補償の支払いが保険市場の焦点になる。

保険

保険契約（保険証書ともいう）は保険市場の中核商品であり、保険会社の事業は保険契約を生み出すことで成り立っている。もちろん保険会社には、保険料の見返りとして保険契約を保証する義務が課せられる。保険料は投資の対象になるから、世界の主要保険会社は同時に世界有数の投資家であり、ファンドマネジャーであることが多い。

リスク評価

保険会社がリスク評価を行なうための手段——言い換えれば保険会社が保険料を設定する方法——は長く保険数理士の領域であった。現在、保険数理士が用いる予測モデルは、完全無欠とはいわないまでもきわめて洗練されたものとなっている。ある特定の危険要因に対する保険設定の依頼がくると、保険数理士はまずその事故の頻度と重度、それに過去の事例を検証する。その上で算定されるその事故の現在の基準によって、保険会社は妥当な保険料を設定する。

現在、保険市場は大きく二つに分けられている。すなわち生命保険と非生命（損害）保険である。前者においてよく出てくる言葉は生命保険証書、年金、年金保険などであり、後者が関係しているのは、旅行、輸送から財産、信用に至る幅広いビジネス領域である。

カタストロフィー・モデリング

大規模なカタストロフィー（異常災害）のリスクのせいで、保険産業はいつも"眠れない夜"を送っている。ハリケーン、地震、洪水といった自然災害の場合も、戦争やテロといった人為災害の場合も、何百人・何千人もの保険請求者への支払いが発生する可能性があるし、それによって保険市場が崩壊するおそれさえある。そうしたことから現在、多額のお金を費やしてカタストロフィー・モデリングが行なわれている。これは、気象学や地震学といった領域も活用し、最先端のコンピューターを駆使したシミュレーションによって潜在的なリスクを計算するものである。だが、しょせん保険の世界で紛争と訴訟を避けることはできない。たとえば、2001年9月11日に起こった世界貿易センタービルへのテロ攻撃の際も不動産所有者からの膨大な数の保険請求があり、結論が出るまでには何年もの時間がかかった。

⇩
2011年の世界貿易センタービルに対するテロ攻撃が世界の保険市場に与えた損害は、合計約400億ドルに上ると見られている。

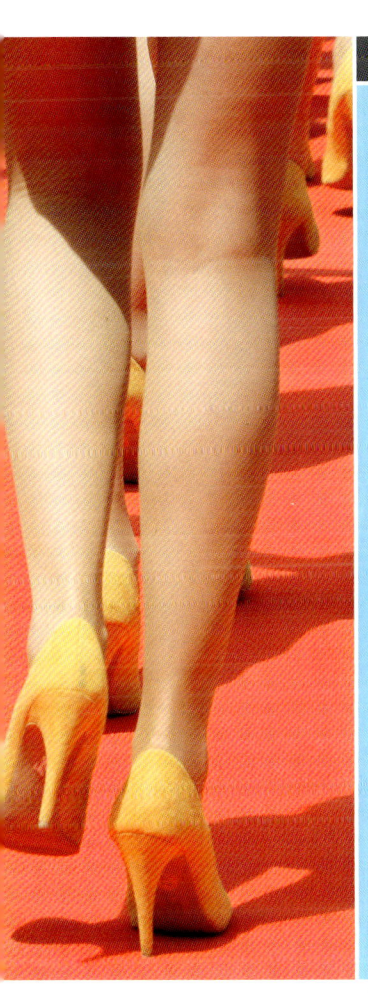

ロイズの物語

世界最古の保険組合であり、「最大限の善意を以て」を標榜するロンドンのロイズは、今もなお世界の保険市場の雄である。保険・再保険市場において、リスクを積算し売買するためにロイズでは投資家と保険アンダーライター（引受人）を「ネーム」という名でひとつにまとめている。ロンドンのシティーの中心に本拠を置くロイズの歴史は、1688年、エドワード・ロイドがコーヒーハウスを開いたことに遡る。そこには船主や商人たちが集まり、ロンドン周辺にあるいくつかの港に出入りする船に関するニュースを交換し合っていた。近代になると、著名な建築家であるリチャード・ロジャース卿の"おもてうら"デザインを取り入れて1986年に完成したロイズ保険ビルは、シティーのシンボルとなった。ロイズの中核事業は、船から映画スターの脚に至るまで、およそすべてのリスクアイテムに対して保険をかけることである。歴史的には富裕な個人が、ロイズが発行する保険証書に無限責任とともにアンダーライトする（保険の保証責任を負う）慣例になっていた（ということは、保険契約を失えば彼らはすべてを失うことになる）。だがそれも、1994年になって変更された。その年、いくつも自然災害や産業事故が起こり、これによって膨大な損失が発生、メンバーは有限責任だけを負えばよいことになった。現在、ロイズは法人化が進み、個人投資家はごく少数にとどまっている。だが、ロイズが世界の保険市場に絶大な力を行使していることは、今もまったく変わっていない。

⇩
海上保険は世界で最も古い保険である。世界で300万件もの海難事故が起こっているという国連推計を見れば、これもまた当然といってよいだろう。この写真にある、2002年に油送船「プレスティージ」がスペイン沖で沈没したような事故が起こると、さまざまなビジネス活動がすぐに開始される。たとえば、船体・積み荷・乗組員に対する保険の算定、沈没船の引き上げ、事故がもたらす環境コストの確定などである。

W

"ウォールストリートは世界で唯一、ロールスロイスに乗った人たちが地下鉄に乗る人たちから助言をもらう場所である"

──ウォーレン・バフェット（1930年生まれ）『ウォーレン・バフェットの道』（2008年刊）より

第6章 投資と金融

↑
世界の証券取引所はどこも活気にあふれている。そこは景気のよい呼び声と売り買いの騒音に満ちている。証券取引所の中心にあるのは立会場と呼ばれる場所で、日々の業務の混沌とした光景を見ることができる。

現在、お金を使ったさまざまな工夫や仕掛けがあるが、全体にお金は衰退傾向にある。インフレになればお金の持つ購買力は下がる。通貨はときに劇的とまでいってよいほどに変動するし、現金もまた、資産区分としての役割はあるものの、けっして特別に生産的なわけではない。お金の活用――投資――には技巧と科学という二つの側面がある。科学という側面も近年、驚くほど洗練されてきているが、完璧にはほど遠い。絶対的な利益、つまり市況に左右されずに得られる利益を無条件にもたらしてくれる投資戦略は、まだ見つかっていない。

この突破口を探している間も（おそらくそれは永遠に見つからないだろうが）、事実上、無限といってもよいほどのさまざまな投資話、さまざまなスキーム、また、お金を最大限に活用するためのさまざまな珍奇な手法が行なわれている。それらの多くは物理的な資産形成を目指しているが、中には微細な価格の変動、出来事が起こる（あるいは起こらない）確率、加えてまったく予期しないことに基づいた、きわめて合成的なものも少なくない。むろん、この不確実性こそが、まさにそれら合成的な金融手法の魅力ともいえるが……。

だが、この"サメが出没する海域"につま先を突っこむ前に、資本の保存——お金が価値を失わないようにすること——は、いろいろな意味で資本増加と同様に重要であることを覚えておくべきだろう。欲望と恐れのどちらが私たちを突き動かし、投資・金融の世界に突き進もうなどという気持ちにさせるのだろうか。だれしもお金を増やしたいと願うと同時に、お金を失うことを恐れる。ニューロ・エコノミクス［神経経済学。脳科学の手法を用いて、人間の経済的な意思決定のメカニズムを科学的に分析する学問］の研究によれば、意思決定過程において認知を越えるある種の感情があるという。真実はどうであれ、この微妙なバランスが依然として大多数の投資決定につながっていること、また金融市場そのものを特徴づけていることは間違いない。つまり、十分な数の人が一緒になって行動するとき（さらに集団心理にさらされるとき）、価格は上がったり下がったりする。そしてそれらが一体となったとき、市場の回復や崩壊（言い換えれば、投資の価値の蓄積や破壊）が起こる。

こうした感情の原動力を予測し活用しようとの試みは、金融市場関係者の大多数の関心事である。だが、アメリカの銀行士たったJ・ピアポント・モルガンを超える人間は今のところ現れていない。あるときモルガンは「これから市場はどう動くでしょうか」と問われて「ただ変動するだけです」と答えた。

"ウォールストリートはけっして変わらない。ふところ具合も、カモになる人も、株もみな変わるが、ウォールストリートはけっして変わらない。それは人間性が変わらないからだ"——ジェシ・リバモア（1877〜1940年）、株投機家

投資銀行家であり慈善事業家でもあったジョン・ピアポント・モルガン（写真中央）は、"アメリカ企業金融の父"のひとりと呼ばれた。彼の会社「J. P. モルガン・アンド・カンパニー」は、鉄道、鉄鋼、鉱業、電力など、アメリカの強大な工業力の確立を助けたさまざまな企業に絶大な影響力を発揮した。

■ この世にふたりと同じ投資家はいないが、投資家の多くが、基本的な人間性に由来する共通の特質を持っている。投資の心理学は、高度に発達した、独自の学問領域を生み出した。これは「行動ファイナンス」と呼ばれ、投資決定において一定の役割を果たす認知的・感情的要因を研究する。

心理学

判断を下す

　無意識であるにせよ、多くの投資家はヒューリスティクス（仮説形成）——厳密な論理ステップではなく近似値に頼る方法——によって決定を行なう傾向を持っている。同様に、市場において急速に動いている出来事の意味を探るために、彼らはしばしばフレーミング（枠組み）、つまり一連の慣れ親しんだ筋立てに頼る。投資家は自分が持つ株が値上がりしたり値下がりしたり（言いかえればお金を儲けたり失ったり）するのをいつも見ているから、否応なくありとあらゆる感情を働かせ、結果として最も合理的な感情さえ非合理な判断につながることがある。最も明白でよくいわれるのは、集団思考ということである。つまり、市場の方向性に関する特定の理論が大多数の投資家に影響

⇨ もし投資がいつも数字に基づいて行なわれるとすれば、世の中のトレーダーたちの大半が金持ちになっているだろう。だが実際は違う。お金を儲けるか、あるいは失うかに関係しているのはどちらかといえば感情だ。完全な公式はないけれども、投資における成功が、目的に対する心理的な決意、加えて情報、判断、自信、規律、一貫性などの強力な組み合わせを必要としていることは間違いない。それでも成功が保証されることはない。

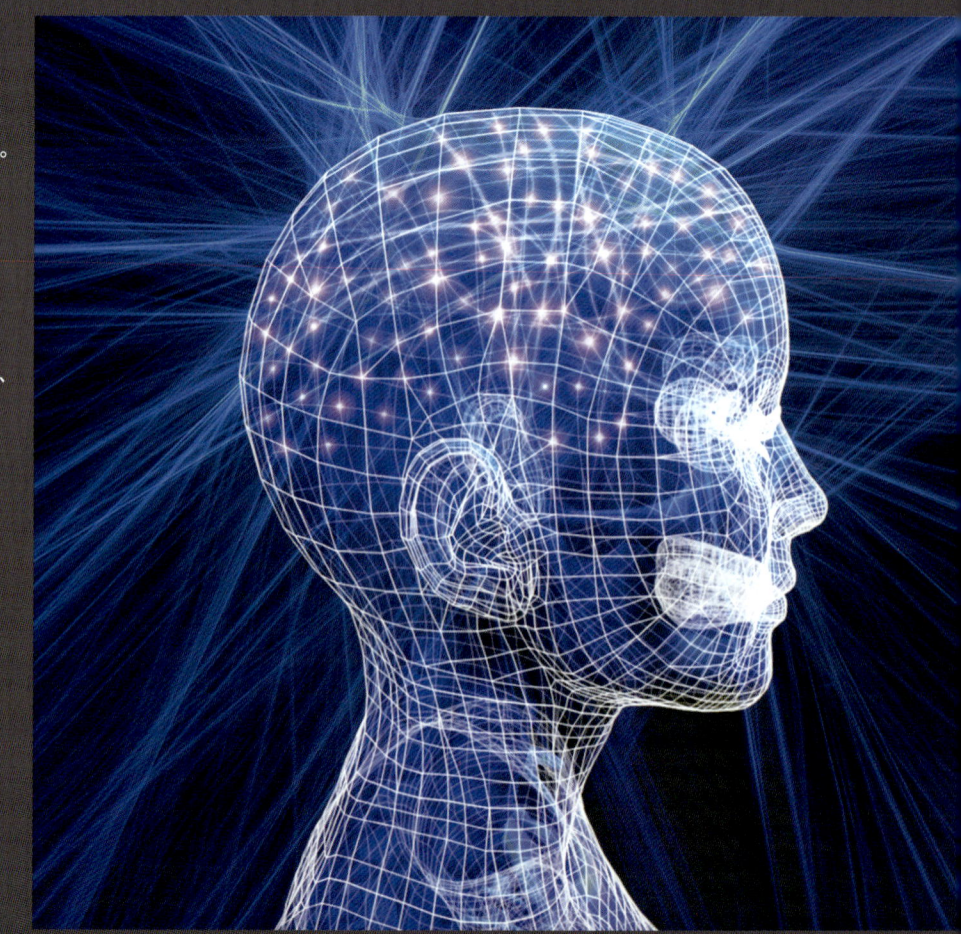

を与えるというのだ。

　集団思考はまた、株式バブルを生み出すことがある。1999年にIT株をめぐって起きた「ドットコム・バブル」はその古典的な実例といってよく、多くの投資家があまり考えもせずに殺到したのだった。とはいえ、投資家の行動パターンはさまざまである。いわゆる逆張り投資家〔逆張りとは、株価が下落トレンドの時に底値を見きわめて投資する手法〕は、時流に逆らって意識的な決断をするから、好きでもない業種の欲しくもない株を安く買い、その株が十分に人気が出たと判断したときに売る。ウォーレン・バフェットは有名な逆張り投資家である。「株に投資する最善のタイミングは、市場における近視眼的な見方が価格を打ち負かすときだ」というのが彼の信念である。

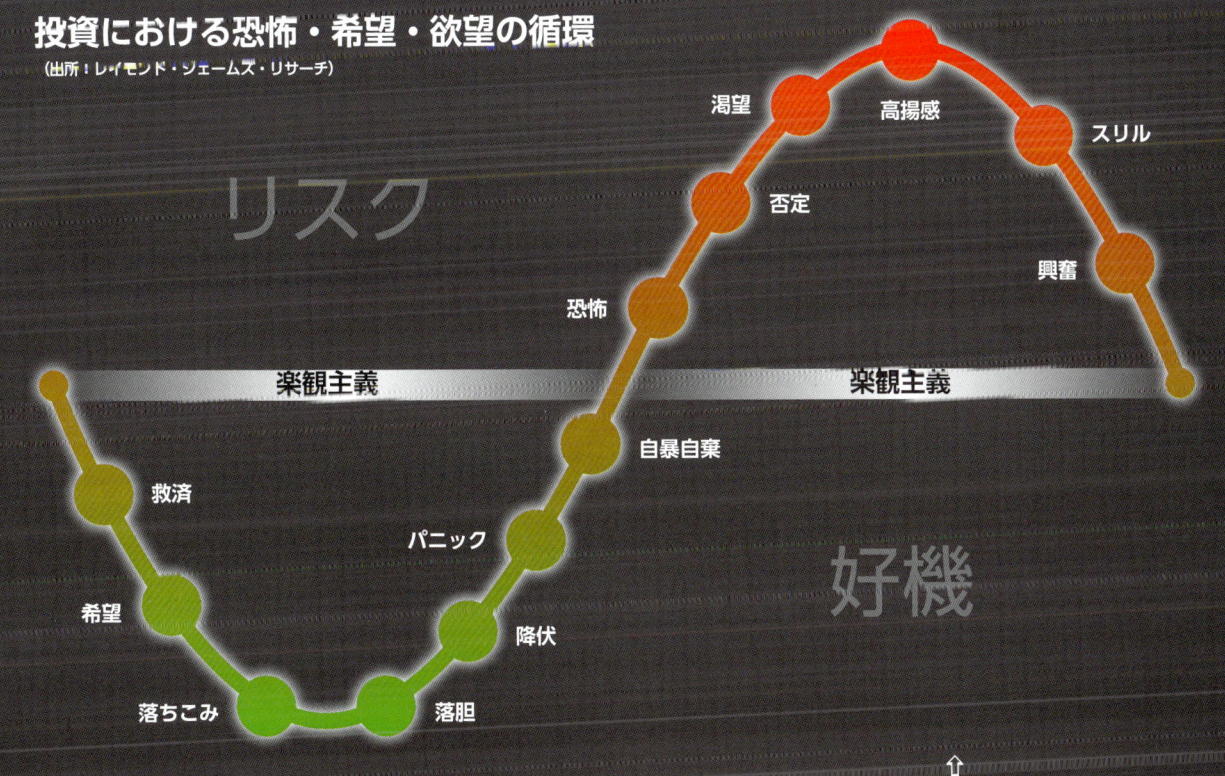

投資における恐怖・希望・欲望の循環
（出所：レイモンド・ジェームズ・リサーチ）

リスク

渇望　高揚感　スリル
　　否定　　　興奮
　恐怖
楽観主義　　　　　楽観主義
　　　自暴自棄
　　パニック
　　降伏
救済
希望
落ちこみ　落胆

好機

↑
株式投資を動かしている、ジェットコースターのような感情の起伏は、これまでにもいろいろと説明されてきた。上の図は、株式市場の値動きにつきものの、恐怖・希望・欲望の循環を示したものである。

動物的な衝動

著名な経済学者メイナード・ケインズは、彼が「動物的な衝動」と呼んだ、人間が生まれながらに持っている感情が金融的な事象に大きく寄与していると考えた。1936年の著作『雇用・利子・貨幣の一般理論』の中で彼は、「道徳的なものであれ、快楽的なものであれ、経済的なものであれ、積極的活動の原動力はまさに、"何もしない"のではなく"何かをする"ことへの自発的な衝動である」と書いた。いつも暗い顔をしていることで有名だったアメリカ連邦準備制度の前議長、アラン・グリーンスパンも、急成長の時期のこれと似たような感覚を「根拠なき熱狂」と呼んだ。一方、動物的な衝動は瀕死状態にある株式市場が息を吹き返すための原動力でもある。投資家はだれも、不況から回復に移りつつある経済の中に楽観的な展望を持つからである。

過去100年以上のダウ・ジョーンズ工業株価平均における値動きを見ると、そこには三つの経済ブーム（急成長）があり、そのどれもが前例を上回っている。最初のブームは1920年代、自動車と株投機全盛の時代に工業が牽引したものだった。次のブームは第2次世界大戦のあと、人口が急増し、それとともに消費支出が急激に増えた時期だった。

急成長と急落

3回目のブームは1990年代と2000年代に起こった。技術と財務が合体し経済を動かした時期である。だが、それらと並んでいくつかの急落も起きている。すなわち、1920年代末期のウォール街の暴落、1970年代に石油危機によって起きた経済停滞、それに2000年から2002年にかけて起きたドットコム・クラッシュと2007年から2009年にかけて起きた世界的な信用収縮の"ダブルパンチ"などである。

循環性

金融の世界はほとんど休むことを知らない取引の連続である。同時に、それは膨大なデータ、情報、分析、ときには噂話と憶測との格闘である。

マクロの視点で見れば、投資家が重視するのは大きな経済サイクルの出現と発展だが、ミクロのレベルで見れば彼らは、政府や中央銀行からの定期的な発表、加えて企業業績、貿易統計、企業動向などに関心を払う。

こうした要素をすべて動員して彼らは投資をするか（あるいは現金で持っているか）、投資するとすれば何にするかを決断する。老練な投資家は、長期的なパターンがあること、またそれが繰り返し現れることをよく知っている。バンクオ

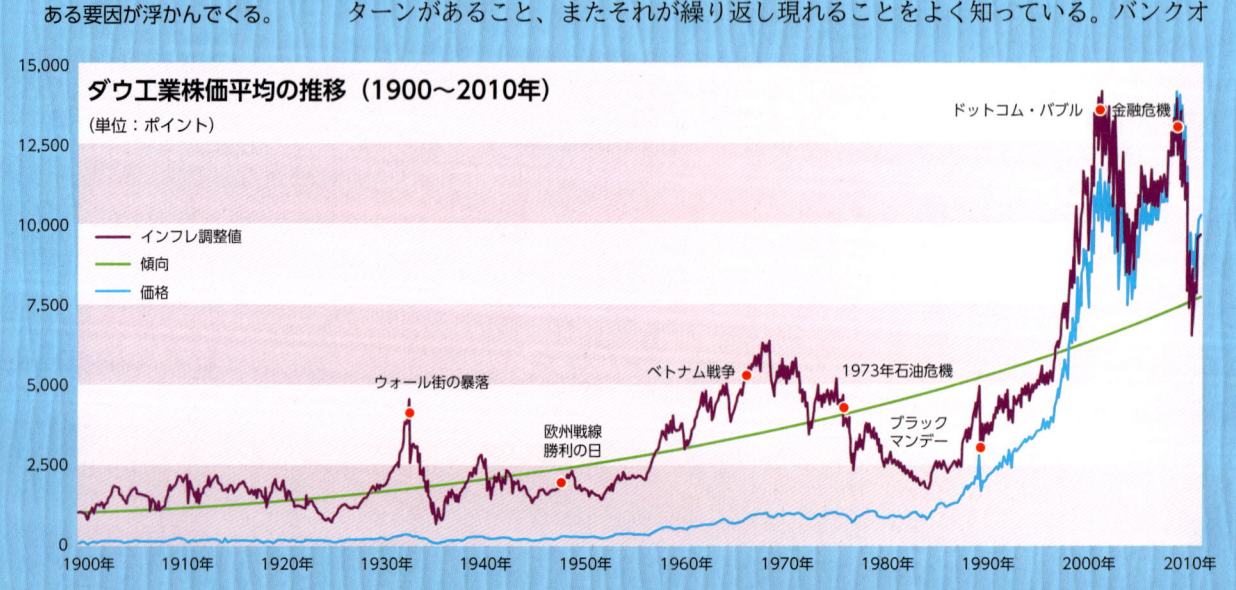

↓
ダウ工業株価平均は、アメリカを代表する30の大手公開企業が株式市場の標準的な取引においてどのような運用実績を挙げたかを示す指標である。過去100年における推移を見ると、急成長と急落に呼応する世界経済の循環性、そして急成長と急落の背後にある要因が浮かんでくる。

ダウ工業株価平均の推移（1900〜2010年）
（単位：ポイント）

- インフレ調整値
- 傾向
- 価格

注釈ポイント：ウォール街の暴落、欧州戦線勝利の日、ベトナム戦争、1973年石油危機、ブラックマンデー、ドットコム・バブル、金融危機

瞬間的な下落

2010年5月6日、ダウ平均株価はわずか5分の間に700ポイントも急落した（右図）。通称「クワント」と呼ばれるコンピューター駆動による取引プログラムを使った売り注文が殺到したのだ。だが、回復も速かった。このプログラムは最先端のモデルに基づいており、このモデルの条件に合った株を求める企業のデータを徹底的に調べ、モデルが求める基準に合致した株を購入し、それよりも下回る株を売る。結局、この損失（一説には8,000億ドルといわれる）は、自動プログラムが停止するまで元に戻ることはなく、ダウ平均株価は1日の下落としては最大幅のひとつを記録したのだった。

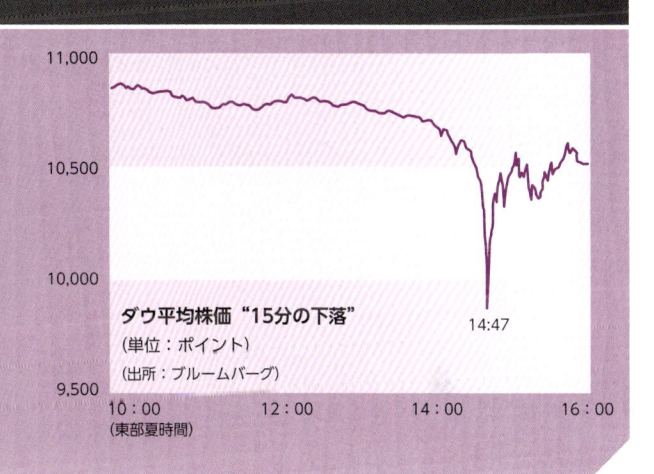

ダウ平均株価 "15分の下落"
（単位：ポイント）
（出所：ブルームバーグ）

ブアメリカ・メリルリンチ社が開発した「投資時計」（119ページ参照）は、経済の急成長、停滞、不況、回復という時期に合わせる循環的投資という方法を紹介している。それぞれの時期において、魅力を増す資産もあれば失う資産もある。その理由は、そうした資産がリスキーでなくなる、あるいはより多くの価値を提供するからである。これは考えてみれば当然である。たとえば、経済が減速すれば投資家は、国債（発行する政府によって保証されている）のような質の高い資産にお金を移すし、不況になれば、回復の原動力になる成長株を探すようになる。同様に回復の兆しが見えてきて楽観的な空気が出てくれば、小資本企業株のようなリスクの高い資産への関心を増やすからだ。

世界的な経済サイクルと"おすすめ"の投資対象

バリュー株
地方債
部門形成初期企業
小資本企業
高利回り債券

商品
外国株
部門形成晩期企業
インフレ連動債
大資本企業

社債
利率に敏感な業種
成長株

短期米国財務省証券
防衛企業
優良資産
長期米国財務省証券

回復期　急成長期
不況期　停滞期

⇦ 循環的な投資を勧める「メリルリンチ投資時計」の基盤にあるのは、経済状態の変化や循環によって個々の資産区分の運用実績が変わってくるという考えである。これによれば、不況期の狙い目は債券投資だが、回復するにつれ株投資が魅力を増してくる。急成長の時期は商品投資が、再び後退してくると長期的な投資や金融市場がお勧めになってくる。

債券はよく借用書にたとえられる。つまり、お金の借り手が貸し手に返済を約束することである。借り手とは債券を発行する企業であり、貸し手とは債券を買う投資家である。債券の主要な要素は、(1)債券期間の終了と同時に債券発行者から投資家に返済される元本、(2)債券期間中に一定の頻度で債券発行者から投資家に対して支払われる、元本に対する利息——の二つである。多くの場合、利息は、たとえば1年につき5％のように固定されている。このように支払い利息が固定しているので、確定利子付債権または定額所得付債権（両者は同じもの）とも呼ばれる。

債券

上に述べた(1)元本(2)利息のほかに、債券のもうひとつの要素は(3)価格である。ほとんどすべての債券は最初に100.00の価格で発行される。だが、発行後の債券の価格は上がったり下がったりすることがある（実際、そうなることが多い）。つまり、たとえば85.00や115.00の価格で債券が取引されることはよくある。こうしたことが起きるのは、株が株式市場で売買されるのと同様、債券もまた債券市場で広く売買されるからである。債券期間中、債券の価格はこのように上下するが、ほとんどの債券は債券期間の終了時には再び100.00で買い戻される。債券の最後の要素である(4)利回り（利息の価値）は、(3)価格と連動している。

上下変動

利息は債券発行者から投資家に支払われるもので、その率は発行者の信用度と債券の期間、加えて全体的な経済状況によって変わってくる。

債券の利率はクーポン（利札）とも呼ばれ、一般的に年に1回ないし半年に1回の頻度で支払われる。したがって、表面価額1万ドル、年利率5.625％の債券の場合、1年に562.50ドルの利息が債券期間中毎年、債券所有者に支払われることになる。この額は、債券の価格と利回りに関係なく同じである。この例の場合、決められたクーポンが半年であれば6ヵ月ごとに1回、281.25ドルの利息が支払われることになる。

債券の世界における"悩みの種"は利率（すなわち中央銀行の利率）とインフレである。他の投資手段によって得られる以上の収益を投資家に提供できるよう、債券もまたその他の投資物件と競争している。したがって債券は、もし中央銀行の利率が低ければ、単に銀行にお金を預けておくよりも有利な収益を提供できるが、中央銀行の利率が預金者にとっ

債券の主要な特質

債券には四つの基本的な要素がある。すなわち元本、利息、価格、利回りである。元本と利息は固定されているが、価格と利回りは上がったり下がったりする。

て有利であれば、預金者は債券を離れて銀行にお金を預けるようになる。

　これと同様にインフレもまた、お金の実質的な価値（購買力）を減殺してしまう。もしインフレが高まれば、投資家は投資した金額に対してより高い収益を求める。債券において利息と元本の額は固定しているから、もしインフレが進むと、債券に投資したお金の実質的な価値は急速に毀損することになる。こうしたことが起こると投資家は高い利回りを求めるようになり、それが債券価格の下落につながる。

満期

　ほとんどの債券には満期（償還期日）、つまり元本の全額が発行者によって返済される期日が設定されている。だが、満期の期間は債券によってまちまちだ。短いもので半年、中には30年というものもある。満期が近づいてくると、債券の価格は、発行者が元本を返済できないリスクが徐々に減ってくることを反映して当初のそれである100.00に近づくこともある。言い換えれば、長い満期を持つ債券はかなりディスカウントされて、あるいは100.00という当初価格にプレミアムを付けて取引されている可能性がある。これは、償還期日が遠いということは、不確実性もそれだけ長期にわたることを反映しているからである。

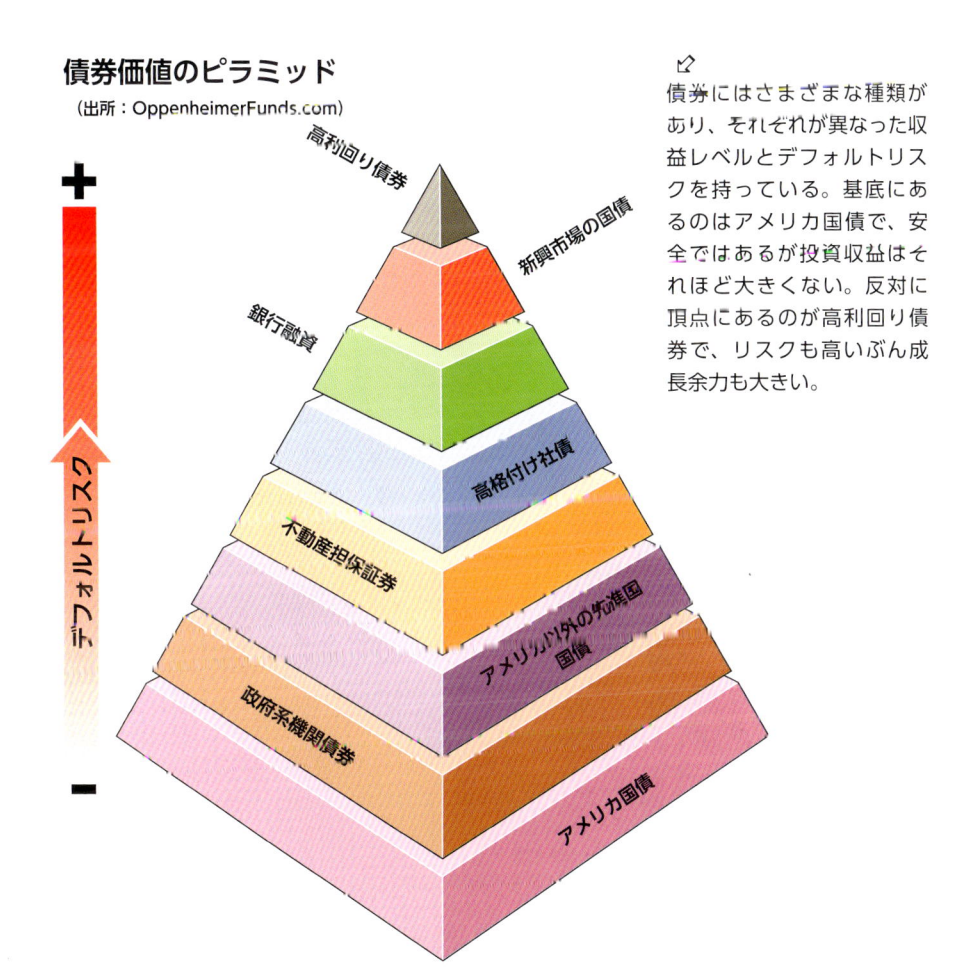

債券価値のピラミッド
（出所：OppenheimerFunds.com）

債券にはさまざまな種類があり、それぞれが異なった収益レベルとデフォルトリスクを持っている。基底にあるのはアメリカ国債で、安全ではあるが投資収益はそれほど大きくない。反対に頂点にあるのが高利回り債券で、リスクも高いぶん成長余力も大きい。

知っておきたい言葉あれこれ

信用力格差：異なった企業・国の債券の利回りをベンチマーク（多くの場合、10年もの国債）と比較したときの差異（格差）のこと。信用力格差はベーシスポイントによって測られる。償還期限の等しい安全な国債と比較することで判断されたリスクによって、格差が広まりも狭まりもする。

ベーシスポイント：多くの証券、利率、信用力格差は1％の100分の1という小さい幅で変動する。この変動幅をベーシスポイント（BP）という。1BPは0.01％と同じである。ベーシスポイントの省略形は「bps」で「ビップス」と発音する。

▶ 債券市場（92、93ページ）も参照のこと。

第6章 投資と金融

債券とその発行者は、その評価品質によって等級付け（格付け）される。この等級は、債券が市場においてどのような動きを見せるかという問題にとってとても重要である。格付けの概念は、債権自身の特性とその発行者の信用度に深くかかわっている。

信用格付け

どんな投資家にとっても、その債券が当初の"約束"をちゃんと守るかどうかは最大の懸念である。つまり、元本の返済と利息の支払いを債券発行者が履行するかどうかということである。債券が持つデフォルト（支払い不能宣言）の確率を推測するための等級付けシステムはきわめて率直なもので、AAAを最上位として細かく分かれている。AAAに格付けされた債券は、理論上最も高い評価を受けたことになる。このことは、その債券がどんな債務を果たしてでも事実上、デフォルトする可能性がないことを意味している。反対に、Dの格付けを受けた債券は、かつてデフォルトをしたこと、そして再びデフォルトをする可能性があることを示している。

投資格付け

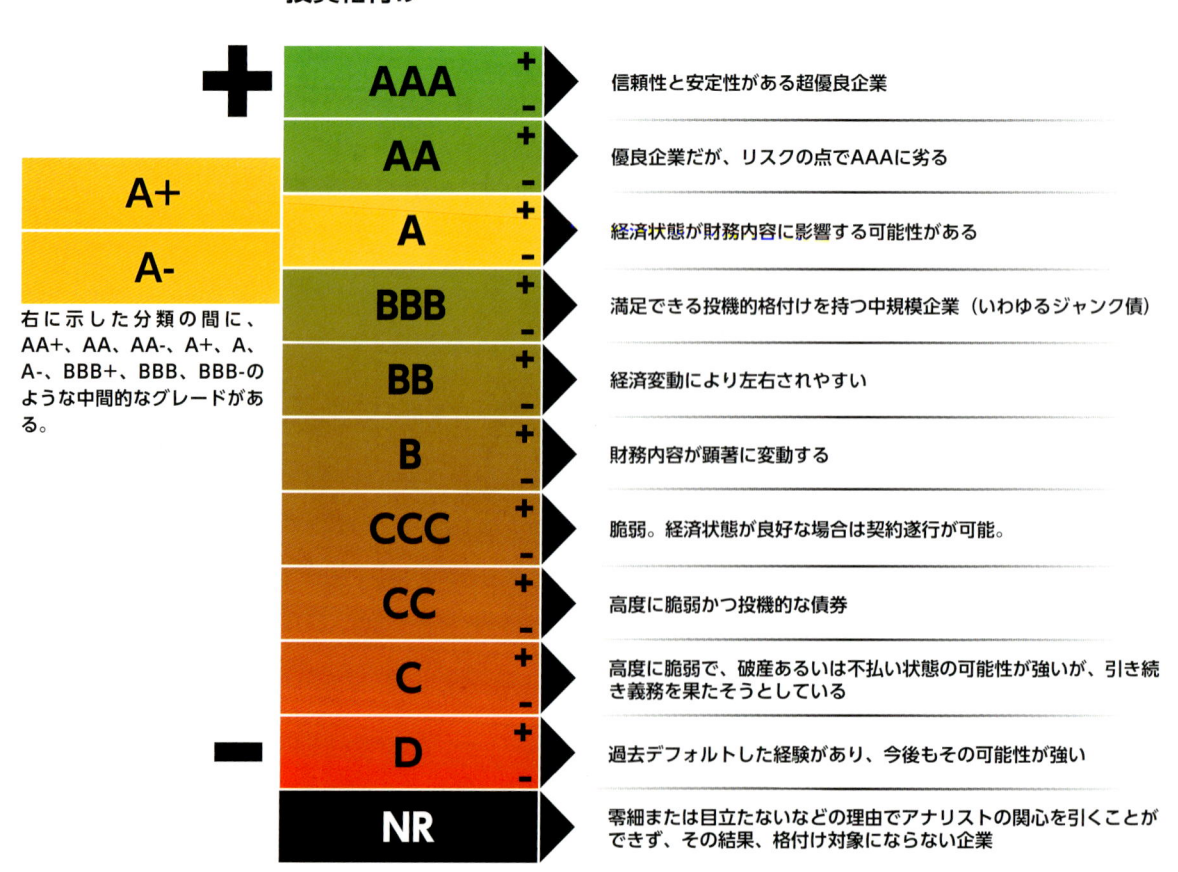

AAA	信頼性と安定性がある超優良企業
AA	優良企業だが、リスクの点でAAAに劣る
A	経済状態が財務内容に影響する可能性がある
BBB	満足できる投機的格付けを持つ中規模企業（いわゆるジャンク債）
BB	経済変動により左右されやすい
B	財務内容が顕著に変動する
CCC	脆弱。経済状態が良好な場合は契約遂行が可能。
CC	高度に脆弱かつ投機的な債券
C	高度に脆弱で、破産あるいは不払い状態の可能性が強いが、引き続き義務を果たそうとしている
D	過去デフォルトした経験があり、今後もその可能性が強い
NR	零細または目立たないなどの理由でアナリストの関心を引くことができず、その結果、格付け対象にならない企業

右に示した分類の間に、AA+、AA、AA-、A+、A、A-、BBB+、BBB、BBB-のような中間的なグレードがある。

第6章　投資と金融

格付け機関

格付けは独立した格付け機関（最大手はムーディーズ、スタンダード＆プアーズ、フィッチの3社）によって、個別の債券に加え、債券を発行する企業と主権政府に対して行なわれる。格付けの等級は大きく投資適格と非投資適格の二つに分けられる。非投資適格ということはすでにリスクの可能性を示しているといえる。これに該当すれば明らかに劣った債券と見なされるから"ジャンク"（屑）と呼ばれることもある。一般に格付け機関は、格付けを希望するお金の借り手から、また公表される格付けとその関連信用報告を利用する企業から、サービスの対価としてお金を受け取る。

高い格付け等級は重要だが、中にはあえて低い等級の（あるいは等級が付かない）債券を求める投資家もいる。そうした債券の多くは価格が魅力的で、しかも利率がよいからである。今ではこうした高利回りの債券がひとつの投資ジャンルになりつつある。

ジャンクの王様

アメリカの投資銀行家・マイケル・ミルケンは、投資適格を（ときには大幅に）下回る、高利回りの債券を表わす「ジャンク債」という言葉をつくった人として知られる。ミルケンは1980年代、資金繰りに苦しむ企業の屑のような債券の発行を開始したが、1981年には15億ドルにすぎなかったその債券の発行総額は3年後には160億ドルに、さらに1906年までには何と330億ドルにまで上昇した。こうして集められた借金（通常の借金よりも高額な利息を払ったことで投資家の関心を集めた）は、アメリカの企業社会における無節操な買収・合併に用いられた。ミルケンのような銀行家によって巨額の手数料を手にするという一種のパーティーは、世界的に経済が停滞し、ジャンク債市場が崩壊するまで続いた。だが、償還が不可能な多くの債券発行者はデフォルトを宣言し、結局、損失は200億ドルに上った。事態が沈静化するにつれて、ミルケンとその仲間の投資銀行家が投資を誇張していたことが分かってきた。その結果、彼らは投獄されるか巨額の罰金を払うことになった。この債券バブルを振り返ると、評論家たちがいうように、ジャンク債は"無責任の時代"の予兆であったと同時に、急成長するアメリカのコンピューター・電気通信産業がその利益のおかげで最新技術を開発・公開するための多額の資金を得ることができたのも間違いない。

株は今も多くの投資家にとって安全が保証された選択である。多くの場合、株はとても明快であり、売買が簡単で、しかも世界中の膨大な数の企業によって発行されている。だから株は、長期的な投資プランや年金計画とならんで、個人投資家のポートフォリオ（各種有価証券の明細一覧）の基盤である。

株

株はもともと「企業の価値の一部」を意味し、長い期間にわたって常に投資家の人気を集めてきた。それは彼らが、その企業の価値が大きくなり、利益から配当を支払ってくれ、しかもその株がそっくりプレミアム付きで売れる日がいつかは来ることを願い期待しているからである。たしかにこうしたことが起こることもあるけれど、その一方で会社が失敗し、株が紙屑になってしまう場合も少なくない。

株の種類

「普通株」という種類の株は、投資家には一定程度の会社の所有権が与えられるだけでなく（ずる賢い創業者がすべての議決株を違った形の株で持っていれば話は別だが）、企業統治や重役の報酬といった問題について株主総会で投票することができるものである。株主が揃って投票すれば大きな力を発揮することができ、さらに株主が望めば、最高経営責任者を交代させたり、経営陣をそっくり入れ換えたりすることさえできる。

普通株に満足できない投資家の中には「優先株」を望む人もいる。これを持つとさらに別の権利を持つことが可能になる。たとえば、配当を優先的に受け取る権利、会社が倒産した際に自分の投資分を、普通株主に優先して受け取ることができる権利などである。この特典に惹かれて、多くの投資家は、自分たちの権利を守り推定利益を少しでも増やそうと、自分たちの株をありとあらゆる条項で飾り立てるようになった。株は、たしかに税金、借金（債券と債券所

⇩ オープン・アウトクライ（公開セリ方式）とは、株や先物取引を行なうプロたち独特のコミュニケーション方法である。トレーダーたちは立会場を横切るように合図をぱっと出す。手のひらを外側に向けて手を体から離す合図は売りの意味であり、手のひらを内側に向けて両手を挙げる合図は買いの印である。

デイトレーディング

ウォーレン・バフェットのように長期的な投資を好むプロもいる一方で、インターネットの登場は価格の安いリアルタイム株と約定専門の株取引サービス（つまり、どの株を売買するのが適切かについて専門的な助言がないサービス）をもたらし、その結果、その日のうちに取引を完了させる、自宅をベースにした新しいタイプの投資家が出現するようになった。彼らは株を翌日まで持つことをせず、市場が閉まる前にそれを現金化する。自分たちの取引のための手段を確保するために、また自分たちが得た利益に対する税の恩典を最大化するために、彼らはしばしばスプレッドベッティング［実際に資金を乱高下する株式につぎこむのではなく、金融市場などを予想する非課税の取引］という手法を使うので、こうした取引は際だってリスキーであり、かつとても目まぐるしい。ここで用いられる戦略は"成り行き任せ"であることが多く、トレーダーたちは企業の発表を鵜呑みにし、よいと思えば大量に買い、値が上がれば瞬時のうちに利益を確保する。デイトレーダーは単独で、あるいはグループで行動し、しばしば投資アイデアをインターネットの情報掲示板で交換する。

有者）、それに銀行やその他の金融機関の場合は預金者よりは優先順位が下ではあるが、とても柔軟な投資メカニズムといってよい。

"バフェット学"

多くの投資家は、ウォールストリート、東京、ロンドンにある派手な投資銀行よりも、素朴な知恵——彼らの多くが信奉するウォーレン・バフェットにちなんでよく「バフェット学」と呼ばれる——を好む。アメリカ、ネブラスカ州に住み、自らも「オマハの賢者」と呼ばれることを好むバフェットは、その一生を投資活動に捧げてきた。彼の投資は常に長期的な成長を求めるもので、その対象も保険・金融を含む多様な企業・業種に及んでいる。近年彼は、ゼネラルエレクトリックやIBMといったアメリカを代表する巨大企業に重点的に投資しており、そして金融危機のさなか、ゴールドマン・サックスにも投資し、この企業の立て直しに貢献した。バフェットの投資は常に長期的で、自分の好む投資期間は永遠であると明言している。

バフェットが自分の持ち株会社であるバークシャー・ハサウェイ社の株主に送る年次書簡は、しばしば聖書からの引用を交えながら彼一流の機知と知恵にあふれている。その手紙を手にした株主たちは、同社の一風変わった株主総会に出席するためにネブラスカへの"巡礼の旅"に出る。バフェットといえば資産何十億ドルという金持ちのイメージが強いが、実はとても謙虚な人間で、ベンジャミン・グラハムとデービッド・ドッド（ともに著作家であり、1940年代後半にコロンビア大学ビジネススクールで師事した）というふたりの恩師への感謝を今も忘れない。「投資の基本理念とは、株を事業として見ること、市場の変動を自分の味方に付けること、そして安全な利幅を求めること」——これが彼の今も変わらぬ投資哲学である。

"だれもが株の話に夢中になっているときでも、私は品質のよい商品の値段が下がればそれを買いたいと思う"

"事業がうまく行けば、最後に株は付いてくる"

"まあまあの会社をすばらしい価格で買うよりも、すばらしい会社をまあまあの価格で買う方がずっといい"

"私は、事業内容がすばらしく、したがってバカでも経営できる会社の株を買うよう努めている。なぜなら、遅かれ早かれ、どこかのバカがその会社を経営するからである"

——ウォーレン・バフェット（1930年生まれ）、事業家、投資家、慈善家

今や金融取引や投資の種類を説明する用語は豊富だが、未公開株式だけは多くの人にとって今も謎である。この言葉は、成長企業に出資するために、しばしば富裕な個人投資家から提供される私的な資金、私的な株式を使うという事実に由来する。

未公開株式取引

だが、産業が成熟し取引が複雑化するにつれ、未公開株の投資家は自分たちの買収資金を手当てするために、株と同じように借金を重視するようになった。実際、銀行融資の形で借金ができるか否かが、株式未公開の企業の取引の活発さを左右するという状況が長年続き、その後の不況期にも同じ傾向が続いた。

近年になるとさらに、未公開株投資家は自分たちの通常の猟場（つまり、個人所有の企業）を飛び出し、公開市場に進出するようになった。株式市場で値付け

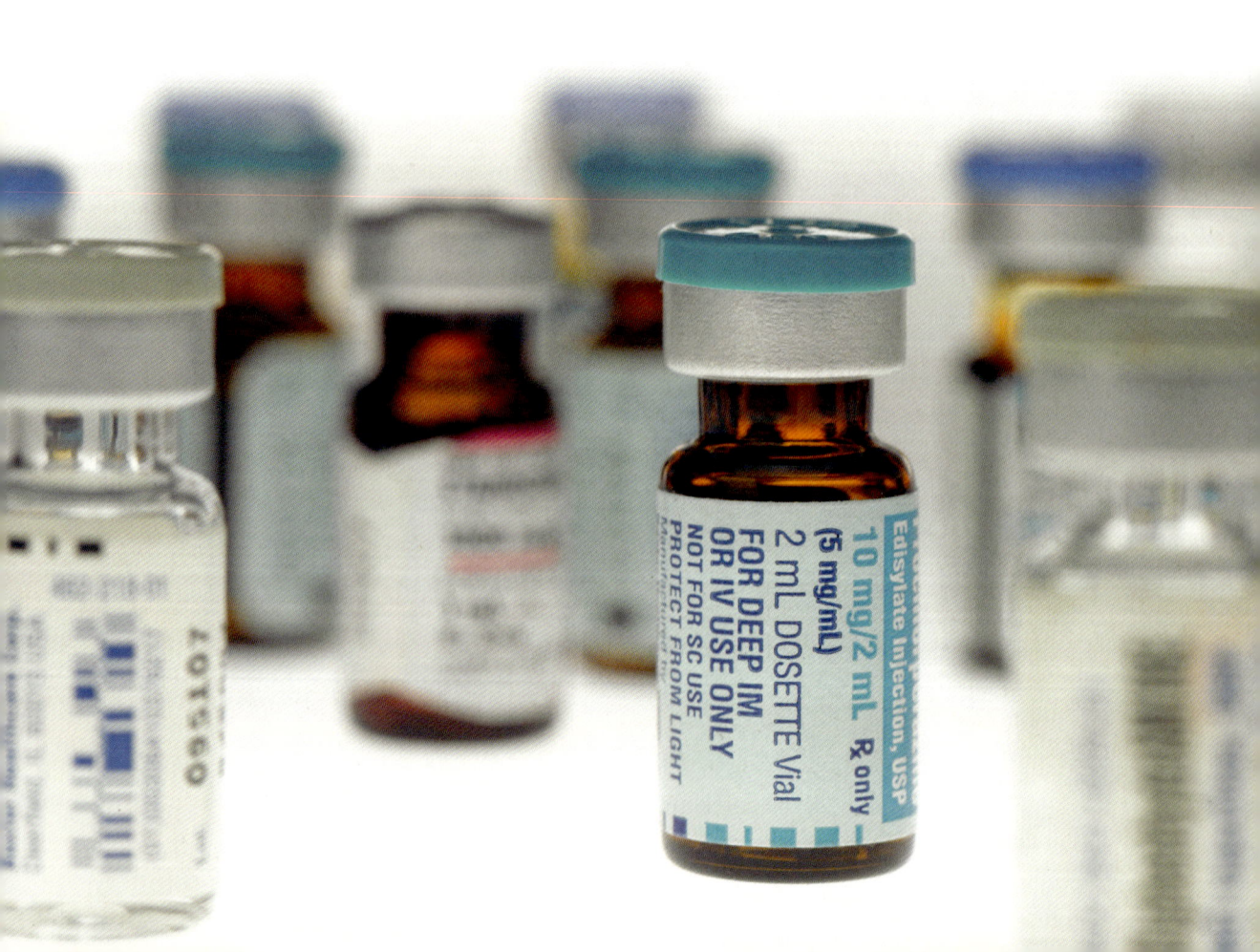

⇩
未公開株ファンドは資本増強のための多額の手元資金を持っているところが多い。彼らはまた企業をうまく運営する術をよく知っている。多額の費用がかかり長期的な投資を必要とする一方で、莫大な潜在的利益を見こむことができるヘルスケア産業は、こうした会社にとって人気の選択である。

第6章　投資と金融

ベンチャーキャピタル

ベンチャーキャピタルはいわば未公開株の"弟分"だが、今では独自の資産区分を構成し、またバランスの取れた投資ポートフォリオの主要な一部となっている。一般的なベンチャーキャピタル会社は、比較的少額のお金（25万ドルから100万ドルといったところが多い）を創業間もない、あるいは初期の段階にある企業（とりわけITやバイオ企業が彼らの好みである）に投資する。彼らの狙いは、ある程度まとまった株式持分であり、また義務負担を伴う将来の権利やその他の条項である。起業する人にとってベンチャーキャピタルからの投資はお金のかかる資金調達だが、自分の会社を育てるためには依然として欠かすことができない。ベンチャーキャピタルは今や成熟した産業になっており、天文学的な利益を得たといわれる伝説的ベンチャーキャピタルも少なくない（たとえばシリコンバレーの新規起業投資会社のひとつである「クライナー・パーキンス・コーフィールド＆バイアース」は、アマゾンやグーグルなど、500社以上の企業に出資した）。もちろん、その一方で失敗した投資案件も多い。ベンチャーキャピタルをもう少し小型にしたものとしてエンゼル投資家と呼ばれる人たちがいる。彼らは主に富裕な個人で、自分の関心に合った小企業に単独で、またはグループで投資する。

された企業に「パイプ」［private investment in public equityの略で、株式の募集・売出しを限定された投資家を対象に行なう私募の方式のこと］の手法を使って自己資金を投入するようになった。

未公開株式投資会社は、年金基金や富裕な家族・個人（彼らは有限責任社員と呼ばれる）から集めた長期（通常は7年）の資金を元に設立される。未公開株式のファンドマネジャーはこの資金を活用するために、最終的に売却が可能で投資家に収益を還元できそうな企業のポートフォリオを作成する。

卓越した収益

未公開株ファンドマネジャーの投資基準はときに分かりにくいが、彼らはやはり普通の金融マンとは違っている。未公開株式投資会社のスタッフの多くは結束力が強く、起業家精神にあふれており、投資銀行や会計の経験を持つ人が多い。彼らはしばしば、技術、ヘルスケア、小売り、サービス業といった個別の業種に専門化しており、また、強い経営基盤を持ちながら成長のための資本を必要としている急成長企業に目星を付ける能力に長けている。

未公開株式投資というビジネスが急成長したのはここ20、30年のことである。そうした成長を動かしたのが、投資家の資金からファンドマネジャーが挙げた卓越した収益であったことは間違いない。だが同時に、こうした高い収益はしばしば、投資家に継続不可能なレベルの負債を課すことによって実現したのである。債務を負うのは大したことではないが（なぜならその企業の貴重な株を手放さなくて済むから）、債務はいつか返済しなくてはならない。企業活動が停滞し債務を返済できるに十分な現金を生み出せなければ、未公開株式投資のモデルは早晩疲弊する。

こうした大きな危険性はあるにせよ、未公開株式は一部の投資家、中でもすで

⇧
多くの場合、未公開株式投資に引き付けられるのは機関投資家と富裕な個人である。彼らのお金はしばしば、創業間もない、リスクの高いベンチャー企業のための資金源となる。そうしたお金は、コンピューターのハードウェアやソフトウェア開発などの、高い成長が期待される新興企業に提供されることが多い。

に業界のリーダーになった企業に初期に投資できた幸運な投資家に巨大な成功をもたらした。そして、この投資手法が成長するにつれ、大きく三つの層に分けられるようになった。すなわち、最上位は、数億ドルもの資金を1回の株取引に費やすこともある巨額な買収資金であり、次いで、5,000万ドルから2億5,000万ドル規模の資金を中堅企業に投じる中位市場資金、最後に、起業間もない、あるいはこれから起業しようという会社により少額な資金を投入するベンチャーキャピタル・ファンド（現在はこれだけで独立した分野を形成している）である。

⇩
アメリカ・アカデミー賞のレッドカーペットでおなじみであり、テレビドラマ「セックス・アンド・ザ・シティ」で不動の人気を得た、また世界の上流階級ご用達の靴として名高いジミー・チュウは、最も成功した未公開株投資の一例といってよいだろう。同社の創業投資家のひとりであるタマラ・メロンは1996年、同社を共同設立した際、20万ドルを提供した。2011年、総額8億ドルもの同社の企業譲渡取引の一環として、その持ち分を1億3,000万ドルで売ったのだった。

未公開株のための機械

未公開株式は、プレゼント交換ゲームのように次々と持ち主が変わる。というのも、ひとつの未公開株ファンドからの出資を得た企業はしばしば、もっと大きく育つようにと、より大きな、より豊かな資金を持つファンドに売却され、そのファンドからまた別のファンドに売却される……ということが何回も続くからだ。ファッションブランドのひとつである「ジミー・チュウ」の例を考えてみよう。ハリウッドの若手女優の中でジミー・チュウのハイヒールを履いていない人はいないが、お金では買えないセレブ人気の一方で、その伝説的なブランドステータスが確立したのは一種の"個人未公開株機械"の力に負うところが多い。マレーシアの靴職人だったジミー・チュウは1996年、最初の店をロンドンに開き、タマラ・メロン（下写真）らから成る投資家たちから種子資本を得た。メロンはその後長くジミー・チュウのクリエティブディレクターを務めた。2001年、ジミー・チュウはエキノックス・ラグジャリー・ホールディング社の追加出資を受け入れると、同社は2004年、ジミー・チュウをライオン・キャピタル社に1億8,700万ドルで売却した。2007年、ライオン・キャピタルはタワーブルック・キャピタル社に3億6,400万ドルで売却すると、次にタワーブルック・キャピタルは2011年にラベラックス社に8億ドルで売却したのだった。こうして10年にわたって未公開株の"列車"に乗ったメロンは大きな報奨を得たが、その一方で弊害があることも知った。「あなたの事業に未公開株ファンドを入れることに私はかならずしも賛成できません。なぜなら、彼らは成長のために投資するのではなく、短い視点で企業を見ているからです。彼らの主な目的は、あなたの企業に長期的な成長をもたらすことではなく、投資家たちに収益を見せることなのです」──ジミー・チュウを離れたあとに行なわれた会見で、メロンはこう語っている。

第6章 投資と金融

これまでヘッジファンドは投資界の"未開の西部"などといわれ、その評判はあまりいいものではなかった。最初のヘッジファンドは1949年、アルフレッド・ウィンスロー・ジョーンズによってアメリカで開発された。ジョーンズは、市場の動きが投資家に不利に動いた場合、潜在的な損失に対抗することによって起こるリスクをヘッジ（回避）するというアイデアを創始した。借入金を用いて最大の利益と最小の損失の両方に投資することで、ジョーンズは近代的なヘッジファンド・ビジネスの基礎をつくった。

ヘッジファンド

ジョーンズのこの投資手法は投資銀行の目にとまり、その後40年あまりにわたり、収益を得るための、顧客と銀行自身の資金を使った取引領域のひとつになった。

タックス・ヘイブン
1990年代初頭までに、こうしたトレーダーの中には不満を感じるものも出始めた。才能を持った株・債券・デリバティブのトレーダーたちは（その他の分野のトレーダーたちと一緒になりながら）自分たち自身で店を構えるようになった。これらのトレーダーたち（現在、ヘッジファンド・マネジャーといわれている人たち）は投資家たちに、大銀行の専門知識とより行き届いたサービスを提供した。彼らが提供するものはリスク

⇩
ヘッジファンドはきわめて私的な投資パートナーシップとして設立されることが多く、それだけにごく限られた数の投資家にのみ開かれており、しかもこれに参加するには多額の最低資金が必要とされる。ヘッジファンドは投資ポートフォリオを積極的に管理し、また高額の収益を狙って最先端の金融戦略を使う。この図は、ヘッジファンドにかかわるいくつかの主体とその役割を示したものである。

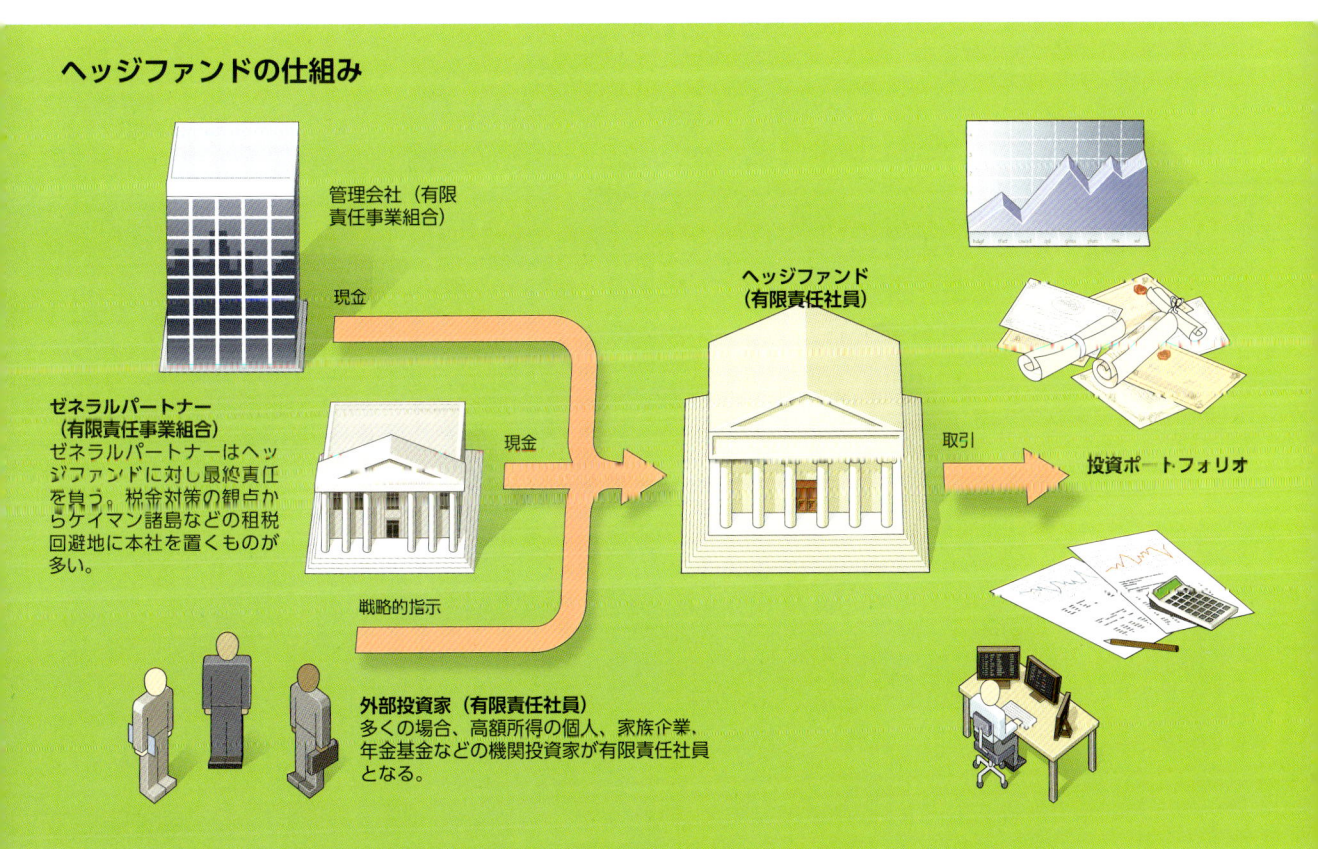

ヘッジファンドの仕組み

管理会社（有限責任事業組合）

ゼネラルパートナー（有限責任事業組合）
ゼネラルパートナーはヘッジファンドに対し最終責任を負う。税金対策の観点からケイマン諸島などの租税回避地に本社を置くものが多い。

現金

現金

ヘッジファンド（有限責任社員）

戦略的指示

取引

投資ポートフォリオ

外部投資家（有限責任社員）
多くの場合、高額所得の個人、家族企業、年金基金などの機関投資家が有限責任社員となる。

ちょっと参考に

ボラティリティー（価格変動率）

ボラティリティーが低い：リスクが低く、収益が安定している。

中程度のボラティリティー：収益を改善するためには少しリスクが伴う。

ボラティリティーが高い：収益を最大化するためにはより高度なリスクが伴う。

を伴うが、重要なのは、そのリスクがヘッジされていたことである。

冒険的な投資家にとってヘッジファンドは、潜在的な巨額収益を持つ市場と付き合うことを意味した。その結果、1990年代から2000年代初期まで、ヘッジファンド業界は急成長を遂げ、中には1件あたり数十億ドルものお金を扱うところも出てきた。そうしたお金の多くは、富裕な家族、それに乱高下の激しい投資物件から平均以上の収益を挙げることを望む金融機関から集められたものだった。

こうした向こう見ずともいえる、ハイリスク・ハイリターンの組み合わせはときに金融規制当局からにらまれる事態を招き、ヘッジファンド業は、投資家の利益を守るという最低限の責任を果たすために、しばしば独自の動きやオフショア（海外移転）を見せるようになった。だが、成熟するにつれ、ヘッジファンドはしだいに暖かいところから出てくるようになり（ほとんどのヘッジファンドがその管理本部をケイマン諸島などのカリブ海租税回避地に置いていた）、厳しさを増した規制当局の監視に従うようになった。

市場平均を打破する

ところで、ヘッジファンドとはいったい何をしているのだろうか。彼らにまつわる神秘的な想像は大体において的を外れている。現実はそのほとんどが債券、株、デリバティブを多様な業界標準の戦略を使って取引している。中でもよく知られているのが「買い持ち」というもので、ファンドマネジャーがいつかその価値が上がることを期待して証券を購入する手法である。また、「ロング・ショート」という手法は、値下がりを期待して証券を空売りすることであり、「絶対収益」は市場の変動に関係なく積極的な収益を確保するためのテクニックである（ごく少数だが積極的な収益を常に生み出す絶対収益ファンドもある）。最後に、ファンドの最善のアイデアを組み合わせた「マルチ・ストラテジー」という手法もある。

ではヘッジファンドの"切り札"は何だろうか。最終的にはプラスアルファを生み出すことのできるスターマネジャーの能力、言い換えれば市場平均を凌駕する勝利の戦略といってよいだろう。そうしたスターマネジャーたち（人並み外れたトレーダーであり、同時に目立たない数学的天才たち）はしばしば伝説として語られてきた。とりわけ人気のファンドの場合、管理費と高額の運用成果報酬の2％を投資家にチャージ（課金）し、しかも新たな投資家の募集も広告も、メディアのスポットライトを浴びることもほとん

数学を駆使したヘッジファンド取引

ときにヘッジファンド取引はまったくロケット科学と同じである。ウィントン・キャピタル社やマン・グループ社といった専門企業が成功した投資戦略によって高い世評を得ているのも、コンピューターを駆使した取引アルゴリズム［コンピューターシステムが、株価の動きや出来高を分析し、最適と判断した時期・株価・数量で自動的に売買注文を繰り返す取引における株価の動き］の助けがあるからだ。こうしたアルゴリズムは巨大なデータベースと高度なスキルを持った数学者と物理学者を動員し、しばしば高い有効性を示したので、今ではトレーダーたちもコンピューター任せにすることが多い。ここから「アルゴリズム取引」（略して「アルゴ取引」）などという言葉も生まれ、短期的・中期的・長期的なトレンドを見つけ研究するとともに、数学的な精密さを重視するようになった。同様に、「高頻度取引（HFT）戦略」なるものを開発した企業もある。これは、利益を生み出すために資産価格における微細かつ瞬間的な差異を活用するものである。では、こうした新規技術によってはたして市場を征服することは可能なのか。この何十億ドルの価値を持つ問いに対する答えは「やってみなければ分からない」であろう。一時的な暴落はアルゴリズムの想定から外れる傾向があるが、長期的に見ればアルゴリズムは驚くほど有効だといえる。

思惑売り

これは、株や原油といった資産の価格が将来下がると考える投資家がよく使う手法である。彼らは他の投資家から資産を借りたうえでそれを関連市場で売却する（これを「ショーティング」という）。その狙いは、価格が下がったところで資産を買い戻し、それをオーナーに返却することで、そこに生まれる差益を手にすることである。いわゆる「裸の空売り」[取引の裏づけとなる資産を確保せずに空売りを行なうこと]とは空売りの一変形で、トレーダーは関連資産の借入が可能であることを最初に確立せずにそれを売ってしまう（だから、国によってはこれを違法と見なす、または制限しているところもある）。ヘッジファンドは異例ともいえるほどの多額のお金を短期的に投資することが多いので、株や指標に対する純然たる下げ圧力もそれだけ大きく、価格の下落が起きやすい。2008年秋に発生した株式市場危機の時期にも、銀行やその他の金融機関の株（一部の投資家からは不安定と見られていた）を暴落から守るために、空売りを一時的に禁止した証券取引所もあった。こうした動きは激しい論争を巻き起こした。ある人は市場を自由な動きに任せるべきだと主張し、またある人は、空売りをする人間はかならず短期的な参加者だからやはり制限すべきだと述べた。

← ヘッジファンドの成功は、ひとえに高額の収益を挙げるためのマネジャーたちの能力にかかっているといってよい。彼らの活動範囲に一定の制限はあるが、ヘッジファンドそのものが規制されているわけではない。それだけに、ヘッジファンド、その戦略、また経営陣の特質に関する適切な情報が投資家に事前に提供されることが大切である。

どしない。

途方もない成功があった一方で、マネジャーが市場を見誤ったことで手ひどく失敗することもあった。前者の好例は、2007年、ニューヨークに本社を置くヘッジファンドであるポールソン社が信用収縮を見事に予見し、過大評価されながら実は等級の低い住宅ローン担保証券を一か八かで購入して数百万ドルを手にしたことだった。その他のヘッジファンドはそれほど予知能力があったわけではない。その後に起こった信用危機は、ヘッジファンド業界に大きな淘汰をもたらした。というのも、収益は急落し、投資家は先を争ってお金の回収を図り（大半のお金は凍結されており、ファンドマネジャーの行方も裁判で探す有様だった）、多くのファンドが廃業を余儀なくされた。ヘッジファンド業界は今少しずつ復活しているが、それにはより注意深いアプローチ、より大きな透明性、さらなる規制が必要だろう。だが、リスク（ヘッジファンドの"商売道具"）は今も残っている。

第6章　投資と金融

■ どんな資産管理の構成グラフを見ても、株、債券、現金といった"常連"とならんで、代替手段と呼ばれる部分がかなりの比重を占めている。ここには、土地・建物から絵画、ビンテージワイン、競走馬、クラシックカー、宝石、はてはコインや切手に至るまで、ありとあらゆる資産が含まれる。

代替投資手段

　歴史的に見ると投資家は、株や債券市場が長期にわたる不確実性または乱高下の時期に陥ると、こうした資産に関心を向けはじめ、価値が持続し、さらに高まる可能性のある有形資産を求めるようになる。こうした資産の多くは金融市場と相関関係を持たないが、それでも大きな価格変動を免れることはできないし、それ自身がときに大きな衝撃を受ける。

基盤をゆさぶる

　そうした代替投資手段の中でも、不動産は多くの人にとっての第一選択である。この傾向はとりわけ欧米諸国で強いが、近年は中国やインドといった開発途上国でも急速に不動産需要が高まっている。不動産が持つ長期的な価格トレンドは、一部の厳しい修正局面はあるものの、まぎれもなく上昇基調である。その他の代替手段と同様、究極的には不動産の価値は需要と供給に依存するが、借金の担保になることが他の代替手段と違うところである。つまり、住宅ローンも単純な借り入れも不動産があれば簡単にできる。不動産投資家は、形のある家に積極的にお金を貸す（つまりそうした家ならば少々のリスクも許容する）銀行によって長く優遇されてきた。だが、多くの住宅ローンが焦げ付くという事態を招いた、2007年から2009年にかけて起きた金融危機以来、融資はだんだんと難しくなってきた。金融危機がもたらしたトリクルダウン効果［徐々に浸透する効果］はこれからも当分の間続くだろう。それによって、市場の高い層の安定化を支えている、

⇨ 多様な投資対象の中で芸術作品は最上位にあるといってよいだろう。他の投資と異なり、芸術作品が他の有形資産にない強みを持つのは、それ自身が楽しみの対象になり、所有者に一種のステータス（これを英語では"壁の力"という［その家の壁を見ると裕福であるかどうかがすぐ分かること］）を与えるからである。芸術作品はまた、資産ポートフォリオの多様化のためのよい方法とますます見られるようになってきた。それは、株とはまったく別の値動きをするけれども、長期的に見ればかならず成果を挙げるからである。

また不動産投資では基底にある若年購買層はますます不動産から遠のくだろう。財産分類でいえば、不動産はかつてのような確実で長期的な投資対象ではなくなり、急成長と急落という傾向が強まっているようだ。

収集アイテムの魅力

投資対象としての芸術作品の人気はますます高まっている。というのも少なくとも、市場が動けば、ある通貨で買ったものをかならず違う通貨で売ることができるからだ。たとえばピカソ、モネ、あるいはウォーホールといった画家の作品をニューヨークでドルで購入し、それをロンドンや香港のオークションに英ポンドや日本円で出品すれば、ドルに対するポンド・円の相対的な強さ（あるいは弱さ）を最大限に活用することができる。そうした通貨ゲームを好まない投資家にとっても、芸術作品は優れた投資対象である。近年、オークションでの価格は年率2桁の勢いで上昇しているというデータもある。

絵画、とりわけ稀少な印象派、近代・現代絵画が驚くほどの収益をもたらしているように、良質なワインもまた、中国、日本、ロシアで高まるワイン人気の恩恵を受けている。たとえば人気の高い第一級ボルドーのビンテージワインともなると、その価格は年々うなぎ上りである。というのも、もともと限られた供給で限りのない需要を賄わなければならないからだ。今では自分自身のワインセラーをつくる投資家もいれば、専門のワイン基金に出資する人もいる。こうした基金は、さまざまなワインからの収益を配分することを目的に設立され、まるで株や債券と同じように、ポートフォリオマネジャーによって取引が行なわれる。

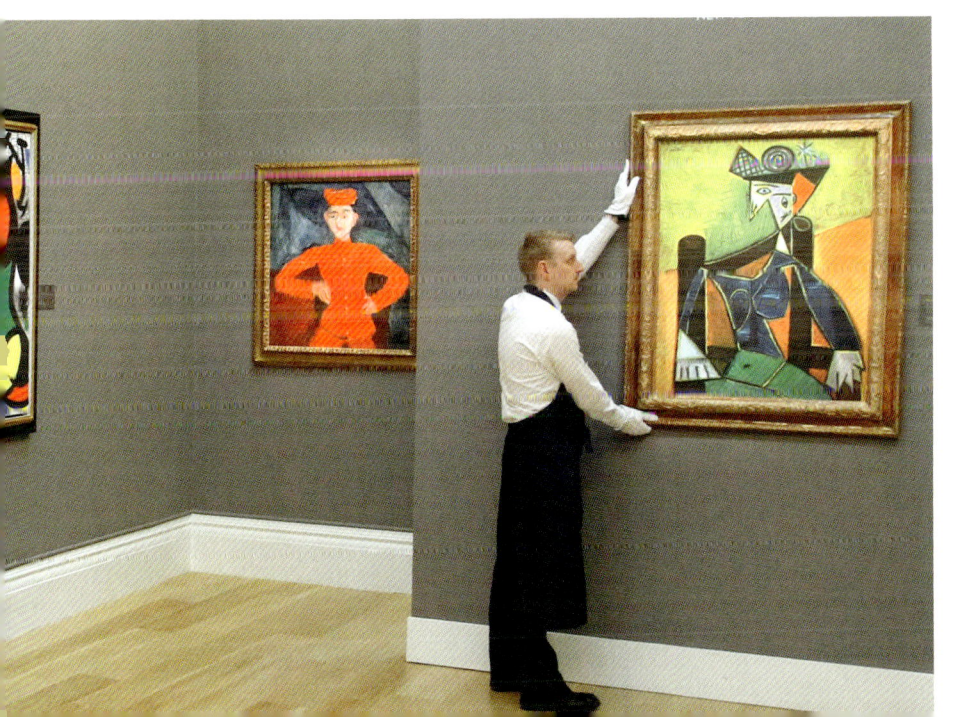

⇧
不動産投資が人気を持つのは、それが一部の投資家に何よりの安定性、単純さ、そして優れた投資効率をもたらすからだ。他人（銀行）のお金を使って買える投資物件は、不動産以外にない。だが、最上級の不動産になると信じられないほどに高価であることも確かである。たとえば、上のニューヨーク5番街にあるタウンハウスを、カルロス・スリム（34ページ参照）が2010年に購入したときの値段は4,400万ドルだった。

第7章 お金とビジネス

⇧
400年近く前、アヴェディス・ジルジャンはシンバルを製造する会社をイスタンブールで設立した。1828年、アヴェディス3世は会社をさらに発展させるためにアメリカへの移住を決意した。現在、世界最古の企業である同社は、マサチューセッツ州ノーウェルに本拠を置き、世界のシンバル需要の65％を占めている。2011年の同社の収入は5,000万ドル以上に上った。

だれもが忘れがちだが、お金はそれ自身が目的ではなく、あくまでもモノやサービスを交換するための仲介でしかない。この交換システムにおいてすべての製品やサービスには、売り手と買い手の双方が合意した価値が与えられる。この交換システムこそ私たちがビジネスと呼ぶものである。よい価値を求める買い手と、最大利益を追求する売り手との間には複雑なダンスが行なわれる。世界がいつもぐるぐる回るのも、この楽しいダンスのおかげといってよい。

産業部門

工業的なものであれ、知的なものであれ、あるいは商業的なものであれ、また営利事業であるか非営利事業であるかに関係なく、すべてのビジネスは企業の形を取る。企業という組織は個人が所有するものもあれば、公的なものもある。だが近年、こうした公的・私的な区別は、官民パートナーシップ（PPP）の登場によって曖昧になってきた。一般的にPPPは、私企業が公的なプロジェクトを政府機関とともに行ない、将来の事業利益を受け取る仕組みである。

すべてが相互につながっている現代、自家用のバンでサンドウィッチを売る人から、

第7章　お金とビジネス

巨大な多国籍企業のCEOに至るまで、だれもがこのビジネス世界の主人公になることができる。ビジネスの世界は伝統的に次の三つの産業部門に分けられてきた。

■**第一次産業**：天然資源や原材料を扱う。
■**第二次産業**：原材料を加工して最終製品に仕上げる。
■**第三次産業**：銀行、保険からクリーニング店に至るまで、サービスを提供するすべての事業。

第一次産業は今も開発途上国における最重要な位置を占めているが、第三次産業はしだいに先進諸国の主要な産業になりつつある。たとえば、アメリカの全労働力の約4分の3がサービス産業に従事している。

⇩
富裕国であるアメリカでは大部分の人が第三次産業で働いている。一方、最も貧しいネパールでは、ほとんどの人が第一次産業に就いている。ブラジルでは労働力が三つの産業部門に比較的均等に分布している。

主要国における産業部門別雇用比率

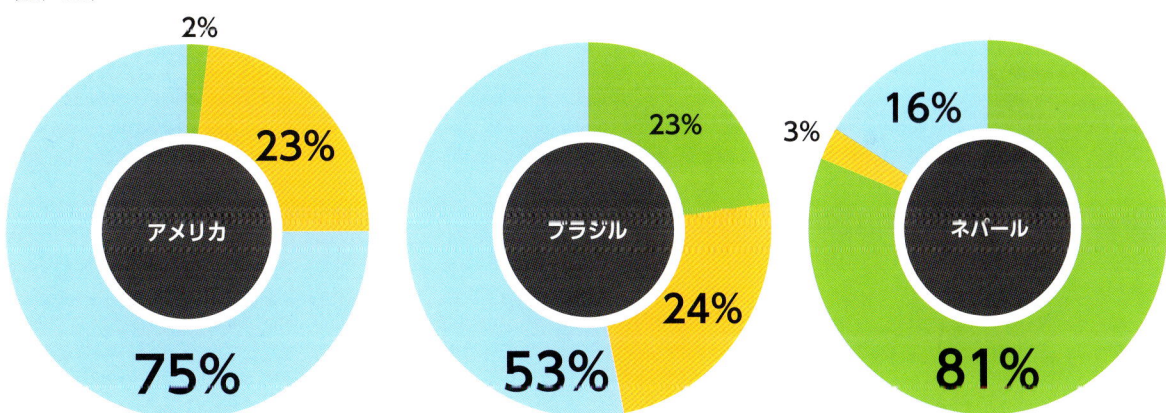

（出所：BBC）

アメリカ：2%、23%、75%
ブラジル：23%、24%、53%
ネパール：81%、3%、16%

● 第一次産業
● 第二次産業
● 第三次産業

事業を開く

最初の正式なビジネスがいつ生まれたかは長い歴史の霧に包まれているが、次のように推論するのが妥当といってよいだろう。つまり、穴居人が余った肉を持って狩りから戻ったとき、別の穴居人がとりわけおいしい作物を収穫したとき、また第3の穴居人が食物を準備するための卓越したスキルを持っていることを自覚したとき、ビジネス環境が出現したのである。そんなとき、お金の登場はこうした商品・サービスの価値の決定をずっと容易にしたことはいうまでもない。その結果、物々交換経済からの移行は急速に進んだはずである。

今日もなお続いている世界最古のビジネスといえば、西暦705年に日本で創業した旅館、「西山温泉慶雲館」である。同旅館がこの称号を手にしたのは、これまた日本の建築会社である「金剛組」が2006年、1428年の歴史を経て独立企業としての事業を終了したからである。だが同社は今もなお、髙松コンストラクショングループの子会社として事業を継続している。それに対してアメリカの最古企業である「アヴェディス・ジルジャン」（シンバル製造）は比較的若く、その発祥は1623年、イスタンブールだった。

第7章　お金とビジネス

ビジネスは個人（個人事業主）でも営むことができる（その場合、個人とビジネスとの法的な区分は曖昧である）。だが、多くのビジネスは会社という組織を選ぶ。個人事業主でもそれなりの生活を実現することができるが、多くの利益を挙げるうえで会社組織の方がはるかに効率的ということが分かっている。

会社

「会社」を意味する「company」という英語は、「兵隊のグループ」を意味するフランス語「compagnie」に由来している。会社は法的に組成された団体で、その中に含まれる個人と明確に区別される。法の観点で見ると会社は、「単一の主体という旗印のもと2人以上の個人が共同して活動することが許される法的人間（法人）」と定義される。

したがって会社は、資産の所有、契約の締結、従業員の雇用を行なうことができる。会社はまた、他の法的主体を告訴することができ（反対に告訴されることもある）、また課税を免れることができない。会社の所有者、経営陣、従業員が変わることはあるが、正式に清算されないかぎり（つまり破産手続きを受けないかぎり）会社は永遠に生き続ける。それゆえに会社は、会社の中にいる人間と会社と取引する人間の両方に一定程度の安全保障を提供する。

会社の所有と構造

一般に会社は、共同資本会社の場合、株主になっている会社メンバーによって所有される。このことは会社のもうひとつ別の大きな利点を示している。つまり、複数の資金源からの資金（出資金）をプールできるということである。そうした出資の見返りとして株主は配当（各株主が持っている株の数に応じて分割される会社の利益の配分）の受け取りを期待することができる。会社の株主たちは、会社を運営するための取締役を選

会社は従業員、サプライヤー、顧客に一定程度の安全保障を提供する。会社は解散するまで存続し続ける。従業員は法的な雇用契約を結び、その多くが訓練、就業経験、また定期的な賃金を受け取る。一方、サプライヤーと顧客は、望むかぎりその会社と協働することができる。

知っておきたい言葉あれこれ

有限責任：その会社の株主は、その株保有の名目価額を超えたいかなる負債に対する責任を負わない。

無限責任：株主は、自らが責任を負う会社の負債に対して無制限に責任を負う。こうした付加リスクがあると、投資を募り新規資金を調達することが難しくなる。

第7章　お金とビジネス

さまざまな企業形態

事業は、所属する業種や相手にする市場に応じて、あらゆる形態と規模による組織化が可能である。もっとも馴染みやすい形態をいくつか紹介しよう。

個人事業：法人化せず、1個人によって所有・運営されるもの。

共同経営会社（合名会社）：2人以上のパートナーによって所有されるが、法人化はされない。負債が発生したときはパートナーが完全に責任を負う。

家族企業：ひとつの家族の2人以上のメンバーが会社の経営に重要な役割を持つ。家族企業は小規模なものが多いが（あなたの地元にある「○○商店」「△△商会」といった会社である）、例外もある。タタ・グループ（インド）やウォルマートなど、ある意味で家族企業といえるグローバルな巨大企業も少なくない。

多国籍企業：支店・支社または現地法人などの形態によって二つ以上の国で事業を展開する企業。

社会的企業：営利的な戦略を採りながら、最低限の利益よりも社会的目的の達成により大きな関心を払う企業。

協同組合：事業全体が従業員や債権者によって所有されるもの。

任する。株主自身が取締役に就くこともあるが、何千人もの株主がいながらだれも取締役にならないという会社も珍しくない。

株主は自分が持つ株を他の株主やまったく新しい買い手に売る権利を保持する。会社の経営が順調に行なわれているとき、売り手は適正な利益を得ることを期待できるが、反対の場合は、価値の下がった株を放棄したいと願う株主も出てくる。

一般的な会社組織図

⇩
ほとんどの会社が広範なピラミッド型構造を採用している。つまり、トップにはごく少数の人員を配置し、下にいくに従って人数が多くなってくる。この図に示した架空の会社「ハングリー・バニー・ケータリング・サービス」もまた、古典的なトップダウン・モデルを採用している。

■ 公開会社とは、自己の証券（株や債券）を広く一般大衆に公開し販売に供している会社である。ということは、それらの証券は少なくともひとつの証券取引所で売買されるか、いわゆる店頭取引市場（取引所に上場しない分散型証券市場）で売買されることになる。公開会社の株の1日単位の価値は、毎日の取引によって決定される。なお、公開会社と、政府が所有する企業である公営企業とを混同しないように注意したい。

公開会社

　普通、新しく小規模な企業は、収益性がある程度の規模になるまで限られた個人による所有が続く。ある程度まで成長すると、大規模な出資を受け入れ、また債券市場をより活用するために株式の上場を検討する会社も少なくない。だが、永遠に上場しない会社もある。たとえば、1869年の創業以来、ずっと限られた数人の手中にある金融界の巨人、ゴールドマン・サックスは非上場企業の典型である。

⇩
私たちはとかく大企業の中心地は欧米と考えがちだが、近年、中国のめざましい発展を反映して、巨大な公開企業の本拠は極東に移りつつある。この上海市浦東の陸家嘴金融地区に急速に出現した高層ビル群は、まさにその象徴といってよい。

最初のステップ

　株式の公開は会社の構造と運営に多大の影響を及ぼす。公開会社はより大きな規制的精査の対象になるし、公的な検査を受けるために財務報告を行なう義務を負う。さらに、その会社の元々の所有者と経営陣の力は、新しい株主の登場によって必然的に希薄化される。株主の1人ひとりが会社の一部を所有し、また、取締役の選任、企業買収の賛否といった主要な決定に対する投票権を持っている。
　だが、ほとんどの株主は少数株主（所有する株式が議決権のある全株式の50％に満たない株主）であり、その意思を行使するには集団で投票することが必要である。反対に、主要株主（所有する株式が議決権のある全株式の50％以上である株主）は、選任

オランダのチューリップ・バブル

1602年に設立されたオランダ東インド会社は世界で初めて、一般の国民に対して株を発行した会社として広く知られている。この会社は、自社の国際的な貿易事業によって巨額の収益が見こめると請け合って出資を勧誘した。その言葉に違わず、この会社はそれから100年以上にわたって年間63％もの配当を支払った。だが、この会社はまた、1637年に起きた史上最初の株式市場の破綻の中心企業でもあった。この年、全ヨーロッパがチューリップに狂奔したことで発生したチューリップ・バブルが崩壊したのだった。オランダ東インド会社はあらゆる国にチューリップの球根を運ぶことでバブルの"成長"を助けたが、バブルの崩壊によって、その株価はあっという間に下落した。

事項と事業戦略を自分たちの望むように決定できる潜在的な力を持っている。

株式の上場のための最初の作業はいわゆる新規株式公開（IPO）というもので、これによってその会社の株式は決められた時間に決められた価格で売り出される。多くの場合、その株式はすぐに売買されるから、IPOは手っ取り早い利益を投資家にもたらす好機となる（もちろん、その反対に手っ取り早い損失につながる場合もある）。公開企業はまた、時間の経過とともに新鮮な資本の注入を求めて追加株式公募を行なうことができる。

株式の公開はその会社と投資家の両方にとってリスクとなるが、上場がうまく行ったときに得ることができる報酬の魅力に、多くの会社と投機家は勝てないというのが真実だろう。

ちょっと参考に

規模の大きい IPO トップ5
（2013年1月1日現在）

1. 中国農業銀行
業種：金融
IPOが行なわれた時期：2010年7月7日
上場取引所：香港証券取引所、上海証券取引所
調達額：192億3,000万米ドル

2. 中国工商銀行
業種：金融
IPOが行なわれた時期：2006年10月20日
上場取引所：香港証券取引所、上海証券取引所
調達額：190億9,000万米ドル

3. NTT ドコモ
業種：通信
IPOが行なわれた時期：1998年10月22日
上場取引所：東京証券取引所
調達額：181億米ドル

4. VISA
業種：金融
IPOが行なわれた時期：2008年3月18日
上場取引所：ニューヨーク証券取引所
調達額：178億6,000万米ドル

5. AIA
業種：金融
IPOが行なわれた時期：2010年10月21日
上場取引所：香港証券取引所
調達額：178億2,000万米ドル

▶
株式市場（94、95ページ）
も参照のこと。

■ 合併と買収（M&A）は、二つ以上の会社をひとつの会社に統合することを意味する。「合併」とは二つの会社を一体化することで完全にひとつの新会社をつくることであり、一方、「買収」とは、ある会社が他の会社を買い、買った会社を既存の事業体に吸収することを意味する。M&Aを企業のライフサイクルにおける重要な要素と考え、多くの金融機関がこれに特化した部門を持っている。

合併と買収

実際は買収に比べて合併の事例は少なく、大きな会社が小さい会社を乗っ取るのが普通である。一方、政治的な有用性のために買収を合併と称することも多い。合併と呼んだ方が相互協力の響きがあるし、買収にまつわる不利なイメージを避けることができるからである。

すべてのM&Aの背後にある基本原則は「一つよりも二つの方がよい」という考えである。もう少し実際的な言葉でいえば、二つの会社を統合するのは、「効率の改善」「より大きな市場シェアの確保」という二つの目的のどちらか（または両方）を目指すからである。効率の改善（これを最近は「シナジー効果」などと気取った言い方をする）は次のような方法で実現される。

■**スケールメリット**：大きい会社が持つ、小さい会社よりも製品・サービスをより安価に提供できる能力。

■**雇用の削減**：過剰な人員を削減することで費用を節約する。

■**技術の共同使用**：双方の会社が持つ専門知識を合体させる。

■**市場プレゼンスの拡大**：新しいスーパーブランドをつくる、あるいは既存ブランドを有効活用するなど。

M&Aのもうひとつの魅力は、投資を獲得するうえで大きい会社の方がもともと有利ということである。加えて、それまで同じ業界で活動していた二つの会社が一体化する

知っておきたい言葉あれこれ

敵対的な買収の可能性に直面した企業が採用できる共通の戦略は、毒薬条項とホワイトナイトの二つである。

ポイズン・ピル（毒薬条項）：買収の対象となった企業が、より多くの株を値引きした価格ですぐに株主に提供するか、あるいは値引きした株を買収後に株主に提供することによって、潜在的な株主にとっての株の魅力を落とすことをいう。

ホワイトナイト（白馬の騎士）：望ましくない個人・企業（ブラックナイトといわれることもある）によって買収される瀬戸際にある企業を買収してくれる個人・企業をいう。対象企業の独立性はなくなるものの、ホワイトナイトは望ましい選択と見なされる。

M&Aの種類

水平合併：同一市場に似たような商品・サービスを提供する、直接的な競合関係にある二つの会社が合併すること。

垂直合併：優位にある企業とそうでない企業が合併すること（たとえば、玩具メーカーと玩具ショップの場合）。

市場拡大型合併：類似の商品を異なった市場に販売している二つの企業による合併。

製品拡大型合併：異なるが関連する製品を販売する企業同士の合併。

コングロマリットの形成：市場または製品において重複しない企業同士の合併。

ことで、競合関係は自動的になくなる。だからすべての合併は、公正な競争の制限や独占状態の出現を懸念する規制当局の監視の対象になる。

M&Aのプロセスは、まずひとつの会社が相手会社の株主にテンダーオファー（株式公開買い付け）を提案することから始まる。この段階で、ポジション（地位）を確立するために対象会社の株がすでに買われていることが多い。投資銀行の協力を得ながら、買収を考えている会社は提案価格、株主が会社の売却を賛成・反対する期限を決定する。

この段階になると、買収が敵対的かどうか（つまり、対象会社の経営陣の賛同を得られるかどうか）がはっきりしてくる。対象企業は、買収提案の条件を受け入れるか、より有利な条件を目指して交渉するか、より好意的な別の買収会社（いわゆる "白馬の騎士"）を探すか、あるいは防衛手段を講ずるか——のいずれかを選択することになる。たとえば対象企業はいわゆるポイズンピル（毒薬条項）を発動させて、敵対的入札者の持ち株の単位価格を下げるため、自社の株主が底値で新株式を購入できるようにする。

買収提案を対象企業が受け入れれば、次のステップとして、現金株式交換（対象企業の株主は売却利益に応じた税金を支払うことになる）か、株式交換（株券が交換されるが税金を支払う必要はない）のいずれかが行なわれる。

注意深さが重要

M&Aにはサクセスストーリーもたくさんあるが、その一方でその大部分（3分の2）が失敗の運命をたどっている。その原因は、期待されるシナジー効果がうまく行かないこと、あるいは新会社が大きくなりすぎて経営陣の統制が及ばなくなることにあるようだ。あるいは、M&Aに過大な自負心という要因が入り込む場合も少なくない。たとえば、買収交渉が引き起こすであろう多様な影響を十分に分析することなく、CEOが自分たちの力を誇示してしまうといったことである。何もかもが豊かな時代ほどそうした傾向は顕著になる。

ロイヤルバンク・オブ・スコットランド（RBS）グループの例を見てみよう。この銀行は資産と負債の点で世界最大の銀行として知られていた。2007年、同行は711億ユーロを投じてオランダの銀行ABN AMROを買収した。それから1年もしないうちにRBSはイギリス政府による救済措置を受け入れざるを得なくなった。イギリス金融サービス機構は、RBSを破綻に至らしめた脆弱性の実質的な要因は、買収によって生じた損失や資本引き上げであったと報告した。

> **ちょっと参考に**
>
> **規模の大きいM&Aトップ5**
> （2013年1月1日現在）
>
> **1. ボーダフォン・エアタッチ（現ボーダフォン・グループ）によるマンネスマンAGの買収**
> 業種：電気通信
> M&Aが行なわれた時期：1999年
> 買収額：2,028億米ドル
>
> **2. アメリカ・オンライン（AOL）がタイム・ワーナーを買収しAOL・タイムワーナーを設立**
> 業種：メディア
> M&Aが行なわれた時期：2000年
> 買収額：1,647億米ドル
>
> **3. フィリップ・モリス・インターナショナルの株主買収**
> 業種：たばこ
> M&Aが行なわれた時期：2008年
> 買収額：1,076億米ドル
>
> **4. RBSによるABN-AMRO買収**
> 業種：金融
> M&Aが行なわれた時期：2007年
> 買収額：985億米ドル
>
> **5. ファイザーによるファルマシア・コーポレーション買収**
> 業種：医薬品
> M&Aが行なわれた時期：2003年
> 買収額：892億米ドル

第7章　お金とビジネル

> ほとんどの成功企業はまず小さくスタートし、成長を続ける。そして、ごく少数の選ばれた会社だけが成長を続け、最終的にグローバルな巨大企業になる。地元の、地域の、そしてその国の市場で地歩を固めた企業は、今度は国境を越えた拡大を求めるようになる。二つ以上の国で事業を展開する、あるいは商品・サービスを提供する会社を多国籍企業と呼ぶ。

グローバル企業

アメリカの経済誌「フォーブス」が毎年発表している世界の大企業リストをちょっと見れば、多国籍企業の力の大きさがまざまざと分かる。2012年の場合、上位10社のうち多国籍でなかったのはわずかひとつ、「ファニー・メイ」（アメリカ政府支援の住宅投資機関）だけだった。このリストの最上位にあるのは石油・ガスのコングロマリット、エクソン・モビル社で、その年間収入は5,000億ドルにわずかに及ばないというものだった。もし同社を主権国家のひとつと見れば、上位20傑と30傑の間にランクされ、もはやスウェーデンやノルウェー並みといってよい。

コストを抑え利益を上げる

企業が国際化するときの財務面における潜在的なメリットは明らかだ。第1に、膨大な新規市場を開拓することができる。アメリカで事業を展開すれば、その企業は3億人以上の消費者を抱える潜在市場を持つことになるし、同様にEUの企業は約5億人の人びとをターゲットにすることができる。

一方、生産拠点を新興国に移せば、より安い人件費と生産コストというメリットを享

↓ 石油・ガス製造産業によく見られる多国籍企業は、グローバルなスケールで展開される非国家活動の最も顕著な形態のひとつといってよい。そうした企業の多くが持つ巨大な規模は、これらの企業が世界のあらゆるところで重要な経済的・政治的影響力を行使していることを物語っている。現在、世界には8万以上の多国籍企業があり、それらは世界の輸出の30％を支配していると見られている。

受することができる。たとえば、上海やデリー（インド）で生産する衣料会社は、サクラメント（アメリカ）やドルトムント（ドイツ）で生産するよりもかなりコストを下げることができるだろう。自国経済に大企業を誘致したいと願う各国政府は、破格の税優遇措置を提供し、規制緩和を約束し、あるいはその他の助成を多国籍企業に提供する。その見返りに、多国籍企業は地域の雇用（結果として地域の収入）の拡大、地域への投資、外国通貨の流入といった見通しを提供する。むろん、国際的な巨大企業がやってくることは小規模の地域企業の成功につながるわけではないが、そうした代償を喜んで支払う政府も少なくない。

一方、新規市場で事業を展開する企業が克服すべき課題はさまざまだ。彼らには、その地域に固有の労働・事業関連法規に適応する、また文化的な差異を認識する必要がある。彼らはまた、輸送費と税率が高くなることを覚悟しなくてはならない。それでもなお、周到に計画された拡大は利益の増大という可能性をもたらし、それを研究開発やさらなる成長のために再投資することもできる。加えて、スケールメリットの利点を生かすことで多国籍企業は最終消費者のために、より安価な価格を約束することができる。

> たとえばインドや中国に進出する企業は、理論上の顧客基盤に新たに25億人を追加することができる。

どこにいてもアメリカの味を……

コカ・コーラが、ジョージア州アトランタの化学者だったジョン・ペンバートン博士の工房から始まったことはよく知られている。同社の創業初年度の販売はわずか9本だったが、19世紀の後半になるとそのブランドは世界で最も有名な、かつだれでもすぐに分かるものとなった。

今日、同社は世界200以上の国・地域で事業を展開し（事業を行なっていないのはキューバと北朝鮮だけ）、9万人を雇用し、毎日18億本を売っている（これは地球上の5人に1人に売っている計算になる）。これを売上げに換算すれば465億ドルに上り、それだけ多くの人びとがコカ・コーラを飲んだことを意味する。

それでもコカ・コーラの成功物語は、その他の多国籍企業予備軍にさまざまな教訓を与えてくれる。今日、世界中の人びとの大部分は、ペンバートン博士が調合したこの飲み物をそれほど多く摂っているわけではないが、多くの人にとってコカ・コーラはグローバル化の典型に映る。実際、近年の反グローバル主義運動家たちは、1940年代にフランスの共産主義者たちが創始した「コロナイゼーション（植民化）」をもじって「コカコロナイゼーション（コカ・コーラ植民化）」という言葉さえ使っているほどだ。

もう少し現実的にいえば、コカ・コーラの巨大さこそが批判の的になっている。加えて製品が持つ"アメリカらしさ"もまたさまざまな問題を孕んでいる。2003年、アメリカ主導のイラク侵攻に抗議するタイの運動家たちは、コカ・コーラを道路にぶちまけることでその意思を表わしたのである。

社会的企業

"もし私が子どものために靴を買うなら、現在のトムス・シューズ以上に遠大で持続可能な会社はないと思う"
——ブレイク・マイコスキー（1978年生まれ）、トムス・シューズ創業者

社会的企業は比較的新しい社会現象で、この言葉がアカデミックな文章に取り上げられるようになったのは1970年代になってからである。社会的企業とは、伝統的な市場志向の事業戦略に従いながらも、同時に社会ニーズへの対応を目指す企業形態をいう。簡単にいえば、利益を社会善に費やす企業といってよい。

寄付や助成に依存する従来型の慈善事業と違って、社会的企業は競争市場から資金を調達する。だが、そこで挙げた利益は、組織の所有者の懐に入るのではなく、定められた目的を達成することで社会的な改善のために投資される。

このモデルは近年の慈善事業の概念に対する私たちの理解を根本から変えるとともに、今や幅広い業種に及んでいる。社会的弱者（障害者など）に雇用機会を提供するためにつくられたベーカリー、アフリカのココア生産者のためのフェアトレードを約束するために設立されたチョコレート工場、またインドの女性企業家のための資金支援を提供するマイクロファイナンス会社……。これらは一見、共通点を持たないように見えるが、実はみな社会的企業という理念に基づいて運営されている。

良心を伴った利益

社会的企業には伝統的な営利追求企業にはない有利性もある。彼らは通常よりも低い金利で資本を調達することができる。資金提供者が喜んで低い利益還元を容認するからだ。中には、報酬は社会善が実現したことによる満足感で十分という投資家さえいる。社会的企業はまた、彼らが行なう事業が持つ人的な魅力によって営利企業よりも簡単にPRを行なうことができる。さらに、社会的企業の一部の労働者は、通常の企業よりも低い賃金で働く覚悟ができているという人もいる。だが、もし底流にあるビジネスモデルが強固でなければ、どんな社会的企業も最後は失敗してしまうだろう。なぜなら、その企業が資金を獲得できるかどうかは支援者の好意ではなく、商品・サービスと自分のお金とをフェアに交換したいと願う顧客に依存しているからだ。

社会的企業にはいろいろと批判が伴うのも事実である。社会的企業を構成する厳密な要件が明確でないため、政府による規制が難しいこともそのひとつである。たとえば、社会的企業の名の下で有利に得た利益を不正に使うということはないのか。また、社会的企業が税の優遇に適格かどうかをどうやって計ればよいのか。

ミシガン大学スティーブン・M・ロ

⇩ サンフランシスコで活動するサム・ゴールドマン（左）とネッド・トズン。ふたりは、世界の指導的社会企業家の代表といってよいだろう。信頼できる電気を利用することができない約16億人に、きれいで安全、そして明るい光を提供したいという彼らのビジョンは大成功を収めた。彼らが開発した、太陽電池で点灯するランタンの価格はわずか7ドル。だが、1日の充電で何時間も明るい光を放つ。

一歩一歩、着実に

フォーブス誌によって「アメリカを最も元気にしてくれる企業」のひとつに選ばれたトムス・シューズは、アメリカ、テキサス州出身の起業家、ブレイク・マイコスキーによって2006年に創業した。そのとき彼は、アルゼンチンへの旅から戻ったばかりだった。アルゼンチンで彼が目にしたのは、裸足で歩くことで足の感染症にかかった子どもたちだった。そこで彼は、アルパガータと呼ばれる、伝統的なアルゼンチンの農作業用靴をアメリカの消費者に売ることを決意。彼が考えた社会的事業の仕掛けは、1足の靴を売るごとにもう1足をアルゼンチンの子どもに寄付するというものだった。「トムス（TOMS）・シューズ」という名前も、「Shoes for Tomorrow（明日のための靴を）」というマイコスキーの最初の念願を表わしている。創業から6年もしないうちに、同社は世界25ヵ国の子どもたちに100万足の靴を寄付するまでになり、今ではこの取り組みの姉妹版ともいえる「ひとつの眼鏡を売るたびにひとつの眼鏡を寄付する」活動をスタートしている。

近年の世界的な経済停滞、金融・ビジネスに対する非難の高まりは、社会的企業モデルへの関心を否応なく促した。陳腐化した事業実践は、新しいビジネスモデルへの適応という重圧を抱える多くの企業にとって今や障害となっている。下記の図は、企業環境がまったく変わろうとも、企業が顧客への魅力を持続しようとするかぎり克服しなくてはならない困難のいくつかを示したものである。

ス・ビジネススクールのアニール・カーナニ教授はかつてこう主張した。「企業の目標は利益であり、市民のそれは善である。営利企業と非営利企業とを明確に分けることが必要だと思う。"中途半端"はよくない。最後は企業統治の問題である。つまり、投資家、経営者、寄金協力者のうちだれが最終決定権を持つのかということなのだ。」

だが、それでも社会的企業の存在感が急速に高まっていることは事実である。その証拠が必要だとしたら、ビジネス界のバイブルである「フォーブス」誌を読めばよい。2011年、同誌は世界で最初に「世界の指導的社会的企業リスト」を掲載したのである。

新しいビジネスモデル

20世紀型事業モデル
- 伝統的なビジネスモデル
- 階層型組織
- 統制
- 利益至上主義
- 経済的下降

21世紀型事業モデル
- 協働と価値の分配
- 技術の活用
- 環境配慮
- 説明責任
- 企業の社会的責任

伝統的なビジネス　　分裂　　社会的なビジネス

知っておきたい言葉あれこれ

資産：事業を運営するために企業が所有するすべてのもの。

負債：融資、債券、未払いの請求書など、企業が持つすべての借金。

純資産：投資家によって事業に投資されたお金を反映する株または証券。

収入：企業の製品やサービス、または資産を売ることによって得られたお金。

販売コスト：会社が顧客に売るための製品やサービスを製造する、あるいは買い入れるために使われるお金。

棚卸し：いつでも販売することが可能なすべての製品の記録。

減価償却：経年・摩耗・破損などによって資産価値が失われていく過程。

会計期間：ある特定の財務報告書によってカバーされる期間。

会計年度：会計期間として用いられる12ヵ月間。

どんな事業でも成功の秘訣は実はとても単純である。支出よりも収入を確実に増やせばよいのだ。事業の財務に常に注意を払う仕事は、だれもがよくいわない計算の職人、そう会計士と呼ばれる人たちが担っている。米国公認会計士協会によれば、彼らの役割は「少なくとも一部に財務的な特質を持つ金銭・取引・出来事を有意なやり方で記録し、分類し、要約するとともに、そこから得られる結果を解釈する」ことである。

会計

人類は少なくとも7,000年を費やして会計の技術を開発してきた。今日それは二つの主要な種類に分けられる。

■**管理会計**：経営者・管理職などの企業内の人たちに、事業の広範な概要と意思決定のための指針を提供するために、関連情報を提供する。

■**財務会計**：銀行、税務当局から金融アナリスト、潜在投資家に至るまで、企業の外にいる人たちを対象とする。財務会計は、特定の法における標準的な規則・手順である「一般会計原則（GAAP）」によって管理される。

計算がすべて

会計の中核にあるのは、バランスシート（貸借対照表）、つまりある会社のある時点における資産と負債から成る金銭価値の記録である。バランスシートは次の等式に基づ

> "会計士が自分の職業に対して貸し方(誇りを持つこと)であることを望むな。よい会計士は自分の職業に対して借り方(引け目を感じていること)である"
> ——チャールズ・ライル(1797〜1875年)、弁護士

「グリーンストライプ衣料会社」財務報告(貸借対照表)

(2012年12月31日および2013年12月31日現在)

資産	2012	2013
現金	$4,550	$4,330
売掛金	$4,300	$5,200
棚卸	$5,450	$6,900
前払い費用	$1,050	$1,200
流動資産	$15,350	$17,630
不動産・工場・設備	$22,350	$24,900
減価償却累計額	[$11,280]	[$12,830]
減価償却差し引き後	$11,070	$12,070
資産合計	$26,420	$29,700

負債	2012	2013
買掛金	$1,280	$1,530
未払い費用	$1,500	$1,800
未払い所得税	$180	$230
短期支払手形	$4,300	$4,500
流動負債	$7,260	$8,060
長期支払手形	$7,700	$8,000
自己資本		
投下資本	$6,200	$6,500
内部留保	$5,260	$7,140
自己資本合計	$11,460	$13,640
負債および自己資本の合計	$26,420	$29,700

いている。

資産＝負債＋純資産

資産は企業が保有するすべての経済資源をいい、現金、証券、土地、建物、資本設備、未収金などがこれに含まれる。反対に負債は、担保の有無に関係なくすべての借入れを指す。また、純資産とは、その会社の所有者(株主)が会社の資産に対して持つ、所有割合に応じたすべての債権をいう。

資産の額が負債の額よりも大きいときは、超えた部分がその会社の正味の価値(純資産)となる。この超過部分は会社の所有者(株主)に対する負債として処理されるから、その名のとおりバランスシートは常にバランス(均衡)を保つのである。反対に負債が資産を上回る場合、その会社は厳密にいえば破産状態ということになる。

バランスシートがある会社の特定時点における財務内容を反映するのに対し、損益計算書はある企業の支出と受け取りを一定の期間(通常は1ヵ月、四半期、全会計年度以上ということが多い)にわたって記録したものである。

損益計算書は、当該期間における収入から経常的な費用(販売商品に要するコスト、税金、借入れ利息、およびその他の営業コストなどを含む)を差し引いたものである。差し引いた残りの額(損益計算書の最下行に書かれる数字)が当該期間の純利益ということになる。

三つ目の主要な会計ツールはキャッシュフロー計算書(現金収支報告書)と呼ばれるものである。もしある会社が、借金(人件費を含む)を支払期限までに支払うことができればその会社は支払い能力があると見なされる。そのためには一定の運転資金(不動産や土地または固定資産に拘束されない資金)が必要となる。キャッシュフロー計算書とは、流動資産から流動負債を差し引いた運転資金を計算するものといってよい。

企業の財務状態をきちんと把握するために、経営陣はこれら三つの主要な財務報告書を定期的に分析することが必要である。

⇧ バランスシートは、ある会社の資産、負債、および自己資本をある特定の時点で要約したものである。バランスシートという名は、両側の項目が常にバランス(均衡)することから来ている。なぜなら、投資家から借金するなり株主から資金を得るなりして、企業は自らの有するすべてのものに対して支払いを行なわなければならないからである。

■ 破産とは、企業および個人が債権者に対する支払いができない法的状態のことをいう。破産に関する法律は国によってかなり異なる。たとえばイギリスとオーストラリアでは、厳密な意味の破産を宣告されるのは個人だけで、企業は精算されるか会社再建手続が適用される。だがアメリカでは、個人と企業の両方に対して破産という言葉が使われる。

破産

破産を喜ぶ人はだれもいないが、支払い能力を失った当事者に、他では得ることができない一種の保護を与えることも事実である。たとえば、古代ギリシャでは支払い能力を失った人は、債権者の借金奴隷として自らを委ねることができた。そうすることで借金を返済するために自分自身に（それに自分の家族と奴隷を持っていればその奴隷にも）最長5年の労働を強いたのである。

破産には痛みがつきもの

現代の企業が破産するとき、そこには二つの主要な理由がある。もちろん、業務上の過失から市場の縮小、単純な不運に至るまで、さまざまな原因の結果であることはいうまでもないが……。そのひとつは、会社に事業を遂行するだけの十分な資産がないことであり、もうひとつは非流動性（キャッシュフローが不十分な状態）に陥っていることである。

破産には債務者あるいは債権者による法的な申し立てが伴う。そうなると債務者の資産評価が行なわれ、それは債務者が負う支払い残高の一部への返済に充てられる。法により、特定の優先債権者は他の債権者より優先される。一般にはその会社の従業員と徴税当局が優先債権者となる。こうした手続きが完了すれば債務者は、破産する以前に起こした借金に対するすべての義務から解放される。

しかしながら、破産はすべてを"水に流す"ための痛みのない方法ではない。将来、信用を得ることははるかに難しくなるし、破産した会社の経営に当たった者は一定期間、他の会社の経営に当たることができないとする国も多い。

⇩ 2011年11月、アメリカン航空はアメリカ連邦破産法第11章が定める破産条項の適用を申請したが、2012年9月30日、同社の収入は史上最大を記録した。なぜこんなことが起こるのだろうか。同法11章の破産手続きにおいては、支払い不能に陥った会社でも、指定された期間内に借金、費用、その他の義務を整理した後、通常の事業の遂行が認められているからである。

ヘンリー・フォード：破産へのドライブ

企業にとって破産が不名誉であることはいうまでもないが、歴史に名を残すような大事業家の中には何回も支払い不能になった人もいる。中でも有名なのはヘンリー・フォードである。1899年までに彼はデトロイト自動車会社を設立するための資金を確保していたが、自分の設計が優先される、あるいは自分に富が入るように生産プロセスを計画することを怠った。そのためわずか20台の車を送り出したところで1901年、破産宣告を受けることになる。彼がヘンリー・フォード自動車会社を設立し、運が変わり始めたのは、ようやく1903年になってからだった。1947年に死去したときの彼の正味資産は、今日の価値に換算して1,880億ドルとも推定された。

歴史的に、破産法は流動性に焦点を当ててきた。つまり、支払い不能になった会社を清算し、債務を完済するために残った資産を整理することを重視してきた。だが近年は、しだいに企業の財務内容を再構築することに重点が置かれるようになってきた。その方が返済義務に応えやすくなるし、自力で事業を継続できる確率が高まるからだ。この方法の背景にあるのは、支払い不能は資産の欠如ではなくキャッシュフローの問題とする考えで、これを法的手続きという。

アメリカの破産モデルはこうした新しいアプローチの採用を明確に反映しており、二つの主要な企業倒産のタイプのための条項が用意されている。すなわち、ひとつは会社の精算を規定した連邦破産法第7章であり、もうひとつは会社更生を規定した同第11章である。

⇩
ベンジャミン・フランクリンは「この世で確かなものは死と税金だけである」といったが、企業の世界では少なくとも予測不可能性だけははっきりしている。実際、多くの企業が最後に事業に失敗し破産の宣告を受けている。下の表を見ると、1990年代中ごろ以降、アメリカでは毎年3万件から5万件の企業倒産が発生していることが分かる。

アメリカの企業倒産件数（1994〜2012年）
(出所：米国破産協会)

年	第1四半期	第2四半期	第3四半期	第4四半期	合計
1994	13,858	13,617	12,878	12,021	52,374
1995	13,123	12,216	12,648	12,891	51,878
1996	13,388	13,992	13,198	12,887	53,465
1997	13,831	13,991	13,456	12,653	53,931
1998	12,410	11,552	10,346	9,888	44,196
1999	9,180	10,378	8,986	9,020	37,564
2000	9,456	9,243	8,211	8,413	35,472
2001	10,005	10,330	9,537	10,013	40,099
2002	9,775	9,695	9,433	9,500	38,540
2003	9,014	9,331	9,446	9,294	35,037
2004	10,566	8,249	7,574	7,778	34,317
2005	8,063	8,736	9,476	12,798	39,201
2006*	4,086	4,858	5,284	5,586	19,695
2007	6,280	6,705	7,167	7,985	28,322
2008	8,713	9,743	11,504	12,901	43,546
2009	14,319	16,014	15,177	15,020	60,837
2010	14,607	14,452	13,957	13,030	56,282
2011	12,376	12,304	11,705	11,149	47,806
2012	10,998	10,374	9,248	11,388	42,008

(*2006年の急減は、法改正による)

■ インターネットの発展はビジネスの世界にまさに革命をもたらした。インターネットは、以前には想像すらできなかった金儲けの機会を開いた。銀行から本屋さんに至るまで、今日、インターネットの助けを借りずにビジネスを行なうまじめな企業はほとんどないし、ほとんどどんなものでもオンラインで売買することができる。インターネットは伝統的なビジネスを容易にしたばかりでなく、まったく新しい独自のビジネスを創造した。インターネットを活用するためのソフトウェアを開発するハイテク企業の中には世界有数の巨大企業になったものもあるし、ソーシャル・ネットワーキングサービスのように、インターネットに全面的に依存する企業もある。

インターネット

1990年に世界最初のウェブブラウザー（ティム・バーナーズ・リーの「ワールド・ワイド・ウェブ」）が登場して以来、インターネットの成長はまさに飛躍の一途をたどっている。1995年までは約23,500のウェブサイトを閲覧できるユーザーの数はわずか4,000万人以下だったが、今日、20億以上のユーザーと3億ものウェブサイトがあり、しかも日々増え続けている。膨大な数の人が集まるところに事業活動が始まるとすれば、サイバースペース上に新しいビジネスが生まれたとしても少しも不思議ではない。

⬇ インターネットを経由した情報が1日のうちに世界で飛び交う様子をイメージ化したイラスト。インターネットは何百万というルートをたどり、データは高速に移動しハブを通過する。AT&Tやグーグルといったインターネットの巨大企業は、このイラストの中で黄色く光る球形に見えるネットワークを管理している。違った色のルートは各大陸間の情報の流れを示している。

過去の教訓に学ぶ

今後のビジネス世界を再定義するようなインターネットブームの到来を予感させる最初の兆候といえば、1995年、当時最も人気のあったインターネットブラウザのひとつをつくったネットスケープ社のIPOといってよいだろう。上場初日、同社の株価は28ドルから75ドルに急上昇、その結果、同社の市場価値は30億ドル近くに達した。それからの5年、背景も特質も異なるさまざまなネット企業の株が驚くほどの高値で取引され、その結果、いわゆるドットコム・バブルが出現した。だが、21世紀になるとこのバブルはあっけなく崩壊した。

それまで時価総額何億ドルともてはやされた企業（もっともそれらの多くがそうした額の利益を実際に挙げたわけではない）が破産するか、一夜にしてその価値を失った。そんな中、多くの人が、遅ればせながら実体経済と同様、サイバースペースにおいても、ビジネスにはしっかりした基盤と成長のための注意深い計画が必要だという教訓を悟った。それでもなお、インターネット現象は今も幼少期にあり、その長期的な将来と新しいビジネスモデルの可能性を見通すことはなかなか難しい。その意味で、物議を醸し

Eコマース

Eコマースとは、インターネットを通じた製品の売買を表わす言葉である。かつて店舗や市場の一角を必要とした、古くさいビジネスが、今やサイバースペース上で行なわれている。インターネットが提供する数多くの金儲けの好機の中で、Eコマースは際立って伝統的なモデルといってよい。だが、世界で最も大きいインターネット企業3社のうち2社が、実はEコマース企業なのだ。その2社とは、アマゾン（最大）とeベイである（残りの1社はグーグル）。

アマゾンはもともと書籍の小売り事業として1995年にスタートしたが、現在では衣料品からDIY製品まで何でも販売している。2011年、同社の利益は6億5,000万ドルと報告された。一方、eベイは究極のEコマース事業を展開している。もし何か売りたいものがあれば、eベイのオークション機能は売り手に代わって買い手を探し、そのうえ、売り手の商品の本当の市場価格を設定してくれる。2008年には、バージニア州の姉妹が、見る角度によってイリノイ州の形をしたコーンフレークを、何と1,350ドルで売ったというニュースが報じられた。

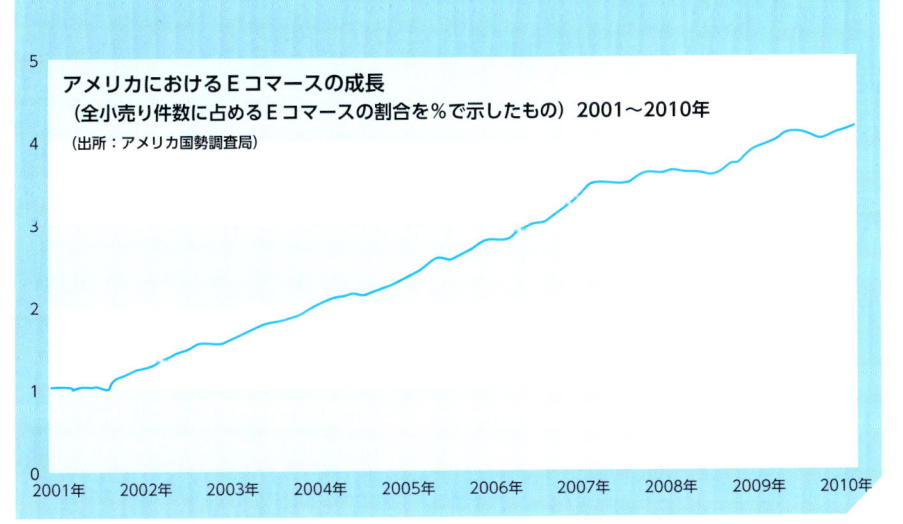

アメリカにおけるEコマースの成長
（全小売り件数に占めるEコマースの割合を％で示したもの） 2001〜2010年
（出所：アメリカ国勢調査局）

← 21世紀初め以降のEコマースによる販売件数の成長はまさに「驚異的」以外に表現の言葉がない。たとえば、アメリカでは全小売り件数に占めるEコマースの比率が少なくとも5％に達しており、金額も1,600億ドル近くになっている。ここ数年の成長率はやや鈍化しているとはいえ、予測可能な将来において成長が着実に持続することは間違いないだろう。だが、伝統的な小売業にとって次の脅威となるのは、モバイル機器を使って商品を購入するMコマースだといわれている。

どうなっているのかはだれにも分からない、ましてや来年、向こう10年なんて何も分からないということを思い出させてくれる格好の事例となった。

だが多くの伝統的なビジネスにとって、インターネットが明瞭な味方になったことは間違いない。何よりインターネットによって企業は膨大な数の新規顧客にアクセスすることができる。それには企業と顧客との距離や時間差などはまったく関係がない。加えてインターネットを活用すれば、有人店舗に付きものの多額の間接費を省くことができるし、オンライン支払い技術の発達によって、マウスを2、3回クリックするだけで、安全・確実にお金を授受することも可能である。

インターネットはすでにビジネスのやり方に本質的な変化をもたらした。と同時に、だれも見たこともない、夢想したこともない新たな変化を、これからもインターネットが先導する可能性は十分にある。

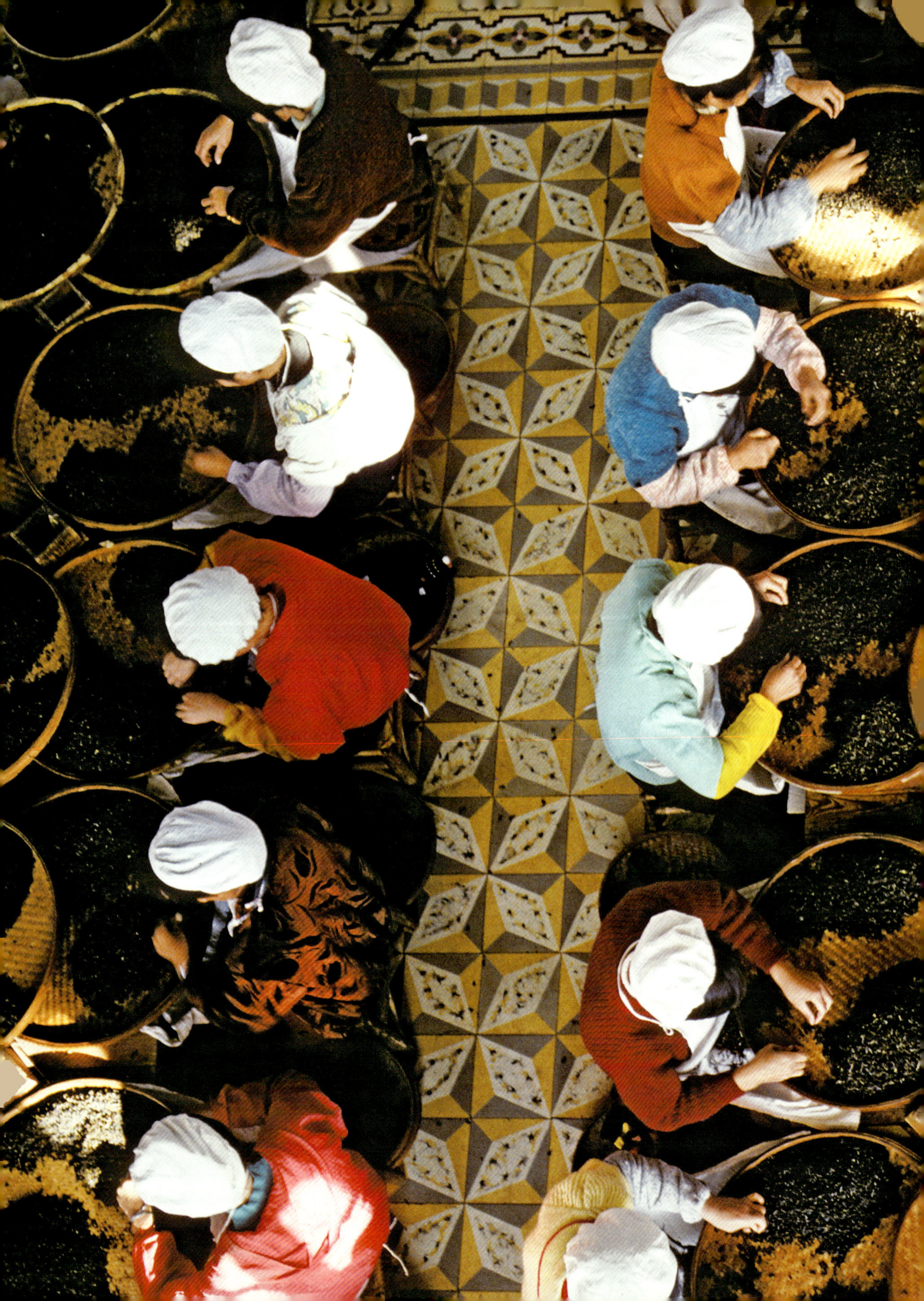

"労働は最初の価格であり、すべての物に支払われた本源的購買貨幣である。世界のすべての富の購入に用いられたのは、金や銀ではなく労働だった"
——アダム・スミス（1723〜1790年）、政治経済学者

第8章 お金の科学

経済学の目的とは、社会の福祉と安寧の改善を目指して数学的観察、計算、推論を行うことである。そのために経済学者はまた、社会環境と人間行動についても研究しなければならない。

貨幣収集家にとってお金の研究といえば、紙幣や硬貨を集めることに尽きる。お金の研究を学問領域として見れば、それは過去の文化がどのように動いていたか、通貨がどのように発展したかといった問いに対する洞察を私たちに与えてくれる。だが、それを学んでも、お金と社会が根本的なレベルでどのように相互に関連しているかという問題のほんの表面をなぞるだけでしかない。だからこそ私たちは、もっと広範な分野である経済学を学ぶ必要があるのだ。

実際問題として経済学者は何をしているのだろうか。この問いに対する簡潔な答えをいえば「彼らは生産と富の配分について研究している」ということになる。人類はいつも限りない欲望と必要を持ってきた。だが、それらを満たすための資源は限られている。経済学は、こうした欠乏状態において欲望を満たすために人がどのように合理的な決定を下すかを究明する学問である。したがって経済学とは、人間社会がどのような機能を持ち、その中で個人がどのように動くかを検証する、社会科学の一領域といってよい。もう少し具体的にいえば経済学の目的は、社会環境に関する定量的・定性的データの発生、集積、研究、分析を取り扱うことで、トレンドを見つけ、予測し、そして社会の役に立つ結論を導くことである。

第8章 お金の科学

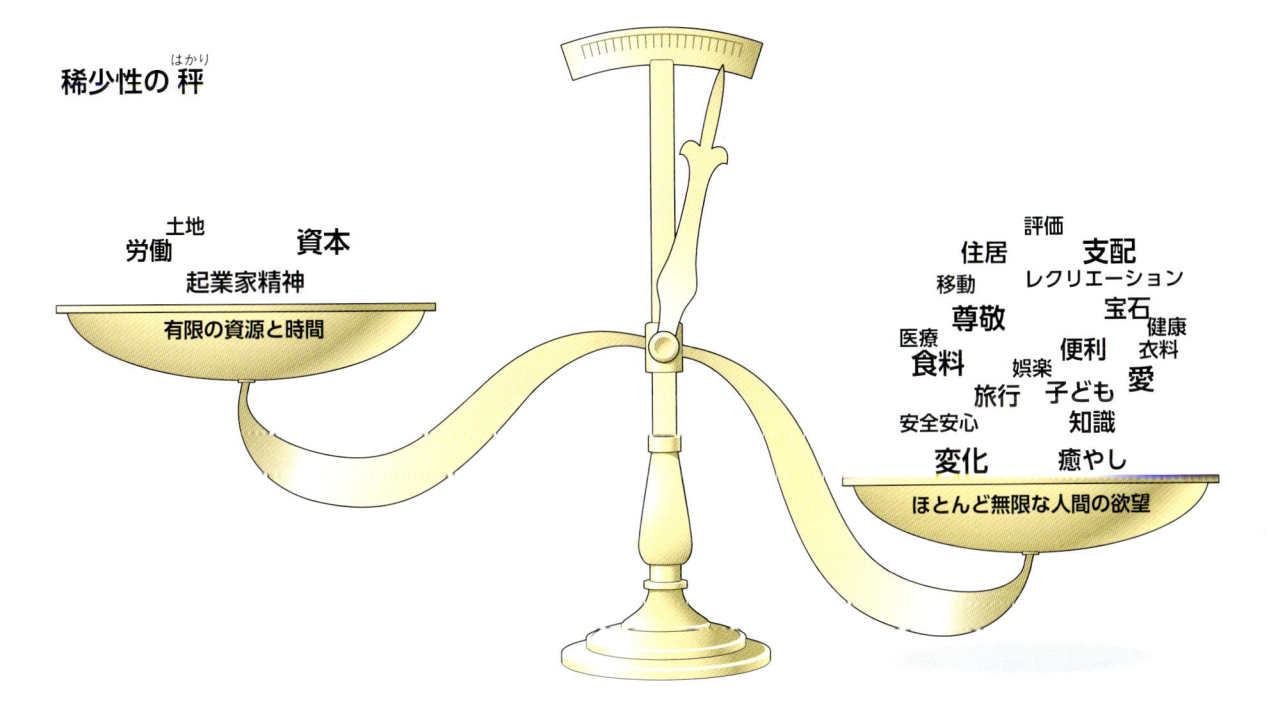

稀少性の秤(はかり)

[秤の左皿] 労働 土地 資本 起業家精神 — 有限の資源と時間

[秤の右皿] 評価 住居 支配 移動 レクリエーション 尊敬 宝石 医療 便利 健康 食料 衣料 娯楽 旅行 子ども 愛 安全安心 知識 変化 癒やし — ほとんど無限な人間の欲望

陰気な科学

社会が機能しているかぎり，社会は常に限られた資源という難問に直面してきた。だから古代世界においても，私たちが利用できるものをどう活用しどう分配するのが最善かを探求しようとした偉人たちがいた。だが，近代的な学問領域としての経済学の発展は，アダム・スミスが1776年に出版した名著『諸国民の富の性質と原因の研究』（『国富論』）に始まる。

今日，経済学は大きくミクロ経済学とマクロ経済学という二つの流れに分けられる。ミクロ経済学が経済の中の小さい単位（個人や特定の企業）の意思決定に焦点を当てるのに対し，マクロ経済学はこうした極小単位が全体として（つまり国や超国家レベルで）どのように動くかを研究する。

現代の経済学者はまた，数学，コンピューターから歴史，政治学，心理学に至るまで，多様な学問領域の専門家でなければならない。というのも，経済学者は現在の経済がなぜ動いているのかを理解するだけでなく，ときには将来それがどのように動くかを予測しなければならないからだ。彼らの仕事の難しさを知りたければ，2008年，全世界を震撼させた経済危機を見ればよい。そのとき私たちは，経済に対する私たちの理解が不完全であり，それは絶え間なく進化していること，現実の人生では答えよりも疑問の方がずっと多いことを痛感したのである。19世紀中ごろの歴史家，トーマス・カーライルが経済学を「陰気な科学」と呼んだのもむべなるかなである。

⇑
稀少性とは，人間の欲望は果てしがないのに資源は限りがあることによって生まれる基本的な経済問題をいう。それは，人が現に手に入る以上のものを求めることで起きる。経済学において稀少性は人に選択を強いる。なぜならだれもすべてを所有することはできないからである。稀少性がなければ経済学はあり得ない。

> "他のすべての分野以上にお金を研究しても，それは複雑性によって真理を隠し，あるいははぐらかすだけで，けっして真理を明らかにはしない"
> ——ジョン・ケネス・ガルブレイス（1908～2006年）、カナダの経済学者

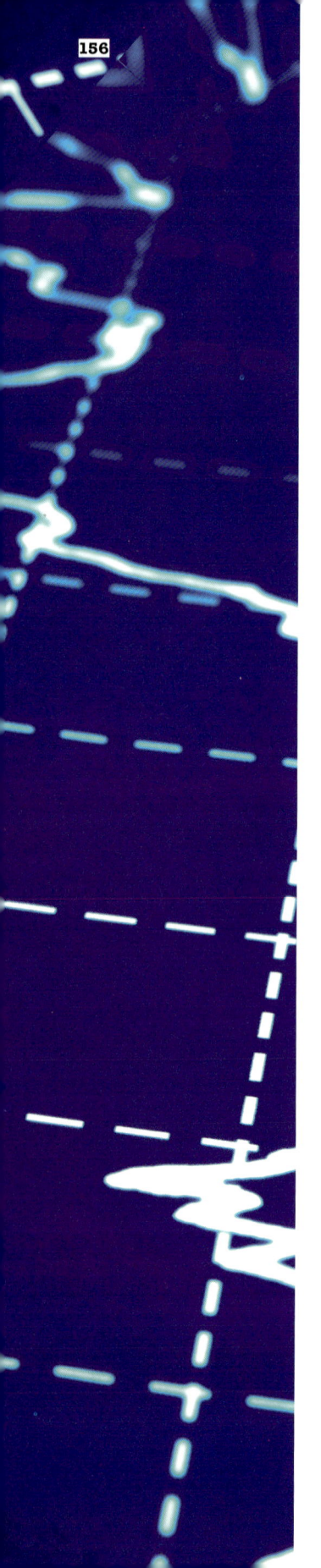

■ これまで見てきたように、経済学の根幹にあるのは稀少性という概念、つまり無限の欲望に対して私たちが持っている資源は有限という考えである。では、私たちが持つ有限の資源とは具体的には何を指すのだろうか。それは次の三つと考えられている。
- ■労働（人間が持つ時間と働き）
- ■天然資源（原料）
- ■資本（建物や機械など、他の財の生産に必要な人工的な材料）

経済学の基本

したがって、経済学者は次の三つの根本的な疑問に対する答えを探す人たちといってよい。

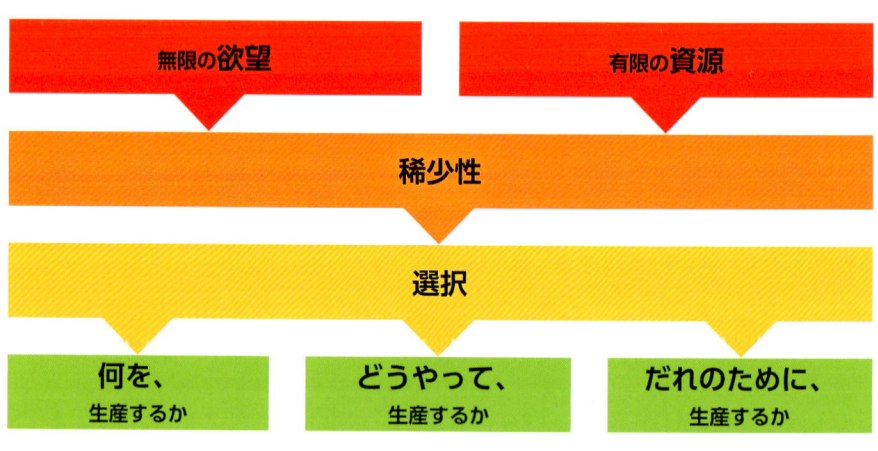

```
無限の欲望      有限の資源
          ↓   ↓
         稀少性
           ↓
          選択
     ↓      ↓      ↓
  何を、   どうやって、  だれのために、
 生産するか  生産するか   生産するか
```

これらの問いに対するさまざまな答えから、社会を説明する二つの対照的な経済モデルが浮かび上がってくる。ひとつは市場経済といわれるもので、財と資源の割り当ておよび価格を市場の決定に任せようというものである。これは本質的に自己規制的なモデルであって、このモデルの唱道者によれば、個別の消費者およびサプライヤーが行なった意思決定の融合が経済を長期的な均衡状態に保つという。

もうひとつのモデルは指令経済（計画経済ともいう）で、政府が資源の割り当てと配分を決定する。このモデルは今ではすっかり信頼を失ってしまったが、かつてソ連が採用していたことで知られる。指令経済には、ほぼ定期的に余剰と不足が起こるという傾向がある。なぜなら、ある特定の一時期にどれだけの量の製品とサービスが必要になるかを政府が正確に追跡できないからである。

先進国の多くは自由市場に傾いているとはいえ、現実には世界経済の大部分はこれら二つの極端なモデルの間のどこかに位置している。

市場はどう機能するか

すべての市場経済モデルは需要と供給という概念をベースにしている。需要とは買い手が一定の価格で欲する製品またはサービスの量であり、供給とは生産者が一定の価格で提供しようとするものの量といってよい。

消費者によるあらゆる経済的意思決定は有用性（消費者に与える利便性の量）を考慮して行なわれるとともに、機会費用を伴う。機会費用とは、何かを手に入れるために放棄しなければならないものの価値をいう。たとえば、1足の靴を買ったとき、靴の代わりに入手できたかもしれないコートを機会費用という。

原則として、価格が高くなればなるほど、製品を欲しがる人の数が減る。なぜなら、価格が高くなるにつれ、その消費者にとっての機会費用が大きくなるからである。もし靴の価格が高くなり、結果としてその消費者にとっての機会費用がコートと手袋になった場合、消費者は買う気をなくすだろう。

一方、価格が高くなればなるほど、供給が増えることがある。なぜなら、より多くの製品をより高い価格で売ることによって供給者の利益が増えるからである。右上の図が示すように、需要と供給の線は相互に反比例する。需要の図を見ると、需要量が下降するにつれ価格が上昇するという右下がりになっている。供給の図では、線は右上がりになっており、価格の上昇に伴って供給が増えることを示している。

需要と供給の線が重なる点（これを平衡という）は、供給される製品・サービスの量が需要される量と完全に一致することを指す（158ページ上図）。価格変動の直接的な結果として需要または供給が移動する範囲を弾力性という。一般に、必須と見なされる製品（主食など）は贅沢品などよりも弾力性が低いといわれる。なぜなら、そうした必需品は価格に関係なく、買うという選択肢以外にないからである。

もし現実世界がこのように動くのであれば、経済学はとても単純なものになるだろう。だが悲しいかな、実際の市場はもっとずっと複雑である。たとえば、一時的な寒気に見舞われたとき分厚いコートに対する需要が一気に高まることがある。だが、もしその寒気が1週間で終わってしまうことが分かっているとしたら、大金を投じてコートを製造するのはまことに愚かということになる。

> **悲しいかな、理論の外では市場平衡はめったに起こらない。**

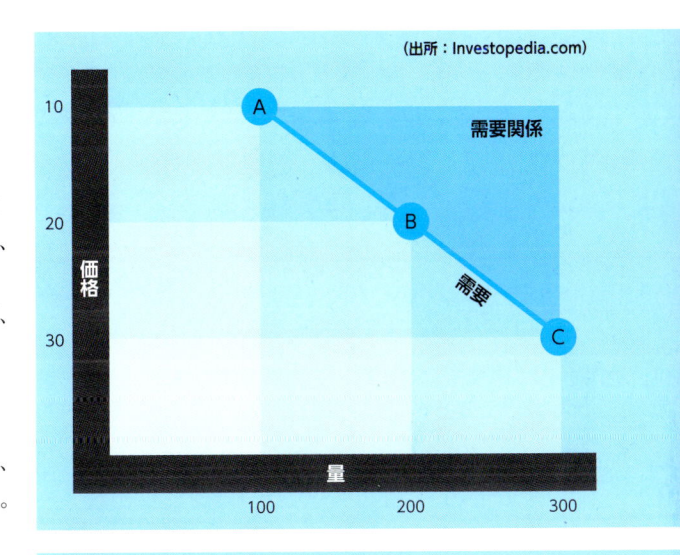

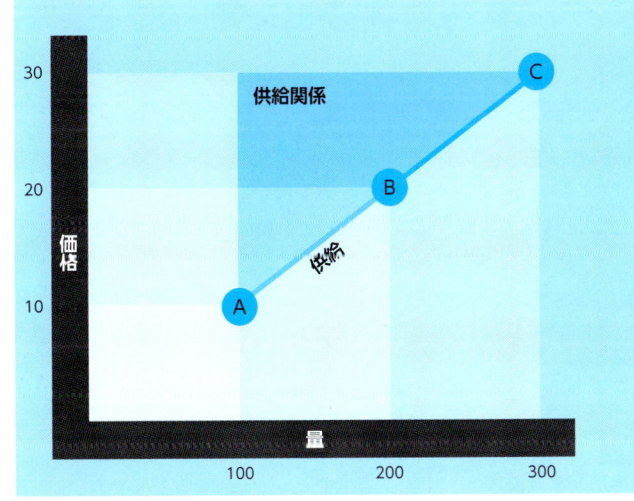

（出所：Investopedia.com）

⇧ 需要と供給の関係は市場経済の根幹である。上の需要法則における下向きの線は、モノの価格が上がるにつれて需要の量が下がることを示している。一方、供給法則（下図）における反比例の上向きの線は、価格の上昇につれて供給の量が増えることを示している。

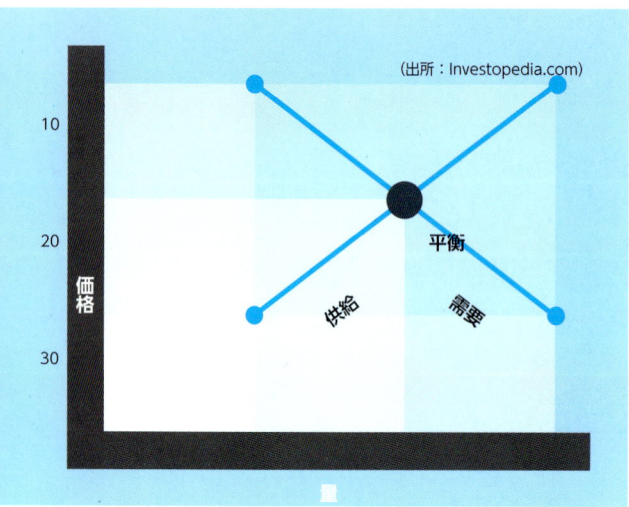

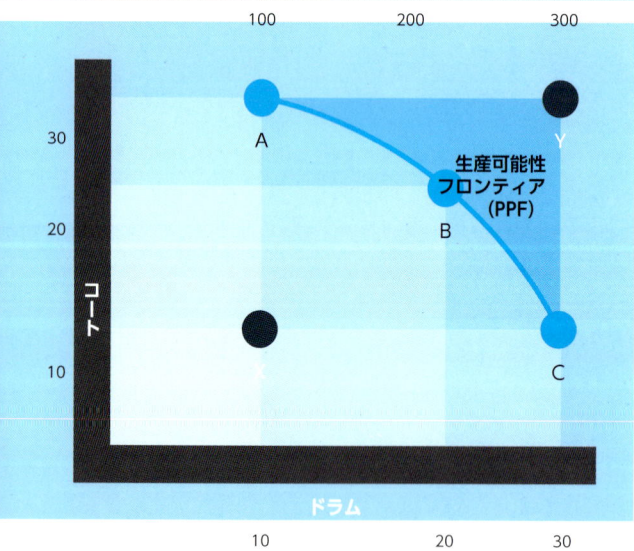

生産可能性フロンティア

「生産可能性フロンティア（PPF）」は、ある経済が最適なレベルでモノやサービスを生産するときのタイミングを示す。これが必要なのは、すべての経済が稀少な資源をどうすれば最も有効に活用できるかを決めなくてはならないからである。

このPPFを理解する最善の方法は、たった二つの製品しか生産していない経済を想像してみることである。一例としてコートとドラムだけを生産している国を考えてみよう。左側下図のA、B、Cの各点は、二つの商品のうちのひとつをより多く生産するためには、もうひとつの製品を生産するための資源をどうしても節約せざるを得ない様子を示している。

つまり、コートをつくればつくるほど、ドラムの生産はそれだけ減る（もちろんその反対もある）。A、B、Cの各点を通るカーブを生産可能性フロンティア（PPF）という。どの経済もこのカーブに沿うことを目指すが、実現できるものはごくわずかだ。下図のX点は、ある経済の資源が潜在能力の限度まで使われていない状態（これが普通である）を示しており、一方、Y点は、現状では達成不可能だが、より多くの資源や改善された生産手段が入手できれば達成が可能な生産の水準を示している。

PPFカーブのどこに位置するかを決めるのは各国の経済のリーダー次第である。つまり、どの生産の組み合わせがその社会に最も適しているかを決めなければならない。この例で見た国がとりわけ厳しい気候にあるのなら、そのリーダーたちが資源をコートづくりに集中させたとしても無理はない。だが、その国がカーニバル好きの天国のような島国だったら、限られた資源の活用法としてドラムをつくる方が賢明だといえる。

⇧ もし市場が完璧に機能していれば、経済は平衡（上図の供給・需要線が交わったところ）状態になる。だが、こうしたことは滅多にない。一方、PPFは生産資源の最適配分の決定に役立つ。下図におけるウシの国はドラム軸になるべく近い位置を目指すだろうし、一方のヒツジの国はコート軸にできるだけ近づこうとするだろう。

特化

ほとんどの国がドラムやコート以外のものを生産できるが、とはいえ、必要なものを何でも生産できるわけではないし、それはあまり効率的なやり方とはいえない。ほとんどの国が生産に際して特化を行なっている。二つの国があり（仮に「ウシの国」と「ヒツジの国」と呼ぶ）、その両方ともがコートとドラムを欲しがっているとしよう。ヒツジの国にはたくさんの羊の群れがあり、コートに適した羊毛が手に入るのなら、コートの生産に特化することができる。一方、ウシの国には牛がたくさんいて、ドラムに最適な皮が入手できるなら、ドラムの生産に集中すればよい。その結果、ヒツジの国はコートの生産においてウシの国に対する比較優位性を持つことができ、ウシの国はドラム製造においてヒツジの国に対する比較優位性を持つことができる。こうしてそれぞれの国は自国が最も得意とすることに専念することができ、それ以外のものは相手国から輸入すればよいことになる。このように、比較優位性の考えが貿易の基盤となっている。

「3人の経済学者に同じ質問をすれば、おそらく五つの違った答えが返ってくるに違いない」――たしかに古い格言がいうとおりである。これまでに多くの経済学者が、経済が全体としてどのように機能しているかを説明するために、さまざまな理論を提唱し、さまざまなモデルを創造してきた。その結果、彼らは、私たちが知っているかどうかに関係なく、私たちのすべてのために世界を変えた。

経済学の巨人たち

ここで私たちは、経済理論の流れをつくった何人かの碩学を振り返ってみたい。その最初は、"経済学の父"と呼ばれたアダム・スミスである。

アダム・スミス（1723～1790年）

アダム・スミスは、道徳哲学の教授でありスコットランド啓蒙主義の指導的人物でもあった。彼の代表作である『国富論』は、今なお近代経済学の基盤をつくった著作として広く認められている。この本の中でスミスは、競争と利益の自己本位の追求が全体的な繁栄をもたらすという見方を示した。彼は、競争が会社や個人に課す制約によって、会社や個人は否応なく究極的には社会利益につながるように振る舞わざるを得ないと述べた。その一方でスミスは、政府もまた、ある種の必需製品・サービスを提供し、市場における純正な競争を助長することで重要な役割を演じていることを認めた。彼は今も強い影響力を持っており、それはロンドンに本拠を置く「アダム・スミス協会」のような自由市場を信奉する団体において特に顕著である。

主要著作：『諸国民の富の性質と原因の研究』（『国富論』）（1776年）

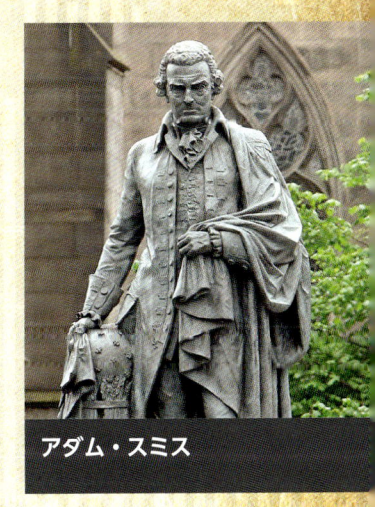

デイビッド・リカード（1772～1823年）

イギリスの事業家だったリカードは国債の売買で財を成したが、同時にその時代を代表する偉大な経済思想家のひとりだった。彼は重要な理念をいくつも生み出したが、中でも特筆すべき示唆は、商品の価値はそれを生産するために必要な労働と結び付いているという考え方である（この理念は後にマルクスに受け継がれた）。彼はまた、収穫逓減［たとえば農業の生産量を増大させるために耕作面積を拡大しても、そのままの面積でより集中的な生産手段を用いても、コストが増大するばかりで農業生産量の増大が人口増大に追いつかなくなる状態］の理論を提唱するとともに、インフレ時における貨幣供給の影響に注目した。

だが、彼の最も有名な貢献は比較優位性（人間、企業、国が競争相手よりもより安価に製品を生産できること）を発見したことである。国際貿易はすべての国にとって恩恵となると主張した彼は、重商主義を厳しく批判した。というのも、重商主義は国の富を増やすために輸入よりも輸出を奨励したからである。だれもが輸出だけを望む体制はどう見ても持続不可能であるにもかかわらず、重商主義はまた植民地主義の理論を導いた。植民地主義は植民地の負担によって貿易が植民する側に利益をもたらす。リカードの著作は自由放任主義的貿易の進展を助け、その結果、19世紀になるとそれが支配的となった。

主要著作：『経済学および課税の原理』（1817年）

トーマス・マルサス（1786〜1834年）

イギリス、ハートフォードシャーにあった東インド・カレッジ（現ヘイリーベリー・カレッジ）の歴史学と政治経済学の教授だったマルサスは、人類は無限に成長し進歩し続けるという正説が支配的な時代を生きた。しかし、マルサスはその考えにはあまり賛同的ではなかった。人口は、たとえば戦争、飢饉、自然災害、病気など、また産児制限のような防止的措置によって制止されるまで増え続けると彼は主張した。"マルサス的問題"とは、人口が急増するにつれて、土地はこの拡大を支えるのが次第に難しくなるから、人口1人あたりの富は必要最低限のレベルに到達するまで減るというものである。彼は、人口の一部は常に貧しく不幸であることを歴史の前例を通じて示すことを試みた。そのことを彼は次のように述べている。「人口の力は、人類のために必要最低限の生活を生み出す、地球上の力よりも常に大きい」

マルサスは常に賛否両論を巻き起こした人物だった。彼の影響は、たとえばケインズ、さらにはチャールズ・ダーウィンの著作にも見て取れる。ダーウィンは、マルサスの著作の中に後の自然淘汰理論に通じるものを見出した。

主要著作：『人口の原理』（1798年）

カール・マルクス（1818〜1883年）

ドイツに生まれたマルクスの理論の影響力は絶大で、その多くが悲惨な結末を迎えたとはいえ、彼の教義は20世紀を通じて多くの国に取り入れられた。もしマルクスがいなければ、たとえばソ連は出現しなかっただろう。もっとも、ソ連の登場にマルクス主義者がどれだけかかわったかには議論の余地があるが……。

政治的立場としてのマルクス主義とマルクスの経済理論との間には明瞭な違いがある。マルクス主義は、労働者（プロレタリアート）と資本家（資本の所有者。ブルジョアジー）との間の闘争という視点で人間の歴史を見る。ブルジョアジーはプロレタリアートの犠牲によって生産要素を支配しようとすると考えた彼は、長期的な経済成長は経済の私的所有を止めたときに初めて達成されると主張した。一方、マルクス経済学は、労働と経済発展とが相互に関連していることに注目する。『資本論』の中で彼は、利潤追求の過程で労働力は搾取されると断定している。なぜなら、労働者自身の労働コストを超えて労働者によって形成された新しい価値が資本家によって奪われるからである。このことを広くとらえれば、労働者は貧困状態に固定され、一方、市場競争は究極的に独占につながる。最後には資本主義社会は過少消費によって弱体化させられ、プロレタリアートの蜂起が起きるというのがマルクスの主張だった。

マルクスの哲学は、社会主義（本質的には労働者の民主主義）が登場し、社会主義は究極的に共産主義（階級と国家統治のない社会秩序）に取って代わられることを予言した。彼のものの見方は多くの局面で信頼を失った。というのも、20世紀に行なわれた主要な共産主義的実験は失敗するか（ソ連のように）、または市場主義に屈服するか（中国のように）のどちらかの道をたどったからである。

主要著作：『共産党宣言』（1848年。フリードリヒ・エンゲルスとの共著）、『資本論』（1867〜1894年）

ジョン・メイナード・ケインズ（1883〜1946年）

ケインズは、近代マクロ経済学の基礎をつくった人として広く認められているイギリスの経済学者である。彼は、事業活動において不可避な収縮と拡大を緩和するために、政府は財務・通貨政策を用いるべきだと主張した。たとえば不況期になれば政府は経済刺激策を採用すべきだというのが彼の考えである。

彼の重要な仕事の大部分は、1930年代に発生した大恐慌の影響がまだ残っている時期に行なわれた。大恐慌の危機は製品やサービスへの支出が減った結果として起こったのであり、問題は通貨政策（言い換えれば、通貨供給をコントロールする政府の試み）がそれを予見できなかったことだというのが彼の主張だった。彼はまた、適切な財務政策によって成長を促進する必要性を提案した。そのためには、政府が製品やサービスを買い上げることで全体的な経済を始動するプロジェクトを実行すべきだというのが彼の考えだった。

彼のこうした主張は1930年代を通じて世界中の政府の共感を得ただけではなく、第2次世界大戦以後の福祉国家モデルの基礎ともなった。その後、相対的に評価が下がった時期もあったが、21世紀にグローバルな金融危機が起こると、ケインズ経済学は、それを克服するための議論の中に中核的な役割として再登場したのである。

主要著作：『雇用・利子および貨幣の一般理論』（1936年）

ジョン・メイナード・ケインズ

ミルトン・フリードマン（1912〜2006年）

アメリカの経済学者であり統計学者であったフリードマンは、シカゴ大学の教授を務め（このためシカゴ学派のリーダーとなった）、1976年にノーベル経済学賞を受賞した。彼は自由市場資本主義の力を信じ、貨幣供給が十分に継続的であるかぎり市場は安定を保つと主張した。彼はまた、価格インフレは貨幣供給と本質的にリンクしており、大恐慌が長引いたのは政府によって貨幣がいじくり回されたことに原因があると非難した。

彼の教えは、ジョン・メイナード・ケインズのそれに対するアンチテーゼとして広く認識された。彼の仕事は通貨主義運動の登場を促した。通貨主義運動とは、政府は価格の安定維持に注力すべきで、そのためには主に通貨政策を管理すべきだという主張である。1980年代までに彼はケインズとのイデオロギー論争に勝利したように見えた。というのは、彼の理論は、たとえばアメリカのロナルド・レーガンやイギリスのマーガレット・サッチャーなどの政府からの支持を得たからである。実際、フリードマンは引退から復帰してレーガン政権の経済アドバイザーになった。ある雑誌は彼を評して「20世紀後半の、否、おそらくは20世紀を通じて最も影響力のある経済学者」と書いた。

主要著作：『消費の経済理論』（1957年）、『資本主義と自由』（1962年）、『米国金融史』（1963年）

ミルトン・フリードマン

■ 貨幣供給（貨幣ストックともいう）とは、ある時点におけるその経済の中のすべての貨幣資産のことをいう。言い換えれば、すべての現金（紙幣と硬貨）、および求めに応じて支払うべき銀行預金の総量を意味する（より詳細な分類は71ページの「『M』は『money』の頭文字」を参照）。

貨幣供給

　営利活動がお金に依存するかぎり、経済システムにおけるお金の量が経済の健康状態に計り知れない影響を持つのは当然である。もし新しいお金が流入すれば、利率は下がる。なぜなら消費者と投資家の手中にあるお金の量が増えるからである。これによって消費者はより多くの製品とサービスを購入し、またサプライヤーは需要の増加に対応するために自己資金を使って原材料を買うから、結果として経済活動が促進される。経済活動が活発になるということは雇用の増加と、より多くの製品・サービスを使うための賃金を持った労働者が増えることを意味する。
　何だかみんな都合がよいように聞こえるかもしれないが、実際はそうはいかない。なぜなら、一方で経済成長は需要の増加に伴って価格の上昇を生み出すからである。これ

お金がお金を生む

「お金がお金を生む」という言葉がある。これは、中央銀行が経済に新しいお金を注入するときに彼らが決まって使う表現である。たとえば中央銀行が100ドルを市中に放出したとすると、いわゆる乗数効果の結果、この金額よりもずっと大きい額のお金が貨幣供給に加えられるという期待が起こる。

乗数効果は銀行貸し出しの結果として発生する。その範囲は、預金者の求めがあればいつでも彼らに支払うために準備しておくよう法的に義務づけられている、預金額の一定割合の金額に依存する。もし準備割合が10%なら、銀行は預金100ドルごとに10ドルを準備しなくてはならないことになる。だが、その銀行は残った90ドルを融資に回すこともできる。A銀行から90ドルの融資を受けた顧客がB銀行にそれを預けるとする。B銀行は90ドルの預金から9ドル（10%）を準備に回すが、残った81ドルを新しい顧客に貸し出す。その顧客は81ドルをC銀行に預けると、C銀行は8.1ドル（10%）を準備するが、残った72.90ドルを貸し出しに回すことができる。こうした循環によって、中央銀行からの最初の100ドルの注入は1,000ドルの新しい預金を生み出すわけである。

新規の貨幣供給の最大価値を計算するには（この過程で再預金に回らないお金が一部あることを考慮して）、最初の注入額を準備率で割ればよい。準備率が下がるにつれ乗数効果は大きくなる。だから、上述の例において中央銀行が注入した100ドルを0.1（準備率10%）で割れば、潜在的な貨幣供給の増加は1,000ドルになる。もし準備率が5%に下がれば、貨幣供給の潜在的増加は100 ÷ 0.05で2,000ドルということになる。反対に20%に上昇すれば、100 ÷ 0.2で貨幣供給の数字は500ドルに減る。

準備率別に見た準備金余剰貸し出し額の変化（100米ドル）

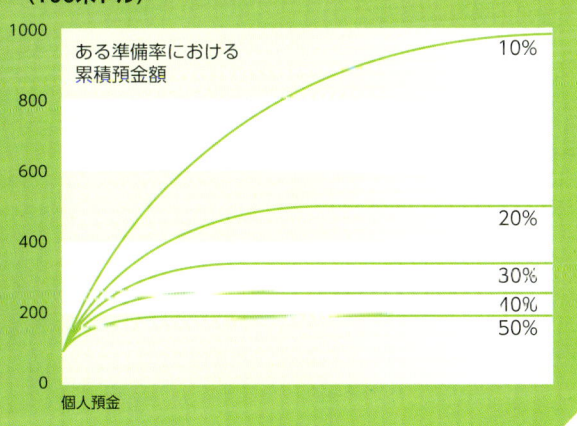

⇧ このグラフは、100ドルの最初の注入が準備率によって潜在的にどう増えるかを示している。

をインフレーションといい、これが起こると貸し手は金利を上げることで対応し、消費者は消費を控えるようになる。こうして経済のサイクルは振り出しに戻る。一方、貨幣供給が減れば（あるいは、貨幣供給の伸びが下がれば）、経済活動は減退し、結果としてディス・インフレーション（デフレの一歩手前）あるいはデフレーション（価格の下落）が起こることもある。

貨幣供給はまた貿易にも影響を与える。貨幣供給の増加はお金の価値の低下を伴うことがある。もし経済に100ドルの通貨がある場合、ひとつひとつの構成単位は100分の1の購買力を持っている。ところが倍の200ドルになれば、各構成単位の購買力は半減する。これは輸入業者にとってはいいことではない。というのは輸入業者の購買力が下がるからである。反対に輸出業者にとっては朗報である。なぜなら、輸出価格が下がりそれは潜在顧客にとってより魅力的になるからである。

貨幣供給を支配しているのはだれか？

貨幣供給はその国の中央銀行が管理するのが普通である。そのための主な手段は、より多くのお金を発行すること（これは、背景にある経済問題を見つけにくくするし、またハイパーインフレの原因になることもあるので、一般によくない方法といわれている）、国債を買い入れまたは売り出すこと（「紙幣の発行」については45ページを、「中央銀行」については69ページを参照のこと）、銀行の準備規制を調整すること（民間銀行は一定の自己資本を準備しなければならない）、金利を変えること（金利が上がれば消費が減退するし、下がれば消費が増える）などである。

第8章　お金の科学

■ インフレ（全体的な価格水準が持続的に上昇すること）は多くの人にとって歓迎できない現象だが、価格上昇が穏健なレベルに維持されることはむしろ経済状態が健全に機能している証拠といえる。賃金や年金が同程度の率で上昇するかぎり、それほど心配する必要はない。問題はインフレがコントロールを失い、インフレと同等の損害をもたらすデフレサイクルに経済が陥ることから始まる。

インフレとデフレ

　インフレは1年単位で計られることが最も一般的で、私たちのふところにあるお金の購買力の概観を私たちに示してくれる。たとえばあなたが10ドル札を持っているとしよう。最初の年、それであなたはお気に入りのレストランでピザを1枚、買うことができる。だが、もし年率3％のペースでインフレが進行すれば、次の年にはピザの値段は10.30ドルになり、あなたの10ドルではピザを丸ごと1枚、買うことができなくなる。つまり、購買力が下がったのである。これによってタンス預金が無意味であることが分かる。それよりも、賢い倹約家であればインフレ率を上回る利率で手元にあるお金を投資に回すだろう。その方が現金の購買力が維持される（あるいは、むしろ高まる）からである。

利率との結び付き

　コントロールの効かないインフレの危険性はいろいろとある。まず、高いインフレは人に緊張を強い、経済活動を阻害する。この問題は収入額が固定している人（たとえば年金受給者など）にとってとりわけ深刻である。なぜなら、自分が持つお金の価値が下がる一方で、それを補償するだけの収入の増加が見こめないからである。さらに、国際的な平均値より高く推移するインフレは、一国の輸出価格の上昇につながる。
　一方、ディス・インフレーション（インフレ率が下がること）が、経済の停滞を示す危険な兆候になることがある。消費者である私たちはだれも価格が下がることを好むが、もし価格が下がり続ければ、結果としてそれは企業利益の減少、産業の衰退、賃金の下落、失業の増大、融資の返済不能といった事態につながるからである。
　多くの政府は、利率を微調整することでインフレをコントロールし続けようと努力する。理論的には、それが機能する仕組みはとても単純である。もし利率が上がれば借入

⇩
年率3％でインフレが続いたと仮定したときに（実際の生活ではこうしたことはなかなか起きないが）ピザの価格がどう上昇していくかを示した図。

10ドルでピザがどれだけ買えるか

現在、価格が
10ドルなら……

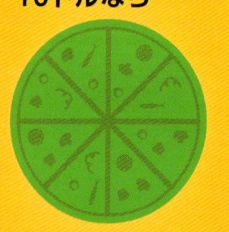

1年後に
10.30ドルに
なると……

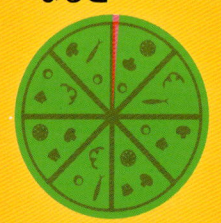

5年後に
11.59ドルに
なると……

10年後に
13.44ドルに
なると……

20年後に
18.06ドルに
なると……

れはより高いものになり、結果として消費者はお金を使うことにより慎重になる。需要が減退すれば価格は下がったままになり、インフレを抑制することができる。一方、利率が下がれば消費者の購買意欲が高まり、その結果、需要の増大に伴って価格が上がる。消費者の支出が十分行なわれるような利率を維持し、結果としてその経済の購買力とインフレを適正な範囲に留める——これこそ政府の"腕の見せ所"といってよい。

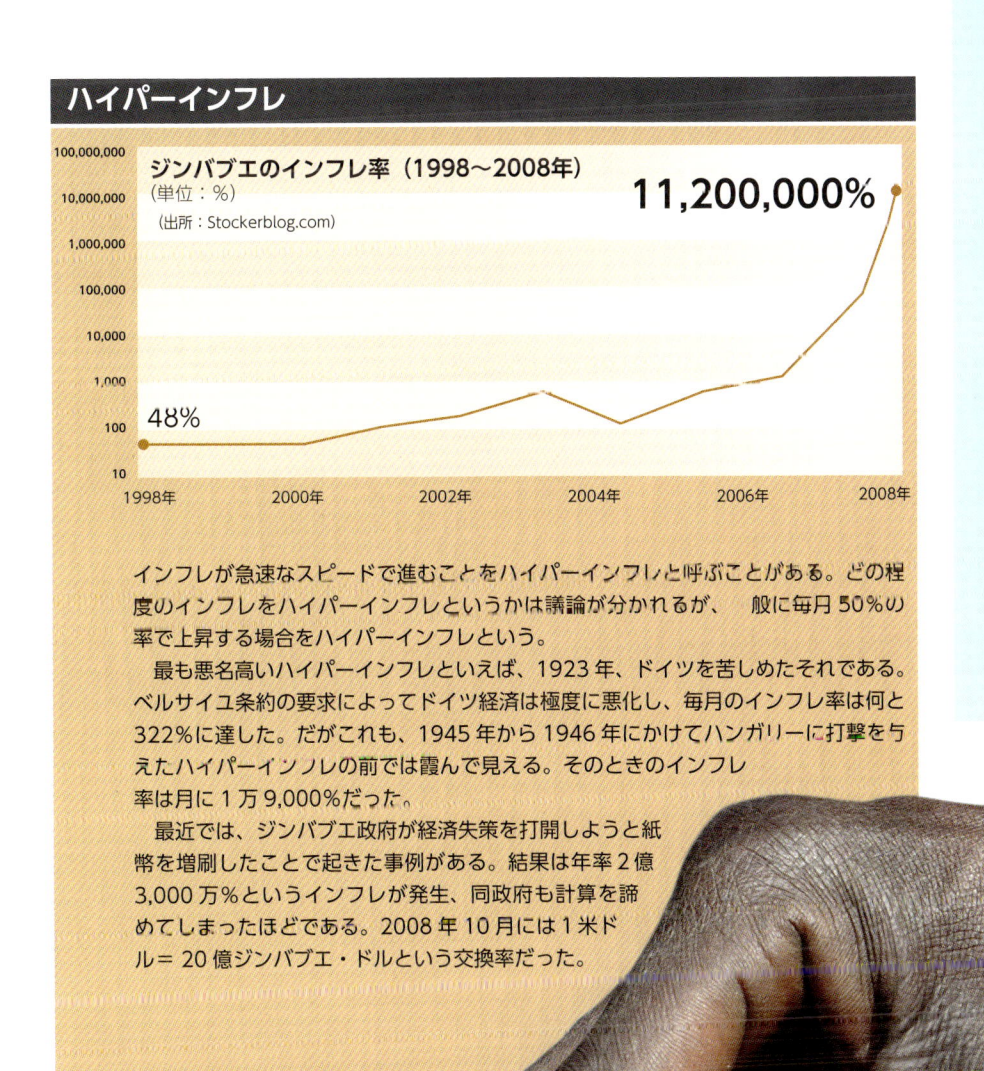

知っておきたい言葉あれこれ

モノとサービスのバスケット：年間のインフレ変動を追跡するために使われる、モノとサービスの組み合わせ。

需要牽引型インフレ：需要が供給を上回り、結果として価格が上昇する。

原価上昇によるインフレ：サプライヤーにおける原価の上昇を補償することで価格が上昇する。

消費者物価指数：消費製品・サービス価格の平均的な変化。

生産者物価指数：卸売り市場で売られる製品・サービスの平均的な価格変化。

ハイパーインフレ

ジンバブエのインフレ率（1998〜2008年）
（単位：％）
（出所：Stockerblog.com）

1998年 48% — 2008年 11,200,000%

インフレが急速なスピードで進むことをハイパーインフレと呼ぶことがある。どの程度のインフレをハイパーインフレというかは議論が分かれるが、一般に毎月50％の率で上昇する場合をハイパーインフレという。

最も悪名高いハイパーインフレといえば、1923年、ドイツを苦しめたそれである。ベルサイユ条約の要求によってドイツ経済は極度に悪化し、毎月のインフレ率は何と322％に達した。だがこれも、1945年から1946年にかけてハンガリーに打撃を与えたハイパーインフレの前では霞んで見える。そのときのインフレ率は月に1万9,000％だった。

最近では、ジンバブエ政府が経済失策を打開しようと紙幣を増刷したことで起きた事例がある。結果は年率2億3,000万％というインフレが発生、同政府も計算を諦めてしまったほどである。2008年10月には1米ドル＝20億ジンバブエ・ドルという交換率だった。

第8章　お金の科学

人類は常に未来を知りたい、またそれに応じて万全な準備をしたいと願ってきた。このことは経済学者においても変わらない。古代において人びとは神官の声に耳を傾けることで、あるいは生け贄の動物の体の変化から未来を知ろうとした。だが、現代の"お金の予言者たち"の多くは、コンピューターがモデルをつくる複雑なプログラムによって生み出される膨大なデータを処理することに頼っている。だがそれでも、前触れもなく私たちに忍び寄ってきた世界的な経済危機を結局、防ぐことはできなかった。

予測

　政府、銀行家、投資家、企業、それに経済学者のだれもが正確な予測を望むのには明瞭な理由がある。私たちはみな、経済的な未来を予測することに関心を持つ。私たちが行なう意思決定のひとつひとつによって、私たちは「次に何が起こるか」を否応なく考える。今日お金を使ってしまうと明日は十分なお金が残っているだろうか。万が一のときのために貯金した方がいいのか、それとも投資に回した方がいいのか。予測をするためにはいくつかのアプローチがある。

■**外挿法**：既知の事実と既存のトレンドを基盤に未来を計算する。グラフ上のカーブを延長するようなものといわれることが多い。

■**先導的な指標の研究**：より広範な経済の先にある、伝統的に変化する経済要因に注目する。たとえば債券利回りは、全体的な経済トレンドを予測する古典的な目安である。

■**調査**：消費者・企業の計画の要約を知る。

■**時系列モデル**：歴史的データに注目する。

■**計量経済学**：既存データを分析することで、仮説の検証につながる数学的・統計的モデルを開発し、その上で将来のための予測を立てる。

　こうした方法はみな"未来予測ゲーム"において一定の役割を持っているが、近年、主流になっているのは最後の二つである。だが、悲しいことに、どれも完全無欠とはとてもいえない。だから、多くの専門家は問題点をズバリ次のようにまとめた。「問題は、われわれに何が分か

⇩
2006年夏、ピーター・シュリフが「本当の金融危機がやってくる」と語ったちょうどそのとき、担保差し押さえの波がアメリカの住宅価格に劇的な影響を及ぼした。それは、それまでの住宅ブームの反動であり、1930年代以降、最初の全国的な住宅価格の下落をもたらし、その結果、400万の住宅が売れ残った。この問題が他の幅広い経済に与えた影響は迅速で、またたく間に全米経済は停滞した。

第8章　お金の科学

らないのかを、われわれが分かっていないことだ」

世界的なメルトダウン

2007年にアメリカで始まり、1年もしないうちに世界中に広がった金融危機について少なくともひとつだけはっきりしたことは、それがだれも気づかないうちに深く静かに進んでいたことである。もしかすると問題の一部は、経済学者たちが、現に起こっていることよりも予測ゲームの方に夢中だったことにあるのかもしれない。むろん、地平線上の暗雲を見た経済学者もいた。中でも最も大きく主張したのはピーター・シュリフだった。2006年8月、彼は次のようにいった。「アメリカはまるでタイタニック号のようで、私は今、救命ボートのそばにいる。私には本当の金融危機がやってくるのが見える」

もし彼にそれが見えたとしたなら、圧倒的多数のアナリストや評論家にはなぜ見えなかったのだろう。理由は多様かつ複雑である。ひとつの説明は、長期にわたる低い利率は消費支出を促し、それによってだれにも邪魔されたくない暢気な心理が生まれたというものである。それに対し、リスクが分散するように設計された高度に複雑な、それでいて最も洗練された銀行関係者さえも理解することができなかった金融商品の発達のせいだとする人もいる。これに加えて、一見、計画が続行できて頓挫さえしなければだれもが巨額のボーナスを手にすることができる金融業界独特の風土も無視することはできない。ある高名な経済学者集団はそれを評して「集団的想像力の失敗」と呼んだ。

理由はどうあれ、経済予測者たちは今こそ名誉を挽回する必要がある。

> "経済分野で何か予測するときに、私は最も確実な原則を思い出すようにしている。そのひとつは、これから起きることはみなすでに起きたということである"
> ——シルビア・ポーター (1913～1991年)、アメリカの経済学者、ジャーナリスト

だれも予測できなかった"災害"
(アメリカの全住宅ローン市場に占めるサブプライム住宅ローンの比率の推移)
(出所：合衆国国勢調査局)

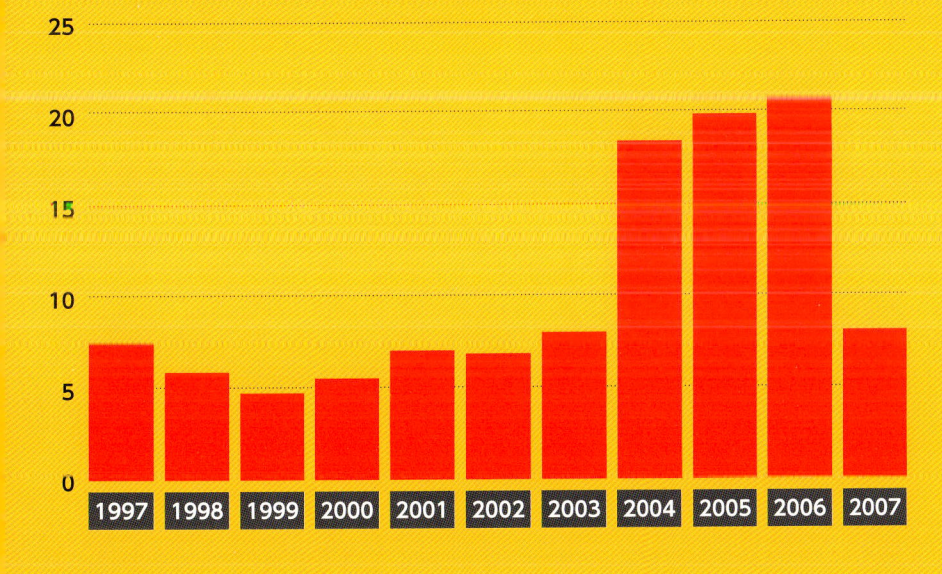

← 世界的な経済停滞は、2007年にアメリカで始まったサブプライム住宅ローン危機を契機として発生した。信用力が低い個人を対象とし、デフォルトの可能性が高いサブプライム住宅ローンは、それまで全住宅ローン市場の8％以下であったが、2000年代中ごろになると、その比率は実に20％にまで上昇。だが、それがもたらす壊滅的な結果を予測したアナリストはほとんどいなかった。

第8章 お金の科学

　私たちの歴史の大部分においてお金の発展はゆっくりしていて、ときどき小切手やクレジットカードが登場するといった感じだった。だが、過去15年にITや遠隔通信において起こった革命は、私たちがお金を守り費やす方法を根本的に変えた。

技術のインパクト

　私たちが持っているお金の大部分は実は存在しない（少なくとも物理的な形では）といったらだれもがびっくりするだろう。むろん、私たちのほとんどはお金が直接、銀行口座に振り込まれることを知っている。だが、多額の定期的な支払い（たとえば銀行ローン）は、月初か月末にひとつの銀行口座から別の口座に"ひっそりと"移動するだけである。さらに、低価格の消費製品でさえ現金を手から手に移すことなくオンラインで取引することが可能になってきている。では、技術は私たちのお金との日常的な関係をどのように変えたのだろうか。

⇩
現在、地球人口の少なくとも半数が携帯電話の使用料金を支払っていると見られている。モバイル技術の急激な成長は開発途上国において特に顕著である。そうした地域はもともと通信インフラの整備が遅れており、それが経済成長における最大の障害のひとつとなってきた。

何でも電子的に……

　今日、私たちのほとんどが、マウスを何回かクリックするだけで銀行にお金を預けたり、クリスマスプレゼントを買ったり、週間単位の食料品を仕入れたりすることを当たり前と思っている。一方、無線通信技術（80〜81ページおよび247ページ参照）を取り入れている店舗がますます増えている。これは、支払いモジュールの上に適合するスマートカードや携帯電話をかざすだけで商品やサービスの支払いができるというものである。だが、どんな新技術にも潜在的な誤用が付きものである。開発者が新しいアプリケーションをつくるのと同様の速さで、安全上の弱点を見つけ出す悪賢い軍団が出現する。
　Eメールアカウントを持っている人ならだれでも、一度はフィッシングメールを受け

取ったことがあるだろう。そう、受け取った人の秘密の金融情報をうまく聞き出すように仕組まれた詐欺的メールだ。一方、ファーミング詐欺というのもある。これは、同様に不正な目的のために、偽のウェブサイトにユーザーを誘導するやり方である。コンピューターが「トロイの木馬」と呼ばれる、一見有用に見えながら実はまったく正反対のプログラムによって汚染されることもある。これは、たとえば第三者がパスワードやログイン情報を読むことができてしまうようなプログラムをダウンロードするのである。

ウェブユーザーは、自分の個人情報を保護し、自分のコンピューターに最新のセキュリティーソフトを常にアップデートするなどの方法を実行することで、ある程度、自分を守ることができる。だが、インターネットの安全保障をめぐる闘いは、プログラマーとハッカーとの間でますます熾烈を極めている。その闘いにどちらが勝利するかは、時間が経ってみないと分からない。

銀行口座を持たない人たちのための金融サービス

近年の最も特筆すべき技術的発展のひとつはモバイルマネーの成長である。現在、携帯電話を使ってすべての銀行サービスを使うことができるだけでなく、プレミアムSMS［ショートメッセージを用いて情報サービス等の対価を通信料に上乗せして支払う仕組み］を利用するか、あるいは電話料金請求に直接チャージするかのどちらかで支払いや購入さえすることができる。銀行口座を持たない世界人口の大部分の人たちのために、今まで手の届かない存在だった多様な金融サービスへのアクセスをモバイルマネーが可能にしてくれる。

今日、世界人口の50％が銀行口座を持っていないと見られ、その大部分が開発途上国の人たちである。ゲイツ財団、世界銀行、ギャラップ世論調査が共同で148ヵ国15万人を対象に行なった調査によれば、世界の貧困層が銀行口座を持たない率は75％に上っているという（中でも男性よりも女性の方が持たない率が高いようだ）。だが、2009年に始まった「銀行口座を持たない人のためのモバイルマネー・プログラム」によれば、開発途上地域に住む銀行口座を持たない10億の人びとが携帯電話を使っているという。

現実的な場面を見ると、モバイルマネーによってたとえば次のようなことが可能になると見られている。すなわち、農村地帯に住む家族が何マイルも離れた近くの銀行に足を運ばなくても海外からの送金を受け取ること。かつては保険対象外とされていた小農地所有者が農産物の不作に対する保険を受けること。また、少量の穀物の代金を市場トレーダーが小作人に数セントの価格のSIMカードを使って支払うこと、などである。

アフリカにおけるモバイルマネー・ユーザー
（成人人口に占めるモバイルマネー・ユーザーの比率：%）
（出所：世界銀行）

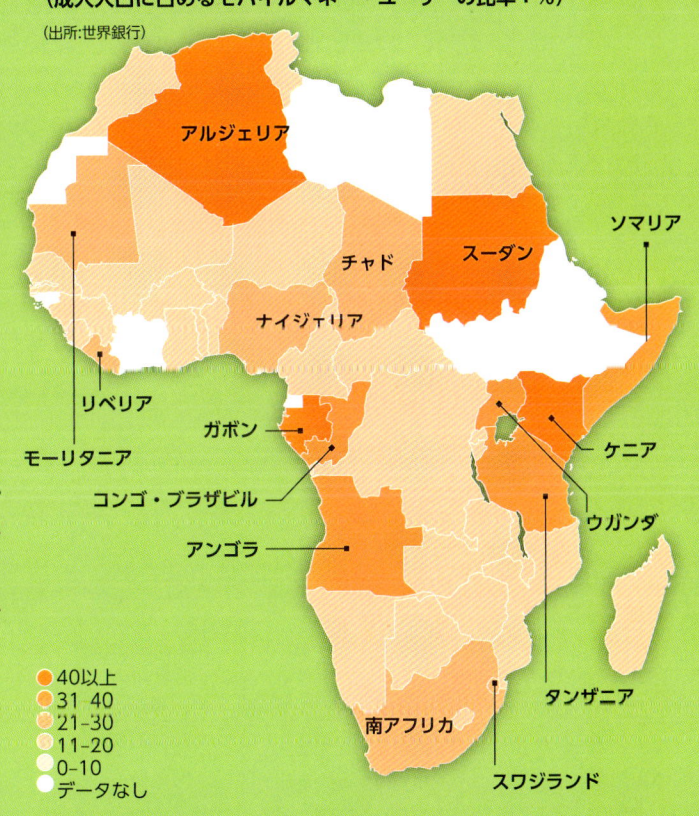

- 40以上
- 31-40
- 21-30
- 11-20
- 0-10
- データなし

⇧ 近年、アフリカは"モバイルマネー革命"の最前線となってきた。成人人口のうちの10％以上がモバイルマネーを使っている20の国を対象に2011年、世界銀行が行なった調査によれば、そのうちの15ヵ国がアフリカだった。中でも普及が最も進んでいるのはケニアで、成人の実に68％がモバイルマネーを使っていた。一方、ソマリアでは成人の約3分の1がモバイルマネーを使っている。同国では20年にわたって政府が機能していないことを考えると、この数字は驚異的といってよい。

■ 新しく登場した技術が個人とお金との関係を再定義したように、そうした技術は金融取引のあり方をも根本的に変革した。かつて、全権を握るブローカーの意を体したトレーダーたちが売り買いの注文を大声で上げながら金融市場を動かす、そんな時代があった。だが、1980年代半ば以降、国際的な取引の場にPCが導入されると、最新技術への全面的な依存が進むとともに、市場の姿はすっかり変わってしまった。

電子商取引

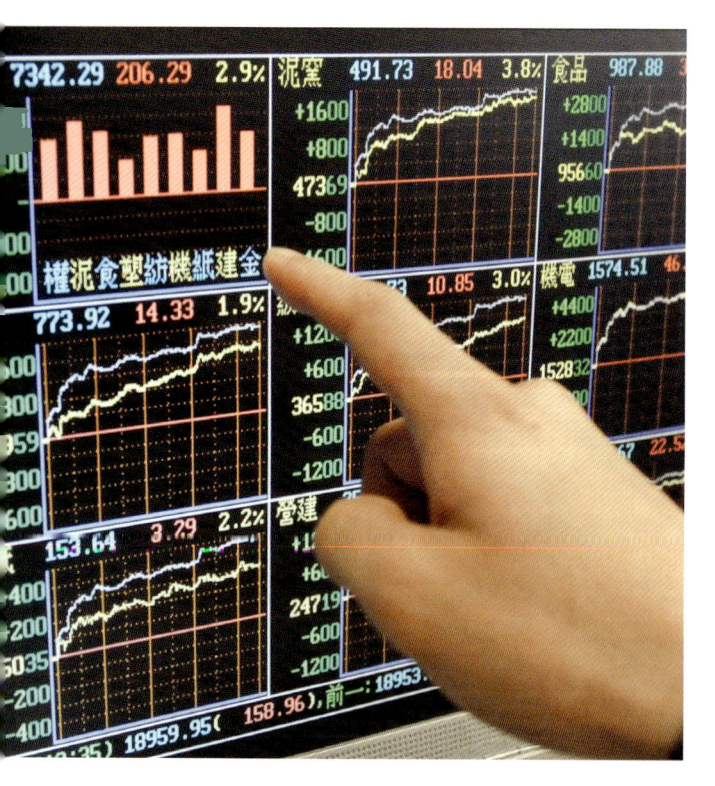

コンピューター革命がもたらした最も根本的な影響のひとつは、一度に行なえる取引の量が飛躍的に増えたことである。たとえばロンドン証券取引所の場合、1986年に自動取引システムが導入される以前の売買件数は1日あたり2万だった。それから1年以内に3倍になった売買件数は、現在50万件を超えるまでになっている。

コンピューターを通じてビジネスができるようになると、金融業界における民主化が進んだ。というのも、物理的な場所に関係なく、あるいは投資の世界に今までかかわりがなかった人でも、新たに市場に参加することができるようになったからである。加えて、ブローカーやトレーダーがいなくて済むことで取引がずっと安価にできるようになった。

だが、この技術の開花はネット上の安全保障という新たな問題をもたらした。市場は、自分自身が金持ちになることを望む犯罪者にとってのみならず、他の目的（テロ行為や戦争）のためにシステムの破壊を狙う人たちにとって格好のターゲットになった。今日、アメリカや中国といった主要国は、国家主導によるサイバー防衛組織を設立するとともに、未来の戦争は爆弾や大砲ではなく、市場の支配を獲得するためのコンピューター専門家によって決まる可能性を喚起している。

⇧ インターネットは、株、商品、先物、外国為替などにおける投資を簡単にすることで新しい顧客のために市場を切り開いた。オンライン取引に必要なものはコンピューターとインターネットのアカウントだけである。オンライン取引のもうひとつのメリットは、お金も時間も節約できることである。

アルゴ取引

人間によって物理的に行なえる以上の取引が増えるようになると、市場はしだいにアルゴリズム取引（アルゴ取引）に依存するようになる。アルゴ取引とは、事前に決められた特定の条件に合うと自動的に売買が行なわれるコンピュータープログラムをいう。今日、すべての取引の少なくとも半数がこの方法によって行なわれているといわれている。

アジアにおけるアルゴ取引の伸び

(全取引に占めるアルゴ取引の比率：%)

(出所：CELENTグループ)

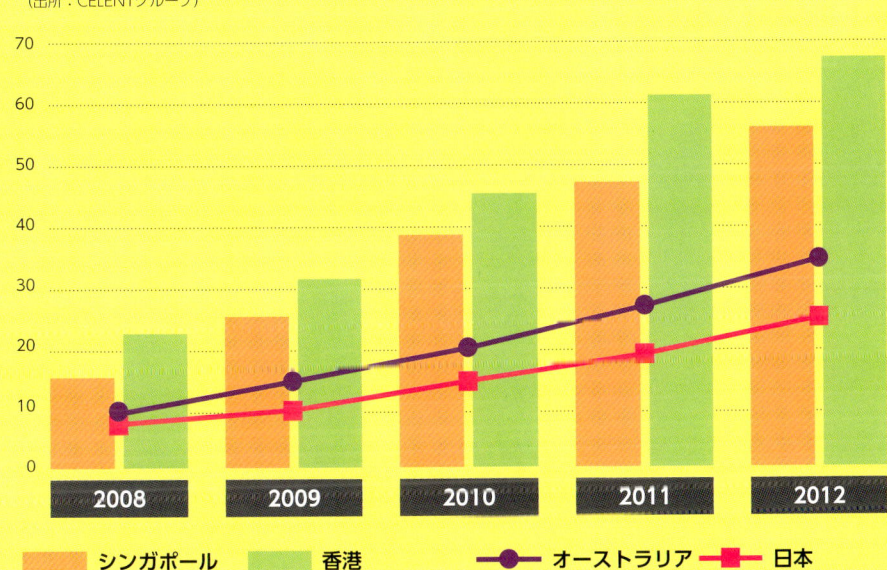

凡例：シンガポール／香港／オーストラリア／日本

> 現在、アルゴ取引の"先進国"はヨーロッパとアメリカで、全取引の半分近くがこれによって行なわれているが、アジアの伸びもまた著しい。ナイト・キャピタル・グループのような失敗例に加え、世界有数の数学者とソフトウェア開発者の専門知識から学ぶことができることを考えると、今後、アジア市場が世界のアルゴ取引のための最善の電子プラットフォームを開発することは十分にあり得る。

　このプログラムはもともと数学者によってモデル化され、過去のトレンドとパターンに対する統計的な分析に基づいて将来の市場動向を予測する公式によって動く。中には適応戦略を見越して人工知能の要素が書きこまれたものもある。

　もちろん、そうしたやり方に批判は付きものである。市場は、数学的なプログラムが単純に馴染むことのない、不合理な人間行動によって動かされる複雑な動物のようなものだと指摘する観察者も多い。さらに、自己強化型フィードバックループ［変化の度合いが増していく循環構造］の脅威という問題もある。簡単にいえば、アルゴ取引によって危機が災害に変わり得ることが懸念されているのである。たとえば、株価格が下がり、それに伴ってひとつのアルゴ取引プログラムによって株が自動的に売られる場合を想像してみよう。その結果、価格はさらに下がり、それによって他のプログラムによる売りが行なわれ、それがまた別の売りにつながる……。かくして全面的なドミノ現象が起こることは明白である。

　アルゴ取引のひとつの具体的な形態に「高頻度取引（HFT）」というものがある。これは、手持ちの株の売買を数秒という時間の中で行なうもので、ある時期、特に2010年のアメリカにおける瞬間的な価格下落（119ページ参照）にこれがかかわったといわれ、それ以降、監視の対象になった。このとき、ある技術問題が変動的な取引の急増を起こし、結果として4億4,000万ドルの損失が発生した。オーストラリア、カナダ、それにEUがみなHFTに対する規制強化につながる計画を策定しているにもかかわらず、アメリカは同様の動きを見せようとしていない。

> **インターネットは、情報交換のスピードを速め世界中の投資家にアクセスを提供することで、世界各地の株取引のペースを加速した。**

今日、市場を動かしているのはデータである。トレーダーたちがトレンドを予測し、価格を設定し、売買すべき正確な時期を決めることができるのもデータのおかげである。データはまた、アルゴリズムに基づいた取引モデルのための基盤でもある。データはこれまでにも常に市場における最も貴重な通貨となってきた。だが、近年の新しい技術の台頭によって市場は、一瞬のうちに、かつ想像もできないスピードで世界を駆けめぐる膨大な量のデータに否応なく対応せざるを得ない状況に置かれている。

データ爆発

　今日、私たちが認める世界で最初の取引所は1300年代初頭、ブリュージュ（ベルギー）の「テル・ブールス」と呼ばれる家族経営の旅籠を中心に登場したものといわれている。この建物の名前から、私たちが今日、取引所を意味するときに使う「ブールス（株式取引所）」という言葉が生まれた。商人たちが集まって商売を行なうのに適した大きな広場に面したこの旅籠のもうひとつの大きな利点は、ヨーロッパ大陸を飛び交うさまざまなニュース——戦争、出産、死亡、政治的陰謀、船の沈没などなど——を耳にする旅人たちのための宿泊施設だったことである。そうした情報がブリュージュ市場の活気を高めたことは想像に難くない。

まず初めに噂話をつかむ

　そのときと同様に今も、商人たちが最初に飛びつくのは噂話である。初めはニュースを運ぶ最速手段は馬だったが、次いで伝書鳩（ロイター通信の創業者が初めて採用したといわれる）がそれを運ぶようになり、さらに19世紀に登場した電信と電話が情景を一変させた。また、1日に1度あるいは2度印刷される新聞は、人びとに絶えず最新情報を伝えた。だが、今日の最新の遠隔通信手段によって私たちは、ニュースをリアルタイムで目撃することができる。テレビで、インターネットで、携帯電話でさえそれは可能である。

　市場についていえば、時々刻々と変わるニュースに対する渇望は満たされているが、情報の洪水はそれ自体の難題を突き付けた。第一に、データの過重負担という問題である。アルゴ取引モデルを開発しようとした動機のひとつも、それが人間よりもはるかに速くデータソースを分析できることにあった。次の問題は、ニュース放送者が、単に情報の提供者という役割を越えて話に積極的な影響を与える危険性である。24時間ずっとニュースを流すサービスはテッド・ターナー率いるCNNネットワークによって1980年に最初に始められたといわれる。するとすぐに"CNN効果"という現象が広く議論されるようになった。CNN効果とは、現に起こっているニュース報道に集中的にスポットを当てることが、ニュースで取り上げられた人の意思決定過程に影響を及ぼす

今や世界中どこにおいても情報の量が急増している。「ビッグデータ」という言葉は、この怪物のような情報量の伸びを表わしている。ビッグデータは、3〜10テラバイト（3〜10兆バイト）のサイズを持つデータセットをいう。

ことをいう。たとえば2011年8月、ダウ・ジョーンズ平均株価はわずか1日で500ポイントも急落した。結局、下落が1日以上続くと、主要なニュースネットワークは通常の報道を中断し、株価下落の話を集中して伝えた。こうした過度な報道が投資家の不安を煽り、より大きな損失につながったのではないか——ある人はこうした疑問を述べた。

プロ投資家はますます賢くなっていること、それにコンピューター駆動の取引が登場したことを取り上げてこの疑問に反論する人も少なくない。たしかにそのとおりかもしれないし、その疑問は的外れかもしれない。だが、それでもなお疑問を投げかけることは意味があるといってよいだろう。

ブルームバーグ・ストーリー

"データブーム"における最大の勝利者といえば、マイケル・ブルームバーグによって1981年に設立されたブルームバーグLPといってよいだろう。ウォールストリートの投資銀行であるソロモン・ブラザースを解雇されたばかりだった彼は、そのとき手にした1,000万ドルの解雇手当を何かに投資したいと考えた。1982年、彼は新規事業のためにさらに3,000万ドルの資金をメリルリンチから得ることに成功する。現在、ブルームバーグは世界に200以上の拠点と1万3,000人のスタッフを擁し、専門化されたソフトウェア、放送、出版、オンライン・プラットフォームの組み合わせを通じて、"生の"金融情報、ニュース、分析の収集と配布を行なっている。

中でも、ブルームバーグ社の事業における"掌中の玉"は「ブルームバーグ・ターミナル」である。これは一種のコンピューターシステムで、最新の市場動向の監視、データの分析、取引を電子的プラットフォーム上で行なうことができる。業界標準のパッケージとなったブルームバーグ・ターミナルの利用者は、今や世界で30万以上といわれる。

ブルームバーグ社は、数十億ドルといわれる国際金融データ市場の約3分の1を占めていると見られている（主な競合企業であるトムソン・ロイター社とほぼ同程度）。マイケル・ブルームバーグ（推定総資産：250億ドル）についていえば、2001年、同社の経営から引退、ニューヨーク市長に就いた。

← 膨大な量のデータを保管し分析するための金融投資システムを設計するというマイケル・ブルームバーグの先見性は、彼の個人的な財産形成に重要な役割を果たした。今日、1日24時間、金融情報とニュースを提供するブルームバーグ・ターミナルは、世界のトレーダーにとって不可欠な道具であり、毎日アクセスされるターミナルの数は30万を超える。

第9章 お金と法律

⇧
ロンドンの中央刑事裁判所の塔屋にある「正義の女神」はその手に真実と正義の天秤を携えている。それは、不正、中でも他人のお金を得ようとする犯罪者たちに対する社会の終わりのない闘いを示している。

　「お金は諸悪の根源」とよくいわれる。たしかに聖書にも、パウロがテモテにあてた最初の手紙の中で「お金を愛することは諸悪の根源である」と書いたとある。わずかな違いだが、まことに含蓄に富んでいる。なぜなら、問題はお金そのものにあるのではなく、それを所有したいという私たちの飽くなき欲望にあるからである。お金があるかぎり、それを不正に得たいと考える人はなくならない。

　スリから銀行強盗に至るまで、あるいは帳簿をごまかす会計士から年金資金をこっそりと流用するCEOに至るまで、犯罪者は悪銭を得るための試みを止めようとしない。反対に社会は、予防あるいは検挙や処罰などによって彼らに対抗してきた。

犯罪はリスクに見合うか？

　そもそも犯罪者は、もともと自分のものでないお金を得ることがリスクに見合うとなぜ考えるのだろうか。それはおそらくとても単純なことで、いくつか簡単な経済的計算をした結果なのだろう。第1に彼らは、自分たちが得るかもしれない報酬（盗んだ富

を自分が負うであろう面倒よりも過大に評価する（つまり、富が得られるのであれば犯罪歴を持つ、投獄される、あるいは文化によっては肉体的・経済的処罰を受けても構わないと考える）。第2に彼らは、自分の時間や労力を"まともな"経済活動よりも犯罪行為に使った方がより大きな利益が得られると考える。

たしかに犯罪行為はそれにかかわる個人に利益をもたらすかもしれないが、社会全体にとっては何の利益ももたらさない。お金がからむ犯罪に要するコストは失われる金額そのものに留まらない。単純な窃盗であっても、それを埋め合わせるためのさまざまな代償が必要になる。たとえば、代わりの資金を見つけなくてはならない（保険金の支払いなど）、保険料率が上がる、被害者の通常の経済活動が難しくなる（修理のために店を閉めなければならないなど）、セキュリティー策を強化しなければならない、警備費がかかる、司法制度の費用が増える、生産的な経済活動のための資源（犯罪者が費やした時間や労力、その他の資源）が失われる、奪われたお金が"地下"に潜ることによって税収が減る——などである。

今日、法的な犯罪対策は、従来型犯罪（路上強盗、武装強盗など）とホワイトカラー犯罪に重点を置いている。「ホワイトカラー犯罪」とは、1939年に社会学者のエドウィン・サザーランドが最初に使った表現で、「普通なら合法的と見なされる職業において、個人またはグループで実行される、通常、暴力を伴わない金融犯罪」を指す。

⇧
2017年の終わり、カリフォルニア州パームデールのフリーウェイで武装銀行強盗団を追う数多くの警察車両。この種の犯罪に対抗するために、最新技術の導入、厳罰化などさまざまな対策が講じられているが、FBIによれば2011年には5,000件以上の銀行犯罪があり、被害額は3,800万ドル以上に上ったという。

第9章　お金と法律

■ 強盗とは「力または力による脅しを用いて財産を違法に奪う行為」であり、世界中どこでも法的に犯罪である。この犯罪の特徴は被害者が明瞭なことで、しばしば非常に破壊的な影響をもたらすから、それに見合う処罰が科せられてきた（歴史的に見ると、流罪や処刑といった厳罰が科せられてきた）。だが、盗賊と私たちの関係は必ずしも単純ではない。民衆のヒーローとして美化されてきた盗賊の例は枚挙にいとまがない。

強盗

もちろん、いいときも悪いときも人びとは盗人に備えてきた。強盗はある特別な人格を持つ人のための"選ばれた職業"ではないし、特定の背景のせいでもない。それでも、経済が停滞すると強盗が増えるという推論は論理的のように見える。世の中に流通するお金が減り失業者が増えると、自暴自棄に陥った人が金銭的不足を解消するために不正な方法を行使するのは当然とも思える。

だが、この主張を証明する証拠は不十分である。たとえばCNNは2008年12月末、ニューヨークの銀行強盗が前年比54％増えたと報ずるとともに、「銀行強盗がこれほど増えたのは不景気のせいか」というありきたりの質問を投げかけた。だがそれから1年ほど後、USAトゥデー紙は「不景気にもかかわらず2009年、銀行強盗が減少」との見出しで、銀行強盗が全国的に20％減り、過去10年で最低の水準になったことを伝えた。

事実、犯罪と不景気との関係を調べたほとんどの学問研究は、それらの間に直接的な相関関係がないことを示している。ただ、失業が顕著な地域においては犯罪率が高いという統計はよく知られている。このことから、失業が長期化すると犯罪が増えるという説明が成り立つ。短期的な経済の落ちこみは、長期にわたる失業が見こまれる状態よりも犯罪の原因となる確率が低いといえる。

"ロビン・フッド現象"

強盗は社会的な破壊行為であり望ましくないというのがほぼ普遍的な見方だが、"庶民のヒーロー"として人気を得た盗賊もいた。中でも最も有名かつ長く語られてきたのはロビン・フッドだろう。明らかに歴史的な脚色に違いないが、伝説によればロビンは、13世紀イギリスの森を駆け巡りながら金持ちから盗んだもの

⇩ 下の図は、窃盗犯罪に関するFBIのデータと、全米経済研究所（NBER）が特定した1960年から2010年までの七つの景気後退をプロットしたものである。これを見ると、犯罪と刑期状況との間に関連がないことが分かる。

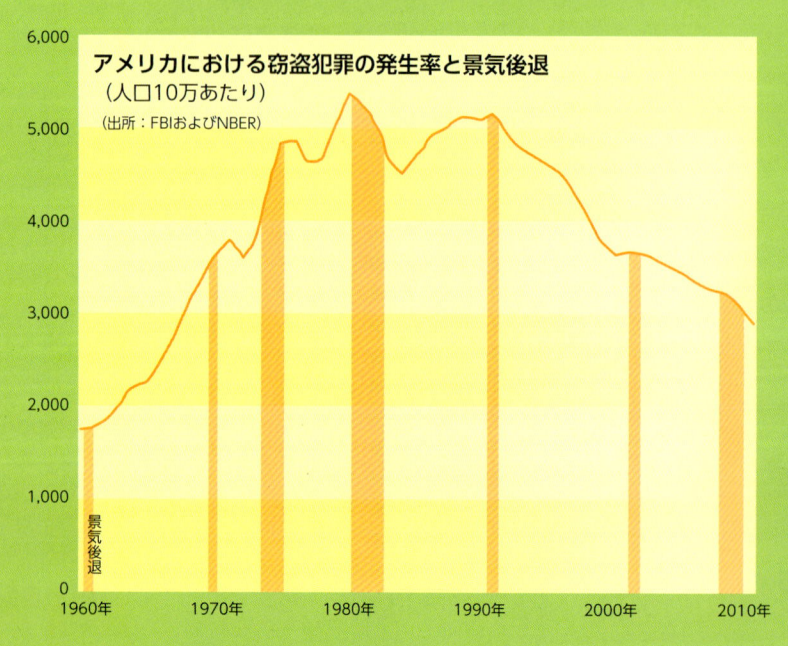

アメリカにおける窃盗犯罪の発生率と景気後退
（人口10万あたり）
（出所：FBIおよびNBER）

を貧者に与えたという。悪名高いジョン王の悪政への反抗者であるロビンは、典型的に平凡な男であり、抑圧された市民に代わって不公正な体制を襲ったといわれる。彼の伝説は、中世において、そしてその後もずっと、経済的に恵まれない人びとにとって"ダビデとゴリアテの戦い"［旧約聖書に記された、ペリシテ人の巨人兵士ゴリアテとユダヤ人の羊飼いの少年ダビデの戦い。弱小な者が強大な者を打ち負かす喩え］であり続けた。

近年にも同様の役割を満たす人が現れている。たとえばオーストラリアのネッド・ケリーは、強盗であり冷酷な殺人者から、英国系オーストラリア人の支配階級への反逆者に"昇格"した。それから少しあとアメリカで、ジョン・ディリンジャーとボニーとクライドが大恐慌の中から庶民のヒーローとして登場した。彼らはみな罪のない人の血を流したのだが。経済的な不平等がきわめて明瞭な時期になると、強盗がしばしば"持つ者"に対抗する"持たざる者"の偶像として見られるようになる（だが現実は、彼らは無慈悲と不正を通じて"持つ者"の一員になろうとし、彼らの行く手を遮る"持たざる者"に対してはあまり関心を示さなかった）。

⇧
ロビン・フッドは"高貴な無法者"の典型である。ディック・ターピン、ネッド・ケリー、ボニーとクライドといった同類たちとならんで、彼の犯罪は、ジョン王の腐敗した統治に対する戦いという、彼独自の道徳観を体現したものだった。

史上最大の銀行強盗

歴史上、恐れを知らない、極悪な銀行強盗の話はいくつもあるが、単一かつ最大の銀行強盗は目出し帽をかぶり武装した男ではなく、ひとりの有名人（ただし、悪評の方で有名だったが）が行なったものである。2003年3月、サダム・フセインの世界はアメリカ主導の連合軍によるバグダッド攻撃によって崩壊寸前に陥った。そんな中、彼は部下に命じてイラク中央銀行を襲わせ推定10億ドルを奪った。その大部分が息子のクサイ・フセインのためのお金だった。その後アメリカ軍はその大部分を発見、そのうちの6億5,000万ドルはサダムが放棄した王宮に隠されていた。

詐欺とは他人の財産をだまし取る行為である。詐欺はとても広い犯罪で、他人のクレジットカードを使う、架空の募金を集めるといった個人レベルのものもある一方、大きな組織や組織を裏切った個人によって実行される、数百万ドル単位、中には数十億ドル単位のお金をかすめ取るような大規模な詐欺犯罪も少なくない。

詐欺

現在ほぼどこの国も、企業と金融機関の癒着に目を光らせる金融監督官庁を少なくともひとつは置いている。近年、そうした部門の数は増える傾向にあり、それぞれが個別の事業分野に特化するようになっている。監督官庁の名称は国によってさまざまで、かつ巨大な組織をつくっているところが多い。たとえば、アメリカの連邦準備制度と証券取引委員会、イギリスの金融サービス機構、ドイツの連邦金融監督庁、中国の銀行監督管理委員会などである。ある意味でこれらの機関がうまく機能しているかどうかを知るのは難しい。というのも、うまく行っているときほど活動の様子があまり伝わってこないからである。それでも、世界中から大がかりな企業犯罪に関するニュースが聞こえてくるたびに、私たちはそうした機関が活動していることを知るのである。

最悪のホワイトカラー詐欺は国の安定さえも脅かすことがある。ドミニカ共和

⇩
教養があり、信頼され、高い評価を得、そのうえ成功した合法事業をすでに営んでいたバーナード・マドフはまさに稀代の詐欺師だった。彼は史上最大のポンジ・スキームを仕組み、10年以上にわたって当局に発見されないまま数百万ドルを稼いだ。そうした詐欺が成功したのは、新しい投資家が無限に見つかり、そのお金を既存の投資家に支払うことができたからである。だが、その仕掛けも2008年になって市場が落ち込むにつれてほころび始め、投資家たちは自分の資金の引き出しを求めた。そうした事態になっても、彼の犯罪の本当の規模が明らかになるためには、彼の自白を待たなければならなかった。

国のインターコンチネンタル銀行の頭取だったラモン・バエズ・フィゲロアの例を見てみよう。彼の頭取時代、預金額の3分の2という大金が公式の帳簿から消えていることを当局が指摘。2003年、同行は22億ドル（同国の国家予算の3分の2に相当）の負債を抱えて倒産、公的資金による救済を余儀なくされた。その後、インフレの高進、貧困の悪化、通貨の切り下げといった事態が相次いだ。バエズ・フィゲロアは結局、禁固10年の刑に科せられた。

マドフ事件

もし2000年代後半のグローバルな経済不安を象徴する詐欺事件をひとつだけ挙げるとすれば、バーナード・マドフの富裕資産管理ビジネスに絡むものになるだろう。もともとNASDAQ取引所の会長だったマドフは1960年、ひとつの投資企業を設立し、2008年に逮捕されるまでその会社の経営に当たった。その年までに彼のヘッジファンド事業は約400億ドルの損失を計上したが、あとから加わった投資家から得たお金を初期の投資家に支払うことでこの事実を隠した。こうしたやり方を「ポンジ・スキーム」［自転車操業的詐欺］という（1900年代初頭にチャールズ・ポンジが犯した詐欺事件に由来する）。2009年3月、マドフは11の連邦重罪を認め、禁固150年の判決を受けた。

エンロン事件

だが、企業犯罪の歴史における重要な分岐点といえば、何といっても2001年のエンロン倒産といってよいだろう。その当時、同社はヒューストンに本社を置く、年間売り上げ1,000億ドル超の巨大エネルギー企業だった。違法な会計の抜け道を組み合わせる、特別目的事業体（合法的な別会社）を設立する、財務内容を粉飾するといったことによって、同社経営陣は数年間にわたって数十億ドルに及ぶ損失を組織的に隠し続けた。

2001年12月に起きた同社の倒産はアメリカ史上最大だった。複数の罪で有罪の判決を受けた同社の重役も数人いた。その中には同社創業者であったケネス・レイも含まれていて、六つの詐欺・共謀罪で有罪とされた（だが、服役の数ヵ月前に心臓発作で死去した）。

同社の監査責任は、当時、世界5大監査法人のひとつといわれたアーサー・アンダーセンにあった。同社は職業上の責任を果たしていないと見られ、また事件に関連する書類を破棄するなど司法妨害があったことを問われたが、それはあとになって連邦最高裁によって覆された。しばらくしてアンダーセン社のもうひとつの顧客であるワールドコムが不正会計の罪に問われ、2002年7月、破産に追い込まれた。それはエンロンを上回り、史上最高を更新した。これらは相次ぐ会計スキャンダルのうちの二例でしかないが、それにより世界最大の経済が自らの基本的な機能の一部を厳しく見直すこととなった。ところで1913年に創業したアンダーセンはその後、業務を他社に売却したが、中核スタッフは今も法的残務の処理に当たっている。

インサイダー取引

企業世界に関連するもうひとつの詐欺行為といえばインサイダー取引、つまり証券に関する非公開の情報にアクセスすることで証券を取引する犯罪がある。映画「ウォール街」に登場したゴードン・ゲッコーを思い出してほしい。この犯罪に該当するのは必ずしも取引を行なう個人が問題となる会

テキサス州ヒューストンにあるこのビルで、重役たちはエンロンを全米第7位の大企業に仕立て上げた。彼らの強欲はまさに際限知らずで、財務報告書の組織的な改ざん、自社株の売却などによって、この会社が破産するまでに数百万ドルを得た。

第9章 お金と法律

> "経済分野で何か予測するときに、私は最も確実な原則を思い出すようにしている。そのひとつは、これから起きることはみなすでに起きたということである"
> ── ピーター・リンチ
> （1944年生まれ）、アメリカの著名投資家

社の社員である場合だけではない。公開されていない情報を受け取ることで利益を得た人はみな罪に問われる。

近年、インサイダー取引に問われた最も有名な人といえば、アメリカ随一の実業家であり、ライフスタイルの先導者、テレビのパーソナリティでもあったマーサ・スチュアートだろう。推定資産10億ドルといわれた彼女は、イムクローン社が近々にアメリカ食品医薬品局による有害規制を受けることになるというメリルリンチ社ブローカーからのマル秘情報を得た（といわれた）直後の2001年12月、同社の株（わずか4万5,000ドル程度だった）を売ったことを訴えられた。その後彼女は刑事告訴され、2004年、禁固5ヵ月の刑が確定した。この事件は、「ニューヨーク誌」が1995年、「間違いなく我々の時代を代表するアメリカ女性」と評した人物のキャリアを脅かしかねないものとなった。

だが彼女も、かつてギャレオン・グループというヘッジファンドを率いたラジ・ラジャラトナムに比べればまだ幸運といってよい。大規模なインサイダー取引ネットワークの中心人物と目された彼は2011年、アメリカ裁判所の有罪判決を受け、禁固11年、罰金1,000万ドルを科せられた。これはインサイダー取引としてはアメリカで最も長い禁固刑だった。

だが一方で、インサイダー取引は市場に実際的な利益を与えていると主張する人もいる。たとえばミルトン・フリードマンは2003年、こう述べた。「インサイダー取引はこれからもっと増えるだろう。なぜなら、企業の欠陥に関する情報を最も知る人がその情報を広く社会に伝えることを、だれもが望む傾向があるからだ」

インサイダー取引の仕組み

1 社員Aが社員Bに、「青の会社が赤の会社を市場価格以上で買収することを提案するという文書を見た」と話す。

2 社員BがCさんにこの噂話を伝える。

3 Cさんが赤の会社の株1,000株を1万ドルで買う。

4 赤の会社が青の会社による買収を発表する。株価が1株あたり15ドルに上昇する。

5 Cさんは持っている株を1万5,000ドルで売り、インサイダー取引によって50％の利益を得る。

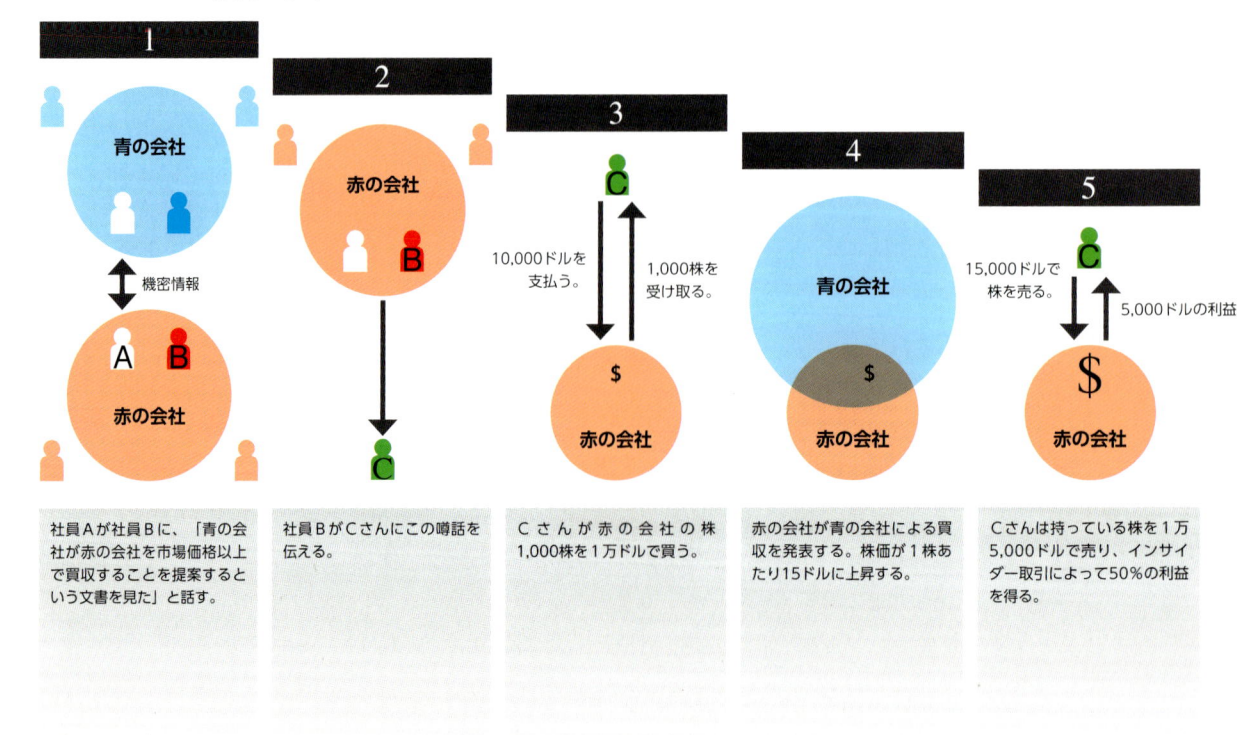

組織犯罪者集団を表わす単一の標準的な定義はないが、1988年、インターポール（国際刑事警察機構）は次のような説明を使うことで合意した。つまり、「企業と同様の構造を持ち、違法な活動を通じて金銭を獲得することを主たる目的とし、しばしば恐怖と腐敗によって生き延びる集団」である。

組織犯罪

　組織犯罪者集団が行なう活動には、恐喝、窃盗、詐欺、（麻薬、武器、人間などの）運搬、売春、違法な賭博、見かじめ料の取り立て、偽造、不正入札、契約殺人などがある。加えて組織犯罪者たちは、違法活動のための"前線基地"として、また資金洗浄の手段として表面的には合法の事業を営んでいることが多い。

　一般に近代的な意味での組織犯罪は、イタリアのマフィアファミリーたちにその起源があるといわれる。彼らは20世紀初頭にその独自の"犯罪ブランド"をアメリカに輸出した。そしてこの数十年、アメリカ国内のイタリア・マフィアの勢いが衰える中、組織犯罪は国境を越えた現象としてますます活発化している。特に、1991年のソ連崩壊は、犯罪者集団に東欧や中央アジアへの進出という好機をもたらした。今日、組織犯罪者の魔手は世界の隅々にまで及んでいる。

⇩
組織犯罪は今も、世界中の警察組織にとって大きな問題である。現在、中央アメリカは麻薬取引の"中心地"であり、アメリカに流入するコカインの90％がこの地を経由していると見られている。麻薬密売の支配をめぐるギャングの抗争は2006年から激しくなり、2010年以降、この地で起きた殺人事件は推定3万3,000件に上る。下の写真は、エルサルバドルのサンサルバドル市郊外で、ギャング団のひとつである「マラ・サルバトルチャ」のメンバーが殺人容疑で逮捕されたところ。

第9章　お金と法律

グローバルな禁制ビジネス
(麻薬、人間、偽造商品の取引ルート)

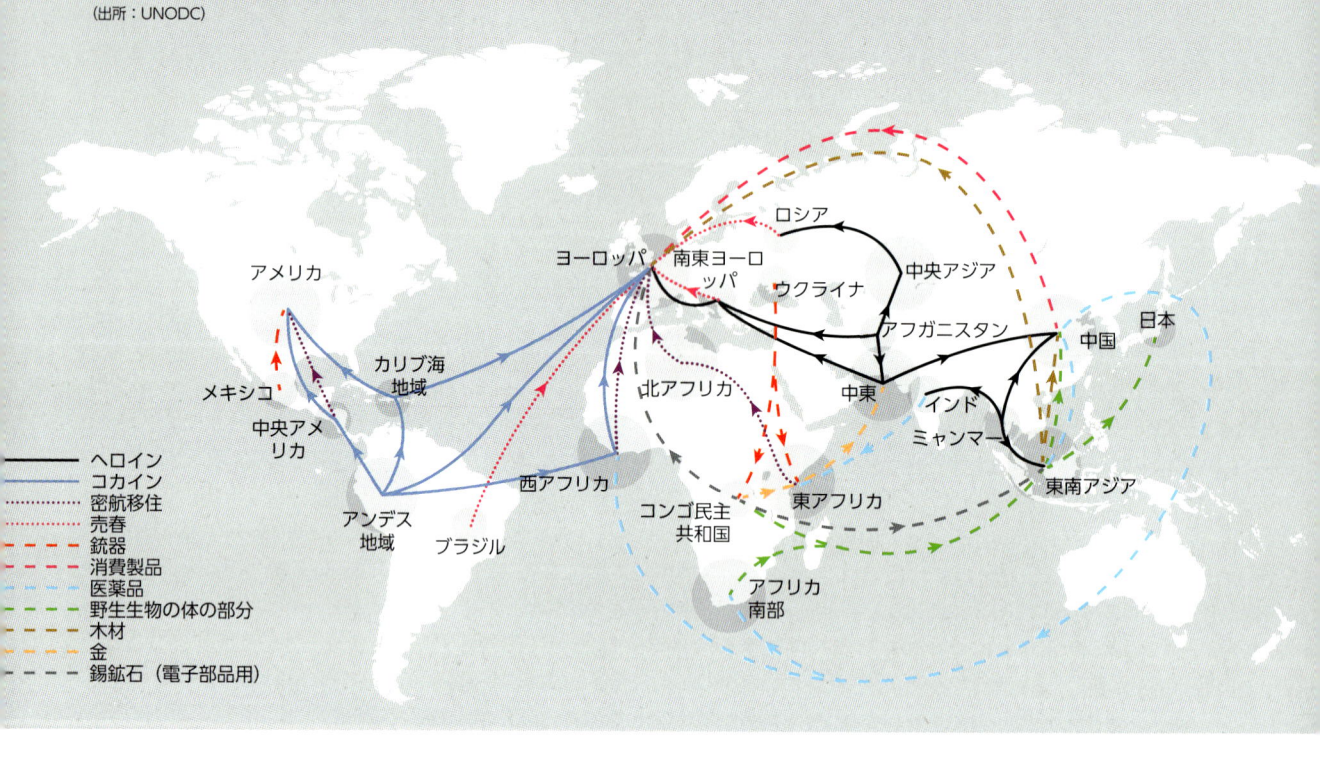

(出所：UNODC)

凡例：
- ——　ヘロイン
- ——　コカイン
- ……　密航移住
- ……　売春
- ---　銃器
- ---　消費製品
- ---　医薬品
- ---　野生生物の体の部分
- ---　木材
- ---　金
- ---　錫鉱石（電子部品用）

⇧
麻薬、銃器、人間の輸送をはじめとする国境を越えた組織犯罪は、ひとつの大陸で違法製品を調達し、別の大陸を越えて運び、第三の大陸でそれを売るなど、今やマクロ経済の一部の様相を呈している。組織犯罪はけっして同じ所に留まることはなく、新しい犯罪が登場し、犯罪ネットワーク同士の関係が柔軟で洗練されたものになるにつれて変化する。

世界的な"進出"

2012年、「国連薬物犯罪オフィス」は、組織犯罪の規模は今や毎年8,700億ドルに達しているとの推計を発表した。これは全世界の輸出額のおよそ7％、同じくGDPの1.5％に相当する。ところで、2008年ミーシャ・グレニーは『世界犯罪機構』と題する自著の中で、国際的な組織犯罪の額は世界経済の15％に匹敵すると示唆した上で、国際的な組織犯罪はグローバルな安定にとって国際テロよりも大きな脅威になると結論づけた。

たしかに、マフィア集団は共産主義没落後のロシアの経済風景を一変させた。アメリカの戦略国際問題研究所の「国際組織犯罪プロジェクト」は、ロシア国境内にある組織犯罪者集団の数が2000年までに6,000になったとの推計を発表した。また、ロシア経済の40％が犯罪者集団の手中にあり、1990年代の終わりごろには、同国から流出する資金が毎年約200億ドルに達したと推定する学者もいた。

2000年代後半の世界的な経済危機は、そうした国際犯罪者集団にとってさらなる拡大の好機を与えた。不動産や金融市場など、その当時だれもが尻込みするような分野に投資目的で用意した資金をつぎこむなど、全体的な傾向をリードする上でイタリア・マフィアは特に力を発揮した。2009年、イタリア・マフィアの利益成長率は8％と見ら

高貴な実験

1919年1月、アメリカ憲法修正第18条が承認されたとき、アルコールの商業生産と販売を禁じたことによって禁酒法主義者が勝利したかに見えた。だが、供給を断つことはできても需要を止めることはできなかった。組織犯罪者たちが入り込む隙がここにあった。そのころの最も有名なマフィアといえばアル・カポネで、1920年代終わりころの彼の"会社"は、密造酒から少なくとも年に6,000万ドルを稼いだといわれる。だが、禁酒法は合法的なビジネスにも壊滅的な打撃をもたらしただけでなく、毎年1,000人のアメリカ市民が違法なアルコールの飲用によって死んだ。1928年、ときのフーバー大統領は修正第18条を評して「偉大な社会的・経済的実験であり、動機において高貴だったが、目的において遠大だった」と述べた。1933年、同修正条項は廃止された。

れ、1,800億ドルの収入のうち実に1,040億ドルが利益という"荒稼ぎ"ぶりだった。偽札づくりとその洗浄は組織犯罪者集団の伝統的な商売だった。偽札が経済に浸透すると、紙幣供給量の増加により本物のお金の価値は著しく下がる。さらに、偽札を額面で受け取ってしまった店が、直接の被害を補償してもらうことはほぼ不可能である。

1980年代から2000年代にかけてアメリカはいわゆる"スーパーダラー"に悩まされた。あまりにも精巧なため、だれもが本物と疑わなかった偽の100ドル札である。アメリカ政府はこの偽札の出所が北朝鮮であることを示唆した。というのも、同国が本物のドル紙幣で国庫を満たすためにこれまでにも偽札の洗浄を行なっていると見られてきたからである。

だが、偽札をマクロ経済レベルで見ればその影響を過剰に心配する必要はない。今や現実のお金の大部分が電子的な形になっていることを考えると、偽札の流入がたとえばインフレに大きな影響を与えることはほぼなくなったといってよい。

⇩
2011年にペルーのリマで行なわれた記者会見で、総額200万ドル近いドル偽造事件で押収された偽100ドル札のサンプルを示す警察当局者。警察は、印刷機械を持っていたレストランを摘発した際、この偽札を発見。警察当局は、このレストランが、アンデス地域の中心都市リマで行なわれていた大規模な偽札づくりの組織の一部であることをつきとめた。

第9章　お金と法律

■非公式経済は合法だがグレイな分野に存在し、一国の経済の非公式部分を構成するとともに、規制、課税、監視を免れ、大部分が公式の統計に現れない。その名称もさまざまで、「陰の経済」「地下経済」「闇市場」などと呼ばれ、ときには「システムD」——フランス語圏のアフリカやカリブ海諸国で「自立した経済」を意味する"l'economie de la débrouillardise"に由来する——と呼ばれたりもする。

非公式経済

　非公式経済はその本質において合法ではないが、組織犯罪とはまた別物である。2010年に発行された世界銀行の政策調査報告書では、地下経済を次のように定義している。「闇経済は、所得税・付加価値税・その他の税金の支払いを免れること、社会保障費の負担を免れること、最低賃金・最長労働時間・安全基準といった一定の法的労働規準の遵守を免れること、統計アンケートやその他の行政書式への記入といった一定の行政手続きを回避することのいずれかを目的に、規制当局の目を意図的に逃れて市場を基盤として合法的に生産されるすべての財とサービスを含む」
　非公式経済の範囲は、路上での物売りや廃棄物回収のような単独の商売人から、工場生産や輸送を伴うような大規模かつ組織的な事業に至るまで、実にさまざまな形態に及ぶ。
　だが、従業員には低賃金を支給し、雇用保障はほとんど、あるいはまったくないとい

⇩
マレーシア、コタバールの市場の露店で客を待つ女性。2020年までに世界の労働力の3分の2は非公式経済で生計費を得るだろうという推計もある。

うのが典型的な形だ。それでも闇経済は、公式の経済が十分に浸透していない地域においては雇用のための数少ない機会となっていることが多い。非公式経済は、制度の整備が十分でない、公式経済への参入に顕著な障害がある、また低廉な製品・サービスへの需要が高まっている地域において活発になる傾向がある。

非公式な大経済圏

非公式経済がグローバルな経済システム、とりわけ開発途上国にとって重要であることは今や明白である。2009年、経済協力開発機構（OECD）は18億人が非公式経済に雇用されていると推定し、2020年までに全世界の労働力の3分の2を占めると予測した。一部の専門家は世界の非公式経済が公式的なGDP合計の17％に相当すると見ており、特にサハラ砂漠以南のアフリカになるとその数字は38％に跳ね上がる。対照的に、OECDに加盟する高所得諸国においては13％に下がる。年間10兆ドルもの規模を持つ非公式経済をひとつの国として見れば、それはアメリカに次いで世界第2位の経済圏といってよい。

一般に非公式経済の出現は公式経済の停滞の証しだとすれば、もしそれが存在しなければ、結果はかなり悲劇的といってよいだろう。

⇩ 21世紀の最初の10年に関する世界銀行のデータによれば、非公式経済が国の全体的な経済規模の半分以上を占める国は13に上ったという。

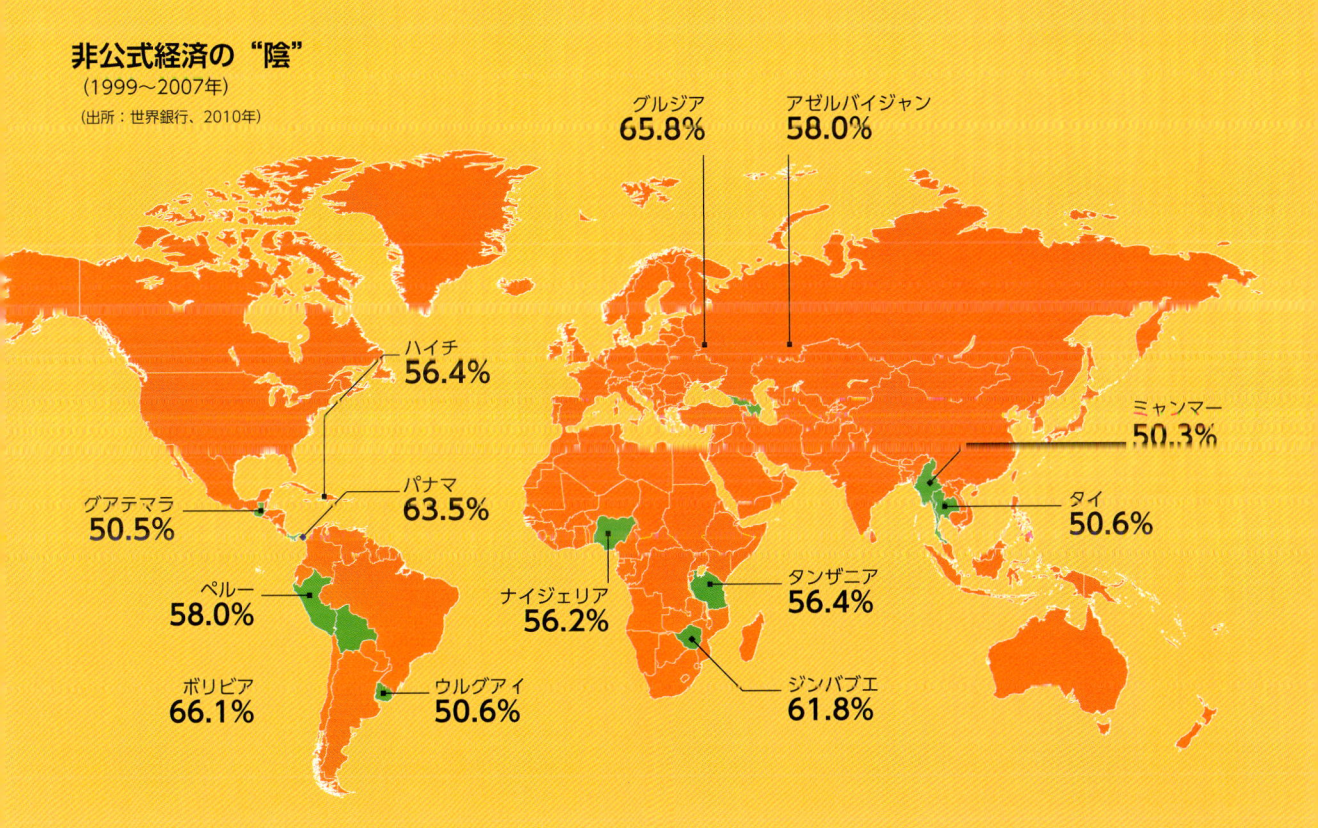

非公式経済の"陰"
（1999～2007年）
（出所：世界銀行、2010年）

- グルジア 65.8%
- アゼルバイジャン 58.0%
- ハイチ 56.4%
- ミャンマー 50.3%
- タイ 50.6%
- グアテマラ 50.5%
- パナマ 63.5%
- ペルー 58.0%
- ナイジェリア 56.2%
- タンザニア 56.4%
- ボリビア 66.1%
- ウルグアイ 50.6%
- ジンバブエ 61.8%

> 脱税とは、故意に虚偽記載する、本当の財務状況を隠蔽するなど、違法な手段を用いて当然支払うべき税の納付を回避することをいう。したがって、倫理的には"怪しい"といわれることもある合法的な方法（たとえば、税金の抜け穴を巧みに利用する）を用いて税金の額を下げる節税とは別物と考える必要がある。脱税を犯すのは個人もあれば企業もあり、司法権の及ぶほとんどの地域において罰金刑が科せられ、状況によっては収監されることもある。

脱税

"節税と脱税の違いは、刑務所の壁一重である"
── デニス・ヒーリー（1917年生まれ）、イギリスの政治家

脱税は、税収ギャップ（一国の経済において課せられるべき税金額と実際に集められる税金額との乖離）に永遠に取り組まなければならない政府にとって"悩みの種"である。この問題は政府の収入にとって甚大な影響を及ぼす。たとえば非公式の推計ながら、2008年のアメリカの税収ギャップは5億ドルに上り、アメリカ経済の"荒れ模様"が顕著になるなか、連邦準備金を刺激するには十分な額だった。

納税回避の方法はたとえば次のようなものである。すなわち、納税期限がきても税金を支払わない、納税申告書を提出しない、収入の過小評価や支出の過大評価などによって納税申告書を正しく記載しない、従業員の税金を少なく支払うために就業実態を正しく報告しない、関税を回避するために秘密裏に輸入・輸出（言い換えれば密輸）する、オフショア口座などに資金を隠す、などである（51ページ参照）。

ギリシャの財政赤字の推移
（GDPに占める割合：%）
(出所：OECD)

⇨ ギリシャは歴史的に財政資金確保のためのインフラが貧弱なことで悪名が高かった。OECDは2011年、同国の脱税額がGDPの約5％に匹敵すると算定した。右の図は、過去50年以上にわたって脱税がギリシャの財政赤字に与えた影響を示したものである。青の棒は実際の赤字額を、紫の棒は税金がちゃんと支払われていた場合の推定赤字を示している。

期間	実際の赤字	推定赤字
1960–69	-0.6	—
1970–79	1.2	-3.8
1980–89	8.1	3.1
1990–99	8.4	3.4
2000–09	5.9	0.9

奢れる者の没落

　脱税は、事業家、政治家からスポーツ選手、映画スターに至るまで、多くの著名人の失墜の原因になってきた。それはまた、"ギャングの中のギャング"といわれたアル・カポネのアキレス腱でもあった。シカゴを拠点に冷酷な犯罪ネットワークを組織したカポネは、違法賭博、恐喝、売春、密造酒などによって巨額な利益を挙げた。彼はまた、1920年代最大のギャングの抗争といわれた聖バレンタインデーの虐殺の黒幕としても広く知られている。

　これらの犯罪行為のどれひとつにおいても彼を容疑者として特定できなかった当局は、1931年、代わって脱税の罪で彼を追い詰めることを決めた。その結果、有罪とされた彼は禁固11年の刑のほかに未払いの税金＋利子として21万5,000ドル、罰金として5万ドル、それに訴訟費用として7,962ドルを支払うよう命じられた。彼は7年の刑期を務めたが（大部分はアルカトラズ刑務所で服役した）、梅毒を患ったために釈放された。病気は彼の理性をも奪い、犯罪の地下世界に戻ることのないまま、1947年にこの世を去った。

　だが、少なくとも脱税の点でいえば、ウォルター・アンダーセンが犯した罪に比べればカポネといえども少し軽く見える。通信事業の企業家であった彼は、オフショアの租税回避地を利用した複雑なネットワーク、ダミー会社、偽名などを悪用、1990年代に支払うべき税金の支払いを逃れた。2005年に彼は逮捕され、3億6,500万ドルの所得を隠した罪に問われた。驚いたことに、彼は1998年に1億2,600万ドルを得たにもかかわらず6万8,000ドルの所得を申告、わずか495ドルの税金を支払った。だが徴税官がもう騙されることはなかった。2011年、アンダーセンは追徴課税と罰金合わせて2億5,000万ドルの支払いを命じられた。加えて彼は、その罪を考慮して禁固9年の刑を受けた。当然、今後は税金によって暮すことになる。

⇧
1931年、脱税の罪で有罪判決を受けた際、シカゴの法廷で弁護士とともに笑顔を見せるアル・カポネ（写真中央）。彼は7年の刑期を務め、そのうちの5年をアルカトラズ刑務所（下の写真）の第433・181独房で送った。

第9章　お金と法律

> ならず者国家は、その解釈の柔軟性を考えると、いろいろと意見の分かれる概念といってよい。ならず者国家とは、広く国際法を侵すこと（典型的には人権侵害、テロ支援、大量破壊兵器の拡散など）によって国際社会の安全保障にとって脅威と見なされる国々を指す。どの国がそれに該当するかはさておき、ここでは、どうしたらそうした体制の土台を壊すことができるかを、財政的な観点から考えてみたい。

ならず者国家

↓
現在、"悪の枢軸"の中で最も不人気な人物といえばイランのアフマディネジャド大統領（写真手前）と最高指導者のハメネイ師といってよいだろう。イランは1979年のイスラム革命以来、核開発計画の疑いにより、単独および多国的制裁の対象になっている。

　ならず者国家への指定は非公式な問題で、歴史的に見ると、ある時点におけるアメリカ政府の政治的ポジショニングに関係してきた。実際にはこの言葉は2000年ごろになるとアメリカ国務省では使われなくなり、代わって「懸念すべき国家」といった表現が使われ始めた。だが、2001年9月11日にテロ攻撃が起こると、ブッシュ政権は「悪の枢軸」（イラク、イラン、北朝鮮から成る）を問題にし始め、そのせいでならず者国家の概念が復活した。ならず者国家の"配役"は時代とともに変わるが、イランと北朝鮮はこの不人気なギャング集団の"常連"となってきた。国際社会は、彼らに対処するために外交交渉、経済制裁、武力行使という三つの戦略を用いている。
　このうち先の二つが最も望ましいことはいうまでもない。また、制裁が外交官に、より大きな力を与えることはよく知られている。これらの措置は一方的に（つまりひとつの国から他の国に対して）、あるいは国連やEUといった超国家機関によって行なわれる。経済制裁を課す中で、制裁側は次のようなことを実施する。すなわち、制裁を受ける国の行動は国際社会にとって受け入れがたいものであることを強調すること、制裁側の資金がならず者国家によって人権の侵害や核兵器の開発などに利用されないよう確保すること、それによって制裁側のある程度の道徳的権威を確立すること、制裁を受ける体制の資金を断ちその使用を難しくすること——などである。制裁はまた制裁を受ける国の人びとの不満を増し、それが政策の、ひいては政府の変更につながることもある。

"私はかつてメルセデスベンツ自動車の組み立ての仕事をしていたが、今は経済制裁のおかげでダイムラーはイランとの関係を断った。その結果、私は仕事を失い、今では自営業者になってしまった。だが、テーブルに食べ物を並べるために頑張っている"
——フェレイドウン自動車製造業（イラン、カラジ）

資金源を断つ

　制裁がある程度の効果を発揮するためには、それが適切に実施されることが不可欠である。ここ数十年、国際

社会が一丸となってオフショア銀行業の改革に力を入れているのも、このことがひとつの理由になっている。高度な秘密保持を約束する租税回避地の金融機関と同様、オフショアの銀行は預金者に自国の境界の外にお金を置くことを認めているからだ。

むろん、オフショアの銀行サービスを利用すること自体、預金者側における不正行為を本質的に示唆すものではない。だが、そうした銀行が脱税とマネーロンダリング、特に組織犯罪と長く関係してきたことも事実である。加えて、それらの銀行はならず者国家のために資金洗浄の機会を提供するだけでなく、制裁違反の可能性がある商取引を行なう企業にその隠蔽を手助けしている。9.11のテロ攻撃以降、テロ組織への資金供給にオフショア銀行が使われていないか、監視の目はますます厳しくなっている。

1989年、G7諸国は、資金洗浄を撲滅するために「金融活動作業部会」を立ち上げ、2001年からはテロのための国際金融対策にまでその権限が広げられた。スイスを含む伝統的な租税回避地は、すべての形態の犯罪行為を根絶するために、国際社会によりいっそう協力することを約束している。

⇩
同様の嫌疑が持たれている北朝鮮もまた、国連による軍事・経済制裁を受けている。秘密国家といわれる同国は、他国からの影響を頑ななまでに排除している。強大な軍事力と核開発能力というイメージ以外、この国からは情報がほとんど伝わってこない。

第39号室

北朝鮮が「第39号室」「第39局」などと呼ばれる小機関を運営していることは外国の情報組織には広く知られている。合法・違法の事業を組み合わせることで政府資金を調達していると疑われており、そうした事業の大部分は海外で行なわれている。違法活動から毎年、推定5～10億ドルの資金を得ているこの機関は、偽札づくり（182、183ページで紹介したスーパーダラーを含む）、資金洗浄、保険詐欺、偽タバコ・偽薬品づくり、麻薬密輸などに関与していると糾弾されている。アメリカ政府は、北朝鮮の"厄介者"体制のために資金洗浄していると疑われるいくつかの銀行を閉鎖するなど、これまでその活動を弱体化するために一貫して努めてきた。

インターネットの登場は犯罪世界に新たな"荒野"、つまりインターネットの秩序の破壊を企む集団を常に追いかけるために法が格闘する状況を生み出した。サイバー犯罪とは、コンピューターとインターネットを使って行なわれるすべての違法な活動を包含し、そのほとんどが金儲けを目的にしている。多額の賞金が当たるといったうさん臭い言葉を使ったＥメール（当然、少額の手数料がかかる）から複雑な銀行詐欺に至るまで、サイバー世界は小賢しい"一発屋"から組織化された犯罪集団まで、あらゆる犯罪者のための"万能薬"の様相を呈している。そして私たちはみなそれによる犠牲を余儀なくされている。

サイバー犯罪

> サイバー犯罪は毎年5億5,600万人の、毎日150万人の、毎秒18人の犠牲者を生んでいる。この数字は今後も増えると予想されている。

サイバー犯罪者は、ハイテクなセキュリティーシステムに侵入する方法をいつも探している狡猾な生き物である。2012年に発表された「ノートン・サイバー犯罪報告書」によれば、2011年、サイバー犯罪のために世界が失ったお金は1,100億ドルに上ったという。指標犯罪［アメリカFBIがさまざまな犯罪の発生件数を調べるための指標としている8種類の重大犯罪］の結果として被害者が失った時間コストをこれに加えれば、その額は3倍以上になるだろう。

広帯域の海賊行為

ここで、インターネット海賊版という曖昧な世界を取り上げてみよう。インターネットユーザー同士で音楽、映画、本、映像などを違法にシェアするものである。あ

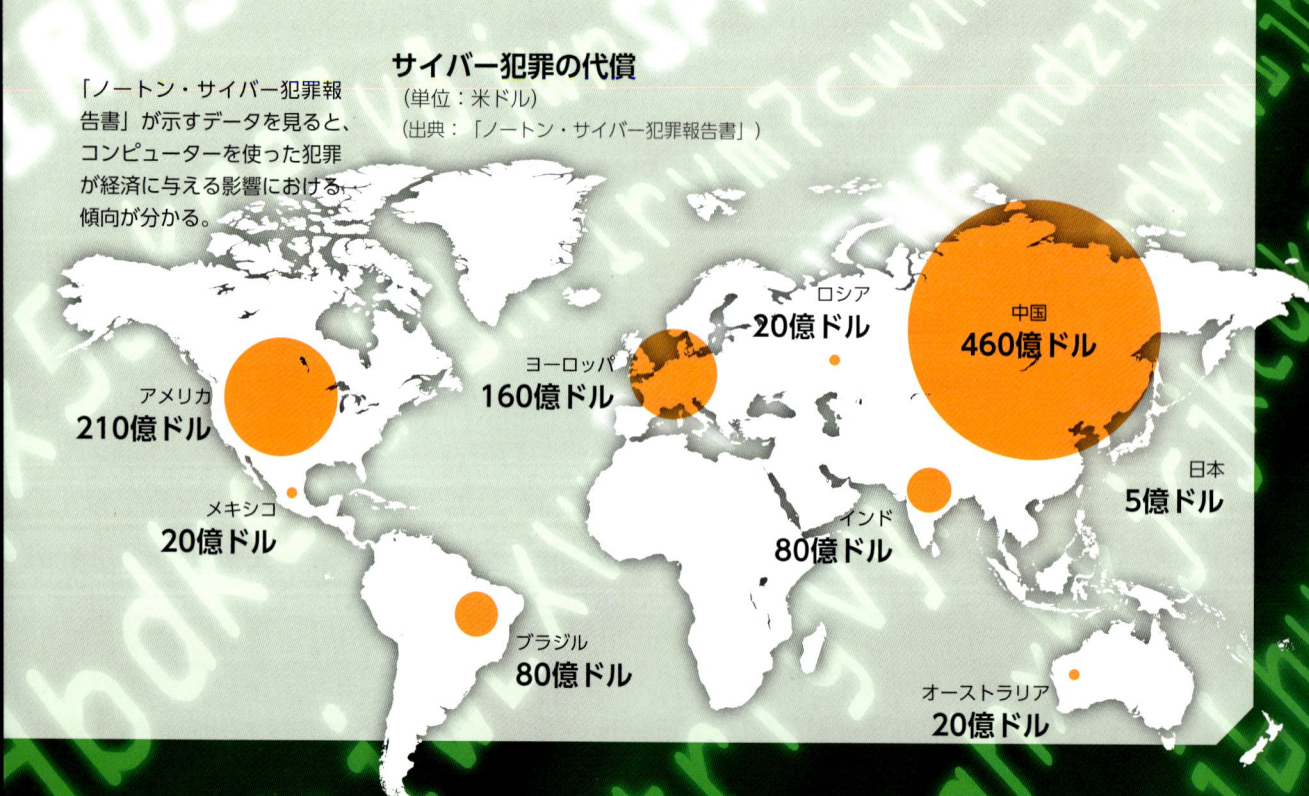

サイバー犯罪の代償
(単位：米ドル)
(出典：「ノートン・サイバー犯罪報告書」)

「ノートン・サイバー犯罪報告書」が示すデータを見ると、コンピューターを使った犯罪が経済に与える影響における傾向が分かる。

- アメリカ 210億ドル
- メキシコ 20億ドル
- ブラジル 80億ドル
- ヨーロッパ 160億ドル
- ロシア 20億ドル
- 中国 460億ドル
- インド 80億ドル
- 日本 5億ドル
- オーストラリア 20億ドル

る人にとってこの自由な文化的交換は"インターネット自由主義"の醍醐味だが、別の人たち（特にお金が素通りする著作権の所有者や販売者）にとっては単なる窃盗では済ますことができない。インターネット海賊行為に帰すべき損失を正確に推計することはほぼ不可能だが、NPDマーケットリサーチ・グループが2009年に実施した市場調査によれば、たとえば同年、アメリカの消費者が入手した音楽のうち、お金が支払われたのはわずか37％だったという。たしかに音楽産業は縮小しており、2000年から2011年にかけてアメリカの収入は半分に減ったといわれている。

もうひとつ、懸念が増大しているのはサイバー戦争がもたらす脅威である。組織化されたサイバー攻撃の最も悪名高い事例は、2007年4月の終わりにエストニアが受けたそれであろう。それによって同国の電子インフラが一時的に麻痺したほどだった。ソ連時代の戦争記念碑の移転をめぐってロシアとの間で起きた紛争が契機となったこの事件については、多くの人がロシアの秘密情報員を名指しで非難したが、結局それはロシア当局によって否定された。首謀者がだれであれ、エストニアの銀行、公共サービス、メディア、中央省庁が分散型サービス拒否攻撃［コンピューターネットワークを通じて攻撃を行なう不正アクセスの一種］の被害を受け、一時的なインターネット・ブラックアウト（暗黒化）に陥ったことは確かである。一国の安全保障に対する明白な脅威だけでなく、もし将来、政府が後押しする複数の国を対象とした攻撃が起った場合、それがもたらす経済コストは計り知れない。にもかかわらず、こうした未知の戦争行為に対処する、ジュネーブ条約のような法的枠組みはまだ何も検討されていない。

⇑ 2010年にFBIが制作したこのポスターは、資金洗浄、銀行詐欺、旅券偽造、なりすまし犯罪など、ニューヨークにおける多様な連邦罪科によって追われている東ヨーロッパのサイバー犯罪者を示している。ニューヨーク州警察のコンピューター犯罪課は2010年、ニューヨーク都心部で1万5,000件以上のサイバー犯罪があったと発表した。

ハイローラー作戦

2012年6月、「ハイローラー作戦」と呼ばれる大規模なサイバー銀行強奪を伝えるニュースが流れた。この事件の正確な規模は今も分からないが、首謀者たちは世界中の銀行から最大25億ドルを盗んだと見られた。完全に自動化され、人間の参加を必要としないこの詐欺事件は高額預金を狙っており、また明らかに銀行の取引システムに関する詳細な知識がからんでいた。それでも、この事件の始まりは顧客あてに送られた1通の古典的な悪徳メールだった。正規の銀行からの通知と思わせ、クリックすると被害者のパソコンに破壊ソフトがダウンロードされるというものである。これによってお金は被害者の口座からプリペイド式のデビットカードに移動し、その後、被害者のお金は素早く、そして秘かに流出した。この詐欺事件は最初にイタリアで見つかり、またたく間にドイツ、イギリス、中南米、そしてアメリカに広がった。犯罪者たちがどこの出身者なのか分からなかったが、この盗みを自動化した複数のサーバーはロシアにつながっていた。

第10章 人生のステージ

⇧ 私たちの寿命が伸びるにつれ、残る人生の中で起こるであろうさまざまな難題に対応できるだけの経済的準備をすることがますます必要になっている。

今日、人生のステージというと、新生児、幼児、小学生時代、十代、ヤングアダルト、二十代・三十代、中年、シニア、第三世代［子育てが終わって自由な生活を楽しめる世代］といった言葉で分けることが多いようだ。もちろん、これら以外にも人生の"節目"を表わす言葉はたくさんある。

たとえどんな言葉によって人生のステージを分けようと、私たちの寿命が延びていることは間違いない。国連統計によれば、現在、世界人口の平均余命は男性65歳、女性70歳だという。ローマ帝国時代の寿命が25歳未満、それが30歳になったのはつい1900年代になってからということを考えると、現代に生きていることにつくづく感謝しなくてはならない。とりわけこのことは、ごく少数の例外を除いてほとんどの国で男性よりも1、2年、長い時間を楽しむことができる女性にとって朗報といってよい。

ところで、誕生から死までの遠い道のりにおけるさまざまな道標を通過するたびに、私たちとお金との関係もまたいろいろと変わってくる。私たちが直面する問題のすべてが、より多くのお金を持つことで解決できるわけではない（35ページ「お金で幸福は買え

高齢化の進展

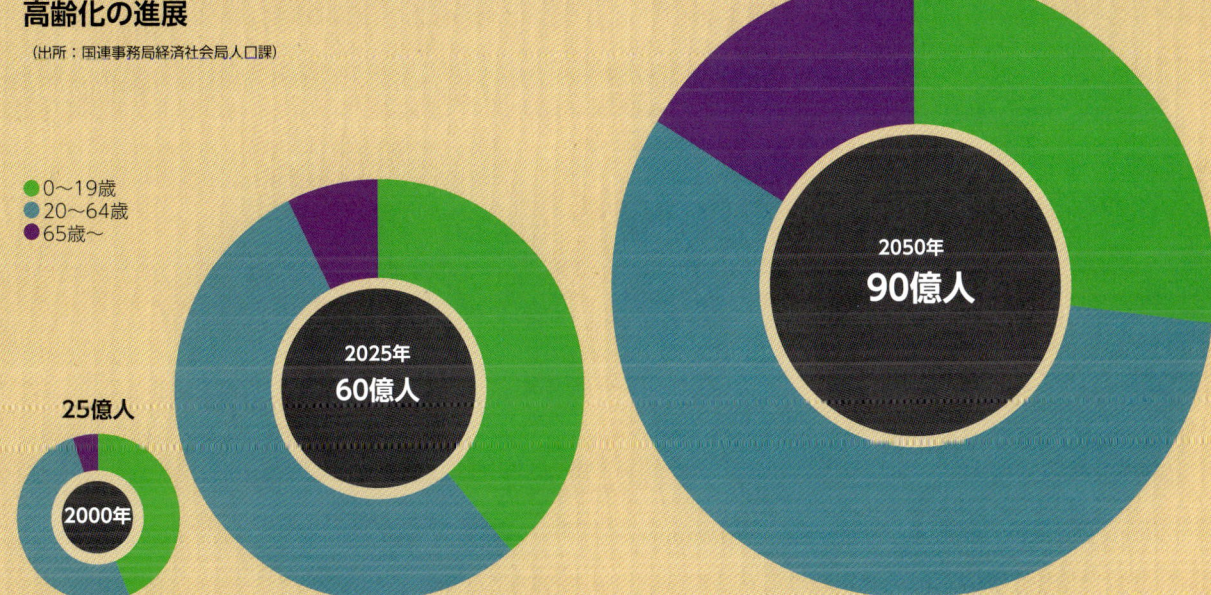

(出所：国連事務局経済社会局人口課)

- ○ 0〜19歳
- ○ 20〜64歳
- ○ 65歳〜

25億人 / 2000年
60億人 / 2025年
90億人 / 2050年

> いま地球上で高齢化が急速に進んでいる。全人口に占める65歳以上の割合は、2000年の7％から2050年までに16％とほぼ2倍になると予想されている。その時点になると、高齢者の数が子ども（0〜14歳）の数よりも多くなる。これはまさに人類史上初めての経験といってよい。

> "お金で幸福を買うことはできないが、あなたが悲惨なときでも、お金はあなたをとても安楽にしてくれる"
> ——クレア・ブース・ルース（1903〜1987年）、アメリカの編集者、劇作家、政治家、ジャーナリスト、外交官

るか？」参照）。たしかに、あまりにもお金がないと人生に苦労するが、いったん一定の収入を得るメドがついたら、楽しい人生を送れるかどうかは、お金を増やすことよりも、それをうまく管理できるかどうかにかかっているといってよい。

たとえば、エリザベス・ダンとマイケル・ノートンという研究者は2012年、ニューヨークタイムズ紙上で「おおむね満足できる生活水準（アメリカ人の場合、年収約7万5,000ドルといったところだろう）を獲得すると、"より多くのお金を稼ぐ"ことの有益な効果はかなり小さくなる」という見解を発表している。この説明が成り立つ根拠はいくつもあるが、ひとつは、収入が増えることはとりも直さず労働時間が増え、家族との時間が減ることを意味するという事実である。不思議なことに、欲しいときに欲しいものが何でも買えることをだれもが夢見るが、それは"耽溺のレシピ"であって、そんなことができたとしても、後に残るのは空しさでしかない。フードライターのマイケル・ポーランがいったように「ご馳走も、おいしいのは最初の一口だけ」なのだ。

そのことを踏まえ、さまざまな人生の転換点において経済が私たちにどんな影響を与えるのかを見ていきたい。今度はどんなマンガの本を買ってもらおうかそればかり考えていた子どものころから、本と夜遊びのお金だけを心配する学生時代、家族を養う働き盛りのときを経て、老境を迎え、最後に死んだあとのことをどうすればよいかを考えるに至るまで。

かつて土曜日といえば、子どもたちが小遣いを持ってお菓子屋に行ったり、おもちゃ屋で何を買おうか品定めしたりする光景がよく見られた。だが今日、幼い消費者はずっと複雑な選択に迫られている。"戦利品"のシェアを増やそうと、世界中の企業とそのマーケティング部門がより洗練された製品や戦略を次々に思いつくからだ。

若いときは若さを無駄にしていると人はいう。少なくとも経済的な面でいえば、歳を取るにつれ人生は単純さからかけ離れていくようだ。住宅ローンのことも、仕事のことも、自動車保険のことも、休暇のためのお金のことも、何も考える必要のない先進国の子どもにとって、"お金の心配"といえば、自分のお小遣いをどう使うかということに尽きる。

子ども時代

だが、子ども時代を過度に美化する前に、子どもたちを消費者として開発するという傾向は比較的最近始まったこと（主に第2次世界大戦以降）を明記する必要がある。

消費者としての子どもたち

アメリカの4歳から12歳までの子どもたちの直接消費額は、2002年までに300億ドルに達したというデータがある。2003年、同じく12歳から17歳までのそれは何と1,125億ドルだったという。大部分は優しい両親からの支援、それに10代後半になると自分のアルバイトで稼いだ小遣いもあるだろうが、考えてみればこれは相当の消費力といってよい。

さらに、子どもはより広い範囲の家族のお金の使い道を左右する。食べ物も自動車も旅行先も、さらには住宅の購入でさえ、子どもたちの存在が大きくかかわってくるのである。2008年、アメリカの2歳から14歳の子どもたちは、全家計支出の実に5,000億ドル以上に影響を与えたと見られている。

こうした状況を企業が放っておくはずがなく、今や世界中の多くの企業が子どもたちをターゲットにしている。仮に子どもに小遣いを直接、使わせることができなくても、子どもに代わって親たちに、子どもの欲望を満たすためのお金を使わせることもできる。2004年、アメリカで子ども向け製品に費やされたお金は実に150億ドル、また平均的な子どもは1年に4万（1日にすると100以上）の広告に接したという。また、企業の広告担当者たちが子ども向け製品に惜しげもなく広告費を使うのは、子どもたちから直接的な売上げを期待できるだけでなく、彼らの中にブランドロイヤリティーを植えつけることで、その先数十年間も購入し続けてくれるという見込みがあるからである。

児童労働

ここ数十年、先進国に住むほとんどの子どもたちの物質的な状況が上昇基調にあるのに対し、開発途上国の子どもを取り巻く風景はまったく違う。何十億という子どもたちが今も貧困にあえいでいる。

　この惑星を覆う経済的不均衡の明白な証拠は、児童労働が今も多くの地域で行なわれていることである。国際労働機関（ILO）によれば、「児童労働」とは「子ども時代および子どもの潜在能力と尊厳を子どもから奪い、子どもの身体的・精神的発達を阻害する労働」をいう。

　ILOはまた、2008年現在、世界中で約2億1,500万人の児童労働者がおり、そのうちの1億1,500万人は危険な作業に従事していると推定した。ほとんどの児童労働は農村地域で行なわれており、児童労働者の60％が農業部門で働いている。また、何らかの金銭的報酬を得ている者は20％に留まり、家業を手伝って働く場合は、そのほとんどが何も報酬をもらっていない。

　児童労働者の数は減少傾向にあるが、そのペースは遅く、2004年から2008年の間にわずかに3％減っただけだった。ところで、児童労働者の3分の1はILOの諸条約がまだ批准されていない国にいると推定されているが、彼らの多くが最も悲惨な状況にある。

主な国における児童労働者（5～14歳）の比率 （単位：％）
（出所：UNICEF）

地域	％
中欧・東欧	5
ラテンアメリカ、カリブ海地域	8
中東、北アフリカ	10
東アジア、太平洋地域（中国を除く）	10
南アジア	13
サハラ砂漠以南アフリカ	32
アフリカ東部・南部	33
アフリカ西部・中央部	34
開発途上国（中国を除く）	17
後発開発途上国	29
世界全体（中国を除く）	17

⇧ 現在、開発途上国では5歳から14歳の子どもたちの6人に1人（約16％）が児童労働に従事しているといわれている。この数字が特に高いのはアフリカのサハラ砂漠以南地域で、4,900万人の児童がこの種の労働に関与していると見られている。

若いうちからの準備

　賢い消費者になるために学ぶのは、それがみな将来のための練習になるからだ。子どもが過度な商業化に触れることには反対意見もあるが、大人になったときのスキルを身につけるために、自分の子どもを消費者として育てることを重要と考える親は少なくない。経済教育によってまずお金を貯める必要性を学んだら、次第に賢く使う術を教えていく。

　貯蓄と投資という観点で金融機関が子ども向けに設計した多様な金融商品を提供しており、その多くにオンラインゲームのような補助的なオマケが付いている。銀行もまた、子どもたちにお金に対する興味を植えつけることで、大人になっても続く顧客としての関係を築こうとしているのだ。

　一方、子ども向け金融教育を提供するために親たちを支援する「チャイルド＆ユース・ファイナンス・インターナショナル（CYFI）」といった取り組みもある。2011年に始まったこの活動は、「金融教育と金融サービスとの接点」を持たない子どもたちの99％以上への支援を目指している。その究極的なねらいは、すべての子どもたちが金融サービスにアクセスでき、教育を通して金融についての知識を得られること、そして信頼のおける収入源を得て、将来の安定した生活のために貯蓄や資産形成をしようという意志を持てるようにすることである。

　子どもたちが自分の小遣いをどのマンガに、どのキャンディーに使うかだけを心配していた——そんな日々はもうどこかに行ってしまったのかもしれない。

学生生活を見るとうらやましいことがいっぱいある。朝寝坊できる、日がな一日読書にふけり、夜は浴びるほどに酒を飲んでも、だれも怒らない、そしてたまに"人生の難問"に悩む生活。少なくとも多くの人たちにおける学生生活のイメージはそんなものである。

学生時代

だが、大学に行くべきかどうかは、世界中の若者にとってますます根本的な経済問題になりつつある。これから学生になる人たちは二つの基本的な問いの板挟みになる。つまり、「自分には大学教育を受ける経済的余裕があるのか」、それとも「ないのか」。

⇩
経済的視点から見たときの大学教育の価値は否定の余地がない。だが、高額な大学の学費は低所得家庭にとってますます高いハードルになりつつある。こうした人びとを救済できないことがもたらす経済的損失は計り知れない。

どんな資格が役立つか

大学に行くことには、知的・体験的メリット以外にもはっきりした経済的利点がある。OECDによれば、大学教育を受けた加盟国の市民はそうでない人たちよりも平均55％も収入が多いという。加えて大学卒業者は非卒業者よりも雇用される確率が高

い。適切な卒業資格を持つ人はそうでない人に比べて数十万ドルも生涯収入が多い。

　大学教育は広く社会にとっても大きな利益をもたらす。21世紀の最初の10年間、OECD加盟国のGDP成長の半分以上は大学卒業者の収入の伸びによるものだった。アメリカの給与所得情報会社であるペイスケール社の調査によれば、生涯収入において最も有利な資格はエンジニアリング、コンピューター、数学、統計学だったという。教養系資格がこれに含まれていないことは、それほど驚くことではないのかもしれない。

高等教育にはどれぐらいのお金がかかるか

　現在、先進国においては18歳までの教育は無料というのが一般的だが（開発途上国でもそうなっているところが増えている）、高等教育に要する費用についてはかなりばらつきがある。

　OECD諸国に共通するのは、大学教育を受けるには、授業料その他の費用に、大学に行かなければ得られたであろう潜在所得を加え、平均して合計5万5,000ドルが必要だということである。

　だが、どこで学ぶかが出費のカギとなる。たとえば、スカンジナビア諸国、チェコ、メキシコ、アイルランドにおける2008・2009年の授業料はほぼタダだった。それに対し、アメリカの公立大学に通う学生はどこの国よりも多い年間6,000ドル以上の授業料が必要だった。次いで授業料が高いのは、韓国、イギリス、日本、オーストラリア、カナダ、ニュージーランドで、どこも授業料が年間3,000ドルを超える。

　アメリカの著名大学で4年間の学部教育を受けるときの実質的な費用はほぼ20万ドル、イギリスのそれは12万ドルという推定もある。2012年現在、アメリカだけを見ても学生が抱える借金は1兆ドルに上った。

　近年の世界的な経済危機によって大学卒業資格を持つ者の就職が難しくなるにつれ、これから大学に行こうと考えている若者たちも、高等教育に要する費用と生涯収入の有利性とを否応なく大枠に掛けざるを得なくなっている。現在多くの国で奨学金、助成金、貸付金などさまざまな制度が導入されているが、すべての費用をカバーできるものは少ない。結局、ほとんどの学生がその費用を賄うために個人的な収入源（たいていの場合、両親からの援助）に頼らざるを得ないのが実情である。

> **ちょっと参考に**
>
> **学生時代の費用項目リスト**
>
> 上の三つが最も重要だが、その他の項目も無視することができないし、学生自身の性格によっても大きく変わってくる。
>
> 大学の学費
> 住居費
> 食費
> 理容品費
> 図書・文具費
> 衣料費
> 電話・インターネット費
> レジャー費

人生のいつが一番よかった？

学生生活からどうしても離れられないという人がいる。ミシガン州生まれのベンジャミン・ボルガーもそんなひとりで、1992年から13の大学の学位を取得した。インド人のシン・サインビーのように、ボルガー以上の資格を取った人もいる。サインビーが取得した学位は全部で35、そのうち20は大学院レベルのものだった。だが、卒業大学のリストでボルガーに敵う人はいないだろう。何しろイギリスのオックスフォード、ケンブリッジ、アメリカのハーバード、スタンフォード、ダートマス、ブラウンなども卒業しているのだ。彼は今、「ボルガー・ストラテジック」という個別相談の入学コンサルティング会社を経営している。

第10章 人生のステージ

■最初の給与明細書を手にする瞬間は、その人の50年以上の勤労生活が始まったことを意味する。生まれついて金持ちであるとか、"玉の輿"に乗るとか、あるいは思いがけない大金を手にするとか、そんな人は別として、どんな仕事を選ぶかは多くの人にとって人生の経済的運命に大きな影響を与える。

就職活動

世界中の収入価値の合計は1年につき70兆ドルといわれる。これを世界の勤労者人口で割った一人あたり年間給与は（国際労働機関が考案した複雑なモデルを使えば）1万8,000ドルになる（購買力平価を米ドルで表わした場合）。だが、この数字は国によって大きく違ってくる。たとえば、トップに位置するルクセンブルクの平均年収が4万8,000ドルなのに対し、最下位のタジキスタンでのそれは2,700ドルといった具合である。それでもこれらの数字が年間収入の両極端を反映していないことは明らかで、世界には年に数十億ドルを稼ぐごく少数の人がいる一方、それよりもはるかに多くの人びとの稼ぎは1日1ドル以下でしかない。

ところで、あなたに十分な資格があるとして、どんな仕事が最もいい報酬を与えてくれるだろうか。アメリカ労働省によれば、最も高額な時間あたり賃金（中央値）をもた

↓下のグラフは、OECD加盟国の中の主要国において、三つの教育レベルによって25歳から64歳の収入がどう変わるかを示したものである。

教育レベルごとに見た相対的収益力の比較
(出所：OECD)

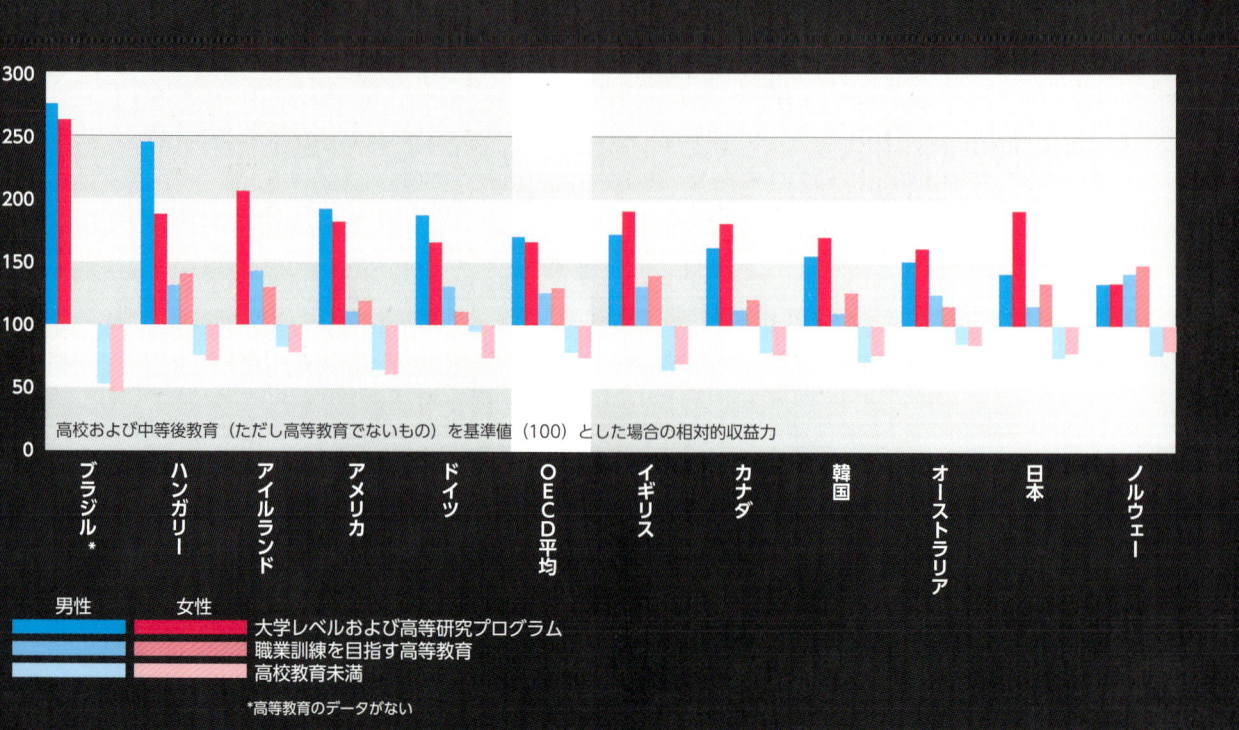

[グラフ：高校および中等後教育（ただし高等教育でないもの）を基準値（100）とした場合の相対的収益力

国：ブラジル*、ハンガリー、アイルランド、アメリカ、ドイツ、OECD平均、イギリス、カナダ、韓国、オーストラリア、日本、ノルウェー

凡例：
男性 / 女性
大学レベルおよび高等研究プログラム
職業訓練を目指す高等教育
高校教育未満

*高等教育のデータがない]

らしてくれる職業は、歯科医・医師、エンジニア、弁護士、IT管理者、航空管制官、薬剤師だという。

世界的傾向

現在、失業率が最も低い国々の多くは、持続的な経済成長と活発な国際投資を反映して東南アジアに集中している。タイ、シンガポール、ベトナム、マレーシア、韓国、それに香港はみな、2011年に失業率が最も低かった10の国々に入っている。中でもカタールとタイの失業率は特に低く、それぞれ0.5%だった。一方、ジンバブエの失業率を95%とする推定もある。その点、アメリカのそれは中程度といってよく9%、スペインの失業率はEU諸国の中でも最悪の21%以上だった。

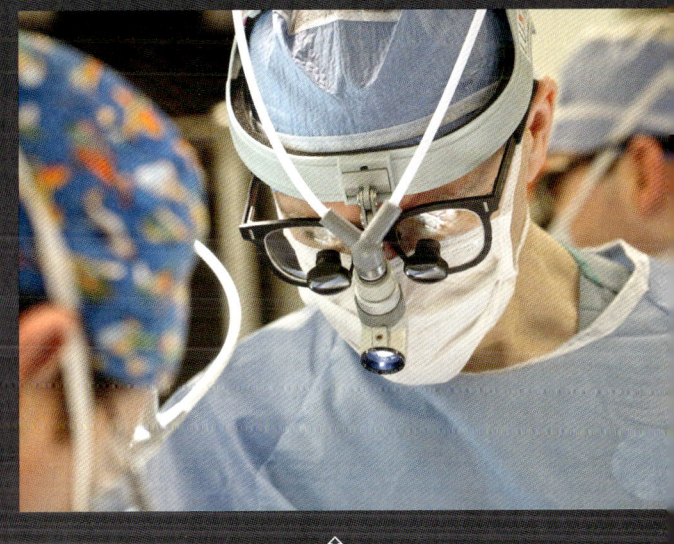

どれだけ長時間働くかということになると、先進国においては労働時間が減り休暇が増えるという傾向が見られる。だが、経済的には先進国といわれる韓国の労働時間は最も長く年平均2,193時間、それに次ぐのがチリで、バングラデシュ、マレーシア、タイ、スリランカといったアジア諸国の労働時間は総じて長い。

では、世界的に見た場合、最も長時間労働している労働者の中に最低賃金しか得ていない人びとがいるという事態はどういうことだろうか？　それは根本的に生産性と大きな関係がある。先進経済圏の労働者がより少ない時間でより多く生産するためのスキル（手技）とツール（道具）を持っているのに対し、発展途上経済圏の労働者は、スキルあるいは適切な技術という利用手段を持たないため、生産目標を達成するためにより長時間働かなくてはならないのだ。だれもが効率を重視するドイツの労働時間は国際水準の最低にあり、年間わずか1,408時間でしかない（ドイツよりも短いのはオランダだけ）ことは注目に値する。

↑高収入職業リストの最上位にくるのは外科医である。この職業は収入が高いだけでなく、失業の心配がなく、やりがいのある仕事である。だが、外科医になるための教育・訓練に要する経費も他の職業に比べて段違いに高く、しかも教育を開始してから最低16年しないと手術をすることができない。その代わり年収は高く平均25万ドルにもなる。でも、脳外科医やビバリーヒルズの住人に多い美容整形医ともなれば、それ以上を稼ぐ。

最低賃金

最低賃金とは、労働者に支払わなければいけない、法が定めた最低の賃金をいう。1894年にニュージーランドで最初に始まり、現在では全世界の90%の国が何らかの形で最低賃金規定を導入している。最低賃金は適用される労働者の生活水準の改善を助けるという意見の一方で、この制度の有効性を疑問視するエコノミストもいる。反対論者は最低賃金によって失業率が高まると示唆する。経営者が支払う賃金総額の上昇を相殺するためにどうしても労働者の数を減らさなければならないというのだ。

反対論者はまた、最低賃金制度で最も大きな"被害"を受けるのは中小企業であり、スキルレベルが最も低く、かつ最も脆弱な労働者の雇用機会を最低賃金が奪うと主張する。それに対して最低賃金擁護論者は、そうした批判には何の経験的証拠がないという。ましてや、最低賃金の額をもっと上げるべきだと唱道する人は少なくない。ある社会の中でまともな生活水準を維持できるだけの十分な賃金にすべきだというのだ。

結婚

人生で最も幸せな日は、人生で最もお金のかかる日といえそうだ。ハッピーなカップルがごく少数の参加者、簡素な式、それにサンドイッチとグラス半分のシャンパンで満足すれば話は別だが、相当の出費を覚悟しなくてはならない。もし真剣に結婚を考えているのであれば、まず節約することが大事であることを明記した方がよい。

結婚式にいくらかかるかという統計ぐらい分かりにくいものはないだろう。なぜそうなるかといえば、そうした推計が花嫁と、世間体を保つためには大出費が当然と花婿を説得することに慣れているウェディング業者の話に基づいているからである。結婚ビジネスは多くの国において重要な位置を占めている。たとえば「IBISワールド」という市場調査機関は2009年、アメリカの結婚業界の市場規模入は、最盛期だった2005年の675億ドルから下がったとはいえ、430億ドルだったと発表した。

一般に認識されている結婚における"三大出費"は、披露宴の会場費・ケータリング費、次いで新婚旅行費用、花嫁の衣装代である。

2012年のロイターの統計によれば、アメリカにおける結婚式の平均費用は2万7,000ドル。一方、Which誌は2011年のイギリスのそれを3万2,000ドルと算定し、オーストラリアン誌は2009年のオーストラリア・ニュージーランドにおける費用を5万ドルと伝えた。また、クリスチャン・サイエンス モニタ 紙は2005年の

↓ 結婚式を計画することはなかなか難しい仕事だ。というのも、業者は花婿・花嫁にできるだけ多くのお金を使わせようとするからだ。下の表は、平均的な欧米スタイルの結婚式にどんな種類のお金が、いくらぐらいかかるかを示したものである。

結婚費用内訳 項目	平均額 (米ドル)	割合
保険費	$170	0.6%
教会への謝礼	$800	2.8%
披露パーティー費用 (会場費、食事・飲料代)	$6,200	21.5%
披露パーティー(夜の部)費用 (会場費、食事・飲料代)	$2,670	9.2%
余興費	$1,335	4.6%
花代	$1,075	3.7%
風船・デコレーション費用	$725	2.5%
花嫁衣装代	$2,500	8.6%
ヘアメーク・美容費	$267	0.9%
花婿衣装代	$350	1.1%
付添人衣装代	$900	3.1%
写真代	$1,420	4.9%
ビデオ撮影費	$1,420	4.9%
車代	$750	2.6%
文具費	$730	2.5%
ウェディングケーキの費用	$580	2.0%
結婚指輪	$990	3.4%
引き出物	$320	1.1%
スタグ＆ドーナイト*費用	$440	1.5%
新婚旅行費用と最初の夜のホテル代	$5,350	18.5%
合計	**$28,992**	

[* 結婚式の前に新郎と新婦の同性の友人たちだけが集まって行なうパーティー]

第10章　人生のステージ　201

華々しく祝う

先のイギリスのウィリアム王子とキャサリン・ミドルトンとの結婚は世間を大いに湧かせたが、とはいえそれは最も多額の費用がかかった結婚ではなかった。推定3,400万ドル（このうち花だけでも80万ドルかかった）という彼らの結婚費用も、2004年に行なわれた、アミット・バティアとヴァニシャ・ミッタルの結婚式の6,000万ドル以上という費用に比べればぐっと控え目といってよい。ヴァニシャはかのインドの鉄鋼王、ラクシュミー・ミッタルの娘である。

結婚式はパリ内外のいくつかの施設（その中にはルイ14世の王宮だったベルサイユ宮殿も含まれていた）で6日間かけて行なわれた。銀製の本の形をした招待状を受け取った1,000人のゲストは豪華な祝宴（そこでは150万ドルにもなるムートン・ロートシルト・ワインがふるまわれた）、エッフェル塔上空に向けて打ち上げられる花火、さらにはポップシンガー、カイリー・ミノーグの歌を楽しんだのだった。

インド中流家庭の結婚費用を3万4,000ドルと報じた。

持参金制度

南アジアをはじめとする一部の文化圏では、花嫁側にかかる結婚費用は持参金によって大きく増える。持参金とは、花嫁が婚家に持参する家財またはお金をいう。たとえばインドでは、持参金制度が出生における男女比のアンバランスにも関係しているといわれる。というのは、娘を持つことによる財政的負担を避けるために人工妊娠中絶を選ぶ親もいるからである。インドでは1960年代以降、持参金の禁止を目指して新法をいくつも制定したが、それでもこの習慣が今も広く行なわれているのが実情である。

持参金制度がもたらしたもうひとつの悲劇は、ここ数十年、持参金殺人の数が増えていることである。そうした事件は花婿側の家族が花嫁を殺す（多くの場合、焼き殺す）ことが多い。その理由は、花嫁の家族が要求された持参金の満額を支払っていないから、あるいは不満足な花嫁を実家に戻す代わりというものである（花嫁が実家に戻ると花嫁側は持参金を返さなければならない）。インドでは2010年だけでもそうした犯罪は8,391件に上った。

⇩
2004年6月22日に行なわれたアミット・バティア（写真左から2人目）とヴァニシャ・ミッタル（同右から2人目）の結婚式には1,000人のゲストが招かれ、その費用は6,000万ドルに上ったという。6日間続いた披露宴では2人の交際期間の様子が再現され、またベルサイユ宮殿で婚約セレモニーが開かれた。そのあと17世紀のフランスのシャトーで結婚式が行なわれた。

マイホームを持つ

だれもがいつかは自分の家を持ちたいと願い、それが実現すると今度は南側に庭がある、もっと大きな家を持つことを夢見る。こうした夢を追いかけるうち、家を買うことはわれわれの多くにとって人生最大のお金がかかることを実感する。

家を持つことは多くの富裕国に住む人たちにとって憧れだが、その点、ドイツは数少ない例外のひとつといってよい。ヨーロッパ随一の経済大国でありながら、借家が普通であり、持ち家比率は約42％に留まっている。実際、ベルリンの住宅市場の実に90％が賃貸住宅で占められている。こうした文化的傾向が生まれた理由を挙げれば、住宅ローンを利用することが難しいこと（20％の預託金と継続的な高収入の証明が求められるのが普通である）に加え、近年、住宅価格バブルがなかったこともその一因になっている。家を持つことを住宅価格インフレを利用した資産形成への近道としている国が多い中、ドイツ人は単純にこうした現象に無縁だった。加えて、1990年代に日本で、21世紀にアメリカと大半のヨーロッパ諸国で不動産バブルがはじけ、それによって多くの脱落者が出るのを見たドイツにおいて、近いうちに住宅購買ブームが起きることはまずないだろう。

持ち家か借家か

無条件で住宅を買える幸運な人はほとんどいない。ほとんどの人が住宅ローンのお世話になる。住宅ローンは、長い返済期間（通常20年から25年）が設定された、購入予定の不動産を担保とする金融機関からの借入れをいう。万が一、住宅購入者が返済不能

知っておきたい言葉あれこれ

固定金利住宅ローン：返済期間中、同じ金利が適用される住宅ローン。

変動金利住宅ローン：特定の基準（たとえば中央銀行の基準金利）に合わせて金利が定期的に調整される住宅ローン。

⇨ このグラフを見ると、世界の富裕国においても持ち家比率にかなりバラツキがあることが分かる。中でも興味深いのは、ドイツのような豊かな国でも、たとえば経済的に厳しいスペインのように、家を持つことを"人生のゴール"として重要視していないことだ。

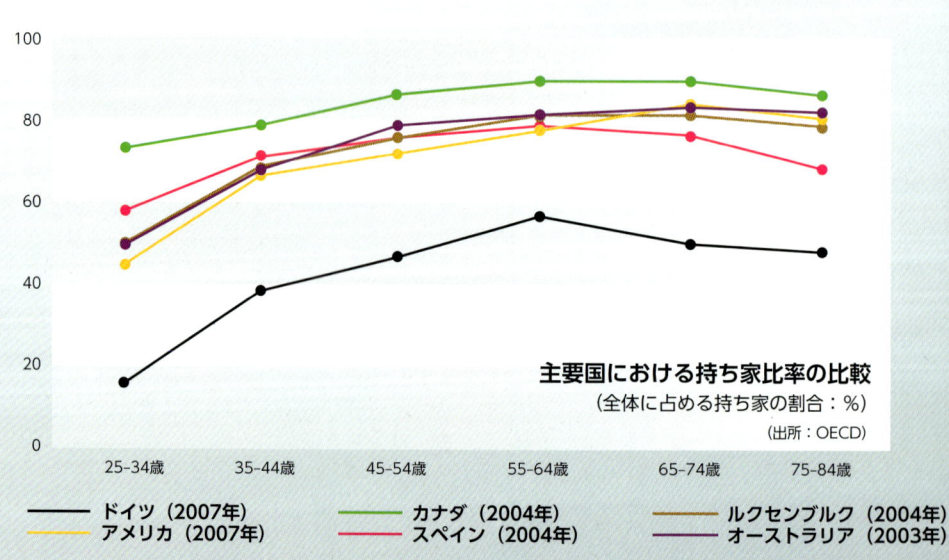

主要国における持ち家比率の比較
（全体に占める持ち家の割合：%）
（出所：OECD）

ドイツ（2007年）　カナダ（2004年）　ルクセンブルク（2004年）
アメリカ（2007年）　スペイン（2004年）　オーストラリア（2003年）

に陥ったときは、融資元は担保不動産に担保権を行使する。そのおかげで何とか不動産を取り戻し、それを売って融資額の残金に充てることができると、金融機関はいうが……。

こうして、住宅ローン利用者は最終的に融資元金と利息の全額を完済する。住宅ローンは、元金と利息を融資期間にわたって少しずつ返済するのが普通である。だが、代替方法もある。たとえば元金一括返済式住宅ローンを使えば、元金は返済期限までに返せばよい。養老保険抵当ローンも元金一括返済式住宅ローンの一種で、養老保険によって積み立てたお金を元金の返済に充てるものである。

そのほかにも、あまり一般的ではないが住宅ローンにはいくつかの方式がある。たとえば高齢者を対象とした終身住宅ローン（所有権譲渡住宅ローンともいう）は、貸し手から一括資金または定期的な所得を得ながら同時に借り手は家を所有できるシステムである。もちろん、借り手が死亡したときは、家を売却することで融資が全額返済される仕組みである。

市場最高

「グローバル・プロパティー・ガイド」によれば、世界で地価が最も高い10都市は次のとおりだった（2011年時点の1平方メートルあたり価格）。
1. モナコ ($53,000)
2. ロンドン ($25,000)
3. 香港 ($19,000)
4. パリ ($18,000)
5. シンガポール ($17,000)
6. モスクワ ($14,000)
6. 東京 ($14,000)
8. ニューヨーク ($13,500)
9. ムンバイ ($13,000)
10. ジュネーブ ($12,000)

サブプライム危機

2000年代後半に起こった世界的な経済危機はそもそも2007年、アメリカで発生したサブプライム問題がきっかけだった。信用度が低い、また収入が少ない人たち（サブプライム）の融資申し込みが増えるにつれ、彼らを対象とした高利の融資が増えた。住宅価格のバブルがはじけると、返済不能に陥る借り手の数はかつてないほどに増加した。サブプライムローンをまとめて組み合わせ、それらを市場で取引することで手っ取り早くお金を稼いでいた金融機関はたちまち不良資産と巨額の損失を抱えることになった。これによって数多くの一般家庭が家を放棄せざるを得なくなり、開発途上国特有の光景と見られたテントハウスがアメリカ中に出現した。

対照的に、世界で最も高額な家はおそらくムンバイ（インド）のアルタモント通りに面した家だろう。伝説の島の名前にちなんでアンティリアと名付けられたこの家はムケシ・アンバニによって建てられ、その費用は10億ドル以上といわれている。アンバニはこの費用をすべて自己資金で賄ったという。資産220億ドルを持つこの実業家は、インドで最も富裕な男とフォーブス誌に紹介された。

2011年、アンバニー家は新しい27階建ての家に引っ越した。新居には図書室、ダンスホール、スパ、それに舞台まである。ムンバイのスラムに住む何百万もの人びとがそれを見てどう思うか——それは想像するほかはない。

子どもを持ち、そのあどけない笑顔によって心が喜びで満たされて初めて、人生が完成するといわれる。そのこと自体にお金はかからない。しかし現実には、家族を養うのは多大な経済負担である。あなたの心が満たされれば満たされるほど、財布はどんどん軽くなっていく。

家族を養う

2010年現在、世界の平均出生率（出産適齢期にある女性1,000人あたりの生児出生の数）は2.5をわずかに下回った。意外なことに、この数字が最も高いのは、より多くの子どもを経済的に維持するための備えが十分でない開発途上国である。だが、こうした傾向はいくつかのはっきりした理由で説明できる。つまり、高い出生率は高い幼児死亡率と相殺関係にあること、効果的な教育と産児制限プログラムが十分行き届いていないこと、子どもを労働力として、また家族のための稼ぎ手として期待すること、そして国の手当が限られている中で老齢の親の面倒を子どもに見てもらいたいと願うこと——などである。

子育ての費用

いうまでもなく、子どもを育てるための費用は国によってかなり違うし、ひとつの国の中でも地域によって変わってくる。2011年、アメリカ農務省栄養政策促進センターは、子どもひとりを誕生から17歳まで育てるための費用を23万5,000ドルとするデータを発表した。もちろん、収入の低い家庭ではその額も低くなるが、収入全体の25％を占める。中所得者の場合、その割合は16％、高所得者の場合は同じく12％だった。

先進工業国に住む親たちは、子どもを持つことで税の減免、助成、その他のサービスといったさまざまな恩典を受けることができる。雇用主は親になった従業員に長期間の休職（少なくともそのうちの一定部分は有給となる）を付与することを法によって義務づけているところも多い。とはいえ、共通の基準があるわけではなく、子育て支援策は国によってかなりまちまちだ。

たとえばスウェーデンはこの分野における世界的リーダーとの定評があり、子どもを持つ親は最長480日の休暇を取得することが認められている（そのうちの420日は給与の80％が支給される）。一方、アメリカの従業員に法的に認められるのは最長12週間の無給休暇だけである。これはバングラデシュ、ソマリア、エクアドルといった国よりも下位といってよい。また、オーストラリア、カナダ、シンガポールは"子どもボーナス"とでもいうべき制度を採用しており、新しく生まれた子どもを持つ親は、政府から1回限りの手当てを受け取ることができる。

> "この世には他人のお金を使うグループが三つある。子ども、泥棒、政治家だ。彼らはみな監督が必要だ"
> ——ディック・アーメリー（1940年生まれ）、アメリカの政治家

チューク一家の八つ子

ひとりかふたりの赤ん坊を持つとお金がどんどんなくなるが、反対に沢山の子どもを同時に産むと金銭的にはかえって潤う。1998年12月、チューク一夫人はテキサス州ヒューストンのセント・ルークス・エピスコパル病院で、全米マスコミが見守る中、八つ子を出産した（うち6人は女の子、2人は男の子だった）。残念ながらそのうちのひとりは生後1週間で死んだが、残りの7人は健やかに成長した。チューク一夫妻の元には個人・企業からの贈り物と支援の申し出が殺到。中には住宅ローン会社からの六つの寝室を持った家というのもあった。

第10章 人生のステージ

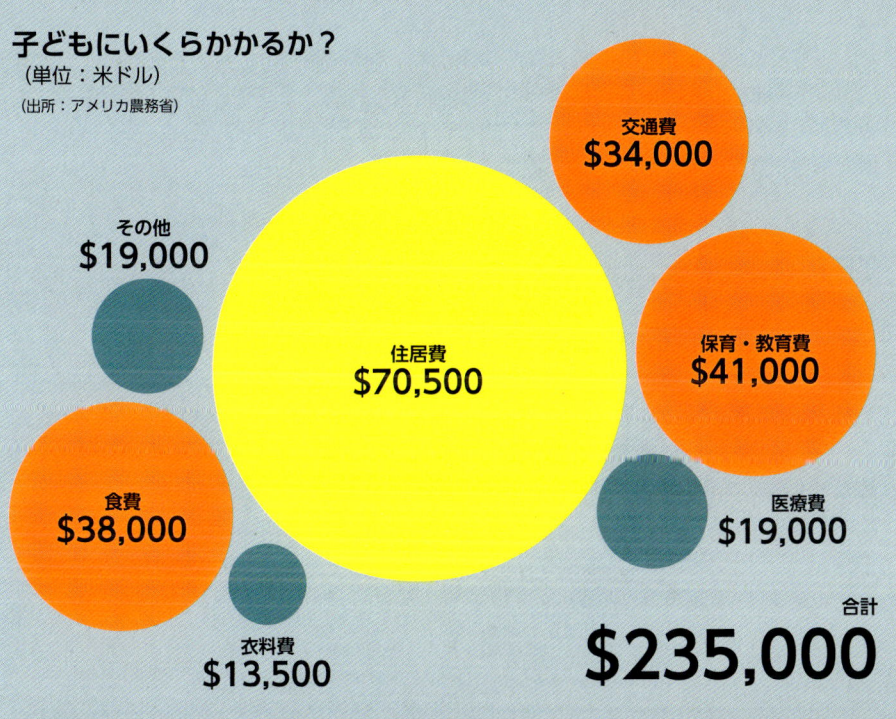

子どもにいくらかかるか？
（単位：米ドル）
（出所：アメリカ農務省）

- その他 $19,000
- 交通費 $34,000
- 住居費 $70,500
- 保育・教育費 $41,000
- 食費 $38,000
- 医療費 $19,000
- 衣料費 $13,500

合計 **$235,000**

← 左の数字は、アメリカの中所得家庭がひとりの子どもを誕生から17歳まで育てたらいくらかかるかを、主な項目別に示したものである。

⇩ 出生率は漸減傾向にあるとはいえ、人口基盤の大幅な拡大は世界人口がかつてないほどのスピードで増加していることを物語っている。向こう35年間で世界人口はあと25億増えると予想されているが、そのうちの90％はニジェールやソマリアといった開発途上国におけるものである。

世界の出生率

上位5ヵ国		下位5ヵ国		その他主要国	
ニジェール	7.06	韓国	1.22	オーストラリア	1.92
ソマリア	6.34	アンドラ	1.22	中国	1.60
マリ	6.29	ラトビア	1.17	ドイツ	1.39
アフガニスタン	6.29	シンガポール	1.15	インド	2.62
ザンビア	6.26	ボスニア・ヘルツェゴビナ	1.15	イギリス	1.94
				アメリカ	2.10

（出所：世界銀行、2010年）

■ 中年時代、特に40代・50代の人びとは、その強固な財政基盤を反映して伝統的に最も消費支出が多いと見られてきた。たしかにサラリーマンの給与が最も増えるのがこの年代だし、思い切って家を買うのもこの世代が多い。同時に、子どもたちに最もお金がかかるのもこの年代である。

中年時代

　一般的な職業の場合、20代でキャリアの足がかりをつかみ、30代で昇進の階段を少しずつ登りはじめ、中年時代になって企業の幹部になり、最大の給与を手にするというのが普通のパターンだろう。だが人生いいことばかりではない。この年代は個人の財政において負担が最も増えるときでもあるのだ。住宅ローンの承認が下り、子どものための出費が増え（アメリカでは13歳未満の子どもにかかる費用の最大87％を親が賄っている）、クルマや旅行にもお金がかかる……。もしかすると、離婚のためにお金を用意しなくてはならないかもしれない。贅沢なものに急に目が行くのもこの年代である。

⇩
人生で最も所得能力が高くなる中年男性は、しばしば"よいセンス"と"悪い趣味"の微妙な境界線を歩く。賢く使って余った分は老後の貯蓄に回すか、あるいは前から欲しかったスポーツカーを思い切って買うかで、彼らには大いに悩む。悲しいかな、悪い方を選択する男性の方が多い。

中年時代は自己開発から自己超越への重要な移行期であり、脳の活動が現実にピークに達する時期でもある。

第10章 人生のステージ

中年の危機

「中年の危機」とは、1965年、カナダの精神分析医であるエリオット・ジャック博士が、「若さに与えられた不死の感覚が消えるにつれて中年世代が陥る情緒的危機」を表わすために最初に使った言葉である。これにはさまざまな意見があり、それは単に西洋文化特有の若さに対する強迫観念のひとつの解釈にすぎないと主張する人もいれば、異常かつ破壊的行動として現れる純粋な心理的状態だという人もいる。1990年代に行なわれたある大規模な調査によれば、そうした状態になる年代は46歳がいちばん多かったという。

中年の危機の"古典的な"イメージといえば、太ったお腹を抱えた"いい歳をした"男が自分を見失って、不似合いな若い服を無理やり着込む、バイクや小型のスポーツカーにお金を注込む、高いバーで新しい友だちにお酒を何杯もおごる、新しいモノは何でも買いあさる……そんな姿ではないだろうか。中年の危機に多くの代償を払おうとしてもあまり意味がないが、それが長引くと、個人の財務にも重要な影響が出てくることを明記しておく必要がある。自分の貯蓄や信用を余計な出費に回すことで苦しむ人はけっして少なくない。

貯蓄する時期

中年時代はまた、伝統的に個人が貯蓄に励む時期とされてきた。人生の時計が少し速く進むようになると、人はみな自分の年金資金を確保するなど老後の準備の必要性を意識しはじめる。加えて、子どもたちの大学進学のための巨額な費用が重くのしかかってくるのもこの年代である。その上、どうしても避けることができない突発事態に対応するために、また家族全体のための新車や海外旅行といった"たまの贅沢"の支払いに充てるため、いつでも使うことができる"秘密資金"を用意しようと頑張る人も少なくない。

こうした財政負担を考えれば、中年時代の収入が高くなる一方で、それが個人的な幸福感を反映していないとしても不思議ではない。公式に何歳から中年が始まるかは専門家の間でもいろいろな意見があるが（「36歳から」という人もいれば、「60歳から」という人もいるし、中には「歳なんて関係なく、心の問題だ」という人もいる）、最近の学者の発見によれば、「心理的な安寧の感覚をいつから感じはじめるか」という問いに対する自己申告の年齢は46歳が最も低く、その後、徐々に上昇しはじめ、最後は老年へと続くという。

それでもなお、中年時代がイザというときのためにお金を蓄える最適時期ということは統計が示している。先進国の多くにおいて50代初めと中ごろに貯蓄額がピークに達する。収入の相当部分を住宅ローンのような義務のための支払いに充てなくてはならないもう少し若い世代に比べて、中年世代は、貯蓄と投資のバランスの取れた組み合わせを保つだけの、より大きな財政的柔軟性を持っている人が多い。言いかえれば、さまざまな投資・貯蓄手法への分散が、最大収益の機会をもたらすとともに、万が一ある投資が失敗しても、没落を最小限に食い止めてくれるのである。

⇩
働く人にとって45歳から54歳という年齢は最も豊かな時期といってよい。だからといって、最も幸福な時期というわけではないが……。

年齢と収入との関係：アメリカの場合

（2011年の平均年収：米ドル）
（出所：アメリカ統計局）

年齢	平均年収
15〜24歳	$30,460
25〜34歳	$50,774
35〜44歳	$61,916
45〜54歳	$63,861
55〜64歳	$55,937
65歳以上	$33,118

第10章　人生のステージ

かつてどの時代にも、今ほど裕福で、健康で、活動的で、長命な高齢者がいたときはなかった。1950年代、世界中の60歳以上の人口は2億人だったが、2050年までにそれは20億になるとする予測もある。その数は15歳以下の人口を上回ると見られる。

↓ 総年金置換率とは、退職後に受け取る年金の額が就労時の収入の何％に相当するかを表わしたものである。

退職

この"シルバー軍団"の経済力はとても大きい。たとえば2020年までにアメリカの国民所得の23.6％は60歳超の世代が占めると予測されているし、同時期、スウェーデンにおいては同じく34.3％と見られている。

シルバー経済

「シルバー経済」とは高齢者世代の金融活動を指す非公式な用語で、マーケターにとってますます重要な消費者グループになりつつある。2010年、60歳超の消費者の支出額は8兆ドルと推定されている。第一生命経済研究所の2012年の調査によれば、日本の消費支出の40％はすでに60歳超世代によって行なわれており、ボストン・コンサルティング・グループは、2030年になると、先進国の消費支出の半分以上を55歳超世

年金の国際比較
（年収との比率：％）
（出典：OECD年金モデル2010年版）

- オーストラリア 47.3
- 中国 77.9
- EU27ヵ国 61.6
- ドイツ 42
- ギリシャ 96.7
- アイスランド 96.9
- アイルランド 29
- ロシア 62.7
- サウジアラビア 100
- イギリス 31.9
- アメリカ 39.4

年金危機

人びとの寿命が伸びるにつれ、年金のための資金も否応なく増える。現在の年金制度を支える資金と将来必要になる資金とのギャップは、いわゆる年金危機として世界中のエコノミストや政府の肩に重くのしかかる。たとえば2008年、アメリカの年金制度のための資金不足は1兆ドルに上ったとの推計もある。

この問題の原因のひとつは、退職者を支えるのに十分な労働人口が減っているという単純な事実にある。1950年、全OECD加盟国において、65歳以上人口1人に対する20歳〜64歳人口は7.2人だった。それが2010年になると4.1人になり、2050年までに2.1人になると予想されている。

この問題のための根本的な解決策は三つあるといわれている。第1に、上記の数字を高めることである。その手段としては、たとえば雇用政策を微調整し退職年齢を上げる、労働適齢にある移民を増やすといったことが考えられる。第2に、年金の形態を確定給付型年金から確定拠出型年金（これらの用語については次ページの［知っておきたい言葉あれこれ］参照）に移行することで年金受給資格の条件を制限することである。最後に、増税によって税収を増やし、そして積立金を増やすことである。

答えはこれらの戦略の均衡の取れた組み合わせにあることは間違いない。だが、真の解決策が何にせよ、それを探すのは至難の業といってよい。

代が担うと予測している。

　これからの時代、小売業者はますます高齢世代に照準を定めた商品を売ることになるだろう。たとえば、アメリカの食品メーカーはすでに高齢者を念頭に置いたメキシコ料理を開発しており、鋭敏な味覚がなくなりつつある世代には辛い食べ物がとても人気があることが分かったという。

　同様に、これからの市場関係者は、広告があまりに若者志向であり高齢者を軽く見ているという高齢者からの共通の不満に耳を傾けなくてはならないだろう。消費経験の全体像もまた、消費者主義におけるこの人口動態変化を否応なく反映するに違いない。その結果、店の通路を広げる、休息用の座席を増やす、手に取りやすい棚を導入する、商品ラベルをもっと見やすくする、といった改善が必要になるだろう。

引退のための計画

　こうした経済的変更は単独で起こるのではなく、引退を見据えた財務計画の長期にわたる進展の結果である。最も普通の引退計画は、個人の仕事を辞めたあと年金を定期的な固定収入として受け取ることである。これにもいくつかバリエーションがある。

　多くの国では、働いている間、資格を満たすためにお金を積み立て（通常は納税制度を経由して）、その人が一定年齢を越えると国が年金を支払う形を採る。国によっては年金受給のために資力調査が行なわれるところもある。

　積み立て方式あるいは非積み立て方式による企業年金または事業者年金をもらう人もいる。企業年金は企業と従業員の両方が積み立てを行ない、一方、事業者年金は企業だけが積み立てを行なう。退職する従業員に支払われる年金額は、積立金の額、勤務年数、最終給与の平均額など、さまざまな要因によって変わってくる。

　個人年金は、個人（たとえば自営業者）が自分自身の年金支給をアレンジするもので、たとえば金融機関が運営する年金機構に投資するなどの方法で行なう（金融機関はその出資金を投資することで年金原資に充てる）。

＊ 知っておきたい言葉あれこれ

確定給付型年金：従業員の給与と勤務年数に応じて一定レベルの支払いを雇用主が保証する年金。

確定拠出型年金：従業員の積立金の額と年金資金の投資運用成果によって給付レベルが変わってくる年金。

⇩
シルバー世代がこれほどまでに幸福だった時代はかつてない。豊かで、健康で、しかもアクティブだ。だが、世界的な年金危機のせいで、彼らの前には困難が待ち受けている。

第10章　人生のステージ

■「この世で確実なのは死と税金だけである」というベンジャミン・フランクリンの言葉は頭で分かっていても、いよいよ騒々しいこの世を去るときがくると、今さらながら、自分の葬儀にもお金がかかることを思っていらだつ。生きるためにはいろいろとお金がかかるが、それは死ぬときもまったく同じだ。

死

人が死ぬことによってかかる税金を相続税という。「人が死ぬときにも税金がかかるのか」という不満を反映して、相続税をまったく課さない国も多い。だが、相続税は必要だとする意見も少なくない。ウィンストン・チャーチルもその一人で、1924年、相続税賛成の立場で「有閑階級人種の成長に対抗する確かな矯正手段」、つまり相続税は、自分で稼ぐのではなく財産を受け継ぐことに頼る人びとを制限する方法だと主張した。相続税の最も一般的な形は次の二つである。ひとつは遺産税といわれるもので、分散する前に遺産に課され、遺産が最小価格以上の場合、税率は遺産全体の価値によって決まる。もうひとつは、相続する財産の価値によって定まる税率により、相続人が支払うものである。相続税は「徴税吏の剣の最後の一刺し」などといわれたりする。

↓
現在、多くの国では相続税を課していないが、相続税がある国の市民にとって死は"借金の支払いが自動的に終わるとき"を意味しない。また、葬儀は人生最大の出費のひとつで、しばしばその負担は遺族に重くのしかかる。

葬式の費用

人が死ぬことによって生じるもうひとつの出費は葬式の費用である。葬儀業は、経済状況が厳しい時代であっても常に一定の顧客を持つことができる安定した商売である。

葬儀にかかわる諸々の手続きと費用は、ときに遺族に不快な驚きを与える。だから、生きているうちに死んだときのための準備をする人も少なくない。たとえば、自分が望む葬儀の式次第を遺言に書いておく（遺言の詳細については231ページ参照）、葬儀費用をカバーできるような生命保険を契約するといったことである。

2008年、アメリカにおける平均的な葬儀費用は7,000ドルから1万ドルだった。だが、その費用を抑える方法もいくつかある。それほど簡単ではないが、ほとんどの国では葬儀業者を使うことを義務づけていないので、遺族自身で葬儀の一切をやってしまうという手もある。また、遺体を裏庭に埋葬することさえ法的には問題ないとしている国も多い。環境問題を気にする人であれば、価格の安い、完全に生物分解可能な段ボール製の棺を買うことで費用を節約することもできる。それでもなおお金に余裕がないという人は献体という方法もある。遺体を受け入れてくれる学術機関を生前のうちに見つけることができれば、その機関があなたに代わって葬儀に要する費用に責任を持ってくれる。

ちょっと参考に

火葬の費用

火葬のための大体の費用を事前に知っておくことは、遺族の負担を軽減するうえでとても役立つ。火葬のための主な費用項目は次のようなものである。

葬儀社への支払い
新聞告知の費用
棺桶の費用
ハイヤー代
貸衣装代
花代
葬儀費用
骨壺代
遺灰散布費用
記念品代
葬儀のあとの食事接待の費用

桁外れの葬儀

歴史を見ると驚くような葬儀がいくつもあったことが分かる。エジプトのファラオのとてつもない埋葬はいうまでもないが、そのほかにもイギリスのビクトリア女王の国葬、ケネディ大統領、エルビス・プレスリー、ダイアナ妃たちとの悲しい別れなど、枚挙にいとまがない。

ちょっと率直な話になるが、葬儀費用の点でいえば2005年に行なわれた教皇ヨハネ・パウロ2世の葬儀が近年では最も多額の費用がかかったといわれ、総額900万ドルだった。だが、その前年に行なわれたロナルド・レーガン元大統領の葬儀の費用がそれ以上だったことはほぼ間違いない。

埋葬に先立って数日間、ワシントンに安置されたレーガンの遺体を数万人が弔問した。その費用数百万ドルは、ワシントンD.C.が負担した。だが、真のコストは、ジョージ・W・ブッシュ大統領（当時）が1日の国民服喪日を宣言したことで発生した。ウォールストリートは休業し、政府職員は休暇を取り、全米中の商取引がほぼストップした。納税者の負担につながるこれらの損失をお金に換算すると、最大4億ドルに上ったとの推計もある。

だが、マケドニア帝国を建て、紀元前323年にバビロニアで死んだアレクサンドロス大王の葬儀こそ、史上最も豪奢なものだったといってよいだろう。その葬儀費用は現在の額にして6億ドルといわれる。蜂蜜の中に保存された彼の遺体は金製の棺の中のサルコファガス［壮麗な装飾が施された棺］に納められた。マケドニアを目指して出発した棺は、60頭の馬を含む大人数の葬儀集団によって支えられた。葬列の人数と重量を支えるために新しい道路をつくったという記録さえ残っている。最終的に葬列はエジプトに達し、大王はアレクサンドリアに埋葬された。葬儀に要した多額の費用を考えると、埋葬場所の正確な位置が歴史の霧の中で分からなくなってしまったことは、まことに皮肉というしかない。

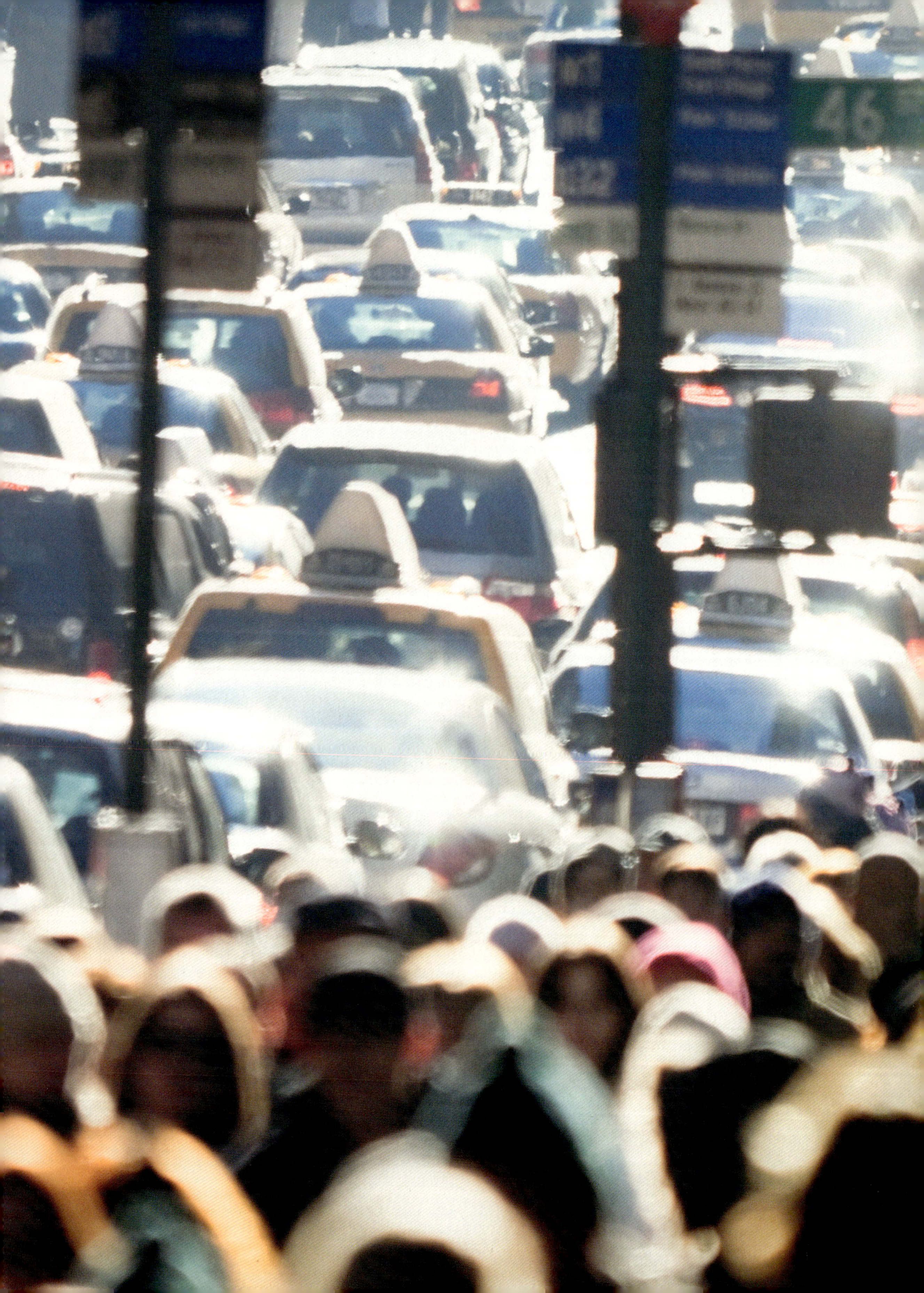
46

"この世のボスはただひとり、お客様だけだ。"ほかの店で買うよ"といえば、彼は会長から一般社員に至るまで、だれでもクビにすることができる"
——サム・ウォルトン（1918～1992年）、ウォルマート創業者

第11章 貯蓄、支出、贈与

⇧
いったん自分自身でお金を稼ぐことができるようになれば、結局のところお金でできることは貯めること、使うこと、与えることの三つである。これまでの研究から、このことを小さいうちから子どもに教えることで、大人になってから直面するお金にまつわる面倒や誘惑をうまく解決できるようになることが分かっている。

お金とはなんと複雑なものかと感じたとき、結局のところお金でできることは「貯める」「使う」「与える」の三つしかないことをもう一度思い出してみるとよい。この章ではそうした三つの選択肢についてもう少し詳しく見てみることにしよう。

ほとんどの人にとっての難問は、ではそうした三つの選択肢にどのような比率でお金を配分したらよいのかということである。食料、衣服、住居といった生活必需品には一定のお金を使うしかないが、それらのためにだけお金を使う人はほとんどいない。一方、お金を貯めるためには、"満足を後回しにすることができる"という考えが必要である。つまり、今すっかり使ってしまうことよりも、あとで使うためにお金を持っていることに満足できるか、ということである。

"貧乏にならないための秘訣：それは、いくらお金を持っていても使わないことである"
——サミュエル・ジョンソン（1709 〜 1784 年）、作家、辞典編集者

お金を貯めることに理屈は不要

　貯蓄率は常に変動する傾向があるが、面白いことに、不況になると貯蓄率が高まることが多い。理屈から考えれば、そうした時は貯蓄が難しいはずなのだが……。たとえば先進国の場合、1990年代から2000年代にかけて、経済成長が永遠に続くように見えた時期、貯蓄率が下がった。だが、その後世界的な金融危機が起こると、将来に対する人びとの憂いが増し、それにつれて貯蓄率は上昇に転じた。

　一方、お金を人に贈与することはいうまでもなく贈与する人たちの財政状態に大きな影響を及ぼすが、同時にそれは、贈与する人の社会的立場を反映している。なぜ、だれにお金を与えるのか、またそのお金をどう使ってほしいかは、みな優れて個人的な問題である。贈与のパターンを予測することが難しいのも、このことに関係している。

　たとえば2007年のアメリカ労働省が作成した寄付行為に関する統計を見てみよう。その当時、アメリカ国民は平均して所得額の2.2％を寄付に充てた。最も高所得の人びとの対所得寄付率がそれよりもやや低い2.1％だったのに対し、最も低所得の人びとのそれは平均の2倍以上である4.3％だった。さらに、経済状況が厳しくなると寄付行為が全体的に下がる傾向がある中、最低所得層の寄付意欲はあまり下がらなかった。おそらくそれは、経済的に瀬戸際にある人の方が、お金を必要としている人に深く共感する傾向があるからかもしれない。

　いうまでもなく、だれにもぴったり当てはまる支出計画はない。家計費をどう配分するかはその世帯の収入、ニーズ、そして世帯員の好みによって大きく違ってくる。下の図は、ごく一般的な家計支出の項目別配分を示したものである。

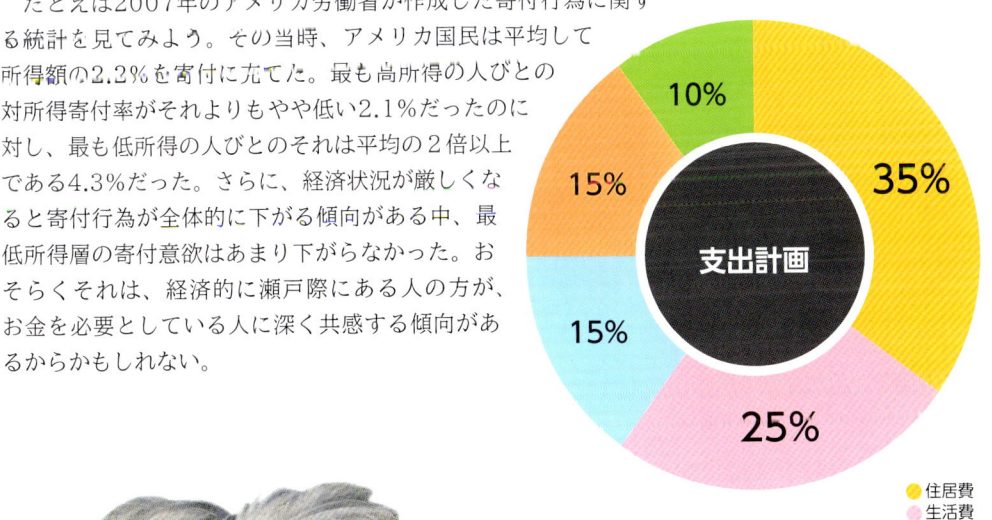

支出計画

- 35% 住居費
- 25% 生活費
- 15% 交通費
- 15% ローン返済
- 10% 貯蓄

"赤字の王妃"

　フランス王ルイ16世の妻だったマリー・アントワネットは、熾烈な競争を生きた一方で、歴史上最も悪名高い浪費家として知られている。おてんばな少女時代を送ったマリーは、フランス王室に嫁ぐと、またたく間に退廃的な好みを発揮した。その当時の人気デザイナーだったローズ・ベルタンに年間300着もの衣装を注文したほか、自分専用の香水をつくったり、豪奢なパーティーのために莫大なお金を費やしたりした。これらはみな、夫であるルイ王が自分の外交政策を進めるために莫大な借金を抱えていた時と重なる。だから人は彼女を"赤字の王妃"と呼んだ。あげ句の果てに彼女は、現在の価値にして1億ドルといわれるダイヤモンドのネックレスが国外に持ち出されるというスキャンダルに巻きこまれた。この詐欺事件を彼女はおそらくまったく知らなかったが、不品行に関する彼女の世評は決定的となった。彼女の浪費癖は最後まで情熱を失うことがなく、フランス革命において首を刎ねられることで、その代償を支払ったのだった。

第11章　貯蓄、支出、贈与

■ たとえいくらお金に分別を持っていても、お金を使いたくてウズウズするときがあるものだ。これまで人間はいつも売ったり買ったりしてきたが、消費主義がこれほどまで急激に加速したのは産業革命以降といってよい。工業化の進展がより多くの、より優良な、そしてより安価な製品の生産を可能にし、それによって今まで以上の賃金と余暇時間を得たと自覚した労働者は、その製品を競って買うようになった。消費者の飽くなき欲望は長期にわたって衰える兆しがない。

個人消費

　経済的な意味でいえば、個人消費とは家庭内の必要と願望を満たすための世帯内の支出をいう。個人消費に含まれるものとしては、耐久財（テレビやキッチン設備のように、長期間使用される製品）、非耐久財（食料・飲料のように短期間で消費される製品）、半耐久財（衣料のように一定期間継続的かつ反復的に使用される製品）、およびサービス（旅行や娯楽など）がある。

世界的傾向

　アメリカは世界最大の消費市場である。たとえば2009年を見ると、世界消費額の合計は34兆6,000億ドルだったが、そのうちの30％弱をアメリカが占めた。次いで大きな消費市場である日本のシェアは世界全体の9％弱だった。
　アメリカの場合、2009年のGDPの70％を個人消費が占めているが、これはイギリス（65％）、ドイツ（59％）、日本（58％）、中国（37％）など他の主要国に比べてかなり大きな数字といってよい。だが、GDPに占める個人消費の割合がそれ以上に高いのは、いわゆる最貧国である。たとえば、リベリアのそれは世界最大の184％である。また、最貧国においては個人消費が必需品（中でも食料）に集中しているのに対し、先進国においては、より大きな割合が贅沢品と見なされる製品やサービスに費されている。

"買い物療法"

　"買い物療法"とは、買い手の気分をスッキリさせることを主な目的として行なわれる買い物のことである。むろん、生活必需品の購買ではなく、不必要な贅沢品、あるいは癒しの買い物を指す。この療法の効果が、買い物の対象となる品物がもたらす楽しみからくるのか、買い物という行動そのものからくるのかは、どうもはっきりしない。
　豊かな社会と物質主義（所有や消費に対する無制限な欲望）に特有の現象と密接に関連したものとして、抑えの効かない消費主義には深刻な一面がある。

↓ A.T. カーニー「グローバル消費者研究所」は、世界86ヵ国の70の製品カテゴリーを選び1990年から2020年までの世界的な消費パターンに関する調査を行なった。その結果、私たちの消費意欲は当分の間、収まることがないことが分かった。

消費、消費、消費……
（出所：ユーロモニター社：A.T. カーニー分析）

1990
18兆米ドル

2000
22兆米ドル

2010
28兆米ドル　(+43％)

2020（推計）
40兆米ドル

2001年に欧州連合が行なった調査では、回答者の33％が「軽率な、あるいは不必要な消費に対する高いレベルの依存」があると答え、それを衝動買い癖や買い物依存症であるとする心理学者もいる。今や多くの消費者が、抑えの効かない消費が深刻な金銭問題につながるおそれのあることを感じはじめている。

買い物天国

ジェット族［ジェット機などで豪快に遊び回る富裕な有閑階級］の買い物依存症の人が、ドバイのダウンタウンに足を向けると大変なことになる。そこにはかのドバイモールがあるからだ。世界最大、約111万平方メートル（サッカーコート50面に相当する）の面積を持つこのショッピングモールは、超高層ビル「ブルジュ・ハリファ」の6つの階を占有している。

2008年にオープンしたこのモールにある店舗は全部で1,200。その多くが世界的に有名なブランド店だ。1万4,000台分の駐車スペースを持つこのショッピングモールは2011年、世界で最も多く、5,400万人の客を集めた。このショッピングモールはまた甘い物好きには堪えられない場所である。世界最大の菓子店である「キャンデリシャス」の大型店舗がここにあるのだ。

⇩ 数あるアジアのショッピング中心地の頂点といえば香港といってよいだろう。スタンレーストリートやテンプル・ストリート夜市のような伝統的な市場は、税金面でも消費者にとって有利な条件を提供してくれる。これに最先端のショッピングモールや百貨店も加わり、どんなに要求の厳しい"買い物依存症"さえも、買い物療法を堪能することができる。

「お金の借り手にも貸し手にもなるな」──これは『ハムレット』におけるポローニアスの言葉である。だがこの警告は、最大限にクレジットを利用しようとする現代社会においてはあまり顧みられることがない。実際、世界の成人人口のおよそ10人に1人は毎年、金融機関から融資を受けていると見られている。

お金を借りる

どこかの融資を受けるとき、宣伝文句にある利息と実際に支払う利息とは違うのが普通である。実際に提供される正確な条件はあなたの信用格付けによって変わってくるのだ。信用格付けとは、あなたの資産と負債、加えてあなたの融資と返済実績を斟酌して決められる評価点である。世界中で営業している数多くの信用調査機関から信用報告書が集まってくる。あなたの信用格付けがよければよいほど、融資条件も有利になる。もうひとつ、クレジットカードの利用履歴がないことはあなたにとって不利になることを覚えておくとよい。だがそれは、少額の銀行引き落としを積み重ねることでつくることができるから、もしあなたが融資とか借り入れとかに不慣れなら、本格的な融資を受ける前に、こうした方法であなたの信用評価点を高めておくとよい。

⇩
どんな方法で借金をしようと、借金の原則は、早く返せば返すほど、返すお金が少なくて済むということである。

多様な選択肢

借り入れ方法にも多様な選択肢があり、借り手にとって魅力的なものもあれば、そうでないものもある。たとえば、「固定金利融資」を使うと、借り手は決められた期間中ずっと固定された利息で一定額を返済することになる。これは古典的な銀行融資のモデルである。また、「当座貸越」は銀行と既存顧客との間であらかじめ調整された約定を行なうことで、定められた期間（多くの場合、短期間）、預金残高以上の金額を顧客が引き出すことができる。契約を超える額の赤字があった場合、かなり高めの違約金が設定されており、手数料や金利も発生する可能性が高い。

「給料日ローン」は、本来は給料日までの期間を乗り切るための短期の貸付のことであり、名称もそれに由来している。多くの場合、利息が高く年率（APR）が数千％などというものも珍しくない。だから、すぐに返済すれば便利なシステムだが、万一、返済が滞ると地獄が待っている。

「分割払い」は、通常、小売店と直接契約する。顧客は購買時に頭金を支払えばその商品をその場で持ち帰ることができるのが一般的だ。残金は利息・手数料とともに定期的な形で支

払われる。ただし、買い手が商品代金の全額を支払うまで、その商品の所有権は買い手にはない。「店内クレジット」は分割支払いと似ているが、小売店と客との間で信用枠を決め、それを使って"買うのは今、支払いは後"を可能にする仕組みである。店舗によっては"金利ゼロ"を謳うところもあり、高額商品の代金を長期にわたって支払うときはとても魅力的である。その一方で、クレジットカードに比べると、かなり高い金利が必要になる場合もある。

「P2P融資」［インターネット上で仲介された個人間で小口融資を行なう金融サービスで、「ソーシャルレンディング」ともいう］は、インターネットの普及（41ページ参照）に伴って急速に人気が出てきた。また、「信用組合」は会員によって所有・運営される相互扶助的な金融機関で、会員だけが預金と借り入れを行なうことができ、通常の金融機関よりも管理費が低廉で済み、非営利団体であることなどから金利も低い。

「質屋」は質草として預かる商品と引き換えにお金を貸すが、その際、借り手の信用状態が考慮されることはない。質草は一定期間、質店に置かれ、元金、金利、それに手数料を合わせた金額を借り手が支払えば借り手の元に返却されるが、もし返済が行なわれなければ、そうしたコストをカバーするために売却される。「高利貸し」はいわば略奪的な貸し付けで、通常、法外な金利が課され、返済ができないときには威嚇、暴力、脅迫などを伴うこともある。こうしたサービスには近づかないのが一番だ。

知っておきたい言葉あれこれ

無担保貸付：貸し手が借り手の資産を何も要求しない貸し付け。したがって担保貸付に比べて貸し手におけるリスクが高くなるので、それだけ金利も高くなるのが普通。

担保貸付：何らかの借り手の資産（不動産やクルマなど）を裏付けとする貸し付け。借り手が返済を怠った場合、貸し手は当該資産を確保する権利を主張できる。

公認も規制も受けない高利貸しは、他の方法による借金が難しい人たちにお金を貸し付ける。

年率

年率（APR）とは、年間利率を容易に比較できる比率として表現するときの数字である。だが実質年率は単にベースラインでしかなく、その近くに小さい文字で、厳密に返済しなければならない金額が書かれている。融資は通常、1年に1回よりももっと多い回数で返済される。たとえば、1年間に12回（毎月1回）に分けて返済することを条件にお金を借りた場合、毎回の返済ごとに借り入れ額が減っていき、利息額もまたそれに合わせて減っていく（金利そのものは借り入れ時と変わらないが）。したがって、10％の利息で100ドルを1年間、借りた場合、最終返済額は110ドルではなく、105.50ドルとなる。

お金を借りるといくらかかるか

下の表は、1,000ドルを年率7％で借りた場合、返済期間によって毎月の返済額と返済総額がどう変わってくるかを示したものである。

返済期間	毎月の返済額	返済総額
6ヵ月	$170.09	$1,020.52
12ヵ月	$86.53	$1,038.32
24ヵ月	$44.77	$1,074.54
36ヵ月	$30.88	$1,111.58
48ヵ月	$23.95	$1,149.42
60ヵ月	$19.80	$1,188.07

クレジットカードは、カード発行会社にあとで返済することを条件にカード所有者に商品・サービスの購入を許す仕組みである。したがって、購入時にカード所有者の銀行口座に十分なお金がある場合に限って使うことができるデビットカードとは異なる（一定額までの購入を保証するデビットカードもある）。

クレジットカード

クレジットカードはいわばリボルビング（回転）式借金の一例である［アメリカにおけるクレジットカードは基本的にリボルビング式］。リボルビング式借金とは、事前に決められた与信限度額いっぱいまでお金を借りることができる方法で、限度額は借入と返済のたびに変わってくる。また、クレジットカードを使えば何度でも信用購入をすることができ、購入額（プラス金利、手数料、および違約金）を一定期間にわたって（クレジットカードは最低限度の金額を毎月支払うことを求めるものが多い）、あるいは1回にまとめて返済することもできる。リボルビング式借金の最大の利点はその柔軟性にある。ただし、一度でもクレジットカードを使ったことがある人なら覚えのあることだろうが、自分がどれだけ使ったか、またどれだけの返済が待っているかをきちんと把握するのはかなり難しい。

⇩ クレジットカード所有者の大多数は、金利や違約金が発生する前に使用代金を全額支払っているが、厄介なカード借金を抱えている人も少なくない。

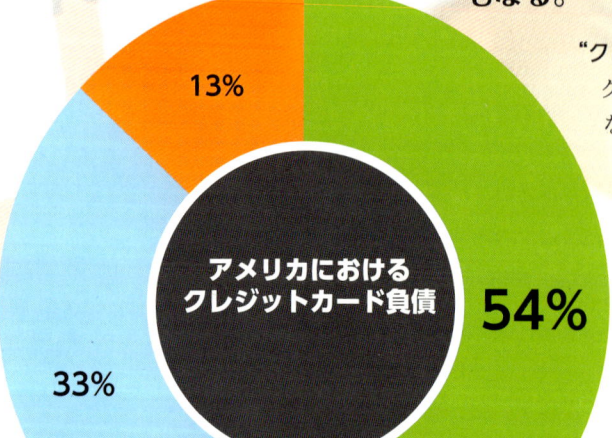

● 毎月、全額が支払われている負債
● 1万ドル未満のカード負債（中央値 $2,254）
● 1万ドル以上のカード負債（中央値 $17,336）

アメリカにおけるクレジットカード負債
54%
33%
13%

平均的なクレジットカードのために毎月、最低額のお金を払っても、最初に使った1,000ドルを返済するのに20年以上かかるし、そのときの支払総額は3,300ドルにもなる。

"クレジットカード中毒"

クレジットカードはときに、実際よりも金持ちになった気分にさせてくれる。そのせいで、多くの人は「クレジットカードはよくない」となかなか言い出せない。だが、だれもがクレジットカードを持つようになると、クレジットカードに対する"飢え"が一向に衰えないことが懸念されるようになってきた。

いくつかの数字を見てみよう。先進諸国に住む全成人の半数がクレジットカードを持っている（開発途上国の7％という数字と比べてほしい）。これは、クレジットカードに限らず、先進諸国における信用購入への偏愛を反映している。たとえば成人の4分の1が不動産購入のためのローンを使っているのもその現れである（開発途上国の数字はたった3％）。

第11章　貯蓄、支出、贈与　**221**

　実際、信用購入への狂奔は、2009年現在、アメリカで6億8,600万枚（1人が2枚以上を持っていた計算になる）のクレジットカードが流通していたことにも現れている。中国の数字は比較的小さく1億9,900万枚。とはいえ、2003年から2007年の間の伸びは23％に達し、中国においても経済の急成長が信用購入への渇望を促していることが見て取れる。

　アメリカでは一世帯あたり平均1万5,000ドルのクレジットカード負債を抱えているといわれる。下の数字は主要4ヵ国におけるクレジットカード負債総額である（2009年現在）。

- ■アメリカ：7,750億ドル　■イギリス：875億ドル　■カナダ：739億ドル
- ■オーストラリア：404億ドル

カードで払えたら……

　エドワード・ベラミが1888年に著した小説『顧みれば』は、西暦2000年に133年間の昏睡から目覚めた男の物語である。ベラミーが表現した未来世界の特徴のひとつはクレジットカードである。それは、実際にクレジットカードが登場するちょうど60年前にあたる。

　だが、現実のクレジットカードの考案者はフランク・マクナマラである。1949年の秋、ニューヨークの「メイジャーズ・キャビン・グリル」で同僚とランチを摂っていたマクナマラは、勘定を払う段になって財布を忘れてきたことに気がついてびっくりした。急いで妻に電話し助けにきてもらったのでその場はなんとか凌ぐことができたが、そのときの体験は彼の脳裏から何週間も離れなかった。

　顧問弁護士であるフランク・シュナイダーと雑談したあと、彼はあるクラブをつくるというアイデアを思いついた。それは、クラブに加盟する特定のレストランで食事をしたメンバーは、食事のあとサインするだけで代金は一定期間内に支払えばよいというものだった。1950年2月、「ダイナースクラブ」はカードメンバーを約200人に限定し、3ドルの入会金を取るビジネスを開始した。今日のクレジットカードと違い、未払いの代金を毎月末に支払う仕組みだった。メンバーへの金利はかからなかったが、加盟レストランは7％の取引手数料をダイナースクラブに支払う必要があった。

← マンハッタンのウェストサイドにあるメイジャーズ・キャビン・グリルこそクレジットカード誕生の場所である。実業家であるフランク・マクナマラが創業したダイナースクラブは、ニューヨークにある特定のレストランでの食事の支払いを便利にし、創業1年もしないうちに会員数は2万人に達した。これがクレジットカード時代の幕開けとなった。

いま小売店はどこも、顧客のロイヤルティー（忠誠）を獲得しようと躍起である。それによって反復的な売上げと持続的な市場シェアを見こむことができるからだ。歴史が示すように、ロイヤルティーを獲得するための最も確実な方法のひとつはロイヤルティーをお金で買うことである。普遍的とはいえないものの、ロイヤルティーカードは現代の買い物におけるありふれた手続きの一部になっている。名称も「お得意様カード」「クラブカード」「ポイントカード」「特典カード」などさまざまだ。

ロイヤルティーカード

ロイヤルティーカードの仕組みは、反復的な購買をしてくれる顧客に何らかの特典を提供しようという考えが元になっている。一般的には、顧客が申込書に記入するとカードが発行され、買い物のたびにそれをカードリーダーに通すと、自動的にポイントがカードに付与されるという形が多い。提供される特典としては、購入しようとしている商品にキャッシュバックする、将来の購買に使うことができる割引券を発行する、他では得られない商品を提供する、特別なショッピングイベントに招待する、などが多い。

相互利益

小売店にとってロイヤルティーカードは、顧客のブランドロイヤルティーを高めるだけでなく、顧客の個別的な購買習慣に関する情報を蓄積できるというメリットがある。

⇨ ヨーロッパとアメリカでは現在、80％以上の人が少なくとも1枚の、また25％が5枚以上ロイヤルティーカードを持っており、平均して年に150ドルを節約していると見られている。ロイヤルティーカードは、消費者に対するさらなるマーケティング攻勢を強めている小売店にとって非常に有益であることが分かってきた。カード所有者はロイヤルティーカードを使うことで得をする一方、小売店もまた顧客の購買習慣に関する膨大な情報を得ることができる。

買い物スタンプ

最も初期の組織化されたロイヤルティープログラムは、1896年、スペリー・ハチソン（S&H）社によってアメリカで始まったといわれる。S&Hは郵便切手のような買い物スタンプを開発。これに1、10、50ポイントという額面価値を付けて、路面店舗や百貨店などに（後にはガソリンスタンドにも）販売した。店舗は買い物してくれた顧客に、買い物額に応じてスタンプを渡すと、客は店から無料でもらった台紙にそれを貼りつける。一定ポイントに達すると地域の店舗やカタログを通じて欲しい商品と交換できるという仕組みだった。「グリーン・シールド・スタンプ」と呼ばれたこのスタンプはアメリカ人（1960、1970年代にはイギリス人にも）の生活にとってなくてはならないものとなった。その人気は絶大で、一説には1960年代ごろ、同社が発行するスタンプの枚数は米国郵便公社が発行する切手の3倍だったといわれる。

販売店はそうした顧客データを使って、たとえばダイレクトメールを送ったり的を絞った広告を行なったりすることもできる。ロイヤルティーカードが店舗レイアウトに影響を与えることもある。もし多くの顧客が複数の商品をいつも同時に買うことが分かれば、賢明な売り場責任者は、それらの商品を並べて陳列するに違いない。

ロイヤルティーカードは今や北米、ヨーロッパ、オセアニア、アジアの大部分に広く普及している。アメリカ人の90％近くが最低1枚の、1世帯が平均14種類近いロイヤルティーカードを所有しているといわれる。

一企業に特化したロイヤルティーカードの現代的先駆のひとつは、1980年代初頭にアメリカン航空が始めたマイレージカードといってよいだろう。このカードを持つメンバーはフライトを申し込むたびにマイルを受け取り、これを将来のフライトの費用に充当できるというものだった。これこそその後、全世界の旅行業界に広く取り入れられたモデルである。

さまざまな批判

評論家はロイヤルティーカードにはいろいろな問題があると主張する。まず、ロイヤルティーカードは運営するのにとてもお金がかかり、また多くの場合、ロイヤルティーカードを申し込むような顧客はすでに忠誠な顧客だから販売促進効果はあまりないと彼らはいう。一方、顧客の立場から、集められた顧客情報がプライバシーを侵害することを懸念する人もいる。だれしも、自分の購買行動を顔も知らない企業によってあれこれ分析されることなく、自由に買い物をする権利を持っているというのが彼らの言い分だ。

もうひとつの批判は、ロイヤルティーカードは豊かな資金力を持つ大企業にとっては有利だが、中小企業には負担が大きいというものである。そんな中、ディス・ロイヤルティー（反忠誠）カードを発行することで大企業に"一矢報いる"地方企業が登場した。2011年、マサチューセッツ州ボストンのいくつかの個人経営コーヒーショップが一緒になって、ディス・ロイヤルティーカードを発行、国際的な巨大コーヒーチェーンではなく、加盟店を利用した顧客に特典を提供したのもその一例である。

2009年に行なわれたアメリカのロイヤルティープログラムの会員に関する産業別調査によれば、会員数が最も多かったのは金融サービス（4億2,200万人）、エアライン（2億7,700万人）、小売り（1億9,100万人）の順だった。

"寄らば大樹の陰"が事実なら、グループ購入（集団購入ともいう）は世界中の消費者にとって朗報といってよいだろう。人と人をつなぐインターネットの登場によって、買い物好きな人が十分にいるかぎり、グループ購入は安価な価格を約束してくれる。

グループ購入

まとめて買うことによってモノの価格が下がるのは古今東西の道理である。まとめ買いは販売店が問屋から仕入れるときの伝統的な戦略であり、だからこそ販売店はそれを個人顧客に、より高い単価で売ることができるのである。だが最近まで、最終消費者がまとめ買いのメリットを享受するために自分たちを組織化することは、実際問題としてできなかった。

グループ購入の仕組み

現在見られるグループ購入のウェブサイトには若干の違いが見られるものの、基本モデルはほぼ同様である。まず消費者はウェブサイトに無料登録し、その際、自分が住んでいる地域を記入する。そうすると当該サイトから、その地域で購入可能な商品・サービスを破格の安さ（劇場チケットが50％割引、スパの利用が80％割引といった具合）で提供するメールが定期的に届く。だがそうした値引きは、割引クーポンを受け取るために一定期間内に十分な人数の人がお金を払った場合にのみ適用される。この条件を満たすためには、消費者自らがソーシャルネットワークを使って他の購入者を集める必要がある。

理論的には、グループ購入にかかわる主要な人・企業がみな利益を享受する。消費者は商品・サービスを安価に購入することができるし、グループ購入サイトも販売時に

ちょっと参考に

人気のグループ購入サイト

近年、グループ購入サイトは比較的小規模な地域をカバーする傾向があるが、下記のサイトは全米規模の企業を取りこみ、市場リーダーとしてディスカウント価格を提供している。

BuyWithMe
Facebook deals
Google offers
Groupon.com
LivingSocial
Plum district
SocialBuy
Spreets
Trade Me
Tippr

⇨ インターネットとそれを利用したソーシャルメディアによって、購買グループの組織化が簡単にできるようになった。それによってだれもが、これまで業者の特権と見られたまとめ買いによるディスカウントを獲得することができる。

第11章　貯蓄、支出、贈与

生ずる事務経費を節約することができる。また、協力企業は顧客基盤を拡大することができ、タダで宣伝ができる。さらに、サイトはそれ自体価値がある消費者データベースを構築することができるといった具合である。

グループクーポン

"グループ購入革命"における最大の成功企業のひとつは、2008年11月にシカゴで創業した「グルーポン」（「グループクーポン」の短縮形）といってよいだろう。同社創業者であるアンドリュー・メイソンは、元雇用主であり起業家でもあったエリック・レフコフスキーを、このプロジェクトに数百万ドルを投資するよう説得した。

　ほどなくしてグルーポンは市場における地歩を確立し、創業間もない同社はフォーブス誌に「かつてないほど急速に成長した企業」と評された。最初のドットコムブームを再現するかのように、同社は膨大な利益を計上し、伝えられるところによれば、2011年1月、グーグルからの60億ドルもの買収提案を断ったほどだった。その当時、同社の市場価値をその3倍と見るアナリストもいた。2011年11月、グルーポンは新規株式公開（IPO）を実施したが、公開したのはわずか5％だった。それでも、それに付いた株価で計算した同社の市場価値は230億ドルに上った。

　にもかかわらず、IPOの直後、まだ創業間もないうちに同社は数百万ドルの損失を記録。その後黒字に転換するが、結局、同社の株価は1年以内に4分の3に下落したのだった。

⇧
2010年、中国で「団購」（「店に群がる暴徒」の意味）と呼ばれるグループ購入の一形態が誕生した。グループのメンバー（友人同士の場合もあり、インターネットで知り合った関係の場合もある）は、みんなで決めた時間にひとつの店を訪れ、同じ商品を買う。彼らは店主と交渉しバルクディスカウントを引き出す。今日、「lashou.com」のようなグループ購入サイトが、この成長著しい市場を席巻しつつある。

■ 貯蓄を定義すれば、「将来の用途のために財源を保護すること」ということになるだろう。銀行の口座を使った預金も含めて、広い意味で貯蓄は、この目的のためのローリスクな戦略を意味することが多いようだ。貯蓄はまた、株や絵画などを買う投資と対比して考えられることが多い。一般に投資はリスクは高いがより大きな利益を約束するのに対し、貯蓄がもたらす利益は小さい。そうした違いはあるけれど、それらはともに節約の手段となり得る。

世界の貯蓄パターン

世界銀行の「金融インクルージョン（発展途上国における金融サービス導入）データベース」によれば、2011年、世界の成人人口の3分の1以上がお金を貯えている、あるいは取っておいていることが分かったという。また、5分の1は正式な金融機関に貯蓄していた。予想されるように、貯蓄行動は高所得の国々により広く見られる。そうした国では生活必需品への支出割合が相対的に低いからである。開発途上国を見ると、所得分布上位20％は同下位20％に比べて貯蓄比率が3倍も高

マシュマロの実験

1972年、性格理論と社会心理学の専門家である、スタンフォード大学のウォルター・ミッシェル教授の監修のもと、ある画期的な心理学調査が行なわれた。「ディファード・グラティフィケーション」［後々のために楽しみをとっておこうとする心理］、つまり後でより大きな褒美を与えることを約束する代わりに当面の誘惑を我慢する能力に焦点を当てたこの調査は、なぜ貯蓄や投資がうまくできる人とそうでない人がいるのかという疑問に対する答えを与えた。

実験は4歳から6歳の子どもを使って行なわれた。彼らはがらんとした部屋に通され、マシュマロをひとつ与えられ、「このマシュマロは今すぐ食べてもいいけど、15分待ってくれれば、もうひとつあげるよ」といわれた。実験に参加した600人の子どものほとんどはその場でマシュマロを食べたが、約3分の1の子どもは誘惑を我慢してもうひとつのマシュマロをゲットした。

このときの対象者の多くはその後何十年にわたって、さまざまな時点で再評価された。その結果、この実験のときにディファード・グラティフィケーションの能力を示した子どもたちは、その後の人生において多様な強みを発揮したことが分かった。たとえば、彼らには優れた学問的業績や高い自尊心があり、また他と比べてボディ・マス指数（BMI）や離婚率が低いことも分かった。これらのことから経済学者は、心理的な要素によってある人はお金を当座の楽しみに使い、またある人は不時に備えて取っておくようになると説明した。

第11章 貯蓄、支出、贈与

い。一方、先進国では所得分布上位20％の貯蓄比率は下位20％に対して2倍である。また世界に共通しているのは、教育レベルと貯蓄比率との間に明瞭な相関関係があること、女性よりも男性の方が貯蓄比率が高いことである。

非公式な貯蓄

下のグラフを見てもはっきり分かるように、貯蓄している人の相当部分が正式な金融機関以外の方法を使っている。ではそういう人たちはどこにお金を預けているのだろうか。最もよく見られるのが、友人や家族、あるいは貯蓄クラブ（個人がお金をプールしておく地域社会を基盤としたクラブ）にお金を預けるというパターンである。これらの貯蓄パターンはアフリカのサハラ砂漠以南で特に顕著で、同地域に住む人の20％近く（ナイジェリアに限れば44％）がこうした貯蓄方法、あるいはそれに類似した方法を用いている。また、たとえば貴金属、農産物、家畜などを買うことによる財産形成（財形）貯蓄をしている人もいる。むろん、増えることをまったく期待せずにタンス預金をしている人も少なくない。

> "お金は、稼ぐのではなく貯めるのが腕の見せ所"
> ——格言

世界成人の地域別公式・非公式貯蓄

(全所得に占める貯蓄率：%)
(出所：Demirguc-Kunt and Klapper)

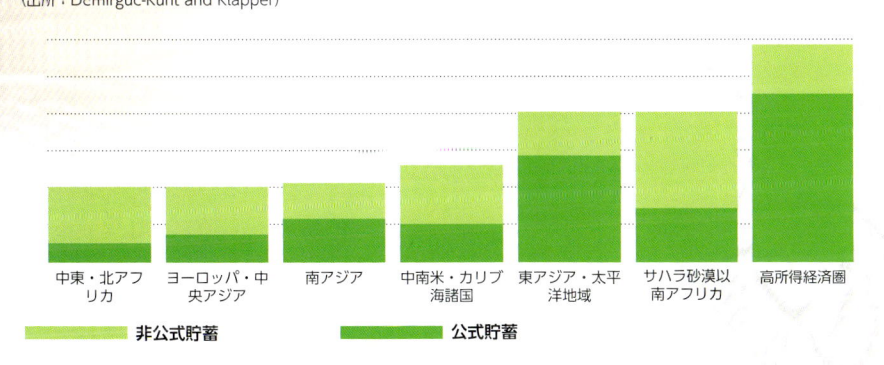

[グラフ：中東・北アフリカ、ヨーロッパ・中央アジア、南アジア、中南米・カリブ海諸国、東アジア・太平洋地域、サハラ砂漠以南アフリカ、高所得経済圏の公式貯蓄・非公式貯蓄]

← 教育、結婚、大きな買い物といった将来の出費のために、また万が一の事態に備えて貯蓄することは普遍的な傾向である。2010年から2011年にかけて、世界の成人の36％が何らかの貯蓄行為をしてきたと報告している。

主要国における世帯貯蓄率

(世帯可処分所得に占める貯蓄額の割合：%)
(出所：OECD)

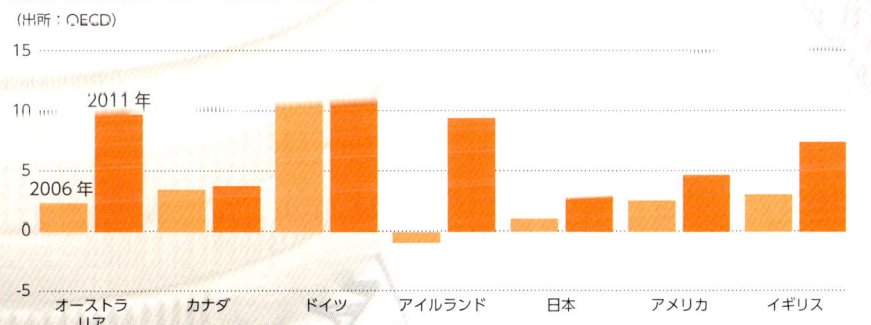

[グラフ：2006年と2011年の比較 オーストラリア、カナダ、ドイツ、アイルランド、日本、アメリカ、イギリス]

← 世帯貯蓄額とは、世帯の可処分所得から世帯消費額（購買された製品・サービスの額）を差し引いたものである。

将来役立てるために何としてでもお金を取っておきたいという人は、広い意味での貯蓄にもいくつかの選択肢があること知っておくとよいだろう。銀行預金はいうまでもなく、債券・証券、株、不動産、投資ファンドという方法もある。

貯蓄の種類

こうした選択肢から何を選んだらいいのか迷ったときのために、銀行やその他の金融機関はフィナンシャルアドバイザーと呼ばれる専門家集団を置いている。むろん、彼らの大半は金融商品やサービスをあなたに売ることで利益を得ているから、彼らをうまく使って貯蓄方法に関する基本知識を身につけるに越したことはない。

定期預金は一般に当座預金に比べて利率が高いが、柔軟性に欠ける。預金者は、預金を引き出す前に一定期間の事前予告をするか、または一定期間預け続ける必要がある。債券と証券は、リスクと収益期待度のレベルによって性質が変わってくる（詳しくは120、121ページ参照）。たとえば政府が保証する債券は、リスクも低いが収益も低い。それでも定期預金よりは若干、魅力的といえる。株は企業への投資を意味し、豊かな利益をもたらしてくれる可能性がある半面、リスクを伴う（詳しくは124、125ページ参照）。

賃貸用住居に投資する（自分で住むのではなく）ことは短期に定期的な収益をもたらすとともに、長期的な資産形成となる。あるいは投資ファンド（投資ポートフォリオの組み合わせを組成するために複数の投資家から集めた資金をプールする、管理された基金）に出資するという手もある。

複利計算の魅力

もしかなり長期にわたって定期預金口座にお金を預ければ、複利の恩恵を感じることができるだろう。複利とは、元金（最初に預け入れたお金）だけにではなく、利息にも利息が付くことをいう。もし年利10％の定期預金口座に1万ドルを複利で預け入れたとしよう。最初の1年、預金額は1万1,000ドルに増えるだけである（1万ドル＋10％［1,000ドル］）。2年目が終わると10％の利息が（最初の預金額である1万ドルではなく）1万1,000ドルに適用されるから、2年経つと預金額は1万2,100ドル（1万1,000ドル＋10％［1,100ドル］）になる。同様に3年後には1万2,100ドルに10％が加算されて預金額の合計は1万3,310ドルになる。以降、口座がある限り預金額はこのように増えていく。

主な貯蓄選択肢

時間 ▼

- お金の出し入れが簡単な貯蓄
- お金の出し入れが制限されている貯蓄
- 長期投資

◀ 増加の度合い ▶

緊縮財政の時代

節約は個人においても十分に難しいが、国全体が支出を制限するとなると、その苦難は並大抵ではない。2000年代後半の経済危機の結果、世界中の多くの国をまさにそうした運命が襲った。各国政府は悪化する負債を抱え、社会福祉や公共サービスのための資金を減らすことで支出を削減することを余儀なくされた。こうした過程を緊縮財政という。

2009年、デービッド・キャメロンがイギリス首相に就任する1年前、彼は党内のスピーチの中で「緊縮財政の時代」という言葉を初めて使った。イギリスにおいて緊縮財政はけっして目新しい概念ではない。初期の緊縮財政時代は第2次世界大戦の終了から1950年代まで続いた。戦争によって疲弊した経済を歴代政権が修復に努めた時代だった。1948年にロンドンで行なわれたオリンピックもまた"緊縮オリンピック"と呼ばれ、配給制度がまだ残っていた時期ということもあって、出場選手は自前の食料を持参しなければならないほどだった。

近代的な緊縮財政措置が実際に有効かどうかは現代最高の経済政策者たちの間でも意見が分かれるが、緊縮財政の中を生きた人たちにとっては厳しい結果を耐える以外に選択の余地がない。21世紀の初期に世界に広がった緊縮財政の波があまりにも大きかったため、2010年版のウェブスター辞書に「今年の言葉」として「austerity（緊縮財政）」が収録されたほどである。

6年にわたる戦争の結果、"無一文"になったにもかかわらず、ロンドンは1948年、オリンピック開催都市になった。総予算75万ポンドのこの大会に参加した選手は英国空軍のキャンプや学校に寝泊まりし、2階建てバスで移動した。イギリスチームの貧弱な食事はクジラ肉で増量したものだった。それにもかかわらず、この"緊縮オリンピック"は、たとえばオランダ代表の30歳の女性ランナー、ファニー・ブランカース＝クン（写真）が大観衆の喝采を浴びるなど、多くの選手が参加し、まれに見る成功を収めたといわれる。

第11章　貯蓄、支出、贈与

知っておきたい言葉あれこれ

条件付き遺産：遺言執行時に、ある特定の条件が満たされていることが必要となる遺産（例「トムが結婚しているならば、トムが私の財産を相続する」）。

未履行の遺産：ある特定の条件が将来、満たされたときに限って相続が実行される遺産（例「将来トムが結婚したら、トムが私の財産を相続する」）。

ほとんどの人にとって生きている間に多額のお金を人に与えることは滅多にないとしても、いざ死ぬときになると贈与が大きな意味を持ってくる。遺産とは、故人の遺志によって個人あるいは団体に遺された財産やモノ・お金をいう。

遺産

たとえそれが最愛の長男に遺すのであれ、あるいは近所にあるネコの保護施設に遺すのであれ、あなたの亡きあと、あなたの財産の処分を法的に拘束力のある形で決めておくことで、残された人たちはいろいろと悩まされずに済む。

遺言とは何か

遺言とは、ある人が死んだあと、その人の願望を伝えるために生前に書かれる法的な文書のことで、死んだ人の財産をどう配分したいか、扶養家族の面倒をどうやって見てほしいか、あるいはその他の心配事をどう解決したいかといったことをまとめるのが一般的である。遺言が法的な効力を持つためには健全な精神を持つ成人によって書かれることが必要である。遺言を書くにあたって、それを監督するために弁護士を雇う必要は

ニーナ・ワンの物語

相続争いほど絶望的に家族を引き裂いてしまうものはない。人びとがまだ悲しみに打ちひしがれているとき、亡くなった人の財産を我が物にしようとする怒声は、終わりのない確執をもたらしかねない。ありがたくない相続争いの経歴を有する人物といえば、かつてアジア一の富裕女性といわれたニーナ・ワンがいる。上海生まれの彼女は、香港に拠点を置く巨大企業、チャイナケム・グループのオーナーのテディー・ワンと結婚した。1990年、テディーは誘拐され、結局、再び姿を見せることなく、1999年、法的な死亡が宣言された。これが、テディーの財産をめぐるニーナと彼女の義父であるワン・ディンシンとの間の、長い係争の始まりだった。両者がともに正当な相続人であると主張したのはむろんのこと、ディンシンはニーナが不倫をしたと責め、一方のニーナはワン一族を批判する遺言を持っていると主張した。2002年、長い裁判の末、ディンシンが財産を獲得し、ニーナには文書偽造の容疑がかけられた。だが、2005年、上告裁判所は彼女の主張を認め、テディーの財産は彼女のものとなった。

2007年に死去した彼女自身、推定42億ドルの財産を残した。そのとき2通の遺言が見つかり、2002年に書かれた最初の遺言には、財産をチャイナケム慈善財団に委ねると書かれていた。2006年に書かれたものと見られる2番目の遺言には、ニーナの愛人といわれた、風水師であるトニー・チャン・チュンチェンを相続人として指名すると書かれていた。2010年、上告裁判所は財団に有利となる判決を下し、チャンは文書偽造の容疑で裁判にかけられた（彼自身は容疑を否定）。

遺言を書く

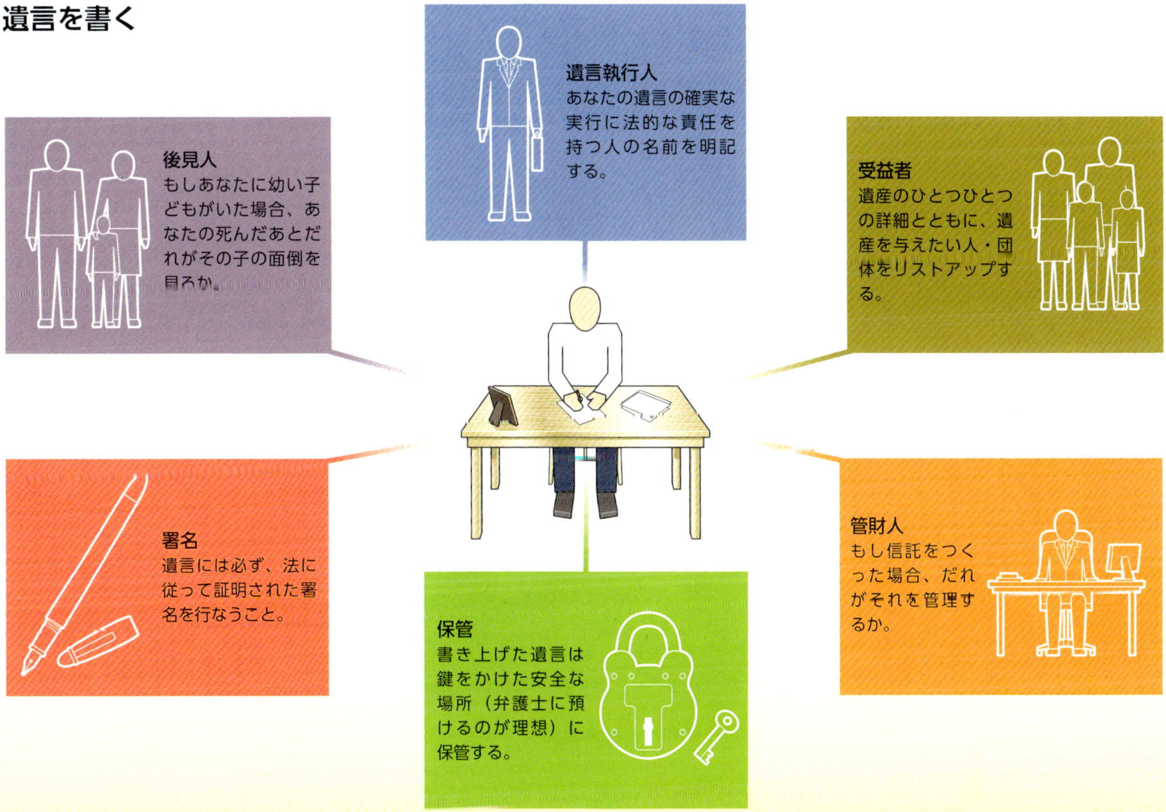

遺言執行人
あなたの遺言の確実な実行に法的な責任を持つ人の名前を明記する。

後見人
もしあなたに幼い子どもがいた場合、あなたの死んだあとにだれがその子の面倒を見るか。

受益者
遺産のひとつひとつの詳細とともに、遺産を与えたい人・団体をリストアップする。

署名
遺言には必ず、法に従って証明された署名を行なうこと。

保管
書き上げた遺言は鍵をかけた安全な場所（弁護士に預けるのが理想）に保管する。

管財人
もし信託をつくった場合、だれがそれを管理するか。

必ずしもないが、多くの場合、そうした方が賢明である。

　遺言を作成する人を遺言者といい、遺言によって利益を得る人・団体を受益者という。また、遺言を残さないで死んだ人を無遺言死亡者という。遺言の主要な機能のひとつは遺言執行人、つまり資産管理を監督し、遺言に含まれる願望を実行する代理人を選任することである。直接贈与される遺産には相続税がかかることがあるが（詳しくは210、211ページ参照）、遺産を管理する信託を確立すれば、税金に関する心配をある程度軽減し、場合によっては無くすことができる。もうひとつ、受益者が幼い場合、あるいは他の方法によって管理が難しい場合、信託は資産に配慮するためのよい方法となる。

　遺言者が死んだとき、遺言執行人は遺言の効力を確認するために検認証書を申請する。もしある人が無遺言のまま死んだときは、手続きはかなり面倒なものとなる。検認裁判所が遺産を管理する遺産管理人（多くは死んだ人の近親者や友人）を選任する。だが、もしこの役割の実行に異議の申し立てがあると、検認手続きが長期化し、とても費用がかかるだけでなく、泥沼化することさえある。

　すべからく遺言は簡潔が何よりである。英語で2語を超えない遺言の実例が英語以外の言語でもいくつもある。つまり、「すべてを妻に」といった感じの簡潔な遺言である。反対に長い遺言の例は、1925年にイギリスで死んだフレデリカ・イブリン・スティルウェル・クックのそれであろう。彼女の遺言は文字数じつに10万語、4巻もの"大作"だった。

⇧
遺言はあなたが人生の中で書く文章のうちおそらく最も重要なものといってよいだろう。遺言は、あなたが死後に残す所有物をどうしてほしいかを書き示したものである。だれも自分の死について考えたくはないが、遺言を軽視すればかえって問題が起こる。それは特に残された人にとって深刻である。

慈善を意味する英語の「フィランソロピー」は、「人類への愛」という意味のギリシャ語に由来する。現代的な意味ではこの語は「チャリティー」とほぼ同じといってよい（厳密には少し違う）。今日では、フィランソロピーとはチャリティー活動の程度によって決まってくる。つまり、5ドル寄付すればチャリティーだが、500万ドル寄付すればフィランソロピーなのである。だが、これは複雑なテーマをあまりにも単純化した表現といってよいだろう。

大義のための寄付

過去20年の大半の期間において、マイクロソフト創業者であるビル・ゲイツは"地球最大の金持ち"だった。10年以上前、彼はその財産（現在の推定で580億ドル）を使って、全地球の健康と開発、そしてアメリカの教育振興を促進するための財団を設立することを決断。2006年、彼と妻のメリンダ（インド・パトナで撮られた下の写真の左）は、自分たちの名前を冠した財団の活動に専念することを決めた。

真のチャリティーやフィランソロピーはともに、世界をよくしたいとする利他的な念願に根ざしている。だがこの分野の専門家は、問題に対して表面的に対処する形としてのチャリティーから、問題の原因を解決するための方法としてのフィランソロピーに徐々に移行していると主張する。昔から伝わる比喩を使えば、チャリティーとは飢えた人に魚を与えることに似ているが、フィランソロピーはその人に魚を捕る方法を教えることといってよい。

フィランソロピーかチャリティーか

自分自身をフィランソロピストと考えたことがなくても、定期的・非定期的に何らかのチャリティー活動をする人は少なくない。たとえば、お気に入りの慈善団体に定期的に寄付をすることから、店先に置かれた寄金箱に余った小銭を入れるといったことまで、

「ビル&メリンダ・ゲイツ財団」

マイクロソフト創業者であるビル・ゲイツ、ビルの妻、ビルの父という3人が共同会長を務めるこの財団は、1994年の創設以来、フィランソロピーというもののあり方を変革し続けてきた。潤沢な資金と突出した知名度に支えられたこの財団の主な活動は三つ。すなわち「国際開発」「グローバル・ヘルス」、そして「米国プログラム」である。この財団が寄贈したものは優に350億ドルを超え、アメリカ政府全体の支援予算の10％に匹敵する助成金を毎年、提供している。2006年、この財団の管財人を務めるウォーレン・バフェットは、バークシャー・ハサウェイ事業における株を数年にわたって寄付すると約束した。当時、その価値は310億ドルと評価された。2010年、バフェットとゲイツは「ギビングプレッジ・キャンペーン」を宣言、これによってアメリカの超富裕層とその家族を集め、彼らが持つ資産の大部分をフィランソロピーに寄贈させるよう努めると語った。2012年現在、80人以上の億万長者が協力を表明し、潜在的に確保している将来のフィランソロピー的寄付は実に数千億ドルに上ると見られている。

ビル＆メリンダ・ゲイツ財団の主な支出内訳（1994～2011年累計）

（単位：米ドル）
（出所：ビル＆メリンダ・ゲイツ財団）

プログラム分野	
グローバル・ヘルスプログラム	$15,271,000,000
米国プログラム	$6,236,000,000
国際開発プログラム	$3,613,000,000
非プログラム分野への助成	
家族関連助成	$982,000,000
慈善団体への支援	$71,000,000
雇用主マッチングへの支援	$21,000,000
合計支出額	**$26,194,000,000**

⇧ 1994年の創設以来、ビル＆メリンダ・ゲイツ財団は260億ドル以上のお金を社会のために費やした。その結果、同財団は世界最大の個人財団になった。

チャリティーの範囲に含まれる。こうした寄付行為は、多くの慈善・非営利団体の財務に重要な役割を果たしている。

フィランソロピストにとって慈善行為は主に三つの方法がある。ひとつは、すでに確立した慈善団体に多額の個人献金をすることである。次に、財産を寄贈するという方法もある。奨学金のための基金にすることを目的に慈善・非営利団体に提供することもその一例である。だが、最も意味のある寄付行為はなんといっても、特定の事業や使命を監督するために財団を創設することだろう。これは、"偉大なフィランソロピスト"といわれた人たちがたどってきた道で、彼らがつくった団体の多くは今も活動中であり、大きな影響力を持っている。そうした財団をつくった代表的な人物を挙げれば、鉄鋼王といわれたアンドリュー・カーネギー、石油で巨富を築いたジョン・D・ロックフェラー、菓子製造で財を成したジョーゼフ・ラウントリー、製薬長者だったヘンリー・ウェルカムらである。

寄付というビジネス

チャリティーは確かに大きな事業である。2007年、アメリカの課税控除の対象となる慈善団体に寄せられた、個人による寄付は2,200億ドルに上った。私的な慈善寄付活動は、アメリカGDPの約2.2％、同じくイギリスの1.3％を占めている。チャリティーとフィランソロピーはまた、巨大新興経済圏における貧困の解決に重要な役割を果たしている。だが、GDPに占める寄付金額の割合という点でいえば、中国とインド（これらの国々では、かなりの数の億万長者がいる一方で、何百万もの人びとが貧困の中に暮らしている）はともにその数字は1％以下で、アメリカを大きく下回っている。

慈善的寄付活動により大きな経済的魅力を持たせるために今、寄付に対するさまざまな減税措置が導入されている。たとえば、寄付額を収入から差し引くことで税制面で優遇し、寄付をする際の負担を軽くする。高所得の人が高い率の税金を支払うように、税の恩典が寄付に伴うコストを大きく減らす。そうした恩典を提供することで政府は、社会の超富裕層からのフィランソロピーの増大を期待することができ、それはまた社会の中に富がより公平に行きわたることを助ける。

> "与えることは、相手に恩恵をもたらすばかりでなく、与える者にも魂の解放をもたらす"
> ——マヤ・アンゲロウ（1928年生まれ）、詩人、劇作家であり市民権活動家

第12章 お金の未来

⇧
石造りの柱とどっしりとした玄関に象徴される古典的な銀行から近代的な金融街の摩天楼に至るまで、世界経済の物理的な景観はここ数百年の間に大きく変わった。これからの50年に世界経済がどう発展するかはだれも明確には予測できないが、ひとつだけはっきりしていることがある。それは、街の姿は間違いなく変わるだろうということである。

「この惑星にはひとつ問題がある、というか、あった。そこに住む人間のほとんどが、たいていいつも不幸せだということだ。多くの解決法が提案されたが、そのほとんどはおおむね小さな緑の紙切れの移動に関係していた。これはおかしなことだ。というのも、だいたいにおいて、不幸せだったのはその小さな緑の紙切れではなかったからである」

これは、ダグラス・アダムスが書いた『銀河ヒッチハイク・ガイド』の序章の一節［安原和見訳（河出文庫）より］である。確かにお金が世界の諸問題のためのすべての解答を握っているわけではないが（もちろん、多くの問題の原因でもない）、間違いなくお金は人類固有の創造物のひとつであり、未来においてもその役割が低下することはなさそうだ。この章では、そう遠くない将来、お金の世界がどう構成されていくのかを見るとともに、私たちが直面するかもしれないいくつかの疑問について考えてみたい。まず次の数ページを使って、未来の世界がどうなるのかを今日の視点から推測してみよう。

強いドル

他にはない圧倒的な普遍性によってアメリカ・ドルは、お金の歴史において独自の地位を保っている。1862年に最初に発行された1ドル紙幣は、だれにもすぐに見分けがつく。1ドル紙幣は木綿繊維でできており、ドルによる取引が法的に認められていないところも含めて、あらゆる国々で交換が可能である。ドルの強さの背景にあるアメリカ経済の強さのおかげで、ドルは今なお世界の主要準備通貨となっている。もっとも今後も永遠にそうであるかは分からないが……。

← アメリカのドル紙幣の裏側には、アメリカの国章の表裏が描かれている。一方は、未完成のピラミッドで、その基部には1776という年号（アメリカがイギリスから独立を獲得した年）がローマ数字で書かれている。そこにはまた、「神は我々の意図をお認めになった」と、「この時代の新しい秩序」という語句がラテン語で書かれている。もう一方に描かれているのはアメリカの国鳥のハクトウワシで、アメリカのモットーである「多数からひとつへ」と書かれたリボンをくわえている。また、「我らは神を信ずる」というモットーは、エイブラハム・リンカーン大統領時代に財務長官を務めたサーモン・チェイスが創始した言葉で、1957年以来、すべてのアメリカ紙幣に印刷されている。

所得格差の悲劇

この章の始まりは、21世紀初頭で見られたトレンドがそのまま持続すると仮定した場合の、西暦2050年の世界経済の姿である。その場合、所得格差は引き続き残ると見るのが妥当だろう。今日の世界的な政治リーダーが「我々の前にある最大の難問」と呼ぶ所得格差について、実態はどうなのか、なぜ問題なのか、格差をどう計ることができるのか、問題を解決するためにどのような方策が行なわれているのかといったことを検証する。

ひとつの突飛な提案は、成功した経済に対する私たちの根本的な考えを再検討することである。たとえば、経済成長だけでよいのだろうか。地球の未来を守るためには成長の追求を止めてみることも必要なのではないか。むろん、これは受け入れ難い提案だろうが（特に、成長の果実をようやく収穫しはじめた地域では）、政治的な意思決定において環境がますます重要な要因になっていることを考えると、それを検討しなければならない日がいつかくるかもしれない。

次いで、ドルが持つ世界の支配通貨としての地位はこれからも万全か、またお金が何の役割も果たさない社会（物々交換社会）について、さらに伝統的なお金が完全になくなってしまう世界について考えてみよう。最後に、経済学という学問領域が将来どのように変わるかも考えてみたい。

本章の中でいくつかの考えを議論する際の前提は、お金の将来像に関する断定を避け、その可能性だけを論じるということである。アメリカの小説家であるジョン・スラデックは、将来残るものについて独自の見解を示したが、おそらくそれが最も正確なのかもしれない。彼はこういった。「一部の科学者の意見によれば、未来は過去とまったく同じだという。違いは、物の値段がずっと高くなることだけである」

> "歴史の過程を決める上でお金は最も大きな役割を果たしている"
> カール・マルクス
> （1818～1883年）、
> 哲学者・経済学者

21世紀は、インドが台頭し、中国が世界の経済列強に加わった世紀である。それは、東方地域が世界の経済状況を支配するのではないかという恐れを、伝統的な欧米の主要国にもたらした。確かに、アメリカと西ヨーロッパがこれまでと同じやり方で繁栄を続けようとすれば、未知の難問が彼らを待っていることは間違いない。では、2050年の世界の経済をめぐる風景とはどんなものだろうか。

西暦2050年の世界の風景

　今後の数十年間の経済予測をしたとしても、経済学者をはじめだれも予言能力を持っているわけではないことを最初に申し上げておこう（予測については166、167ページ参照）。すべからく予測は現にある証拠としての適切な出発点を元に行なわれる。だが、これからの世界経済にはだれも予測したことがないさまざまな紆余曲折が不可避だろう。人口の推移、統治における変化、戦争、自然災害、環境、それに技術……。そのどれもが世界経済に影響を与える。

"チャート"のトップにあるもの

　このことを念頭に置いて、今世紀半ばまでに世界経済の立役者になる国を予測してみよう。HSBCグループ世界調査部が2012年に発行した報告書によれば、将来、世界第一の経済大国として中国がアメリカに取って代わるという。（もっとも、ナイト・フランクとシティ・プライベート・バンクが作成した「2012年ウェルスリポート」は、2020年に中国がアメリカの地位を奪ったあと、2050年までに中国もまたインドにそ

↓デリーのビル建設現場を見ると、2050年までにはインドが中国に代わって世界最大の経済大国になることが当然のように見えてくる。その根源は、1990年代初頭、インド政府が自由市場原理を採用したときの経済改革に見ることができる。それ以来、インド経済は、生産性、輸出、労働人口、GDPなどにおいて急速な発展をとげた。だが、インド政府は国内のインフラ投資（長期的な成長可能性の基盤）を慎重に行なっており、管理可能な範囲内での負債の維持に努めている。

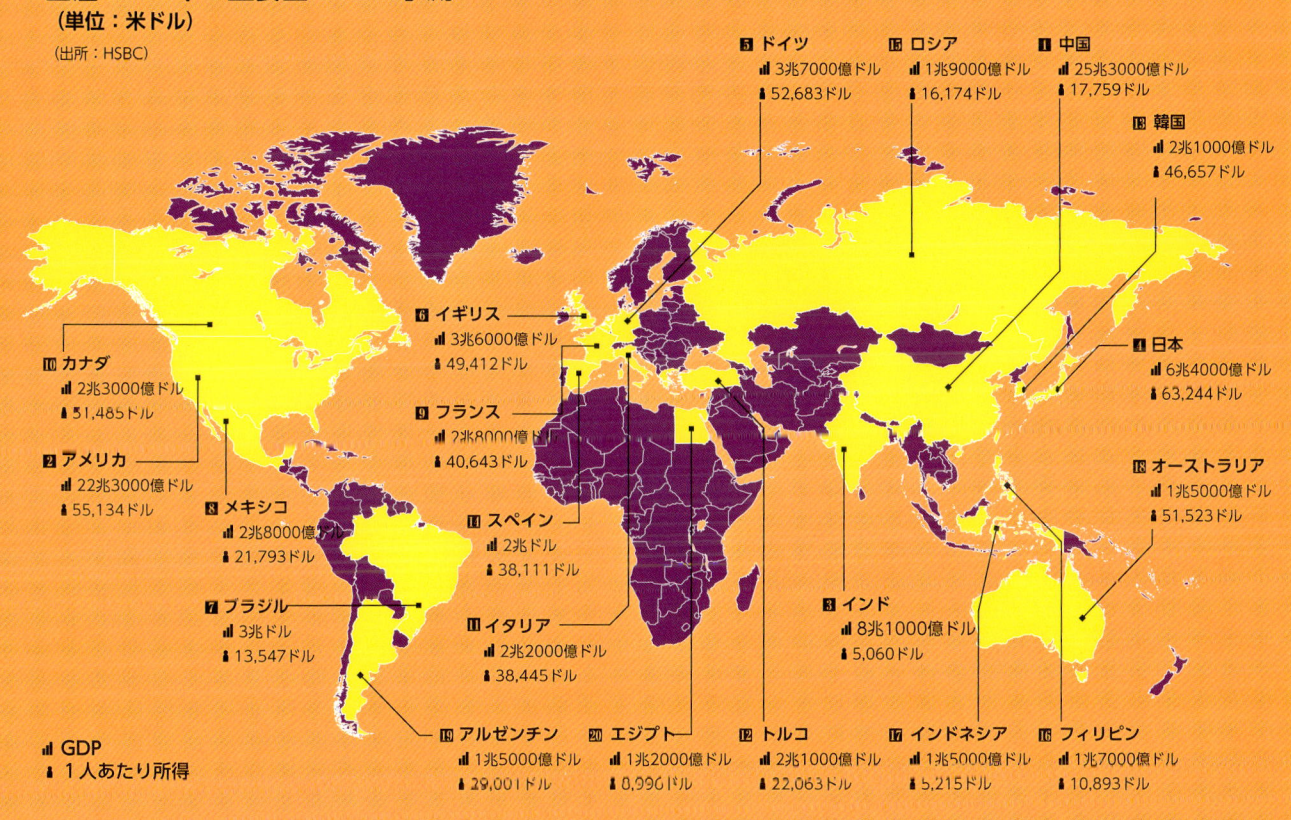

西暦2050年の主要国のGDP予測
（単位：米ドル）
（出所：HSBC）

5 ドイツ 3兆7000億ドル / 52,683ドル
15 ロシア 1兆9000億ドル / 16,174ドル
1 中国 25兆3000億ドル / 17,759ドル
13 韓国 2兆1000億ドル / 46,657ドル
6 イギリス 3兆6000億ドル / 49,412ドル
4 日本 6兆4000億ドル / 63,244ドル
10 カナダ 2兆3000億ドル / 51,485ドル
2 アメリカ 22兆3000億ドル / 55,134ドル
9 フランス 2兆8000億ドル / 40,643ドル
8 メキシコ 2兆8000億ドル / 21,793ドル
14 スペイン 2兆ドル / 38,111ドル
18 オーストラリア 1兆5000億ドル / 51,523ドル
7 ブラジル 3兆ドル / 13,547ドル
11 イタリア 2兆2000億ドル / 38,445ドル
3 インド 8兆1000億ドル / 5,060ドル
19 アルゼンチン 1兆5000億ドル / 29,001ドル
20 エジプト 1兆2000億ドル / 8,996ドル
12 トルコ 2兆1000億ドル / 22,063ドル
17 インドネシア 1兆5000億ドル / 5,215ドル
16 フィリピン 1兆7000億ドル / 10,893ドル

GDP
1人あたり所得

の地位を譲ると予測している。）また、世界の主要経済大国トップ10におけるヨーロッパのシェアは4ヵ国から3ヵ国になると見られている。

中国とインドはGDPにおいては成長するが、1人あたり所得においては両国とも上位50ヵ国にも入らない。このことは、これらの国々の新しい富をその膨大な人口に配分することがいかに難しいかを物語っている。1人あたり所得という点では、ルクセンブルク、シンガポール、スイスといった伝統的な富裕国が、アメリカの8位、ドイツの10位、イギリスの14位を押さえてトップを占める。

世界で最も急成長を遂げる経済

その頃、世界で最も急成長を遂げている経済はどこだろうか。中国の成長は好調であろうとの見方が一般的だが、上位20位には入るものの、最上位ではないだろう。上位20傑のその他の国々は意外な顔ぶれが占める。そこには西半球の国は見られず、その半数はアフリカのサハラ砂漠以南の国々であり、また残りの大部分はアジア諸国である。共通するのは開発が遅れている国々ということで、GDPの基底が低いので、それだけ成長が容易なのである。多くのアナリストが向こう数年に最も急速に成長すると見ている国はサントメ・プリンシペ民主共和国である。ギニア湾に浮かぶ、人口は20万人にも満たないこの島国は、かつてココア貿易に依存したが、その後は石油の発見と順調な観光業によって繁栄してきた。2017年までの5年間における同国の累計成長率は30％を超えると見られている。

⇑ HSBCが作成した西暦2050年の主要国のGDP予測を見ると、最も改善が進む経済は開発途上国に集中していることが分かる。中でも、中国とインドを除くとフィリピンの発展は確実視されており、今世紀初頭に下位40位に留まっていたものが、一気に上位20位にランクされると見られている。反対に大きく後退するのはヨーロッパで、その主な原因は労働人口の減少である。

2011年、アメリカのオバマ大統領は所得の不均衡（個別の社会の中の、また国と国の間の所得の不平等な配分）を「我々の時代に特徴的な問題」と表現した。現在、多くの開発途上国と富裕国との距離は狭まりつつあるが、"持てる国"と"持たざる国"の区別がない世界はまだ遠い夢のように見える。経済成長のメカニズムを壊すことなくだれもが十分な富を確保できるかどうかは、おそらく未来世代のエコノミストが直面する最も大きな難問になるだろう。

不平等への対処

所得不均衡について、世界開発経済研究所が2006年に発表した報告以上に人びとを暗澹たる気持ちにさせたものは少ないだろう。同報告書は、世界成人人口の2％が富の50％を所有していると結論づけた。現在、ある程度の成長を享受している国々でさえ、不平等が拡大しないという保証はない。現に海外開発研究所は、2000年から2003年までに2.5％の経済成長を達成したウガンダでは、その間に貧困率が逆に3.8％増えたと報告した。さらにアジア開発銀行は、1990年代以降、アジアにおける経済成長が加速する中、もし所得配分が偏っていなければ、あと2億5,000万人が貧困から抜け出すことができたはずだと主張した。

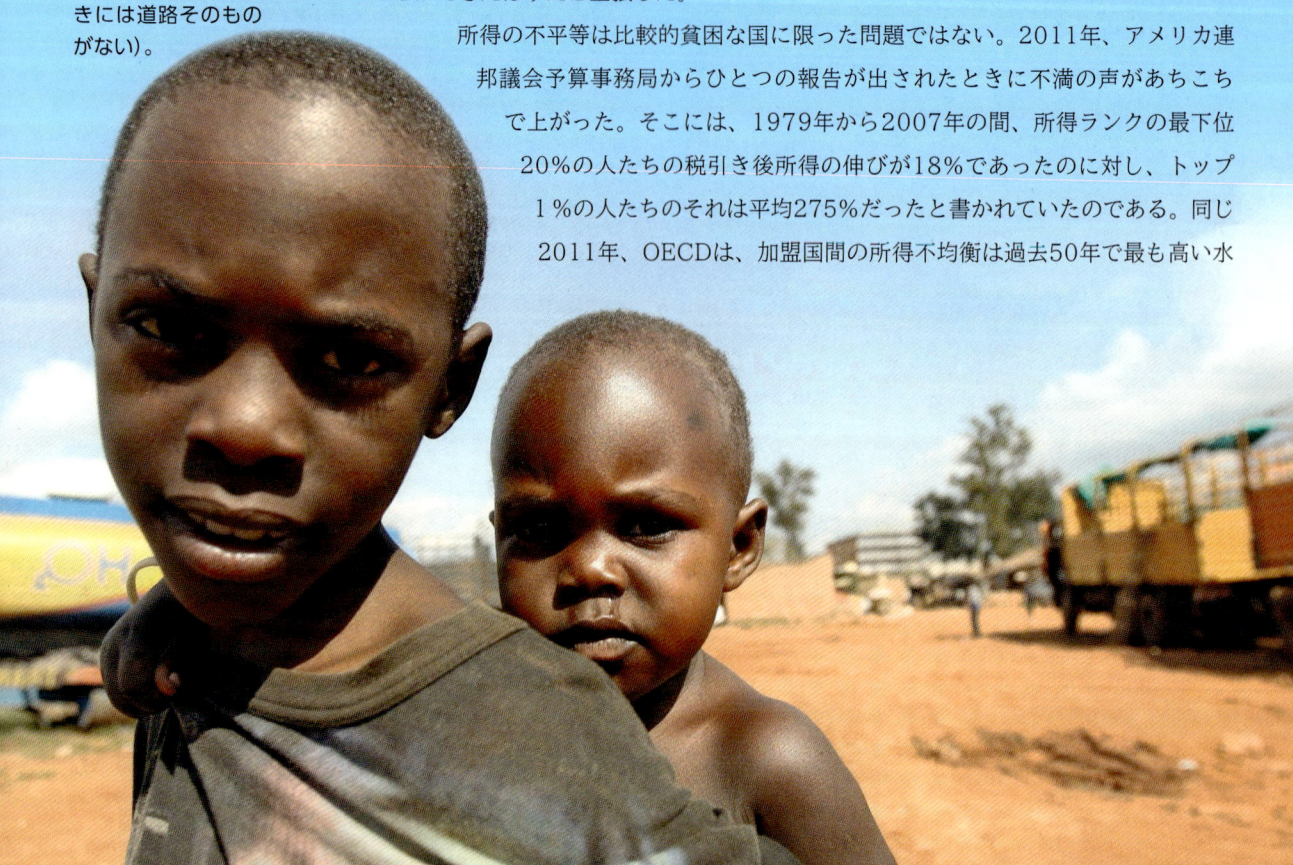

所得の不平等は比較的貧困な国に限った問題ではない。2011年、アメリカ連邦議会予算事務局からひとつの報告が出されたときに不満の声があちこちで上がった。そこには、1979年から2007年の間、所得ランクの最下位20％の人たちの税引き後所得の伸びが18％であったのに対し、トップ1％の人たちのそれは平均275％だったと書かれていたのである。同じ2011年、OECDは、加盟国間の所得不均衡は過去50年で最も高い水

⇩
ここ数年、ウガンダ経済は堅調に成長しているが、貧困、特に1,000万人といわれる農村部人口の貧困は慢性的といわれている。中でも最も貧困なのは自給自足を強いられている農民で、内戦、不安定な降雨、貧弱な土壌に常に脅かされている。たとえよい収穫を得たとしても、彼らはそれを市場に持って行くことができない。収穫を運ぶ車はなく、道路も貧弱だからだ（ときには道路そのものがない）。

ミレニアム開発目標

近年、世界の最貧困の人びとの苦難の軽減を目指してさまざまな取り組みが大規模に行なわれており、国連「ミレニアム開発目標」もそのひとつである。今世紀の変わり目に国連が設定した目標は次の8つ。また、実現の期限を2015年と定めた。

- 過度な貧困と飢餓の撲滅
- すべての人のための初等教育の実現
- 男女平等の促進と女性権利の向上
- 乳幼児死亡率の低減
- 母性健康の改善
- HIV・エイズ、マラリア、その他の疾病の蔓延防止
- 環境持続性の確保
- 開発のためのグローバルパートナーシップの推進

この取り組みには国連の全加盟国と少なくとも23の国際機関が参加し、これらの目標の多くがかなりの進展を見せている（すべてではないが）。中でも中国とインドは貧困率の改善をある程度達成したが（それには、両国ともこの10年以上の急速な経済拡大が貢献している）、成功していないところもある（特にサハラ砂漠以南のアフリカ）。

準に達したと報告した。1980年代の中ごろ、OECD加盟国の最も富裕な10％の市民の所得と最貧10％の人々との開きは7倍だったが、2011年になるとそれはさらに9倍にまで拡大した。

不平等の原因と影響

所得不平等の主要な原因は複雑かつ相互関連的である。最大の原因をひとつだけ挙げれば賃金の不平等だが、それ自体にいくつもの原因がある。中でも最も明白な原因は性による不平等（アメリカのような先進国でさえ女性の平均賃金は男性の81％にすぎない）、そして教育機会における不平等である（これは若者の将来の雇用機会に直接的な影響を与える）。もうひとつの重要な要因は、遅れた税制度によって貧困層により大きな税負担がかかっているという問題である。加えて、会計士を雇って税金逃れ的な節税措置を講ずることができるのは富裕層ということもある。最後に、統治が十分でない国においては汚職と縁故主義が蔓延しており、その結果、お金が上層部に吸い上げられ、すでに相対的な権力と富を持つ地位にある人たちにさらに富が集中する。

不平等の社会的影響は広く見られる。たとえば、社会グループ別に見ると、平均余命が低い、教育の達成レベルが低い、麻薬使用率が高い、また犯罪に接する機会が多いのはみな貧困層である。それに対して不平等の経済的影響はあまり明確ではないが、不平等は需要を減退させ、危機に対する経済の抵抗力を弱めることで成長を阻害すると主張するエコノミストは少なくない。

だが、こうした考え方には別の見方もある。不平等という動機があるからこそ富裕層は自分たちのお金を貯蓄と投資に回し、一方、貧困層も所得を増やすために懸命に働くのだと指摘する経済学派もある。平等が高まれば労働と革新のための動機付けがかえって減退すると彼らは主張する。多くの国においては（中でも中国とアメリカでは）、所得の公平よりも機会の公平の方が重要と考えられている。

> "経済成長は必要だが、貧困の低減を進めるためにはそれだけでは不十分である"
> ——潘基文（1944年生まれ）、国連事務総長

↓
石油は現代世界の血液であり、燃焼機関は"不屈の心臓"といってよい。今、石油はいつまで採掘可能かということをめぐって活発な議論が行なわれているが、はっきりしていることは、いつか石油がなくなるということである。

経済成長とは、ある経済の一定の期間における製品とサービスの生産能力の伸びのことであり、通常、GDPを尺度として計る。経済成長は、とりわけ世界人口が急速に増える中、生活の質を持続的に改善するためには不可欠というのがこれまでの伝統的な正論だった。だが、本当にそうだろうか。世界状況の変化に合わせて成長に対する私たちの態度も変えるべきだと主張する人はけっして少なくない。

新しい成長モデル

経済成長に対する伝統的な見方は広く浸透している。たとえば、就労人口の増加が全体的な生産性を高め、また、技術革新が労働者一人ひとりの生産性の向上を可能にするという見方がある。だが、現在地球は、温暖化、天然資源の枯渇、多くの国における地域固有の貧困など、さまざまな難題に直面している。産業革命以後、2世紀以上にわたって経済成長は、歴史上かつてないほどの恩恵を人類に与えてきた。しかし、経済成長はけっして万能薬ではない。では、それに代わるものは何だろうか。

ゼロ成長

ゼロ成長とは、経済的拡大がない状態、つまり経済が均衡を維持している状態をいう。もし貧困経済にこれが自然発生的に起こると、それは不況と見なされ、その経済の中に生きる人びとの福利に弊害を及ぼす。だが、これに声高に異論を唱える少数のアナリストがいる（中でも"うるさい"のはエコノミスト、地理学者、環境保護主義者だ）。彼らは、すでに発展した経済環境を持っている国はゼロ成長という目標に特化した政策を採用すべきだと主張する。

彼らの主張には三つの根拠がある。第1に、経済成長には不可避的に環境の悪化が伴う。過去何世紀にわたって工業化が経済成長の主要な原動力になってきたのは事実だが、壊滅的な環境破壊もまた工業化のせいといってよい。永続的な成長は問題を悪化させるだけであり、私たちの生活の質が向上する前に、成長によって地球は住めなくなってしまうと彼らは主張する。第2に、経済成長は天然資源の活用に依存する。現在の世界産業の多くが石油に依存しているのもそのひとつである。だが、そうした天然資源の蓄積が有限であることは多言を要しない。最後に、伝統的な経済成長モデルは不平等と、本質的に不安定な好不況の循環を助長する。

ゼロ成長ではまだ十分ではないとする意見もある。2000年代終わりに起きた金融危機が契機となって"脱成長"、つまり世界経済の縮小を目指す政策を求める少数派が登場した。

別の選択肢

だが、今のところゼロ成長や脱成長への反対者が多数派を占めている。基本的な需給メカニズムによって価格が上昇し、代替資源の開発のために資金が回り、結果として稀少な資源の保護につながると彼らは主張する。同時に、科学・技術の革新はより少ないエネルギー消費による、より効率的な成長を追求するだろう。さらに、基本的な生活水準の改善を促進するために火急の経済成長が必要な開発途上国において、ゼロ成長は現実的な選択肢ではないことは、最も急進的なゼロ成長論者も認めている。先進国はそうした自己犠牲に同意しそうもないし、一方、開発途上国（特にインドと中国）もまた、今は先進工業国の手にある競争優位性を獲得するために、枯渇寸前にある資源の使用を続けてきた。

タイプ別に見た石油生産の推移
（単位：日量100万バレル）
（出所：OECD、IEA）

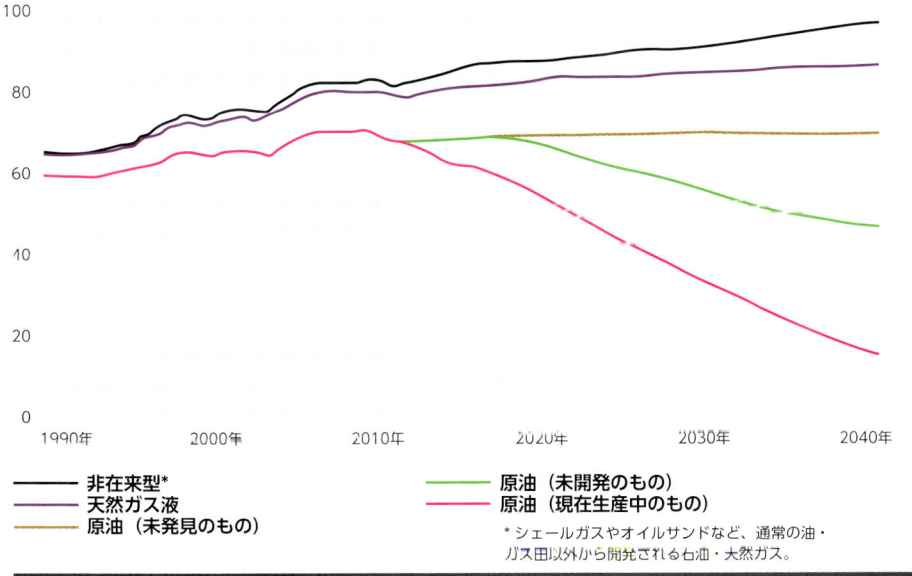

このグラフは、国際エネルギー機関が国際社会の広範な政策責任を考慮して作成した「新政策シナリオ」に基づいている。これを見ると、現在生産中の油田はすでにピークを過ぎているが、石油生産全体は少なくとも2035年までは成長が続くと見られている。

凡例：
- 非在来型*
- 原油（未開発のもの）
- 天然ガス液
- 原油（現在生産中のもの）
- 原油（未発見のもの）

* シェールガスやオイルサンドなど、通常の油・ガス田以外から開発される石油・天然ガス。

ピークオイル

ピークオイルとは、すべての採掘可能な石油資源を使い切るまでの、世界の原油生産が減少に転ずる前に最大に達する時点をいう。ピークオイルの時期が正確にいつかは議論の余地があるが、最も悲観的なアナリストによれば「もうその時期を過ぎてしまった」という。一方、より楽観的な意見の持ち主は、将来、生産が落ちても新しい石油源が見つかるのでバランスが取れると予測する。

もし、実現可能な代替エネルギー源が採用される前に石油備蓄を使い切ってしまうようなことになれば、世界経済に及ぼす潜在的な影響は計り知れない。かくして、分かっている備蓄の消費を遅らせる必要が、ゼロ成長論の根拠になる。だが、ゼロ成長は不可避な問題を単に"先送り"しているに過ぎず、人間の適応・革新能力はかならず他の解決法を見つけると主張する人もいる。

第12章　お金の未来

■ 第2次世界大戦の終結を見据え、「ブレトンウッズ会議」（66、67ページ参照）は、IMFと国際復興開発銀行を創設したが、それ以外にも、米ドルを事実上、世界通貨にすることを手際よく決めた。

世界の単一通貨は実現するか？

⇩
外貨準備とは文字どおり各国政府が保有する外国通貨の備蓄である。外貨準備はその国の主要な財産であるとともに、貨幣・外国為替政策のための最重要な手段であり、とりわけ金融危機が発生したときに重要性を発揮する。

　2009年に国連貿易開発会議（UNCTAD）が作成した報告書は、ドルに代わる最適準備通貨として新しい通貨の導入を提言した。でも、新しい世界通貨の導入は本当に可能なのだろうか、もし可能だとして、そうする理由は何なのだろうか。UNCTADが提唱した考えは世界各国の通貨をすべて、EUのユーロのような統合された新規通貨に置き換えようというものではなかった。そうではなく、準備通貨としてのドルに取って代わる超国家的通貨を導入しようというのがUNCTADの提案だった。準備通貨とは、多くの国が外貨準備のために保有する通貨で、対外債務の支払いや、石油・金といった高額な国際取引の資金手当てのために使うことができる。準備通貨を使うことでその国は、国際的な為替レートの変動に常にさらされる自国通貨を使わないで済み、結果として自国通貨の安定を保つことができる。

　現在、米国ドルが唯一の準備通貨ではないが（それ以外にも日本円、英ポンド、ユーロなどがある）、ドルの重要性は突出している。ドルの卓越した地位はその長期的な安定性に由来する。アメリカ経済は一貫して大規模かつ強大で、また過度なインフレ傾向もない。これらの事実により、人はドルに対する絶大な信認を与えるのである。

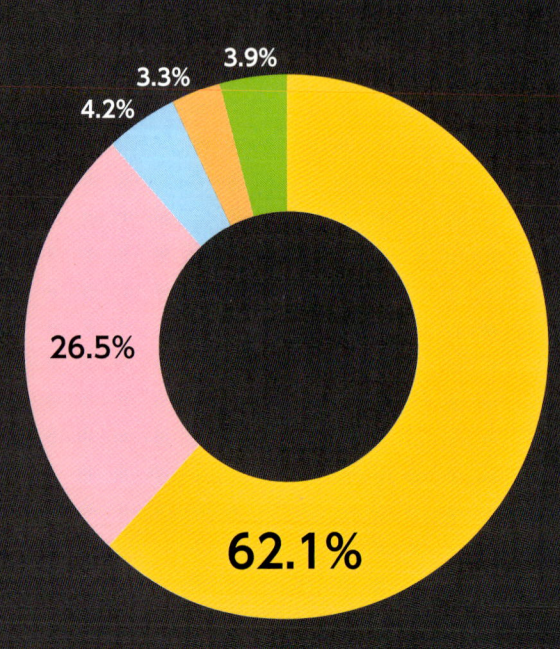

揺らぐドルの地位

　だが、近年、アメリカ経済が抱える諸問題が世界的なレベルでさまざまな影響を見せはじめたことで、ドルの安定した地位はしだいに危うくなってきた。21世紀になると、アメリカは高い失業率と不安定な成長に苦しみ、しかも巨額な国家債務を抱えるようになった（一説に同国の債務は16兆ドルを超えるといわれる）。アメリカ政府は経済活動を刺激するために紙幣の発行でこれに対応したが、それは単にドルの価値を下げるだけの効果しかなかった。結局、ドルを保有している世界各国は自国の準備価値が低下したことを悟った。

　ロシアや中国をはじめとする主要国は、ドルへの依存はアメリカにとっては有利だが、その他の国にはあまり有利ではないと主張しはじめた。UNCTADは、新しい準備通貨の導入が望ましいという議論に自らの意見を付け加えた最初の主要国際機関になった。現在のIMFの特別引出権制度の再活性

主要通貨別に見た世界の外貨準備額（2010年第2四半期）
（出所：IMF）

- 米ドル: 62.1%
- ユーロ: 26.5%
- 英ポンド: 4.2%
- 日本円: 3.3%
- その他の通貨: 3.9%

第12章 お金の未来

特別引出権

特別引出権（SDR）とは、1969年にIMFによって確立された国際的な準備通貨単位で、現在の準備通貨を補完するために設計された。SDRは一種の人工通貨で、その価値は米ドル、ユーロ、英ポンド、日本円から成る通貨バスケットを用いて計算される。IMF加盟国はSDRを備蓄することで加盟国間の収支紛争に充てることができる。ここ何年もの間、SDRはIMFのための会計単位以外、世界経済において実際的な役割をほとんど持たなかったが、2009年にUNCTADが発表した報告書は、ドルの代替手段としてSDR制度の再活性化を提起した。それによると、理論的にIMFはグローバルな世界銀行のようになり、世界経済の安定がひとつの国の経済状態に依存するということが減るという。

化がひとつの解決になるというのがUNCTADの提案だった。

とはいえ、これだけでは、それぞれの通貨に取って代わる全面的な超国家通貨を唱道する人たちの意見にはほど遠かった。だが、ユーロ圏が経験した困難からも明らかなように、状況も野心も異なる国々のさまざまな目的に役立つ単一の通貨を開発するというのは並大抵のことではない。新しい準備通貨創造の可能性はあるとしても、けっして確実ではない。単一の国際通貨が登場する公算は限りなく小さいといってよいだろう。

一部では「ユーロは死んだ」とささやかれているが、その一方でユーロのような単一地域通貨の創設を真剣に考えている国は少なくない。オーストラリアとニュージーランド、南米の複数の国々、アフリカの東部および南部諸国などでそうした通貨統合の可能性が議論されている。推進論者は、単一通貨は地域の統合を助け、相互依存、文化的・社会的一体性、ひいては平和を促進するという。一方、反対論者は、財政責任という目的を妨げ、柔軟性と説明責任が失われるおそれがあると主張する。

お金が出現する前に行なわれていたのは物々交換、つまりモノやサービスの直接的な交換だった。その後、特定のモノやサービスの価値を計る手段として貨幣が登場し、世界各地で（ごく一部を残して）物々交換をしだいに包含していった。

物々交換への回帰

だが今、あちこちで物々交換が復活しようとしている。しかも皮肉なことに、古くさいと思われていたこの手法は最新の技術によって蘇ろうとしている。それは私たちの標準的な取引方法になるのだろうか。もちろんそうなるチャンスはほとんどないが、取引の世界で新しい地位を獲得する可能性はあるかもしれない。

ギリシャ的経済実験

何年もの間、経済の不安定に見舞われたギリシャにおいて、ユーロに対する信頼が減退したとしても不思議ではない。港町・ボロスでは800人の人びとがユーロの完全放棄を決定するとともに、2010年中ごろ、TEMと呼ばれる独自の代替通貨を活用する物々交換システムを導入した。1TEMの価値は約1ユーロに相当し、参加者はモノやサービスを交換することでそれぞれの口座（オンラインで保存され、バウチャーシステムによって裏づけられる）をつくる。たとえばあるメンバーは、そのメンバーが提供するヨガレッスンを取る顧客から一定単位のTEMを付与される。するとそのメンバーは、そのTEMを使って他の参加者からろうそくを買うことも、あるいは他の参加メンバーが提供する語学レッスンを受けたり、ジャムやその他の商品・サービスを買ったりすることができる。こうしてギリシャの地方都市であるボロスで、不安定な公式経済に頼ることなく独自の経済活動が活況を呈するという状況が出現した。

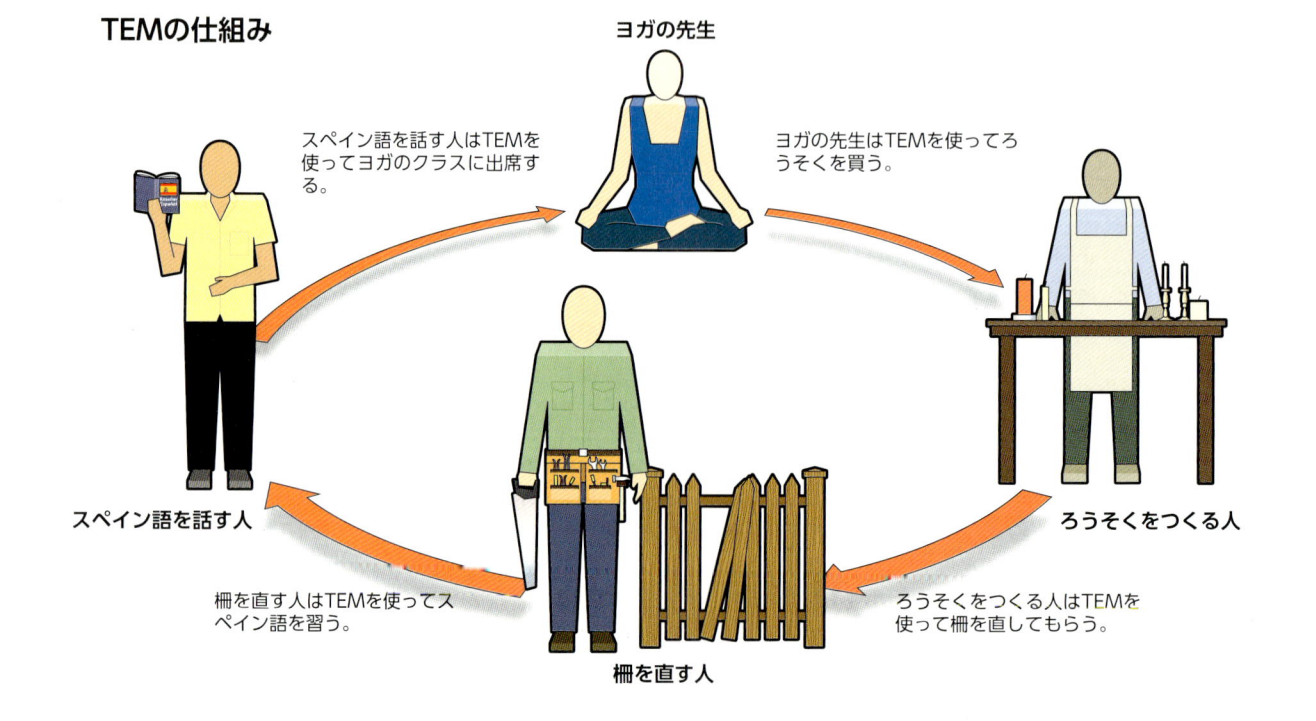

TEMの仕組み

- スペイン語を話す人はTEMを使ってヨガのクラスに出席する。
- ヨガの先生はTEMを使ってろうそくを買う。
- ろうそくをつくる人はTEMを使って柵を直してもらう。
- 柵を直す人はTEMを使ってスペイン語を習う。

（登場人物：スペイン語を話す人／ヨガの先生／ろうそくをつくる人／柵を直す人）

牛、柵、そしていくらかのパン

　物々交換の基盤になっている理論は驚くほど単純だ。農夫のジャイルズは農場の柵を壊してしまい、牛たちが逃げるのではないかと心配している。便利屋のハリーは柵の修理に必要なさまざまなスキルと道具を持っているので、すぐに修理の仕事をもらうことができる。ハリーが修理作業を終えると、ジャイルズはお礼に1ガロンの牛乳と牛肉をハリーにあげる。ハリーと家族は牛乳を飲み、牛肉の一部を食べたあと、残りの一部をパン屋のバリーがくれたパンのための謝礼に充てる。こうして"物々交換の輪"は続いていく……。

　問題は、システムの中に登場するモノやサービスの価値をどう計るかである。柵の修理に見合うのは、農場中で一番大きい牛の半身肉か、それとも一番小さい牛のそれか。また、肉の量に釣り合うためにバリーはどれだけのパンをハリーにあげなくてならないのか。こうしたモノやサービスに相対的に一定の価値を決め、そうした価値を表示するトークン（代用小物）を交換すれば、多くの場合、物々交換はずっとスッキリするだろう。貨幣が登場する必然もここにある。

　だが、お金の世界を根本的に変えたインターネットは物々交換をも変革した。つい最近まで、新しい電子レンジを必要とする人は店に行ってそれを買わなければならなかった。もし不要な椅子を持っていたとしても、それを電子レンジに交換してほしいと店を説得することなどまず不可能だった。今日、ネット上には"サイバーバーター"を標榜するサイトが無限にある。余った椅子を持っている人は、もう必要としない電子レンジを持っていてそれを椅子と交換したいと考えている人を"隣り近所"で簡単に見つけることができる。彼らは椅子をそのまま持っていてもいいし、牛肉と交換し、あるいは柵の修理の謝礼に充てることもできる。だが、徴税の観点から、多くの政府が物々交換を通常のお金による取引と同等に扱っていることをくれぐれもお忘れなきよう……。

⇧
近年、物々交換が復活したといわれるが、もともと完全に消えたわけではなかった。最初の経済的な交換手段だった物々交換は今も開発途上国ではとても人気がある。たとえば2000年代初頭のアルゼンチンでは、毎週、何千もの人たちがブエノスアイレス近郊にある物々交換広場に集まり、さまざまなモノやサービスを交換する光景が見られた。

▶ 代替通貨（72、73ページ）についても参照のこと。

これまで見てきたように、技術は、私たちの経済にある現金（紙幣や硬貨）の卓越性を徐々に浸食してきた。完全なキャッシュレス社会を実現した国はまだないが、それは時間の問題になりつつある。

現金のない社会

2009年のEUの試算によれば、すべての支払い方法（現金、小切手、クレジットカードなど）に要した実際の費用はGDPの2〜3％に達したという。

こうしたトレンドを技術がつくっていることは間違いないとして、では、クレジットカードや電子マネーの、伝統的な紙幣や硬貨に対する優位性は何だろうか。金融業界においては主に費用の問題である。現金による取引の処理は時間もお金もかかる。現金はまた輸送、保管、警備にもお金がかかる。対照的に、デビットカードやクレジットカードによる自動化された取引はずっと効率的であり、銀行は手数料による収入さえ得ることができる。

政府にとって現金の終了は、お金の印刷や鋳造に伴う費用がなくなることを意味する。電子マネーにはまた、紙幣のような偽造の心配がない。さらに、紙幣は痕跡を残さないから、不法な利益の"洗濯"を望む犯罪者集団は紙幣を好むという指摘もある。それに対し電子マネーは追跡が容易なので、犯罪行為の隠匿がそれだけ難しいという（理論的には）。同様に、政府による税務もやりやすくなると見られている。

仮想通貨

インターネット時代に育ってこなかった世代にとって、仮想通貨はなかなか理解することができないだろう。仮想通貨は仮想世界、つまり自分たちの分身であるアバターが住む、コンピューターが生成する世界で使われる。「セカンドライフ」のような多くのロールプレイング・ゲームにおいてユーザーは、まるで実際の世界のように仮想通貨を使ってモノを買ったり売ったり、あるいは経済取引を行なうことができる。仮想通貨は特別に"創造"されたものだが、一部のゲームでは実際のお金を払って仮想通貨を入手することもできる。同様に、実際のお金を使って仮想的な商品・サービスを購入するというビジネスも登場している。数百ドルを使って仮想世界の仮想的な不動産を買うなどということも知られている。フェイスブックもまた、ユーザーがバーチャルな商品を購入するためのクレジットを発行しており、2012年にはそれによって16億5,000万ドルの収入を得たと見られている。こうした仮想経済と現実経済との交流は、興味深い哲学的問題を提起する。もし仮想的な富を現実のお金と交換することができるとしたら、それに課税することは可能か。オンラインゲームでリアルなお金の利益を得ることができるのであれば、オンラインゲームも賭博法の対象にならないか。もしオンラインゲームの主催者がそのゲームから急に手を引いた場合、バーチャルな資産を失うことによる損失は補償してもらえるのか。

オンラインゲームにおける仮想経済の仕組み

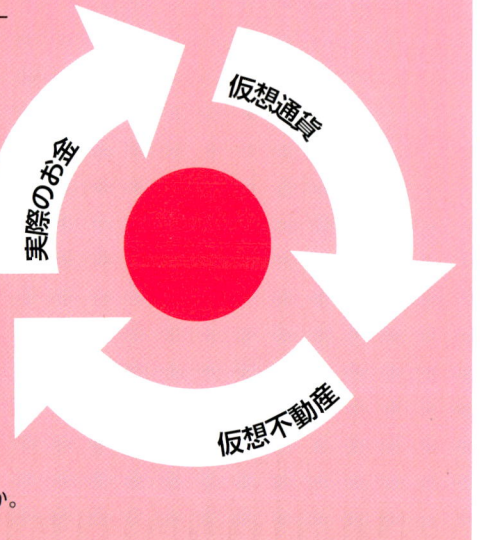

仮想通貨 → 仮想不動産 → 実際のお金 →（循環）

"現金保存陣営"

とはいえ、現金を性急になくすことはだれも歓迎していない。デビットカードやクレジットカードによる革命が起こるにつれ、いくつかのデメリットも見えてきた。第1に安全性の問題である。現金には盗難が付きものだが、クレジットカードにも盗難や偽造、また銀行口座のハッキング、個人識別情報の盗み見が常時起こっている。かくして、キャッシュレス社会になっても犯罪の"中身"が変わるだけということになる。経済の中のすべての取引を追跡できることは、金融業界や政府にとっては都合がよいかもしれないが、個人にとっては嬉しいことではない。だがそれ以上に最も懸念される問題は、電子マネーなどデジタルシステムの脆弱性である。もし私たちの金融活動がすべてオンラインで行なわれるようになったら、壊滅的な事故やサイバー攻撃にどう対処すればよいのだろうか。たとえば、電気系統が全面的に機能しなくなったら"理論的には無一文"といったことにならないだろうか。

だが、こうした警告の声も今や"風前の灯"である。多くの社会において、現金の終焉はすでに時間の問題になりつつある。現在、ヨーロッパ全域の取引に使われている現金は9%に過ぎず、アメリカでは7%に留まっている。中でも取引のキャッシュレス化が最も進んでいる国はスウェーデンで、現金が伴う取引はわずかに3%でしかない。すでに多くの企業（たとえば銀行の支店など）では現金がまったく使われなくなっており、中には、信徒からの寄付を募るためにカードリーダーを導入した教会もあるほどである。こうした流れが進むにつれ銀行強盗は急激に減ってきたが、反対にサイバー犯罪が急速に増えている（詳しくは190、191ページ参照）。

⇩ フランスのスーパーでは、スマートフォンを使って日用品の支払いをする買い物客が見られる。このスーパーが開発した「フラッシュ＆ペイ（かざして支払う）」と名づけられたアプリを使えば、買い物客は購入予定品のリスト、買い物クーポン、ポイントカード、予算、支払いなどを、モバイル端末ひとつでどの店でも管理することができる。

アダム・スミスの時代以降、経済学は私たちにとって身近な存在になったといわれる。フランシス・フクヤマは、1989年に発表し、さまざまな影響を与えた「歴史の終焉？」という論文の中で、冷戦の終結は最終的に西側世界の自由民主主義の勝利をもたらしたと述べた。これはまた一部の経済学者にとって、市場資本主義の勝利を意味した。

経済学の未来

だが、中国の台頭と世界的な金融危機の衝撃は、経済学という分野にいる多くの人たちに、結局のところ自分たちは自己満足から抜け出していないのではないかという疑問を突きつけた。

政府と資本家がこれからも、広く新古典主義的視点から経済的な大問題との格闘を余儀なくされることは間違いない。だが、未来の経済学は、経済学の主流からは認められることのなかったアプローチによって経済事象を説明しようと努める"異端の経済学"を、今よりは受け入れるようになるだろう。

> 未来の投資家は過去の感覚、現在の理解力、そして将来のトレンドを予測する力を持つ必要があるだろう。しかもそれは、単に経済的なことだけではなく、文化的・社会的・政治的なものを含むだろう。

"異端の経済学"

ここでいう異端の経済学とは次のようなものを指すことが多いようだ（もちろんこれらに限定されるわけではないが）。すなわち、環境的関心というプリズムを通じて経済事象を観察する「環境経済学」、経済的意思決定と人間心理との相互作用に注目する「行動経済学」、経済学、心理学、そして神経科学の統合を目指す「神経

ノーベル経済学賞

経済思想家に与えられる最大の栄誉をひとつ挙げるとすれば、なんといってもノーベル経済学賞（正式名称は「アルフレッド・ノーベル記念経済学スウェーデン国立銀行賞」）に勝るものはないだろう。ノーベル各賞の中で最も新しく、1969年に設立された経済学賞の賞金は、ノーベル財団ではなくスウェーデン国立銀行から拠出されている（その額は1,000万クローネ）。授与原則は他のノーベル各賞と同じとされ、選考委員によって「人類に最も大きな利益をもたらした」と認められた人に与えられる。1年の受賞者は3人に限られる。過去の受賞者の平均年齢は62歳、その大部分がアメリカ出身者である。現在までの女性受賞者は2009年のエリノア・オストロームただひとり。経済学がもともと政治とは不可分ということを考えると、同賞が何年にもわたって論争を呼んできたのは当然かもしれない。とはいえ、同賞は活発な議論の伝統を反映し、経済学に大きな思想が満ちていることを示唆してきた。

経済学」、女性の視点で経済事象にアプローチする「フェミニスト経済学」などである。

こうした異端経済学によりかなりの打撃を受けると思われるのは、いわゆる合理的行為者モデル［政治学者グレアム・T・アリソンが提唱した用語。国家の目的に照らしてその行為がいかに合理的であったかを説明するモデル］、つまり正統的な政治思想を長く下支えしてきた概念である。個人的な優位性の最大化を基盤にあらゆる意思決定を行なうという意味において合理的なこのモデルは、近年は有益と見られてきたが、結局は不完全なカリカチュア（戯画）でしかない。個人を動かしているのは気分や状況であって、常に合理性というわけではない。神経経済学や行動経済学は、人びとが経済参加者としてどう機能しているのかという問いに新しい窓を開く。

これからの数年、経済学が全面的な変革に遭遇する確率は低いが、新しい挑戦と状況に応えるために、経済学は否応なく進化していくに違いない。いうまでもなく歴史はソ連の崩壊で終わったわけではない。また、仮に少しの間、正統的経済学が勝利したかのように見えたとしても、戦いはまだ続いている。

だが、ひとつだけはっきりしていることがロナルド・コースの言葉の中にある。コースは1991年のノーベル経済学賞受賞者であり、2002年4月、ミズーリ大学で行なった講演の中でこう語った。「今日、私が話そうとしているのは、なぜ経済学は変わっていくのかということです。それは単に変わっていくだろうということだけでなく、変わらなければならないと考えているからです」

⇧
2012年ノーベル経済学賞は、アルビン・ロス（写真左）とロイド・シャープリーの二人に贈られた。ともにアメリカの経済学者である彼らの業績は、さまざまな対象をどれだけうまくマッチさせるかという経済学の中心的な課題に取り組んだことである。たとえば、複数の学生と複数の希望学部、複数の臓器ドナーと移植を希望する複数の患者とをどうマッチさせるか。彼らが創造したモデルは、経済工学における類いまれな実証と評されている。

用語集

あ行

赤字 Deficit：一定期間にわたって負債が資産を上回ること

安全性 Security：経済的取り組みの達成を保証すること・もの

遺産贈与 Bequest：遺言に従って財産を遺すこと

インフレーション（インフレ） Inflation：価格が持続的に上昇する傾向

運用益 Return：経済的取り組みによって得られる利益

エクイティー Equities：私企業が発行する株の総称

か行

外国為替 Foreign exchange：外国の貨幣

開発途上経済 Developing economy：所得、生活水準、社会指標が全体的に低い状態にある国々

買い持ち（ロングポジション） Long position：価値の上昇を期待して証券を買うこと

価格 Price：モノ・サービスに支払われるお金の額

課税 Taxation：個人・団体から政府に強制的に支払われる金銭

仮想通貨 Virtual money：コンピューターによって生成され仮想される環境において交換される貨幣

株式 Share：企業の部分的な所有

株式 Stock：「share（株式）」と同じ。

株式取引所（または株式市場） Stock exchange (or stock market)：株式が売られる機関

貨幣（お金） Money：価値の交換および蓄積のための仲介物

貨幣政策 Monetary policy：その国の経済に影響を与えるために金利や貨幣供給を操作する、政府または中央銀行の方針

空売り Short selling：より低い価格で買い戻すことを前提に、借りた資産や商品を売ること

元金（元本） Principal：利子を除いた融資の額、または利益を除いた元々の投資額

機会コスト Opportunity cost：特定の選択を行なうことによって放棄される機会

規制 Regulation：個人や団体が遵守する義務を負う規定

供給 Supply：販売されるモノ・サービスの量

恐慌 Bust：突然の経済破綻

競争 Competition：個別的な売り手と買い手がサプライヤーと顧客を選択することができる状態

銀行 Bank：お金の貸し借りを行なう金融機関

緊縮財政 Austerity：政府の負債に対処するために政府が行なう大規模な支出削減

金本位制 Gold standard：通貨を固定された価格で金に交換可能にすることで国際的な為替レートを固定する制度

金融派生商品（デリバティブ） Derivative：取引可能証券の一つで、その価値が原資産の価格によって決められるもの

金融部門 Financial sector：銀行その他の金融機関から成る経済の一部

グローバル化 Globalization：社会・文化・経済システムの世界的な統合の過程

計画経済 Planned economy：モノ・サービスの大部分が集権化された機関によって割り当てられる経済

景気後退 Recession：経済活動の全般的な低下。通常、GDPの連続的な下落によって示される

景気循環 Economic cycle：拡大、ピーク、景気後退、回復などの国の経済変動の全体的なパターン

経済 Economy：モノ・サービスの生産、配分、および消費の秩序

経済回復 Recovery：経済が最低ポイントから通常の水準に戻ること

経済学 Economics：個人や集団が自分たちの必要・願望を満たすために限られた資源をどう使うかに焦点を当てる社会科学

決算書 Account：一定期間にわたる経済活動の要約

欠乏 Scarcity：需要されるモノが不足すること

現金 Cash：紙幣・硬貨という形態を持つお金（お金全般を指す場合もある）

公的部門 Public sector：個人や私的団体によって支配されない経済の部分

国債 National debt：一国の政府による、最大限度の負債

国際通貨基金 International Monetary Fund（IMF）：国際的な通貨協力と安定を促進する、国連の一機関

国際復興開発銀行 International Bank for Reconstruction and Development：世界銀行（World Bank）参照

国際連合 United Nations（UN）：国際協力と平和の実現を目指し、バチカン市国を除くすべての承認された国家が加盟する組織

国際労働機関 International Labour Organization（ILO）：労働および人権を司る、国連の一機関

国有化 Nationalization：私企業を政府所有に変更する過程

国有企業 State-owned：国（通常は政府）によって所有される企業体

コスト Cost：特定の決定の結果として起きる犠牲

国庫 Treasury：国または所管政府機関による基金または収益

雇用 Employment：労働契約に基づき金銭の支払いを前提に行なわれるサービスまたは取引

さ行

債券 Bond：投資家が一定の期間、決められた利率によって政府・企業にお金を貸すこと

財政政策 Fiscal policy：税制および支出に関する政府の方針

財務 Finance：金銭の創造、管理、および研究（また「私企業のための金銭的な支援」を意味する場合もある［その場合は「融資」という］）

詐欺 Fraud：経済的利益を得ようとする犯罪的な策略

資源 Resources：経済活動への貢献が可能なすべての資産

資産 Asset：保有する価値

支出 Expenditure：消費者、政府、または投資家による金銭の支払い

市場 Market：売買のための公共の場

市場経済 Market economy：モノ・サービスのかなりの部分が市場を経由して割り当てられる経済

ジニ係数 GINI coefficient：不平等を計る統計的な尺度

資本 Capital：経済的生産に使われる人工の資源

資本主義 Capitalism：資産と生産手段の私的所有を基盤とする経済システム

借金 Debt：ある人・団体が別の人・団体に借りているお金

10億 Billion：100万の1,000倍

収入 Income：金銭や他の資産を受け取ること

需要 Demand：モノ・サービスを欲すること、またその能力

証券 Security：株や債券などの所有を表わす金融商品

商取引 Trade：基本的な売買行為

消費 Consumption：必要と不足を満たすためにモノやサービスを使うこと

商品 Commodity：大量にまとめて取引される原材料

正味 Net：関連する控除を行なったあとの数字の表示

指令経済 Command economy：中央集権的な意思決定機関によって統制される経済

信用 Credit：後払いによるモノ・サービスの供給

信用格付け Credit rating：当事者における負債支払い能力の評価

信用組合 Credit union：相互扶助的な金融機関

ストック Stock：企業によって蓄積されるモノの集積

成長 Growth：一定期間にわたる一経済におけるモノ・サービスの生産能力の拡大

世界銀行 World Bank：経済協力と開発の促進を目的に1946年に設立された超国家機関

先進経済 Developed economy：高い水準の経済成長、安全、生活水準が確立している経済

総額 Gross：関連する控除を行なう前の数字の表示

損失 Loss：支出が収入を超える結果

た行

第一次産業 Primary sector：天然資源を活用する経済の部分

第三次産業 Tertiary sector：サービス産業を包含する経済の部分

第二次産業 Secondary sector：製造・加工・建設を包含する経済の部分

宝くじ Lottery：当選者にかなりの賞金を提供するチャンスゲーム

多国籍企業 Multinational：二つ以上の国にまたがって事業を営む企業

単一通貨 Single currency：二つ以上の国によって使われる通貨

チャリティー（慈善団体） Charity：社会善の

ために自発的に与えること（また、必要な人びとへの支援を管理する団体）
中央銀行 Central bank：一国の貨幣供給と通貨政策を統制する銀行
兆 Trillion：100万の100万倍（または10億の1,000倍）
超国家的 Supranational：国境を越えること
貯蓄 Savings：一定の期間にわたって消費のために所得を使わないこと
賃金 Wages：雇用主のために実行された労働に対して支払われるお金
通貨 Currency：国や地域で一般に使われる貨幣
強気市場 Bull market：価格が上昇傾向にある市場
デフレーション（デフレ） Deflation：価格が低下傾向になること
電子商取引、Eコマース E-commerce：インターネットを使ったモノ・サービスの売買
電子マネー Electronic money：コンピューターネットワークを通じて移動されるお金
投資 Investment：将来の所得の提供または利益のための売却を目的に購買された金銭資産
富 Wealth：個人、組織、または国の資産からすべての負債を差し引いた額の合計
トレーダー Trader：自分自身または他の個人・団体を代表し金融資産の売買に携わる個人

な行
仲買人 Broker：売り手と買い手を仲介する個人または企業

は行
パーキャピタ Per capita：1人あたり
配当 Dividend：通常、1年単位で企業が株主に支払うお金
ハイパーインフレ Hyperinflation：交換手段としての通貨の地位を脅かすほどの急激なインフレ
破産 Bankruptcy：経済活動の当事者が負債の返済ができないときに講じられる法的な措置
バブル Bubble：主に価格が引き続き上昇するとの信念によって動かされる価格の累積的な上昇
非営利団体 Not-for-profit：受け取るお金のすべてが、所有者の利益以外の目的の追求に再配分される団体
ビジネス Business：すべての形態の営利活動（これを行なう団体を指すこともある）
貧困 Poverty：生活必需品を買う余裕がない状態
フィランソロピー Philanthropy：大規模なチャリティー（慈善行為）
ブーム Boom：強力な経済活動が行なわれる期間
不況 Depression：経済活動の停滞と高失業の期間が長引くこと
負債 Liability：返済が必要とされる法的な義務
不平等 Inequality：所与の経済システムの中のお金の配分の違い
扶養家族 Dependant：経済支援を他の人に依存している人
プラスチック貨幣：銀行カードやクレジットカードなどの総称
ヘッジファンド Hedge fund：高収益を見込んで投機的な市場地位を獲得する投資ファンド
暴落 Crash：市場における価値の急激な下落
保険 Insurance：リスクの分散と軽減のための契約合意

ま行
マイクロファイナンス Microfinance：伝統的な金融サービス提供者の利用が限られる（あるいはまったくできない）低所得層に提供される銀行サービス
マクロ経済学 Macroeconomics：大規模な経済要因を研究する経済学
ミクロ経済学 Microeconomics：個別の消費者や企業の行動を研究する経済学
民営化 Privatization：もともと政府支配下にあった資産・企業を私的な所有に移転すること
民間部門 Private sector：政府の支配下にない経済の部分

や行
融資 Loan：通常、利子を伴って返済されるべき貸し金
ユーティリティー Utility：モノ・サービスの消費によって得られる満足感
ユーロ圏 Eurozone：ユーロを共通通貨として採用するEU加盟国群
輸出 Exports：ある経済が別の経済にモノやサービスを売ること
輸入 Imports：ある経済が別の経済からモノやサービスを買うこと
予算 Budget：新しい年（複数年の場合もある）に予定される支出と収入についての政府の表明
弱気市場 Bear market：価格が低下傾向にある市場

ら行
利益 Profit：一定期間にわたって事業のための支出を上回る収入の超過
利子 Interest：借りた金額を超えて貸し手に支払うお金
リスク Risk：投資から得られる収益の規模に対する不安
連邦準備制度 Federal Reserve：アメリカの中央銀行制度

欧文
BRIC(S)諸国 BRIC(S)nations：ブラジル、ロシア、インド、中国、後に南アフリカ共和国を加えた新興経済国の英語の頭文字
GDP（Gross Domestic Product）：国内総生産。一定期間にわたって一経済で生産されるすべての最終的なモノとサービスを評価する経済活動の尺度
GNP（Gross National Product）：国民総生産。GDPに海外からの純利益を加えた経済活動
EU（European Union）：欧州連合。現在、27のヨーロッパの国々で構成される国家連合で、世界最大の経済圏
ILO → 国際労働機関
IMF → 国際通貨基金
OECD（Organization for Economic Cooperation and Development）：経済協力開発機構。世界中の人びとの経済的・社会的福利を改善する政策促進を使命とする、30の自由市場経済圏から成るグループ

索引

【欧　文】
ABN-AMRO　141
AIA　139
AOL・タイムワーナー　141
AT&T　150
B8　54
Bitcoin（ビットコイン）　41, 73
BRIC　35
BRICs　32, 34
CAC-40（CAC40指数）　89
CIVETS　35
CNN効果　172
DAX（ドイツ株式指数）　89
DOW（ダウ平均株価）　89
EU　171
Eコマース　150
eベイ　24, 150
Flattr　73
FTSE-100（FTSE100種総合株価指数）　89
G20　54
G7　54, 189
GDP（国内総生産）　44, 237, 240
GLS　82
GNP（国民総生産0　44
HSBCグループ　236
IBM　125
IBOVESPA（サンパウロ証券商品先物取引所指数）　89
ILO（国際労働機関）　195, 198
IMF（国際通貨基金）　67, 242, 243
Ithaca hours　73
IT管理者　199
lashou.com　225
LIBOR　91
M&A　→合併と買収
Metacurrency　73
M統計　71
NASDAQ　179
NASDAQ OMX商品取引所　109
NIKKEI 225（日経平均株価）　89
NMロスチャイルド　105
NTTドコモ　139
OECD（経済開発協力機構）　197, 238
OPEC（石油輸出国機構）　100, 101
P2P（個人間融資）　41, 219
Payswarm　73
PIN/TAN　81
RBS　141
Ripple　73
S&P500（S&P500種株価指数）　89
SDR　→特別引出権
The Fed　→アメリカ連邦準備制度
TIAA-CREF　30
Timebank　73
VISA　94, 139
VIX（ボラティリティ・インデックス）　88

【あ行】
アイスランド　66
アイルランド　66, 197
アヴェディス・ジルジャン社　135
悪の枢軸　188
アジア　171, 237
アジア開発銀行　238
アスティカイネン、トミ　38
アダム・スミス協会　159

索引

アフマディネジャド大統領 188
アブラモビッチ、ロマン 32
アフリカ 103, 169（「サハラ以南のアフリカ」も見よ）
アマゾン 127, 150
アメリカ（合衆国）39, 81, 135, 148, 171, 178, 186, 188, 197, 199, 200, 203, 204, 205, 208, 216, 221, 233, 236, 237, 242
アメリカ・オンライン（AOL）141
アメリカ財務省短期証券 90
アメリカドル →米ドル
アメリカ農務省栄養政策促進センター 204
アメリカ連邦準備制度（Fed）64, 69
アメリカを最も元気にしてくれる企業 145
アメリカン航空 148, 223
アーメリー、ディック 204
アラブ首長国連邦 100
アルゴ取引 130, 170
アルゴリズム取引 →アルゴ取引
アルジェリア 100
アルゼンチン 46
アルフレッド・ノーベル記念経済学スウェーデン国立銀行賞 →ノーベル経済学賞
アレクサンドロス大王 211
アンゲロウ、マヤ 233
アンゴラ 100
アンダーセン、アーサー 179
アンダーセン、ウォルター 187
アンバニ、ムケシ 203
アンバニ兄弟 34
イギリス 66, 79, 81, 102, 148, 178, 197, 200, 216, 221, 233
イギリスポンド 96, 97, 105, 242, 243
産児制限プログラム 204
遺産 230
遺産税 210
医師 199
イジャーラ（リース契約）84, 85
イースタリンの逆説 35
イースタリン、リチャード 35
イスタンブール 134, 135
イスラム銀行 84
イタリア 48, 58
イタリア・マフィア 181, 182
異端経済学 248, 249
1ドル紙幣 235
イプセン、ヘンリック 9
イムクローン社 180
イラク 100, 188
イラク中央銀行 177
イラン 85, 100, 188
イングランド銀行 19, 56, 65, 68, 69, 78
インサイダー取引 179, 180
引退計画 209
インターコンチネンタル銀行 179
インターコンチネンタル取引所 100
インターネット 150, 170, 172, 190, 219, 224, 245
インターネット・バンキング 80
インターポール（国際刑事警察機構）181
インド 32, 33, 39, 48, 67, 105, 143, 201, 233, 236, 237, 239, 241
インドネシア 35
インフレーション 120, 121, 163, 164
インフレ連動債 92
ウィルソン、ハロルド 47
ウィントン・キャピタル社 130
ウェグリン＆カンパニー 78
ウェスト・テキサス・インターミディエイト（WTI）100
ウェルカム、ヘンリー 233
ウェルスマネジメント 77
「ウォール街を占拠せよ」運動 82
ウォールストリート 113 115
ウォルトン、サム 213
ウォルマート 29
「ウォール街を占拠せよ」運動 83
『ウォーレン・バフェットの道』113
ウガンダ 39, 238
ウラン 103
噂話 172
英国銀行協会 90
英ポンド →イギリスポンド
エキノックス・ラグジュアリー・ホールディング社 128
エクアドル 100, 204
エクイティー（equity）87
エクイティ・デリバティブ 106
エクソン・モービル社 142
エコノミスト・インテリジェンス・ユニット（EIU）48
エジプト 35
エストニア 191
エネル社 94
エネルギー 102
エリツィン、ボリス 33
エルサルバドル 181
エレクトラム（硬貨）13
エンゲルス、フリードリヒ 21, 160
エンジニア 199
エンゼル投資家 127
エンロン事件 179
欧州銀行間取引金利（EURIBOR）90
欧州中央銀行（ECB）69
欧州復興開発銀行（EBRD）67
欧州連合排出量取引制度（EUETS）108
欧州気候取引所 109
大蔵省 46
お金の実験 72
お金の未来 234〜249
オーストラリア 103, 148, 171, 197, 200, 204, 221
オーストラリア準備銀行（RBA）69
オーストラリアドル 96, 97
オーストリア 79
オストローム、エリノア 248
オックスフォード大学 197
オニール、ジム 35
オーバーナイトレート（翌日物レート）68
オバマ、バラク 7, 43
オフショア銀行 186, 189
オプション 99
オープン・アウトクライ（公開セリ方式）124
オマハの賢者 →バフェット、ウォーレン

オランダ 17, 48, 81, 139, 199
オランダ東インド会社 139
オランダ公正銀行ガイド 83
オリガーチ（ロシアの新興実業家）32
オリンピック 53
温室効果ガス 108
オンライン銀行 65, 80
オンラインゲーム 246
オンライン・ショッピング 24
オンライン取引 170

【か行】

外貨準備 69, 242
貝殻貨幣 11
会計 146
会計期間 146
会計原則 14
会計年度 146
外国為替 96
外国通貨 87
会社 136
会社更生 149
海上保険 111
開発途上国 185, 195, 241
買い持ち 130
買い物依存症 217
買い物スタンプ 223
買い物療法 216
カーヴィル、ジェームズ 93
カウツ銀行 78
『顧みれば』（エドワード・ベラミー作）221
学生時代 196
格付け機関 123
確定給付型年金 209
確定拠出型年金 209
確定利子付債権 120
課税控除 233
仮想通貨 246
火葬の費用 211
家族経営企業 93, 137
家族を養う 204
カタストロフィー・モデリング 110
カタール 85, 100, 199
合併（Merger）77, 140
合併と買収（M&A）76
ガーナ 38
カナダ 103, 171, 194, 204, 221
カナダ中央銀行（BoC）69
カナダドル 96, 97
カーナニ、アニール 145
カーネギー、アンドリュー 233
カーネマン、ダニエル 35
株 86, 124, 228
株価指数オプション 106
株式交換 141
株式市場 94
株式バブル 117
株主 136
貨幣 71
貨幣供給 162
カーペットバッガー（渡り者）79
壁の力 132
カポネ、アル 183, 187
カーボンクレジット 108
カーボン 108
カーボン単位 108
カーライル、トーマス 155
ガルブレイス、ジョン・ケネス 155

元金一括返済式住宅ローン 203
環境経済学 248
環境破壊 240
韓国 35, 102, 197, 199
監査法人 179
感情 116
感情 117
官民パートナーシップ（PPP）134
管理会計 146
機会費用 157
機関投資家 87, 92, 93, 127
企業 134
企業年金 209
企業農場 30
気候変動 106
技術 168
稀少性 156
北朝鮮 49, 143, 183, 188, 189
ギニア 67
キノくじ 52
ギビングプレッジ・キャンペーン 232
寄付 215, 232
キームガウアー 72, 73
キム、ジム・ヨン 67
キャッシュフロー 148, 149
キャッシュフロー計算書（現金収支報告書）147
キャッシュレス社会 246
キャメロン、デービッド 229
ギャラップ世論調査 169
ギャレオン・グループ 180
給料日ローン 218
キューバ 143
教育機会における不平等 239
教会組織 30
供給 157
共産主義 160
『共産党宣言』160
共通貨幣政策 22
協同組合 137
共同経営会社（合名会社）137
京都議定書 137
逆張り投資家 117
ギリシャ 47, 48, 49, 58, 66
ギリシャ的経済実験 244
ギリシャの財政赤字 186
キルチネル、クリスティーナ 60
金 104
金価格 105
『銀河ヒッチハイク・ガイド』（ダグラス・アダムス作）234
キング、サー・マービン 68
銀行 163
銀行監督管理委員会 178
銀行間取引 84, 90
銀行業 14
銀行口座 65, 169
銀行準備金 71
銀行と銀行業 64〜85
銀行預金 228
銀市場 99
禁酒法 183
緊縮財政の時代 229
緊縮オリンピック 229
禁制ビジネス 182
銀の木曜日 99
金本位制 104
金融インクルージョン（発展途上国における金融サービス導入）データベース 226
金融活動作業部会 189

索 引

金融監督官庁　178
金融債券（Financial bonds）　92
金融サービス機構　178
金融市場　77, 90
金融教育と金融サービスとの接点　195
金融派生商品　→デリバティブ
金利　163
クウェート　100
グーグル　127, 150
クック、フレデリカ・イブリン・スティルウェル　231
グッドフェロー、ジェームズ　75
クーポン　92, 93, 120
クライナー・パーキンス・コーフィールド＆バイアース　127
クラウド・ファンディング　41
グラス・スティーガル法　77
グラハム、ベンジャミン　125
クラブカード　222
グラミン銀行　40, 41
クリアリングハウス（交換所）　107
「クリーン・シールド・スタンプ」　223
グリーンスパン、アラン　117
クルーガー、アラン　35
クルトラ銀行　82
グループクーポン　225
グループ購入　224, 225
グルーポン　225
クレジットカード　218, 220, 221, 246, 247
クレジットカード中毒　220
クレジット・デフォルト・スワップ（CDS）　106
クレジット・デリバティブ　106
グレートアクセラレーション　22
グレニー、ミーシャ　182
クロイソス（リディア王）　13
グローバリゼーション　28
グローバル企業　142
グローバル消費者研究所　216
「グローバル・プロパティー・ガイド」　203
グローバル・ヘルス　232
クワント　119
計画経済　156
景気後退　59
経済学　154, 173
『経済学および課税の原理』（リカード著）　159
経済学の未来　248
経済協力開発機構（OECD）　185
経済サイクル　119
経済成長　240
芸術作品　132, 133
ゲイツ財団　169
ゲイツ、ビル　7, 34, 232
携帯電話　172
ケイマン諸島　130
計量経済学　166
ケインズ、ジョン・メイナード　66, 117, 161
外科医　199
結婚　200
結婚費用内訳　200
ケトレイ住宅金融組合　79
ケトレイ、リチャード　79
ケニヤ　38, 169
懸念すべき国家　188
ケミカル　80
ケリー、ネッド　177
ゲレーリ、クリスチャン　72
減価償却　146

原価上昇によるインフレ　165
現金株式交換　141
現金のない社会　246
原子力発電　103
原発事故　103
ケンブリッジ大学　197
原油　100
公営企業　138
硬貨　12, 70
公開会社　138
公共債　90
航空管制官　199
高収入職業リスト　199
香辛料　17
合成商品　106
強盗　176
高等教育　197
行動経済学　248
行動ファイナンス　116
高頻度アルゴリズム　87
高頻度取引（HFT）　130, 171
合名会社　→共同経営会社
高利貸し　219
合理的行為者モデル　249
高齢化　193
コカ・コーラ　143
コカコロナイゼーション（コカ・コーラ植民化）　143
顧客情報　223
国債　46, 48, 58, 69, 92, 163
国際開発　232
国際決済銀行（BIS）　69
国際組織犯罪プロジェクト　182
国際通貨基金　→IMF
国債の格付け　46, 49
国際復興開発銀行　242
国際連合　239
国際労働機関　→ILO
国内総生産　→GDP
『国富論』　→『諸国民の富の性質と原因の研究』
国民総生産　→GNP
国有化　60
国連貿易開発会議（UNCTAD）　242
国連薬物犯罪オフィス　182
個人間融資　→P2P
個人銀行　78
個人識別情報　247
個人消費　216
個人事業　137
個人投資家　90, 93
個人投資家向け債券（Retail bonds）　92
個人年金　209
個人未公開機械　128
コース、ロナルド　249
固定金利融資　218
固定金利住宅ローン　202
固定利付債　92
子ども時代　194
子どもボーナス　204
子ども向け金融教育　195
後配株　83
小麦　98
コヤスガイ　11
雇用機会　144
雇用会　144
『雇用・利子および貨幣の一般理論』（ケインズ著）　117, 161
ゴールドマン・サックス社　83, 125, 138
ゴールドマン、サム　144
コロンビア　35, 39

コロンブス、クリストファー　16
コングロマリット　140
金剛組　135
コンピューター革命　170
コンフィニティー社　24

【さ行】

債券　48, 89, 92, 120, 122, 228
債券市場　92
最低賃金　199
サイバー攻撃　247
サイバーバーター　245
サイバー犯罪　190
サイバー防衛組織　170
財務会計　146
財務政策　161
財務省　46
債務担保証券　106, 107
債務不履行　→デフォルト
裁量　79
サインビットコイン　107
サウジアラビア　85, 100
詐欺　178
先物契約　99
サクラメント（アメリカ）　143
サザーランド、エドワード　175
ザッカーバーグ、マーク　94
サックス　34
サッチャー、マーガレット　161
サハラ砂漠以南のアフリカ　185, 195, 227, 237, 239（アフリカも見よ）
サブプライム住宅ローン　106, 167
サブプライム危機　203
産業革命　20
『算術、幾何、比および比例に関する全書』（ルカ・パチオリ著）　14
サントメ・プリンシペ民主共和国　237
産業部門　135
死　210
シェケル　10
シェパード-ブラウン、ジョン　75
歯科医　199
シカゴ　225
シカゴ・オプション取引所　88
シカゴ学派　161
時価総額　87
シガーレイク鉱山　103
時間あたり賃金　198
事業者年金　209
自己強化型フィードバックループ　171
資産　146
資産管理　77
持参金殺人　201
持参金制度　201
支出計画　215
市場　86～111
市場拡大型合併　140
市場経済　156, 157
指数　88
システムD　184
慈善　82, 144
質屋　219
失業率　199
シティ　111
シティグループ　34
シティバンク　74, 80
シティ・プライベート・バンク　236
児童労働　195

シナジー効果　140
紙幣　18, 70
資本　156
資本主義　21
『資本主義と自由』（フリードマン著）　161
『資本論』　21, 160
シミアン、ルーサー・ジョージ　75
社会主義　160
社会的企業　137, 144
社会的弱者　144
借入・貸付証券　90
借家　202
社債　92
借金　218
借金時計　48
ジャック、エリオット　207
シャープリー、ロイド　249
シャリア諮問委員会　85
シャリア法　84
"ジャンク"（屑）　123
ジャンク債　123
上海　138, 143
シュヴェルマー、ハイドマリー　38
収穫逓減　159
自由市場資本主義　161
重商主義　161
就職活動　190
終身住宅ローン　203
住宅金融組合　79
住宅バブル金融　106
住宅ローン　202
住宅ローン担保証券　131
集団購入　224
集団思考　116
収入　146
自由放任主義的貿易　159
シュタイナー、ルドルフ　82
出生率　205
シュナイダー、フランク　221
シュメール　10
需要　157
需要牽引型インフレ　165
主要準備通貨　235
シュリフ、ピーター　166, 167
準貨幣　71
循環性　118
循環的投資　119
純資産　146
準備資産　68
準備通貨単位　243
生涯収入　197
証券　228
条件付き遺産　230
条件付き売買（レポ）　90
証券取引委員会　178
証券取引所　87, 114
上場　94, 138
譲渡性預金証書　90
消費支出　206
消費者としての子どもたち　194
消費者物価指数　165
消費主義　216
『消費の経済理論』（フリードマン著）　161
消費パターン　216
商品　98
商品デリバティブ　106
消費者データベース　225
植民地主義　159
『諸国民の富の性質と原因の研究』（『国富論』）　155, 159
ショーティング　131
所得格差　235

索引

所得の不均衡　238
所有権譲渡住宅ローン　203
ジョーンズ、ウィンスロー　129
ジョンソン、サミュエル　214
自立した経済　184
ジルジャン、アヴェディス　134
シルバー経済　208
指令経済　156
シンガポール　199, 204, 237
新規株式公開（IPO）　94, 95, 139, 225
神経経済学　248
『人口の原理』（マルサス著）　160
人口増加　26
人口動態変化　209
ジンサー、ジョーン　52
人生のステージ　192〜211
ジンバブエ　165, 199
シンバル　134
新聞　172
信用格付け　122, 218
信用収縮　118
信用力格差　121
心理学　116
スイス　79, 189, 237
スイス銀行（SNB）　69
スイスフラン　96, 97
垂直合併　140
水平合併　140
スウェーデン　81, 204, 208, 247
スウェーデン国立銀行　65, 248
スエロ、ダニエル　38
スカンジナビア諸国　197
スクーク（イスラム債券）　85
スタンダード・アンド・プアーズ社　49, 89, 123
スタンフォード大学　197
スチュアート、マーサ　180
スティーヴンソン、ダレル　31
スティーブン・M・ロス・ビジネススクール　144
ストラダー、アニル　41
スーパーダラー　182
スプレッド　86
スプレッドベッティング　125
スペイン　16, 58, 102, 199, 202
スペシャル・インベストメント・ビークル　107
スペリー・ハチソン（S&H）社　223
スマートバンキング　74
スミス、アダム　153, 155, 159
スラデック、ジョン　235
スリム、カルロス　133
スワップ商品　106
税金　50
生産可能性フロンティア（PPF）　158
生産者物価指数　165
税収ギャップ　186
税制度　239
贅沢品　216
性による不平等　239
製品拡大型合併　140
政府債券　→国債
セオドラコプラス、タキ　35
世界開発経済研究所　238
世界銀行　67, 169, 185, 226
世界通貨　242
『世界犯罪機構』（ミーシャ・グレニー著）　182
世界人口　192

世界貿易センタービル　110
石炭　102
先物取引（futures）　87
石油　100, 237, 240, 241
石油・ガス製造産業　142
石油危機（1973年）　101
石油危機（1979年）　101, 118
石油産出国　84, 100
石油輸出国機構　→OPEC
セキュリティー　81
世帯貯蓄額　227
節税　186
絶対収益　130
ゼネラルエレクトリック　125
ゼロ成長　240
戦争　56
戦争のコスト・プロジェクト　57
葬儀　210, 211
相続税　210
「双頭の鷲」コイン　23
総年金置換率　208
造幣局　70
贈与　215
組織犯罪　189
ソーシャルネットワーク　150, 224
租税回避地　189
ソマリア　169, 204, 205
ソ連　156, 160
ソ連崩壊　181
ソロモン・ブラザーズ　173
損益計算書　147

【た行】

タイ　199
第39号室　189
第一次産業　135
第1次世界大戦　56
第一生命経済研究所　208
大学教育　196
大学卒業者　197
大恐慌　59, 161
退職　208
代替通貨　72, 73
代替投資手段　132
ダイナースクラブ　221
第二次産業　135
第2次世界大戦　56
タイム・ワーナー　141
第4次中東戦争　101
ダーウィン、チャールズ　160
ダウ・ジョーンズ工業株価平均　88, 89, 118, 173
ダウ、チャールズ　89
タカフール　85
髙松コンストラクショングループ　135
宝くじ　52
兌換性　104
多国籍企業　137, 142
タジキスタン　198
ダースト、シーモア　48
タックス・ヘイブン　129
脱税　186, 187, 189
脱成長　240
ダートマス大学　197
棚卸し　147
タバコのお金　57
ダビデとゴリアテの戦い　177
タワーブルック・キャピタル社　128
単一通貨　242
ダン、エリザベス　193

団購　225
タンザニア　39
ダンダン（当当網）　24
担保貸付　219
担保価値損失分　47
弾力性　157
地域通貨　73
チェイス、サーモン　235
チェコ　197
チェースマンハッタン　80
チェルノブイリ　67
地価　203
地下経済　184
チャイナケム・グループ　230
チャイルド＆ユース・ファイナンス・インターナショナル（CYFI）　195
チャクラバルティ、スマ　67
チャーチル、ウィンストン　210
チャベス、ウゴ　60
チャリティー　232
チャールズ・ライル　147
中央アメリカ　181
中央銀行　68, 69, 163
中核的自己資本　74
中間所得層　36
中　32, 33, 47, 105, 133, 138, 143, 178, 216, 221, 225, 233, 236, 237, 239, 241, 242
中国工商銀行　139
中国農業銀行　139
チュウ、ジミー　128
中小企業　93
中年時代　206
中年の危機　207
チューリップ・バブル　139
超国家的な通貨　242
超国家銀行　66, 67
貯蓄　226
貯蓄額　208
貯蓄率　215
チリ　199
通貨　71, 96
通貨供給　68
通貨主義運動　161
通貨政策　68, 161
通貨統合　243
ディアス、バルトロメウ　16
定額所得付債権　120
定期預金　228
ディス・インフレーション　163, 164
ディス・ロイヤルティー（反忠誠）カード　223
ティッカーシンボル　95
デイトレーディング　125
ディファード・グラティフィケーション　226
ディリンジャー、ジョン　177
データ　172
デット（debt）　87
デット・エクイティ・レシオ（負債資本比率）　87
デットカリキュレーター（財政赤字カウンター）　48
デトロイト自動車会社　149
デビットカード　220, 246
デフォルト　46, 47, 122
デフレーション　163, 164
デベン（通貨）　11
デュレーション　89
デ・ラ・ルー社　70, 75
デリー（インド）　143

デリパスカ、オレグ　32
デリバティブ　106, 107
テル・ブールス　172
テルメックス　34
天然資源　156
電子商取引　170
電子マネー　23, 246
伝書鳩　172
電信　172
テンダーオファー（株式公開買い付け）　141
店頭取引　87
店内クレジット　219
電話　172
ドイツ　48, 102, 165, 178, 199, 202, 216, 237
トウェイン、マーク　31
東京銀行間取引金利（TIBOR）　90
投資　114
投資銀行　76, 107
投資時計　119
投資ファンド　228
東南アジア　199
特典カード　222
特別引出権（SDR）　243
トズン、ネッド　144
土地　30
特化　158
ドットコム・クラッシュ　118
ドットコム・バブル　117, 150
ドッド、デービッド　125
ドッド・フランク法　77
ドーハ　84
ドバイ　217
ドバイ・オーマン　100
ドバイモール　217
ドミニカ共和国　178
トムス・シューズ　144, 145
トムソン・ロイター社　173
取引アルゴリズム　130
取引可能エネルギー割当て　109
トリプルツィオ、ヤコポ　57
ドル　235
ドル偽造事件　183
トルコ　35
ドル紙幣　235
ドルトムント（ドイツ）　143
トレードテック　103

【な行】

ナイジェリア　46, 100, 227
ナイト・キャピタル・グループ　171
ナイト・フランク　236
「ナショナルジオグラフィック」　37
ナショナル・ロッタリー　53
ナスダック　→NASDAQ
ならず者国家　188
二酸化炭素（CO₂）　108
ニジェール　205
西ドイツ　81
西山温泉慶雲館　135
21世紀型事業モデル　145
20世紀型事業モデル　145
西ヨーロッパ　236
偽札　70
偽札づくり　182
2012年ウェルスリポート　236
日経平均株価　88, 89
日本　48, 102, 103, 197, 202, 216
日本円　96, 97, 242, 243
日本銀行　69
ニュージーランド　197, 199,

索引

200
ニュージーランド準備銀行　69
ニューヨーク　80
ニューヨーク商品取引所　86, 95, 100
ニューロ・エコノミクス　115
にわか投資家　79
ネットスケープ社　150
ネパール　135
ネーム　111
年金　208, 209
年金基金　30
年率　219
年齢と収入との関係　207
農業部門　195
脳外科医　199
ノートン・サイバー犯罪報告書　190
ノートン、マイケル　193
ノーフォーク島（オーストラリア）108, 109
ノーベル経済学賞　161, 248, 249
ノルウェー・クルトラ・スパーレ銀行　82

【は行】

買収（Acquisition）　77, 140
排出権取引　108, 109
配当　136
ハイパーインフレ　165
パイプ　127
ハイローラー作戦　191
バークシャー・ハサウェイ社　63, 125
白馬の騎士　141
破産　148
破産法　149
バーゼル銀行監督委員会　69
バーゼル合意　54
裸の空売り　131
ハッキング　247
発展途上経済圏　199
バティア、アミット　201
バーナンキ、ベン　68
ハーバード大学　197
バフェット、ウォーレン　63, 113, 117, 125, 232
バフェット学　125
バーミンガム　79
ハムラビ法典　11
『ハムレット』　218
ハメネイ師　188
バランスシート（貸借対照表）146, 147
パリ証券取引所　89
ハンガー・プロジェクト　40
ハンガリー　165
潘基文（パン ギムン）　239
バンクオブアメリカ・メリルリンチ社　118
バンク・ジェネラーレ　18
バングラデシュ　38, 67, 199, 204
犯罪　174
組織犯罪　181, 182
犯罪と不景気との関係　176
ハント、ウィリアム・バンカー　99
ハント、ネルソン・バンカー　99
バンドル（抱き合わせ）商品　106
販売コスト　146
比較優位性　159
ピークオイル　241
非公式経済　184

ビジネス　134〜153
非接触購買　80
ビッグデータ　172
必需品　216
ビットコイン　→ Bitcoin
ビップス（bps）→ベーシスポイント
ビデオテックス　80
1人あたり所得　237
一人あたり年間給与　198
美容整形医　199
ビリオネア　32
ヒーリー、デニス　186
ビル＆メリンダ・ゲイツ財団　232, 233
貧困層　38
ファイザー　141
ファニー・メイ　142
ファーミング　169
ファルマシア・コーポレーション　141
フィゲロア、ラモン・バエズ　179
フィッシングメール　168
フィッチ社　49, 123
フィナンシャルアドバイザー　228
フィランソロピー　232, 233
フィランソロピスト　233
フィリップ・モリス・インターナショナル　141
フィリピン　38, 237
フィレンツェ　14
フィンランド　81
フェイスブック社　94
フェミニスト経済学　249
フォード、ヘンリー　149
『フォーブス』誌　142, 145
フォレックス　→外国為替
不換貨幣　68
不況　59
複式簿記　14
福祉国家　161
フクヤマ、フランシス　248
複利計算　228
負債　146
フセイン、クサイ　177
フセイン、サダム　177
普通株　124
ブッシュ、ジョージ・W　211
不動産　132, 228
不動産バブル　202
フーバー大統領　183
不平等　238
ブーム（急成長）118
富裕層　32
プライベート・バンキング　79
ブラウン大学　197
ブラジル　32, 33, 48, 135
フラッシュ＆ペイ（かざして支払う）247
ブランファイン、ロイド　83
フランクフルト証券取引所　89
フランクリン、ベンジャミン　149, 210
フランス　60, 61
ブランドロイヤルティー　194, 222
フリードマン、ミルトン　32, 161, 180
ブリュージュ　172
プリーン・アム・キームゼー（バイエルン州）　72
ブルジョアジー　36, 160
プールズ（株式取引所）172
ブルームバーグ LP　173

ブルームバーグ・ターミナル　173
ブルームバーグ、マイケル　173
プレステル　81
ブレトン・ウッズ　104, 242
ブレトン・ウッズ国際通貨金融会議　66
プレミアム SMS　169
ブレント原油　100
ブロックチェーン（データベース）41
フロリン金貨　14
プロレタリアート　160
分割払い　218
ブンデスバンク　73
ベア・スターンズ社　106
ベアリングズ銀行シンガポール支店　107
平均余命　192
平均出生率　204
『米国金融史』（フリードマン著）161
米国商品先物取引委員会　99
米国プログラム　232
ペイスケール社　197
米ドル　69, 97, 104, 105, 235, 242, 243
ペイパル　24
ベーシスポイント　121
ペッグ　73
ヘッジファンド　30, 59, 129, 130, 131
ヘッジファンド・マネジャー　129
ベトナム　35, 199
ベネズエラ　100
ベラミー、エドワード　221
ペルー　183
ヘルー、カルロス・スリム　34
ベレゾフスキー、ボリス　33
弁護士　199
ベンチャーキャピタル　127
ベンチャーキャピタル・ファンド　128
変動金利住宅ローン　202
変動利付債　92
ペンバートン、ジョン　143
ヘンリー・フォード自動車会社　149
ポイズン・ピル（毒薬条項）140, 141
ボイル、マーク　38
ポイントカード　222
法的人間（法人）　136
暴落　118
法律　174〜191
『ぼくはお金を使わずに生きることにした』（マーク・ボイル著）38
保険　110
保険アンダーライター（引受人）111
保険数理士　110
ボストン
ボストン・コンサルティング・グループ　200
ボーナー、ソルヒノ　167
ボーダフォン・エアタッチ（現ボーダフォン・グループ）141
ボディ・マス指数（BMI）226
ボニーとクライド　177
ボベスパ指数　88
ボラティリティ（価格変動率）88, 130
ポーラン、マイケル　193
「捕虜収容所の経済団体」（ロバート・ラドフォード執筆）57

ボルガー・ストラテジック　197
ボルガー、ベンジャミン　197
ボルカー、ポール　77
ボルカー・ルール　77
ポールソン社　131
ポルトガル　16, 48, 66
ホワイトカラー犯罪　175
ホワイト、ジョン・D　75
ホワイトナイト（白馬の騎士）　140
香港　199, 217
ポンジ・スキーム　178, 179
ポンジ、チャールズ　179

【ま行】

マイクロソフト　232
マイクロファイナンス　40
マイコスキー、ブレイク　144, 145
マイホーム　202
マイレージカード　223
マクナマラ、フランク　221
マクロ経済学　155, 161
マーケティング　222
マシュマロの実験　226
マゼラン、フェルディナンド　17
マドフ事件　179
マドフ、バーナード　178, 179
マニュファクチャラーズ・ハノーバー　80
マネーサプライ（通貨供給量）71
マネタリーベース　71
マネーロンダリング　79, 189
麻薬取引　181
マラ・サルバトルチャ　181
マリー・アントワネット　215
マルクス、カール　21, 160, 235
マルサス、トーマス　160
マルチ・ストラテジー　130
マレーシア　85, 184, 199
満期（償還期日）　121
マン・グループ社　130
マンネスマン AG　141
ミクロ経済学　155
未公開株取引　126
未公開株ファンドマネジャー　127
ミシシッピー会社　18
ミタル、ラクシュミ　33
ケインズ、ジョン・メイナード　7
「貢の銭」（マザッチョ画）　15
ミッシェル、ウォルター　226
ミッタル、ヴァニシャ　201
民間銀行　74
南アジア　201
南アフリカ　35
南スーダン　27
ミニテル　81
ミネアポリス穀物取引所　98
未履行の遺産　230
ミルケン、マイケル　123
ミレニアム開発目標　239
民営化　60
無限責任　136
ムサワマー　85
無担保貸付　219
ムーディーズ社　49, 123
ムラーバハ　84, 85
ムンバイ（インド）　203
メイソン、アンドリュー　225
メキシコ　67, 197
メソポタミア　10
メディチ家　14
メリルリンチ投資時計　119
メリルリンチ社　173, 180
メロン、タマラ　128

持たざる国 238
持ち家 202
持ち家比率 202
持てる国 238
物々交換 235, 244, 245
モノとサービスのバスケット 165
モバイルマネー 169
モルガン、ジョン・ピアポント 115
モルグ・ダルグ＆コンパニー 78
モルモン教団 30
モンテ・デイ・パスキ・ディ・シエナ銀行 15

【や行】

薬剤師 199
闇市場 184
遺言 211, 230, 231
有限責任 136
優先株 124
ユヌス、ムハマド 40
ユーロ 22, 96, 97, 105, 242, 243, 244
ユーロネクスト 89
ユーロ紙幣 70
養老保険抵当ローン 203
預金 74
翌日物レート　→オーバーナイト

レート
予測 166
ヨハネ・パウロ2世 211
ヨーロッパ 237

【ら行】

ライオン・キャピタル社 128
ラウントリー、ジョーゼフ 233
ラガルド、クリスティーヌ 67
ラジャラトナム、ラジ 180
ラドフォード、ロバート 57
ラペラックス社 128
ランドルト＆コンパニー 78
リカード、デイビッド 159
離婚率 226
リスク評価 110
リース契約 84
利息 84
リーソン、ニック 107
リディアのライオン（貨幣）12
リテール（小売り）サービス 77
リバモア、ジェシ 115
リバ（利息）84, 85
リビア 100
リベリア 216
リボルビング（回転）式借金 220
利回り 92
リーマン・ブラザーズ社 69

流動性 99
梁穏根 34
量的緩和（QE）45, 69
利率 120, 164
リンカーン、エイブラハム 235
リンチ、ピーター 180
倫理銀行 82
ルカ・パチオリ 14
ルクオイル社 33
ルクセンブルク 37, 48, 198
ルース、クレア・ブース 193
ルネサンス 14
ルワンダ 61
レイ、ケネス 179
レーガン、ロナルド 51, 161, 211
「歴史の終焉？」（フランシス・フクヤマ）248
レフコフスキー、エリック 225
連邦金融監督庁 178
連邦準備制度 178
ロイズ保険組合 111
ロイド、エドワード 111
ロイヤルティーカード 222
ロイヤルティープログラム 223
ロイヤルバンク・オブ・スコットランド 78, 141
労働 153, 156

労働時間 199
ロカヴェスティング 29
ローカリゼーション 29
ロシア 32, 46, 48, 103, 133, 182, 199, 242
ロー、ジョン 18
ロス、アルビン 249
ロックフェラー、ジョン・デイヴィソン 20, 233
ロビン・フッド現象 176
ローマ帝国 12
ロング・ショート 130
ロンドン 90, 229
ロンドン株価指数 88
ロンドン銀行間取引金利 90
ロンドン・ゴールド・マーケット・フィクシング・リミテッド 105
ロンドン証券取引所 89, 170
ロンドン金フィクシング 105
ロンドン金属取引所 98

【わ行】

ワイン 133
ワディアー 85
ワールドコム 179
ワン、ニーナ 230

【著者】

Daniel Conaghan（ダニエル・コナハン）

英国出身の作家、ジャーナリスト。もとフィナンシャルアドバイザー。英国の日刊紙「デイリー・テレグラフ」に定期的に寄稿するとともに、「コンデナスト・オンライン」の創刊に参加。また、「ホリンジャー・デジタル」の英国担当副社長を務める。資産運用の職務とKCキャピタル社取締役の経験に裏づけられた、国際金融市場に関する高度かつ広範な知識を持つ。

【訳者】

大川　紀男（おおかわ・のりお）

1949年、横浜生まれ。国際基督教大学卒業後、出版社勤務などを経て約30年にわたって自身の翻訳会社を経営したあと、翻訳家として独立。人材（HR）をテーマとしたウェブ媒体のほか、『新大陸主義』（2013年、潮出版社）など書籍の翻訳にも精力的に携わっている。

図説　お金と人生

2014年7月22日　初版発行

著　者　　ダニエル・コナハン
　　　　　ダニエル・スミス
訳　者　　大川　紀男（株式会社ぷれす）
装　丁　　尾崎美千子
発行者　　長岡正博
発行所　　悠書館

〒113-0033 東京都文京区本郷 2-35-21-302
TEL 03-3812-6504 FAX 03-3812-7504
http://www.yushokan.co.jp/

Japanese Text © Norio OHKAWA
2014 printed in China
ISBN978-4-903487-90-8
定価はカバーに表示してあります。